사회과학 명저 재발견 2

사회과학 명저 재발견 2

초판 1쇄 발행 2011년 9월 25일
초판 4쇄 발행 2018년 10월 20일

기 획 서울대학교 사회과학연구원
엮은이 김세균
지은이 박명규 외 10인
펴낸이 성낙인
펴낸곳 서울대학교출판문화원

출판등록 제15-3호

주소 (08826) 서울시 관악구 관악로 1
대표전화 02-880-5252 | 팩스 02-888-4148
홍보마케팅팀(주문 상담) 02-889-4424, 02-880-7995
이메일 snubook@snu.ac.kr
홈페이지 www.snupress.com

ISBN 978-89-521-1236-1 04300

사회과학 명저 재발견

서울대학교 사회과학연구원 기획 | 김세균 엮음 | 박명규 외 10인 지음

2

서울대학교출판문화원

머리말

서울대학교 사회과학연구원은 2008년 봄부터 집담회 '현대 사회과학 명저의 재발견'을 개최하고 있다. 개최할 때마다 학과와 전공을 달리하는 교수 한 명이 자신이 추천한 현대 사회과학 명저 한 권의 내용과 의의 등에 대해 발표하고, 발표 내용에 대해 청중과 토론하는 시간을 가지고 있다. 이 책은 2009년 동 집담회에서 발표된 11편의 글을 필자들이 직접 수정·보완한 글을 모아 엮은 것이다.

2008년에 발표된 글을 모아 묶은『사회과학 명저 재발견 1』을 소개하는 글에서도 밝혔다시피, 사회과학연구원이 동 집담회를 개최하고 있는 이유는 아래와 같다.

첫째, 이른바 '고전'이라 불리는 책들은 그 고전을 얼마나 많은 사람들이 실제로 읽었는가를 떠나서 이미 많이 소개되어 왔다. 이와는 달리, 현대의 주요 이론적 저작들은 막상 강의시간에 가장 많이 언급되고, 전공자들이 가장 많이 읽고 참고함에도 불구하고 타 분야의 연구자나 학생들에게는 거의 소개되지 않고 있다. 이런 사정에 비추어, 우리는 현대의 주요 이론적 저작을 소개하는 것이 사회과학을 연구하는 사람들에게 실질적으로 많은 도움을 줄 것이라고 믿는다.

둘째, 우리는 학문 연구자들이 설령 전공을 달리할지라도 통합적 안목을 가지고 연구할 필요가 있다고 생각한다. 그러나 사회과학 연구자들의 사정만 놓고 보아도, 최소한 알아야 하는 사회과학 각 전공 분야의 주요 저작에 대해서조차 자신과 전공이 다르면 거의 문외한인 것이 작금의 현실이다. 부분에 대한 지식이 깊다고 할지라도 그 부분이 전체와 어떤 연관을 지니는가를 알지 못하면 불구의 지식이다. 이 점에서 사회과학 명저들의 주요 내용과 의의 등에 대해 아는 것은 부분만을 알고 전체에 대해 무지한 상태를 탈피하는 데 크게 기여할 것이다.

셋째, 타 전공 분야에 대한 무지는 학생들의 경우에도 마찬가지이다. 학생들 역시 보다 통합적인 안목을 지닌 교양인이나 연구자로 성장해 나가기 위해서는 자신의 전공 분야만을 외골수로 파고드는 데에서 벗어나 최소한 타 전공 분야의 기초 이론에 대한 소양을 쌓아나가는 것이 필요하다. 학생들은 현대 사회과학 명저를 이해함으로써 보다 넓은 시야를 지니고 자신의 전공을 공부해 나갈 수 있을 것이다.

이 책은 아래에 제시한 11권의 명저를 소개하는 총 11장으로 구성되어 있다. 그리고 각 장은 저자 소개, 저서의 구성과 주요 내용, 저서의 의의와 저서에 대한 평가 및 참고문헌을 담고 있다. 소개된 저서는 에밀 뒤르켐의 『자살론』, 월터 리프만의 『여론』, 요제프 슘페터의 『자본주의, 사회주의, 민주주의』, 칼 폴라니의 『거대한 변환』, 아브라함 매슬로우의 『동기와 성격』, 배링턴 무어의 『독재와 민주주의의 사회적 기원』, 피벤·클로워드의 『빈민 통제: 공공 복지의 기능』, 위르겐 하버마스의 『후기 자본주의 정당성 위기』, 라인하르트 벤딕스의 『왕이냐, 인민이냐: 권력과 지배의 정당성』, 앨런 매카크렌의 『지도의 이해』, 맨서 올슨의 『권력과 번영』이다.

『사회과학 명저 재발견』 1권과 2권에 소개된 저서를 합치면 총 20권의 저서가 소개되는 셈인데, 이 책의 시리즈가 앞으로 두세 번 더 출판되면 현대 사회과학의 명저로 부를만한 웬만한 책들을 모두 소개할 수 있을 것이다. 이 시리즈의 하나로 한국인 학자들이 쓴 책도 소개될 수 있기를 더불어 기대해본다.

끝으로, 바쁜 와중에도 집담회에서 발표해 주시고, 좋은 글을 작성해 주신 모든 필자께 감사드린다. 이 책의 발간에 기꺼이 응해 주신 서울대학교출판문화원 관계자와, 집담회 개최 실무를 맡은 사회과학연구원 간사들에게도 감사의 인사를 전한다.

2011년 9월
서울대학교 사회과학연구원
전 원장 김세균

차례

에밀 뒤르켐, 『자살론』

Émile Durkheim, *Le Suicide: Étude de Sociologie* (1897)

자살, 개인의 문제인가 사회의 문제인가?

박명규
서울대학교 사회학과 교수

사회사상사 전반은 물론이고 사회학사에서도 학문적 비중과 대중적 관심 사이의 간격이 매우 큰 인물이 에밀 뒤르켐Émile Durkheim(1858-1917)이다. 그는 종종 칼 마르크스, 막스 베버와 함께 3대 사회학자로 꼽히지만 후학의 관심은 앞의 두 사람에 비해 상대적으로 적으며, 특히 한국에서는 뒤르켐에 대한 진지한 연구물을 남긴 사람이 한 손에 꼽을 정도다.[1]

그 이유는 여러 가지가 있을 수 있고 그런 '무관심'의 배경 자체가 흥미로운 지성사적 연구 주제다. 대체로 뒤르켐과 밀접하게 연관되어 논의되는 다른 주제들, 예컨대 구조기능주의나 사회학주의, 연대주의나 직업집단 등에 대한 관심도 그다지 크

1 한국에서 뒤르켐의 저작을 깊이 연구하고 그 의의를 부각시킨 학자로는 박영신, 민문홍, 김종엽 등이 있고 그의 저서를 번역한 학자로는 임희섭, 노치준, 김충선 등이 있다.

지 않다. 여기에는 뒤르켐이 '보수적'이라는 선입견, 또는 적어도 '진보적'이지는 않다는 상식화된 시각이 일정하게 작용했을 것이고, 더 근본적으로는 사상의 다양성보다 그 정치적 기능에 더 주목해온 한국 지성계의 특징과도 무관치 않으리라 생각한다.

하지만 21세기를 맞는 오늘 한국에서 뒤르켐의 저술은 다시 진지하게 읽어볼 필요가 있다. 적어도 세 이유를 적시할 수 있다. 첫째로 최근 한국 사회에서 '자살'이라는 현상이 매우 중요한 사회 문제로 대두하고 있는 상황을 주목해보자. 2009년 8월 통계청이 발표한 바에 따르면 20-30대 사망률의 제1원인이 자살일 뿐 아니라 OECD 국가군 가운데서도 한국은 최고의 자살률을 보이고 있다.[2] 뒤르켐이 자신의 저서 『자살론』에서 누누이 강조한 것이지만, 적어도 오늘의 한국 사회에서 자살은 더 이상 개인의 '심리적 부적응' 문제로 치부할 수 없는 사회구조적 현상이 되었다. 뒤르켐이 『자살론』을 통해 확인하려 했던 아노미의 문제, 그 배후에 작동하는 '사회적 응집'의 힘, '집합적 표상'의 도덕적 성격 등은 오늘 한국의 현실을 이해하는 데 중요한 핵심 개념이라 할 수 있을 것이다.

둘째로 뒤르켐은 '집합기억과 문화'에 대한 매우 중요한 이론적 초석을 놓은 학자다. 그가 『종교생활의 원초적 형태*Les*

---

2 한 일간지가 보도한 내용을 그대로 옮겨보면, "최근 한국의 자살률이 OECD 회원국 중 1위로 10만 명 당 26명, 연 1만 2,858명(2008년)이 목숨을 끊는 것으로 보도됐다. 이 통계는 하루 35명으로 43분마다 한 사람씩 자살하는 꼴이다. 20, 30대의 사망 원인 1위가 자살이라고 한다. 전문가들에 따르면 자살 시도자는 그의 10배는 될 것으로 추정한다. 자살은 그로 인해 상실감을 경험하는 가족, 친구들에게 더 큰 영향을 미치는 가장 심각한 사회적 문제다." 『국민일보』, 2009년 9월 10일 자.

formes élémentaires de la vie religieuse』에서 밝혀놓은 터부taboo의 분석은 종교나 역사인식이 얼마나 한 사회의 집합적 기억과 관련되는지, 또 역으로 시대에 대한 집합적 기억이 어떻게 정치사회적 조건 속에서 구성되는지를 잘 보여준다. 실제로 뒤르켐의 이런 관점은 프랑스 아날학파를 비롯하여 '집합 기억'에 주목한 문화 이론 및 역사 이론의 발전에 큰 영향을 미쳤다. 한국 사회 역시 과거를 어떻게 이해하고 대면해야 할 것인가를 둘러싸고 여러 논란을 경험하고 있다. 예컨대 2010년은 한일 강제합병 100주년이자 한국전쟁이 발발한 지 60주년이 되는 해이면서 4·19 학생혁명이 일어난 지 50년이며 독일이 통일된 지 20년이 되는 해이다. 당연히 기억의 정치, 기억의 재구성, 그것을 통한 현실과 과거의 만남 등이 큰 문제로 대두할 것인데, 뒤르켐이 던진 이론적 숙고가 우리에게도 진지하게 요구되는 시대라 할 것이다.[3]

마지막으로 뒤르켐이 제기했던 여러 이론적 논의는 한국 사회의 통합과 통일을 내다볼 때 매우 중요한 쟁점을 제공해준다. 뒤르켐은 자신이 속했던 유태공동체의 좁은 울타리를 뛰어넘어 국가라는 정치공동체의 보편적 이념에 자발적으로 통합되기를 원했다. 코저Coser의 평가에 따르면 그가 유태공동체로부터 결별할 수 있었던 것도 프랑스 제3공화정이 혁명 이후의 공화주

3 지난 수년간 한국 사회에서는 과거사 재정리나 역사 해석을 둘러싼 갈등의 치유를 표방하는 여러 작업이 진행되었다. 그 의의가 적지 않지만 기억과 표상에 대한 이론적 논의의 깊이가 충분치 못해 얕은 수준의 정치주의로 귀결된 부분도 없지 않아 보인다. 앞으로 다양한 역사적 해석을 통해 인간과 사회, 개인과 집단, 국가와 민족, 세계와 문명, 보편과 특수에 대한 깊이 있는 성찰과 탐구가 있기를 기대한다.

의적 가치를 체현하는 공동체라는 그의 신념 내지 동일시가 있었기 때문이었다. 다시 말해 프랑스의 공화주의와 그런 도덕성에 기초한 세속적 사회질서는 열린 보편주의에 대한 애정의 소산이었고 단순한 국수주의나 혈통주의, 또는 자민족 중심주의로부터 벗어날 수 있는 전제조건이었다.[4] 남북한의 사회적 이질화, 한국사회의 다문화적 경향, 세계화의 흐름 등을 고려하면서 한반도 통일을 구상하려 할 때, 그가 던진 문제의식, 다시 말해 '유연한 통일을 이룰 제도적 바탕'이 무엇일지에 대한 깊은 탐색이 무엇보다도 필요하게 될 것이다.

1. 새로운 길을 찾는 공화주의자

간략하게 뒤르켐의 생애와 그의 연구에 대해 간략하게 정리해보자.[5] 사회학사의 고전인 『사회사상사』를 저술한 코저에 의하면[6] 뒤

4 루이스 코저, 『사회사상사』, 신용하·박명규 역 (시그마프레스, 2002), pp. 198-199 참조.

5 뒤르켐의 연보는 민문홍 교수가 정리한 것이 매우 자세하고 유용하다. 민문홍, "에밀 뒤르켐 연보," 『에밀 뒤르켐의 사회학: 현대상 위기 극복을 위한 새로운 패러다임을 찾아서』 (아카넷, 2001), pp. 371-380.

6 루이스 코저, "에밀 뒤르켐," 『사회사상사』, 신용하·박명규 역 (시그마프레스, 2002).

르켐은 1858년 4월 15일 프랑스 동부 로렌 지방의 에삐날Epinal에서 태어났다. 그는 유태공동체의 전통적 종교지도자인 랍비의 아들로서 랍비가 되기 위한 교육을 받았고, 구약, 탈무드, 전통적인 유태 생활양식에 따라 성장했다. 하지만 성장하면서 그는 자신의 태생적 틀인 유태공동체의 틀을 벗어나 프랑스 사회에 통합되어 갔다. 특히 파리 고등사범학교에 입학한 후 루소의 일반의지 개념을 비롯하여 몽테스키외, 꽁트, 생시몽 등의 프랑스 사상으로부터 큰 영향을 받았다. 영국의 사회학자 스펜서의 개인주의적 시각에는 비판적이었지만, 진화론적 사고는 그로부터 영향을 받기도 했으며, 독일로부터는 칸트의 인식론과 도덕철학에 흥미를 보였던 반면, 그의 선험적 범주론에 대해서는 비판적인 지식사회학을 전개했다. 뒤르켐은 전반적으로 당대 유럽의 일급 지식인들의 논의와 비판적으로 상호작용함으로써 자신의 사상과 이론을 정립해갔다고 할 수 있다.

그가 살았던 시대는 프랑스 제3공화정의 시기와 상당 부분 겹친다. 그의 청년기였던 제3공화정 초기는 정치적 무질서로 인해 혼란스러웠고, 특히 파리 코뮌의 경험과 독일과의 전쟁에서 패한 후유증이 컸다. 보수주의와 진보주의 간의 사상적 대립도 여전했고, 특히 교육 문제를 둘러싼 교회 중심의 우파와 세속적 좌파 간의 싸움은 치열했다. 뒤르켐은 과학적인 논리에 입각하여 세속적인 교육을 지지했지만 동시에 근대 학문의 바탕에 강력한 도덕적 가치가 깔려있어야 한다는 생각은 견지했다. 그는 당시 프랑스 지식계에서 종종 나타나던 냉소적이거나 비도덕적인 지식인상에 매우 비판적이었고 대학에서 '형이상학자'라는 별

명을 받았을 정도로 일생 동안 '도덕적 원칙과 진지한 교육'에 대한 관심에서 벗어난 적이 없다.[7]

뒤르켐은 1896년 드레퓌스 사건이 발발했을 때 매우 적극적으로 그를 옹호한 지식인의 한 명이었다. 이 사건 이후 흔히 '급진공화정'이라고 불리는 새로운 정부가 구성되는데, 이 정부의 정치적 이념과 세속 교육에 대한 입장은 주로 소르본 대학으로부터 영향을 받았다. 뒤르켐은 정치적 자유주의 세력을 대변하는 주요한 인물로 간주되었고, 드레퓌스 사건을 통해 터진 지적 논란 가운데 늘 민주주의와 합리주의, 계몽적 지식과 과학적 정신을 대변하는 중심 인물이 되었다. 따라서 뒤르켐은 오늘날 한국에서 잘못 알려진 바와는 달리, 당시에는 '좌파'에 속하는 인물로 알려졌고 실제로 진보적인 정치활동에도 참여했다. 하지만 그는 일생 동안 특정 정당이나 정치적 이념과 연결되는 것을 거부했다. 그는 다양한 정치적 입장을 지닌 인물과 밀접하게 교류했지만 결코 어느 한 편에 속하지 않았다. 그는 말년에 급진적 사회주의와 개인주의적 자유주의 사이의 균형을 찾으면서 프랑스식 복지국가 이념을 구성하려고 시도했던 '연대주의' 운동에 깊은 공감을 보일 때도 학문적 거리감을 잃지 않았다. 최근 그가 정치사회학에 주목했던 글이 조금씩 소개되고 있는데 민문홍은 그것이 보수주의와 급진주의 사이에서 새로운 길을 찾으려 했던 '공화주의자'의 범주에 속한다고 보면서, 뒤르켐을 '규범적 민주

7 위의 책, pp. 175-176.

주의 이론의 전형적 창시자'로 볼 수 있다고 했다.[8]

그는 자유주의적 지식인과 제3공화정 정치인을 연결하는 인물이 되었고 이런 역량을 통해 교육 정책 분야에서 큰 영향력을 행사했다. 뒤르켐은 교회로부터 벗어난 새로운 근대 교육은 철저하게 과학적인 정신에 의해 이루어져야 함을 강조하면서 반종교주의가 빠지기 쉬운 딜레탕티슴dilettantisme을 경계했다. 특히 앙리 베르그송의 생철학이나 조르쥬 소렐 등에서 보이는 낭만적 정치사상에 대해 뒤르켐은 매우 비판적이었고 과학적 인식에 기반한 시민 도덕의 창출을 강조했다. 그가 제3공화정의 교육 정책에 적극적으로 도움을 줄 수 있었던 이유도 공화주의의 도덕적 기반을 교육을 통해 구축하려던 당시의 상황과 밀접하게 관련되어 있다. 특히 초등 교육과 중등 교육에 미친 그의 영향력은 매우 컸는데 뒤르켐은 국가가 주도하는 공공 교육을 통해 과학적인 정신과 도덕적 윤리를 결합시켜 근대적 '시민 교육' 내지 '시민 종교'를 만들어야 한다는 생각을 실천했던 것이다.[9]

---

8 민문홍, 앞의 책, 제4장 및 p. 122의 각주 7 참조.

9 뒤르켐이 썼던 다양한 논문의 목록은 김종엽, 『에밀 뒤르켐을 위하여』 (새물결, 2001), pp. 207-211에 자세하다.

2. 사회 현상에 주목하다

『자살론*Le suicide: étude de sociologie*』은 『사회분업론*De la division du travial social*』(1893), 『사회학 방법론 규칙*Les règles de la méthode sociologique*』(1895), 『종교생활의 원초적 형태』(1912) 등과 함께 뒤르켐의 대표적인 저작의 하나다. 이 책은 1897년에 처음 간행되었고 출판과 더불어 큰 반향을 불러 일으켰다. 『자살론』은 그가 앞서 저술한 『사회학 방법론 규칙』에서 언급했던 방법론적 원칙을 실질적으로 적용한 책인 동시에 당시 널리 수용되던 상식적 견해에 대한 냉정한 사회과학적 비판서로 이해될 수도 있다. 이 책 자체는 많은 비판의 대상이 되기도 했지만 그 비판의 과정을 통해 새로운 연구 방법과 시각이 많이 산출되었다는 점에서 유용한 지적 준거가 되었다. 이 책의 학설사적 의미를 제대로 이해하면 왜 그가 마르크스, 베버와 함께 3대 사회학자로 일컬어지는가를 충분히 이해할 수 있다.

뒤르켐은 『자살론』의 서문에서 이 책을 저술한 동기가 매우 복합적임을 밝히고 있다. 우선 '사회학'이라는 학문이 어떻게 정립 가능하며 그것이 지성사 전반에 얼마나 중요한지를 밝히려는 동기가 뚜렷하다. 그는 이것을 '객관적인 기초를 가진 개념'의 중요성으로 언급한다.[10] 동시에 그는 '유럽 사회가 겪고 있는 일반적인 부적응의 원인과 그에 대한 구제책'에 대한 관심을 분명하게 드러낸다. 그의 말을 빌면 '자살은 바로 우리가 겪고 있는

10 에밀 뒤르켐, 『자살론』, 김충선 역 (청아출판사, 1994), 서문 p. 10.

집합적 질환이 전염되는 형태 가운데 하나이다.' 마지막으로 그는 방법론적 관심이 매우 뚜렷하다. 즉 '사회적 사실'이 사물로서, 즉 개인에 외재하는 실체로서 연구되어야 한다는 방법론적 기본 원칙을 실증적으로 보여주려는 동기가 뚜렷하다. 한마디로 그의 관심은 '근대 사회'라고 불리는 집합적 현상의 성격과 그것을 연구하는 과학적 논리를 정립함으로써 근대의 문제를 해결하는 데에 도움을 주려는 실천적 지향을 담고 있다고 하겠다.

『자살론』은 3부로 구성되어 있다. 제1부는 "비사회적 요인"이라는 제하에서 자살에 대한 기존의 설명과 이해들을 검토하고 그 문제점을 비판하고 있다. 그는 자살을 정신질환이나 인종적 유전성, 또는 우주적 요인이나 심리적 모방 행위 같은 것으로 설명하려는 제반 시도를 '비과학적'이라고 비판한다. 다양한 자료와 사례들을 검토하면서 그가 강조하는 것은 자살은 '사회적 사실'이며 따라서 '사회적 요인'으로 설명해야 한다는 것이었다. 제2장은 바로 그 사회적 요인을 파악하면서 자살을 설명하는 틀을 발전시키려는 것이다. 뒤르켐은 여기서 '사회적 원인'을 통해 '사회적 유형'을 확인하려 한다. 그에 따르면, '사회적 원인'이란 곧 집합적인 요인을 지니는 집단적인 현상을 말하는 것이기 때문에 단순한 개인적 행위로 환원될 수 없는 일정한 사회적 유형을 드러낸다는 것이다. 뒤르켐에 따르면, 사회적 유형은 상이한 사회적 요인을 조건으로 하는 인과론적 구조를 내포하는 것이라 할 수 있다.

그는 자살의 원인으로 흔히 언급되는 개인적 동기나 주변적 정황들, 예컨대 가정 불화나 가난, 심적 고민이나 양심적 가책 등으로는 자살의 사회적 성격을 드러낼 수 없다고 본다. 여기서 그가 착목한 것은 개별 사례로서의 자살이 아니라 집단의 '자살률'이다. 뒤르켐은 다양한 통계자료를 통해 집단별로, 시기별로 자살률에 일정한 경향성이 있음을 발견했다. 어떤 사회에도 "개인적인 동기와 이념을 넘어 자살률의 차이가 일어날 수 있는 조건들"이 있는데, 이 점이야말로 자살률을 좌우하는 가장 중요한 변수라고 그는 주장하였다.[11]

이런 관점에서 뒤르켐은 제2부에서 자신이 구성한 제 유형의 자살을 검토한다. 그 첫째가 '이기적 자살'이다. 뒤르켐은 종교별로 자살률이 차이가 있는 것을 발견하였고, 특히 프로테스탄트를 신봉하는 지역의 자살률이 현저히 높다는 데 주목했다. 그는 이것을 '이 종교에 활력을 불어넣게 한 자유로운 탐구정신,' 다시 말해 '종교적 개인주의'와 연관지었다.[12] 종교적 개인주의가 일반적인 탐구정신이나 '배움'에 대한 욕망을 강화시키는가를 보여주기 위해서 그는 여러 국가의 사례를 검토했다. 그는 여러 나라의 사례로부터 자살과 교육의 비율을 비교함으로써 "공통된 신념의 약화에 따른 지식에 대한 열의가 자살의 증가를 가져온다"는 명제를 확인하려 했다. 그리고서 그는 두 가지 결론을 내린다. 하나는 지식이 자살의 증가를 결정하지는 않는다는 것이다. 지식은 무죄이며 오히려 자살을 가져오는 것은 '응집력의 상실'이라는 사회적 사실이다. 뒤르켐은 종교가 해체된 자리에

11 『자살론』, p. 145.

12 위의 책, pp. 154-155.

성장하는 학문과 과학이 결코 비난의 대상이 되어서는 안 되며, 오히려 이들이 '문제 해결'의 원천이라고 주장한다. "학문은 해체의 결과를 초래하는 것이 아니라 학문 자체를 낳게 한 해체에 대항하여 우리가 싸울 수 있는 유일한 무기인 것"이다.[13] 또 하나의 결론은 종교가 자살에 대해 예방적인 효과가 있는 이유가 개별 종교 자체의 어떤 속성에 기인하는 것이 아니라는 점이다. 종교도 하나의 '사회'이며 종교가 '밀도 있는 집단적인 삶'을 제공함으로써 공동체의 통합을 높여준다는 점이 중요하다. 이에 더하여 뒤르켐은 결혼과 가족 생활이 자살률에 미치는 효과와 정치적 통합 정도에 따른 자살률의 차이도 다양하게 검토했다. 그 결과 그가 밝힌 세 가지 명제는 다음과 같다. 첫째, 자살은 종교 사회의 통합 정도에 반비례한다. 둘째, 자살은 가족 사회의 통합 정도에 반비례한다. 셋째, 자살은 정치 사회의 통합 정도에 반비례한다. 그리고 이 세 명제를 묶으면 "자살은 개인으로 구성되는 사회집단의 통합 정도에 반비례한다는 결론에 도달하게 된다."[14]

뒤르켐은 개인의 자아가 사회적 자아보다 강한, 지나친 개인주의로 인한 자살을 '이기적 자살'이라고 명명했는데, 이런 유형의 자살은 바로 사회 통합의 약화에서 기인하는 바가 크다. 사회적 응집력이 약한 곳에서 개인은 '자기 생명에 대해서도 주인'이라는 의식을 갖는다. 뒤르켐은 이러한 개인주의, 이기주의 상태는 인간성에 배치될 뿐 아니라 영속성을 갖기에도 불확실하

13 위의 책, p. 169.

14 위의 책, p. 216.

다고 보았다.

뒤르켐은 흥미롭게도 이기적 자살과는 매우 다른 유형의 자살을 발견한다. 그것은 사회적 통합과 응집력이 지나치게 강한 곳에서 나타나는 자살이다. 그는 '권리로서가 아니라 의무로서 하는 자살'을 이타적 자살로 명명했다. 이것은 사회가 자살을 강요하거나 의무적인 강제를 부여하는 경우에 해당한다. 뒤르켐은 명예나 영웅적인 가치를 부여함으로써 스스로 목숨을 끊도록 만드는 경우도 자살의 한 유형에 속한다고 본다.

뒤르켐이 매우 중시한 또 하나의 유형은 '아노미성 자살'이라는 것이다. 이것은 '집합적 질서의 흔들림,' 적절한 외적 규제력의 해체로 인해 '욕망이 무한정 용인'되는 상태에서 나타나는 자살이다.[15] 뒤르켐은 '사회'의 주요한 기능을 적절한 외적 규제와 통제라고 보는데 '고통스런 위기나 유익하더라도 급격한 전환'의 시기에는 이런 사회적 능력이 일시 상실된다. '가장 규제가 필요한 상황에서 욕망이 규제를 받지 못하므로 일종의 무규율 상태'에 빠지는 상황을 그는 '아노미'라고 명명하고 이로부터 나타나는 자살을 별개의 유형으로 검토한 것이다. 흥미 있는 것은 뒤르켐이 아노미가 결코 특별한 시기에 일시적으로만 나타나는 것이 아니라 산업 사회에서는 '만성적인 상태'[16] 라는 점을 강조했다는 사실이다. 그에 따르면 산업화는 기본적으로 자유의 증대이고 아노미의 확산이다. 그는 이것을 '산업 사회에서 일어나고 있는

---

15 위의 책, p. 261.

16 위의 책, p. 270.

흥분'이라고까지 표현했다.[17] 뒤르켐은 이러한 아노미는 현대 사회의 정상적인 한 형태라고 보고 이것을 세 번째 유형으로 정립했다. 이혼률과 자살률의 상관관계에 대해서도 결혼의 불안정성과 성적 아노미가 개입할 수 있다고 설명한다. 이것은 개인적으로 본다면 이기적 자살과 유사하지만 아노미라는 독특한 사회적 성격이 작용하고 있다는 점에서 이기적 자살과 구별되어야 한다.

마지막으로 제3부에서는 뒤르켐이 앞에서 분석한 내용을 보다 이론적인 차원에서 논의하고 있다. 그는 자살률의 안정성이 결코 단순한 통계적 중간 값과 같은 것이 아니며 오히려 집합체의 근본적이고도 핵심적인 속성을 드러내는 것이라고 본다. 즉 개인의 다양한 변화에도 불구하고 한 집단의 자살률이 안정적이라는 사실은 그 집단 자체의 어떤 고유한 사회적 성격을 반영한다는 것이다. 뒤르켐은 이러한 집합 경향 또는 집합 사고를 개인적인 것과 뚜렷이 구별되는 것으로 파악하고, 이것이야말로 '사회'를 구성하는 핵심이라고 보았다. 즉, 부분의 합으로 환원될 수 없는 '결합' 그 자체가 갖는 독특한 속성에 주목하는 것이다. 도덕적인 관념의 경우조차도 개인의 심성이나 양심으로 환원불가능한 어떤 집합적 속성이 있고 이것이 사회적 사실을 구성한다. 이런 입장에서 뒤르켐은 자신이 분석했던 자살 현상을 다시

---

17 뒤르켐은 이러한 아노미적 상태를 매우 객관적인 현상으로 다루고 있으나 그것이 바람직하지 않은 현상을 동반한다는 가치판단도 간간히 피력한다. 예컨대 "무한에의 추구는 결국 자신들을 괴롭히게 될 규율의 결핍으로 이끌어가는 무절제한 의식에서만 찾아볼 수 있음에도 불구하고 오늘날에는 정신적 탁월의 증거로 지칭되고 있다. (…) 그와 같은 무질서는 경제계에서 가장 심하므로 그 피해자도 가장 많다" 같은 설명이 있다. 위의 책, pp. 272-273.

금 해석하는데, 자살에 영향을 미치는 것은 개인의 특성, 사회조직의 성격, 사회의 해부학적 구성 등 여러가지가 있을 수 있지만 가장 중요한 것은 사회적 조건이다. 뒤르켐에 따르면, 자살을 가져오는 특유한 조건들은 개별적으로는 고립된 요인이지만 사회학적으로는 마치 한 유기체의 기관처럼 단일한 전체의 한 부분이다.

3. 뒤르켐, 화두를 던지다

이론적 쟁점

『자살론』은 사회과학에서 중요한 쟁점들을 이론적으로 제기하고 있다. 뒤르켐이 앞서 저술한 『사회분업론』과 함께 일관되게 주목했던 이론적 관심을 몇 가지로 정리할 수 있을 것이다. 먼저 개인과 사회의 상호 관련에 대한 해석이다. 뒤르켐은 개인과 사회를 분리하거나 대립적으로 사고하는 것에 반대했다. 그는 사회적 존재로서의 개인을 사회학적으로 밝히려 했고, 그런 입장에서 가장 '개인적이고 심리적'인 것처럼 보이는 요소까지도 실은 사회적인 성격을 지닌다는 점을 드러내고자 했다. 뒤르켐은 『사회분업론』에서 사람들의 상호작용이 증가하면 사회분화는 불가피한데, 그럴수록 다수의 개인이 상호작용할 수 있는 결속력과 연대가 중요해진다고 설명한다. 이것은 전통적인 방식의 도덕이나 규율로 해결될 수 없으며 철저하게 이질적인 개체성을 용인하는 새로운 도덕률에 의해서만 해결 가능하다. 뒤르켐은 이런 공정한 규칙들이 일상적 습관으로 정착될 때 비로소 유기적 연대가 확립된다고 보았다. 이런 도덕적 원칙이 부재한 분업은 '강요된 분업'이거나 '아노미적 분업'이 될 수 있다고 그는 보았다. 행위자의 도덕적 성찰과 공정한 인간관계가 유기적 연대에 근거한 사회적 통합과 함께 갈 수 있는 가능성을 주목했던 것이다. 이를 위해 뒤르켐은 '도덕적 개인주의'가 필요하다고 주장했다. 이것은 현대 사회에 필수적인 유기적 연대를 가능케 할 새로운 기반으로 네 가지 특징을 갖는다. 첫째는 일상적 삶 속에서 개인의 존엄성을 강조하는 배려 문화의 확산이다. 둘째는 사회에서 소외되고 있는 계급에 대한 박애정신의 확산과 생활화이다. 셋째는 산업화의 결과로 새롭게 나타난 각각의 직업집단에 어울리는 직업윤리의 정착이며, 넷째는 개인주의의 논리적 귀결로서 공정한 사회관계를 정립하기 위해 분배적 사회정의를 실현하는 것이다.[18]

그가 『자살론』에서 던진 중요한 이론적 쟁점도 이와 무관하지 않다. 그는 아노미적 자살에 가장 깊은 관심을 기울였는데, 이것은 분화된 사회 속에서 개인이 적합한 도덕적 원칙을 내면화하지 못한 데서 비롯되는 것이기 때문이다. 이와 관련하여 뒤르켐이 어느 정도 집단결정론 내지 사회학주의의 입장을 나타내는가 하는 점이 사회학 이론에서 중요한 논쟁거리의 하나가 되

18 민문홍, 앞의 책, pp. 93-94.

었다. 미국의 구조기능주의에서는 뒤르켐의 사회규범 내면화와 사회 통합의 상호연관성을 강조했는데, 예컨대 제프리 알렉산더Jeffrey Alexander는 뒤르켐이 "개인의 자유로운 의지와 조화될 수 있는 사회질서를 찾으려는 생각"을 갖고 있었다고 보았다.[19] 반면 프랑스에서는 뒤르켐에 대한 관심이 다소 달랐는데, 부르디외P. Bourdieu는 뒤르켐이 계몽주의 철학 내부의 인위주의나 심리학주의를 경계하고 현실에 뿌리를 내린 사회적 인식론을 가르치려는 의도로 일종의 '방법론적 결정론'을 주창했다고 본다.[20] 부동R. Boudon은 뒤르켐을 방법론적 상호작용론자로까지 해석하는데, 그는 뒤르켐이 '방법론적 개인주의'로 해석이 되어도 손색이 없을 정도로 개인의 행위에 대한 관심이 컸음을 지적했다. 프랑스 학계에서의 뒤르켐 해석이 갖는 의미를 체계적으로 살펴본 민문홍은 뒤르켐의 이런 이론적 관심이 단순한 제도주의나 사회학주의를 넘어서려는 긴장에서 나타난 것이라고 해석했다.[21]

이 점에서 뒤르켐이 강조하는 '사회적 연대'와 '아노미'라는 개념에 주목할 필요가 있다. 뒤르켐은 '사회적 연대'라는 독특한 '사실'이 존재한다는 것을 밝히려 했다. 이것은 개인적 속성으로는 환원될 수 없는 '사회적 사실'이며 집합적 현상이다. 특히 그는 연대를 가능케 하는 논리에 따라 기계적 연대와 유기적 연대를 구별하였고 현대 사회의 분화 경향을 고려할 때 유기적 연

19 위의 책, p. 65.

20 민문홍, 앞의 책, p. 68.

21 위의 책, p. 73.

대가 필수적으로 요구된다고 보았다. 유기적 연대를 형성하는 데 실패한 사회분화는 아노미적 상황으로 귀결된다. 뒤르켐이 강조하는 아노미 상태는 사회적 규범으로부터 벗어나 있는 현상을 지칭하는데 그는 이를 자유의 영역에 위치시키지 않는다. 인간의 자유는 어디까지나 사회적인 차원에서 보장되고 행해지는 것이고 집합적인 범주로부터 벗어나 있는 인간은 소외된 존재일 뿐이다.

이런 뒤르켐의 문제의식 속에는 그의 정치사회학적 시각이 내포되어 있다. 최근 뒤르켐의 정치사상에 대한 관심이 부각되고 있는데, 특히 민주주의론과 관련하여 뒤르켐의 사상이 재조명되고 있다. 그가 『사회분업론』에서 미완의 과제로 남겨두었던 문제, 즉 사회분업의 진전과 유기적 연대의 형성이 어떻게 상호 연결될 수 있을 것인가는 후일 『전문 직업집단의 윤리와 시민도덕』에서 다루어진다. 그는 국가권력이 절대화하는 것은 유기적 연대의 발달에 부정적이라고 보았지만 국가의 기능을 무시하는 시각에도 동조하지 않았다. 그는 '국가집합적 특수주의'나 '국가 독재'라는 병리적 상황을 피하고 개인의 자유와 국가적 질서가 공존할 수 있다고 보고, 이를 위해서는 필수적인 두 요소를 주목했다. 그것은 '권력 균형'과 '의사소통'인데, 이것을 가능케 하는 것은 자율적인 중간집단들이다. 뒤르켐은 직접민주주의나 자유민주주의를 모두 비판하고 '도덕적 개인주의'에 바탕을 둔 일종의 '공화주의적 민주주의'를 추구했다.

이러한 뒤르켐의 이론적 관심은 종교사회학으로 이어진다. 그는 '도덕적 개인주의'가 일종의 시민종교적 지위를 점할 정도로 모든 사람들에게 공유될 때 비로소 개인과 집단이 자율적으로 공존할 수 있다고 보았다. 이런 사실을 증명하기 위해 그는『종교생활의 원초적 기원』을 저술하였고, 그 속에서 전통적으로 종교가 수행한 기능이 현대 국가의 그것과 맥이 닿아 있음을 밝혔다. 국가는 한 사회가 가장 신성하게 여기는 바의 집합적 가치, 모두가 공유하게 될 상징을 제공하고 유지함으로써 다양한 개인들이 유기적으로 결합될 수 있는 조건을 마련해야 하는 것이다. 뒤르켐의 이런 시각은, 프랑스 공화주의와도 연결되어 이해되어야 할 여러 쟁점을 포괄한다.

방법론적 쟁점

『자살론』은 그것이 담고 있는 이론적 문제 이상으로 방법론적으로 큰 영향을 미쳤다. 그가 직전에 발표했던『사회학 방법론의 규칙』에서 천명했던 원칙을 실질적으로 적용하여 매우 성공적인 결실을 얻은 사례로 이해되었기 때문이다.[22]

그는 '사회적 사실을 사물처럼 간주하라'는 것을 사회학 방법론의 제1원칙으로 내세웠다. 집합적 현상이고 개인적인 요인이 포함되는 것이라 해도 '사회적 사실' 그 자체는 자연계의 사물과 똑같은 객체로 다루어야 한다는 것이다. 그것은 주관적인 변인이나 심리적 요인으로 환원될 수 없으며 오직 다른 사회적

22 Émile Durkheim, *The Rules of Sociological Method*, 1895.

사실에 의해서만 설명 가능한 것이다. 뒤르켐의 이런 입장은 종종 인간 행위자의 내면적 의식이나 의미를 무시하는 사회학주의라는 비판을 받았다. 또한 사회구조의 객관성을 지나치게 강조함으로써 역사적으로 형성된 사회문화적 현상을 물화한다는 비난을 초래하기도 했다. 실제로 뒤르켐의 방법론적 원칙은 그런 비판을 불러일으킬 요소를 담고 있는 것이 사실이다. 그럼에도 불구하고 그의 방법론적 원칙의 문제의식은 사회과학적 분석과 근대 학문의 지적 기반이 심리학적 환원이나 주관적 의미론의 이름으로 비합리적 주관주의나 낭만주의를 옹호하는 위험에 빠지지 않게 하려는 진지한 고민이었다. 실제로 뒤르켐은 후일 객관적 사실도 개인의 내면에 '사회화'되어 존재한다는 점을 강조함으로써 사회적 사실의 외재성 못지 않게 그 내재성을 주목했다. 또 사회적 사실의 속성도 그 본질이 '집합적 표상collective representation'이라는 점을 지적함으로써 현대 구성주의적 시각이나 문화이론적 시각에서 강조하는 '의미의 구성성'이나 역사적 구성 과정을 이론적으로 포함할 수 있는 유연성을 포용하고자 노력했다.

뒤르켐은 사회적 사실성의 객관성을 확인하기 위해 숫자로 나타나는 자료와 통계 분석을 적극 활용했다. 그는 한 집단 속에서 나타나는 자살률에 주목함으로써 개별 사례의 질적 차이나 우연성과 구별되는 사회구조적 요인 내지 현상의 고정성을 발견해냈다. 그의 통계 분석은 현대의 발달된 통계 기법에서 보면 매우 초보적이고 오류도 적지 않지만, 컴퓨터도 없고 다양한 통계의 분석이 실질적으로 제약되어 있던 시기에 철저하게 객관적인 자료에 근거하여 전혀 새로운 '사실'을 확인해 내려 시도했던 점이나, 어느 정도 그 시도에 성공했다는 점은 놀라운 일이 아닐 수 없다. 또 하나 『자살론』에서 뒤르켐이 매우 적절하게 활용한 것은 일종의 비교법이다. 그는 같은 현상에 대해 국가별, 지역별, 직업별, 성별, 종교별 집단을 나누어 비교하고 필요한 경우에는 시기별 검토도 했다. 여러 가지 점에서 『자살론』은 사회학 내지 사회과학 방법론의 적실성 내지 유효성을 증명하는 중요한 연구로 꼽히고 있는 것이다.

4. 현대 사회학의 토양이 되다

뒤르켐이 미친 지적 영향은 매우 광범위해서 그의 제자와 후학들이 다양한 전공 영역에서 독자적인 학파를 구성할 정도가 되었다. 특히 사회학, 인류학, 그리고 역사학 분야에 그가 미친 영향력은 매우 크다. 그는 학문이 발달하기 위해서는 연구자의 공동체적 활동 공간이 필요함을 간파했고 자신을 중심으로 일정한 연구 모임을 의식적으로 키워나갔다. 그가 창간한 『사회학 연보』는 과학적 사회 인식을 주창하는 사회학자들의 모임을 유지하는 구심점이 되었고, 실제로 새로운 사회학적 인식이 대학의 제도에 뿌리내리는 데 큰 기여를 했다. 뒤르켐을 중심으로 한 이 모임은 당대의 사람들에게도 너무나 친밀한 공동체로 여겨져서 "사회학 연보 씨족"

이라는 별칭을 얻었을 정도였다.[23] 뒤르켐은 이 연구 모임의 중심이었지만 그는 결코 권위주의적이지 않았고 철저하게 과학적 인식과 엄정한 방법론적 준거를 바탕으로 상호관계가 유지될 수 있도록 애썼다. 덕분에 이 학술지를 중심으로 다양한 전공의 지식인들이 교류했고 실제로 그 가운데는 뛰어난 지식인이 적지 않다. 프랑스를 비롯한 유럽의 사회학 전반은 말할 것도 없고 인류학자 앙리 위베르H. Herbert, 마르셀 모스M. Mauss, 법사회학자 뤼시앙 레비 브륄L. Lévy-Bruhl, 프랑스 역사학의 앙리 베르H. Berr, 뤼시앙 페브르L. Febvre, 마르크 블로흐M. Bloch, 페르디낭 브로델F. Braudel 등이 모두 뒤르켐의 지적 영향력 내에 있었던 사람들이다. 여기에 최근 '집합기억' 등에 대한 이론적 관심을 불러일으킨 모리스 알박스M. Halbachs 등도 포함할 수 있다.

뒤르켐은 현대 사회학 이론의 발전에도 큰 영향을 끼쳤다. 우선 미국의 구조기능주의에 미친 영향을 보자. 탈콧 파슨스T. Parsons는 그의 책 『사회적 행위의 구조』에서 행위론을 구성하면서 뒤르켐의 시각을 일정하게 반영했고, 로버트 머튼R. Merton은 뒤르켐의 아노미론을 분석적으로 발전시켜 자신의 이론적 체계를 구성했다. 특히 범죄사회학이 발전했던 미국에서 뒤르켐의 아노미론은 자살을 비롯한 일탈 행위나 범죄 분석에서 빠질 수 없는 기초적 이론으로 자리잡았다. 이후 사회해체론, 지위 통합 이론, 하위 문화 이론, 아노미론 등 대부분의 범죄 연구나 일탈 분석은 뒤르켐으로부터 시작하여 그를 넘어서려는 노력이었다고 해도

---

23 코저, 앞의 책, p. 202.

과언이 아니다.[24]

또 하나 뒤르켐의 강력한 지적 영향이 미친 부분은 프랑스 문화 이론이다. 프랑스의 담론 및 언어에 대한 구조주의적 관심은 뒤르켐이 강조한 집합 표상으로서의 사회적 사실론과 이론적으로 밀접하게 연결된다. 언어의 구조성, 의미의 외재성, 언어를 통한 사회적 구성 등을 강조하는 소위 사회과학 및 역사학 분야에서의 '언어학적 전회'[25] 이후 뒤르켐의 이론적 문제의식이 여러 곳에서 재평가되고 재부각되고 있는 것도 그런 점을 보여준다. 문화 이론에서 핵심적인 개념으로 사용되는 '재현representation' 이나 '상징symbol,' '집합적 기억collective memory,' '질서의 신성성sacredness' 등은 한결같이 뒤르켐이 종교사회학이나 역사사회학을 통해 보여준 참신한 관점을 그 바탕에 깔고 있다. 장기사longne durée에 주목하는 프랑스의 아날학파나 레비 스트로스C. Lévi-Strauss의 인류학적 구조론도 같은 맥락에서 뒤르켐의 지적 자장 속에 위치한다.

또 하나 뒤르켐과 관련해서 언급할 것은 도덕, 교육, 연대 등을 강조하는 그의 정치사회학이다. 앞서도 언급했듯이 그의 정치적 지향은 오랫동안 관심의 대상에서 제외되어 있었으나 최근 제3의 시각을 모색하려는 흐름 속에서 재평가되는 모습을 보인다. 개인주의나 자유주의, 합리주의의 전통을 철저하게 옹

24 박형민, "자살행위의 '성찰성'과 '소통지향성,'" 서울대학교 대학원 사회학 박사 학위 논문(2008) 참조.

25 체계적인 구조를 이루고 있는 언어에 주목하는 시각, 즉 언어 속에 구조화되어 있는 집합적 무의식을 이론적으로 중시하는 관점이 힘을 얻게 된 상황을 지칭한다.

호하면서도 사회는 반드시 일정한 도덕적 통합을 필요로 한다는 공화주의적 시각은 오늘날 여러모로 시사하는 바가 크다. 국민 국가의 통합적 기능을 존중하지만 그것은 국가가 시민 도덕의 핵심적 가치의 최종적 보루라는 의미에서만 가능하다. 그가 직업 집단을 중심으로 한 중간집단의 활성화를 통해 아노미를 극복한 사회적 연대의 창출을 모색했던 것은 오늘날 소외와 해체로 곤란을 겪고 있는 사회적 위기의 처방에도 많은 도움을 줄 수 있다.

5. 한국 사회, 뒤르켐에게서 답을 구하다

연대와 소통이 강조되는 21세기 현대 한국에서 뒤르켐의 저서는 반드시 읽어보아야 할 가치가 있다. 세계화와 정보화가 급진전되고 사회적 불평등과 양극화가 심화되는 가운데 젊은층의 자살이 세계 최고 수준에 달해 있는 현대 한국에서 사회과학자들은 뒤르켐이 19세기 프랑스 사회를 염두에 두고 던졌던 이론적 질문과 대응에 좀 더 진지한 관심을 기울여야 한다. 민주화와 산업화로 특징지어지는 과속 근대화의 뒷면에서 심각한 수준으로 커가고 있는 부적응, 소외, 자기상실, 아노미의 상황 등은 21세기 한국 사회과학이 정면으로 대응해야 할 지적 과제들이다.

또 이상의 현상과 짝하는 권위의 약화, 상대주의의 진전, 다양성의 확장 등은 공동체의 사회적 기반이 무엇이어야 하는가에 대한 창조적 대응을 요구하고 있다. 뒤르켐은 자기 시대와 관련하여 '계약의 비계약적 기초'가 무엇인지 진지하게 고민했다. 어떤 절대적 가치도 용납되지 않는 다원주의적이고 상대주의적인 21세기 한국 사회에서 공동체를 가능케 할 정신적, 도덕적, 사회적 기반을 어떻게 찾을 수 있을지, 과연 그것이 적절한 질문인지 등을 캐물어야 한다. 사회 통합, 시민 종교, 도덕 교육 등에 대한 논의가 정치적 보수주의가 아닌, 21세기적 물음으로 재구성되고 성찰적으로 탐구되어야 할 것이다.[26]

마지막으로 현저한 비대칭성을 노정하면서 위태로운 관계를 유지하고 있는 남북관계를 미래지향적으로 통합해야 할 과제를 생각할 때 뒤르켐의 논의를 새삼 곱씹어보게 된다.[27] 그는 전통적으로 종교가 지녔던 신성한 공동체의 기반을 오늘날 '네이션nation'으로 표상되는 국민국가가 이어받았다고 보았다. 현재 한국 사회에서 국가는 어느 정도 신성한 도덕성을 체현하고 있는가? 통일의 주체로 상정되는 '민족'은 얼마나 통합적 윤리와 보편적 가치를 동반하는가?[28] 한국 사회는 어떤 원리 위에서 상호소통과 공동체적 연대를 실현하고 있는가? 통일 한국을 내다볼 때 우리는 어떤 도덕적 원칙이나 신성한 가치를 바탕으로 새로운 정치공동체를 구성할 수 있을 것인가? 이런 질문들은 뒤르켐에

---

26 김주만, "에밀 뒤르케임의 민주주의론: 개인주의, 소통, 그리고 사회적 삶," 『사회이론』 (2008 가을/겨울).

27 박명규, "남북관계와 비대칭적 분단국체제론," 『통일과 평화』 창간호 (서울대학교 통일평화연구소, 2009).

28 박명규, "네이션과 민족," 『동방학지』 (연세대학교 국학연구원, 2009).

대한 진지한 독서를 통해 좀 더 적실성 있는 과제로 재구성될 것이다.[29]

29 김종엽, "유대인 문제와 에밀 뒤르켐의 사회학," 『에밀 뒤르켐을 위하여』(새물결, 2001); 김종엽, 『연대와 열광』(창작과비평사, 1998); 민문홍, 『사회과학과 도덕과학』(민영사, 1994) 및 앞의 책; 박영신, 『실천도덕으로서의 정치: 바츨라브 하벨의 역사참여』(연세대학교출판부, 1999) 등은 그런 문제의식을 상당 부분 보여주고 있는 저작들이다.

참고문헌

Durkheim, Émile, 1895, *The Rules of Sociological Method*.

김종엽, 1998,『연대와 열광』, 창작과비평사.

———, 2001,『에밀 뒤르켐을 위하여』, 새물결.

김주만, 2008 가을/겨울, "에밀 뒤르케임의 민주주의론: 개인주의, 소통, 그리고 사회적 삶,"『사회이론』.

루이스 코저, 2002,『사회사상사』, 신용하·박명규 역, 시그마프레스.

민문홍, 1994,『사회과학과 도덕과학』, 민영사.

———, 2001,『에밀 뒤르켐의 사회학: 현대상 위기극복을 위한 새로운 패러다임을 찾아서』, 아카넷.

박명규, 2009, "남북관계와 비대칭적 분단국체제론,"『통일과 평화』창간호, 서울대학교 통일평화연구소.

———, 2009, "네이션과 민족,"『동방학지』, 연세대학교 국학연구원.

박영신, 1999,『실천도덕으로서의 정치: 바츨라브 하벨의 역사참여』, 연세대학교 출판부.

박형민, 2008, "자살행위의 '성찰성'과 '소통지향성,'" 서울대학교 대학원 사회학 박사 학위 논문.

———, 2010,『자살, 차악의 선택』, 이학사.

에밀 뒤르켐, 1994,『자살론』, 김충선 역, 청아출판사.

월터 리프만, 『여론』

Walter Lippmann, *Public Opinion* (1922)

언론은 참된 여론과 건강한 민주주의를 만들 수 있는가?

박승관
서울대학교 언론정보학과 교수

'민주주의'는 근대 이후 등장한 '대중'의 집단적 의견 체계, 즉 '여론'에 의하여 움직이는 새로운 정치 질서이다. 여론과 민주주의 사이에 존재하면서, 이들 양자를 상호 매개하고 조정하는 핵심 기관으로서 새롭게 출현한 것이 현대의 '언론'이다. 다시 말하면, 현대 정치는 〈대중〉-〈여론〉-〈언론〉-〈민주주의〉라는 네 가지 핵심단위가 상호 연결되는 새로운 축선을 따라 재정렬되었다. 그렇다면 이들 현대 민주주의의 네 가지 핵심 단위 각각의 '본질'과 그 단위들의 상호관련성을 이론적으로 구명하는 일이야말로 현대 사회과학 일반, 특히 언론학과 정치학의 근본 과제로 자연스럽게 제기될 수밖에 없다. 오늘날 대중에 대한 이해 없이, 여론에 대한 규명 없이, 언론에 대한 논의 없이, 민주주의에 대한 성찰 없이, 그리고 이들 네 요소의 상호 관계에 대한 조명 없이, 오늘의 사회를 분석하고 미래의 정치를 전망하는 현대 사회과학의 성립은 기대하기 어렵게 되었다.

현대 사회과학에 주어진 이러한 핵심 기본 과제를 최초로, 포괄적으로, 체계적으로, 그리고 이론적으로 다루어낸 저작이 다름 아닌 월터 리프만Walter Lippmann(1889-1974)의 『여론*Public Opinion*』(1922)이었다. 이 책은 20세기 초까지 간헐적이고 비체계화된 단상 수준에서 언급되는 데 머물렀던 여론의 본질을 일련의 정교하고 체계적인 개념틀에 따라 이론화하는 데 최초로 성공함으로써, 여론을 굳건한 사회과학적 키워드의 반열로 격상시켰다. 또한 여론의 모태인 대중의 본성을 사회심리학적으로 구명하고, 여론에 정보와 동력을 제공하는 현대 언론의 뉴스 생산 과정과 조직적 특성을 종합적으로 분석하였다. 이를 통해 20세기 초반, 대중 주도의 여론과, 언론에 기초하여 작동하는 현대 민주주의가 당면한 전면적 위기의 근본을 탐구하고, 재도약을 위한 현실적 처방과 대안을 적극적으로 제시하고자 하였다.

이 책 출간 90주년을 눈앞에 두고 있는 오늘날, 정통 언론학, 정치학은 물론, 민주주의 연구, 정치커뮤니케이션 연구, 여론 연구, 사회심리학 연구 등 여러 학문 분과에서 전개되고 있는 최첨단의 연구 주제마저도, 여전히 『여론』이 제시하고 있는 기본적인 사회과학적 '문제틀'의 범위 안에 놓여 있는 경우가 수없이 발견된다. 특히 현대 언론학이 다루고 있는 다기하고 방대한 쟁점 영역과 문제틀도 90년 전 『여론』이 발굴해낸 탁월한 개념적, 이론적 성과의 폭을 크게 벗어나고 있다고 주장하기는 어려울 것이다.

『여론』의 기여는 학문적 차원에만 머무는 것이 아니었다. 이 책은 20세기 전반 상업주의와 당파주의의 역사적 잔재를 여전히 극복하지 못하고 있었던 미국 언론을, 참된 '민주주의'를 보강할 수 있는 독립적 전문 기관으로 격상시키기 위한 도덕적, 철학적 기준과 원칙을 설정하는 데 크게 공헌하였다. '사실'과 '의견'을 엄격하게 구분하는 객관주의 언론의 출현을 위한 이론적 모형을 마련하였으며, 언론인의 전문직화professionalism에 선구적 영향을 남겼다. 리프만이 제공한 학문적 유산은 이처럼 값진 것이었으므로, 우리는 『여론』을 20세기 사회과학이 얻어낸 걸출한 '고전'으로 평가하는 데 인색할 수 없게 된다.

1. 영원한 언론인, 월터 리프만

리프만은 1889년 9월 23일 뉴욕 시의 부유한 독일계 유태인 가정에서 태어났다. 어려서부터 우등생이었으며, 회화, 조각, 음악, 건축, 문학 등 다양한 인문·예술 분야에 대한 자양분을 섭취하였다. 1906년 하버드 대학에 입학하여 철학, 언어, 역사, 문학, 예술, 경제학 등 다양한 인문사회과학 과목을 수강하였다. 사회적 모순에 눈을 뜬 그는 사회주의자가 되었으며, 1909년 하버드 사회주의 클럽Harvard Socialist Club 회장을 역임하는 한편, 『하버드 먼슬리*Harvard Monthly*』 편집에 참여하였다. 졸업 후 리프만은 대학원 진학을 포기하고 저널리즘과 정치에 입문하기로 결심하였다. 졸업 즉시 그는 보스톤의 『더 커먼*The Common*』지 기자로 취직하여 언론 활동을 시작하였으며, 곧이어 당시 명망 높았던 탐사저널리스트였던 링컨 스티븐스Lincoln Steffens의 조수로 『에브리바디*Everybody's*』 잡지에서 활동하면서 기자 훈련을 받았다. 그러나 1911년 뉴욕 주 셰넥타디Schenectady의 사회주의자 시장 조수로 취직하여 현실 정치 세계에 입문한 그는 사회주의자들의 지적, 현실적 맹목성과 무지를 목도하고 사회주의에 대하여 비판적인 입장으로 전환하게 되었다. 이후 리프만은 마르크스주의와 반동적 보수주의 중 어느 한 극단에도 머무르지 않는 점진적 개혁주의 노선을 취하게 되었다. 또한 정치 참여 경험은 리프만으로 하여금 자신이 공직자의 길, 현실 정치에 대한 직접적 참여의 길보다는 사회문제의 본질과 쟁점을 문필로 설파함으로써 인간의 정신세계에 변화를 추동할 수 있는 지적 활동의 길을 걷기로 결심하는 계기를 제공하였다. 이 당시의 경험과 성찰을 통하여 1913년 『정치학 서설*A Preface to Politics*』을 출간하였다.

그러나 1914년 연이어 출간한 『표류와 극복*Drift and Mastery*』에서는 사회 문제에 대한 궁극적 처방은 감정적 충동이 아니라 과학과 이성에 있으며, 과학이야말로 참된 '민주주의 훈련'이라고 단언하였다. 또한 이러한 과학적 훈련에 의하여 형성될 수 있는 새로운 전문가expert 집단의 출현을 요청하면서, 세계사적 표류의 물결에 휩싸인 현실 문제의 극복은 이들 전문가 집단에 맡겨질 때에만 가능하며, 이를 통해서만 사회는 고유의 목적을 달성할 수 있다고 주장하였다.

리프만은 제1차 세계대전이 발발하면서 세계사적 위기 문제, 미국의 국제 외교 문제에 눈을 돌리는 한편(Syed, 1963), 윌슨Wilson 대통령 재임 시절부터 미국의 정책 자문에 깊이 관여하였다. 각종 미국 정부 자문위원회에 참여하였으며, 1918년 대독일 전시 정치 선전propaganda 기관이었던 공공정보위원회Committee on Public Information에 직접 참여하였다. 이러한 전쟁 시기의 경험은 리프만에게 선전의 위력과 해악을 절감하게 하였으며, 선전의 힘 앞에 무력하게 포획되어 무릎 꿇고 마는 인간 존재의 본성과 자질에 대한 근본적 불신을 안겨주었다.

1919년 『뉴 리퍼블릭*New Republic*』 잡지 편집진에 참여하였고, 1920년 찰스 머츠Charles Merz와 함께 『뉴욕 타임즈*New York Times*』의 러시아 볼셰비키 혁명 보도에 내재한 왜곡과 편향을 분석하여 "뉴스의 점검*A Test of the News*"이라는 제목이 달린 부록으로 이 잡지에 발표하였다. 미국 언론에 대한 이러한 비판적 인식은 1920년 발간된 『자유와 뉴스*Liberty and the News*』라는 저작에서 더욱 확장되었다. 이 책에서 리프만은 미국 언론이 제공하는 뉴스가 진실truth이 아닌 신념belief에, 사실fact이 아닌 독선dogma에 의하여 지배되고 있다고 비판하면서, 이러한 폐단을 극복하기 위해서는 언론대학Journalism School의 활성화, 과학적 방법에 따른 언론인 훈련과 교육과정의 도입 등 대대적 언론 개혁이 필요하다고 갈파하였다. 그는 미국 언론과 정치의 근본 문제를 더욱 심층적, 포괄적으로 분석하기 위하여 1920년 아예 『뉴 리퍼블릭』을 사직하고 『여론*Public Opinion*』저술 작업에 착수하였고, 1922년 이 불후의 고전을 출간하였다.

그는 이후 뉴욕의 『월드*World*』지 논설위원이자 편집인으로서 절제되고 학술적인 논설을 선보여 넓은 독자층으로부터 인기를 누렸다. 『월드』가 폐간되고 나서 『뉴욕 헤럴드 트리뷴*New York*

Herald Tribune』으로 옮긴 1931년부터 30년간 신디케이트 칼럼「오늘과 내일*Today and Tomorrow*」을 일주일에 3회씩 집필하였으며, 이 칼럼으로 1958년과 1962년 두 차례에 걸쳐 퓰리처Pulitzer 상을 받았다. 1937년 뉴욕에서 워싱턴Washington, DC으로 이사한 뒤 미국 행정부 관료들과 폭넓은 친교 관계를 유지하였다. 그의 인지도와 영향력은 광범위했다. 미국 정가에서 리프만이 차지했던 비중이 매우 컸기 때문에 심지어 "1인 국무성one-man State Department"으로 비유되기까지 하였다. 어떤 국무성 관리는 거의 모든 아침 회의는 리프만의 최근 평론에 대한 토론으로 시작되었다고 언급할 정도였다. 그는 제2차 세계대전 이후 동서 양진영의 이념적 갈등을 표현하는 "냉전cold war"이라는 용어를 창안하였으며, 미국의 매카시즘, 한국전쟁, 베트남전 개입을 비판하였다.

그는 비록 대학원 과정을 마치지 않았지만, 그의 여러 저술은 대부분 매우 높은 학술적 가치를 지니는 것들이었다. 그는 여러 대학에서 명예 학위를 받았으며, 루즈벨트Franklin D. Roosevelt와 케네디John F. Kennedy 등 역대 미국 대통령들이 그에게 정책 자문을 요청하였다. 한평생 대학교수직이나 공직에 나서지 않고, 언론인으로서, 미디어 비평가로서, 철학자로서 살았던 리프만은 1974년 12월 14일 뉴욕에서 85세의 생애를 마쳤다.

2. 여론의 사회과학적 본질

리프만의 『여론』이 담고 있는 이론적 질문은 과연 20세기 초 현대 민주주의가 처한 위기의 근원은 무엇이며 그것은 또 어디에 존재하는가 하는 것이었다. 앞에서 언급하였듯이 리프만은 그 자신의 경험을 통하여 당시 미국 사회와 학계에 팽배하던 진보와 발전에 대한 전통적 낙관주의에 관해 깊이 회의하게 되었다. 전통적 낙관주의는 실용주의, 도구주의, 경험주의 철학과 결합되면서 당시 미국의 사회와 언론에 대해서도 온전히 적용되고 있었다. 인민에 의한 지배government by the people 원칙에 따라 여론이야말로 민주주의의 제1차적 동력으로 추앙되었으며, 언론은 민주주의의 파수견watch-dog으로서 숭고한 지위를 인정받고 있었다.

그러나 리프만은 미국의 실제 정치 세계의 구체적 현실은 이와 같은 민주주의의 이상으로부터 너무나 동떨어져 있다는 것을 절감하게 되었다. 자신이 파악한 미국 사회의 현실은 현대 민주주의의 토대 자체의 붕괴 또는 위기를 말해주고 있었다. 그는 자신의 풍부한 경험, 즉 직접적 언론 활동, 현실 정치 참여, 전시 정치 선전 활동을 통하여, 현대 민주주의의 취약성은 두 가지 원천에서 기인한다고 확신하게 되었다.

첫째는 현대의 새로운 정치 주체로 등장한 대중the mass의 능력과 자질의 문제였다. 민주주의의 이상, 즉 '국민에 의한 지배'가 실현되기 위해서는 공공 사안에 대하여 충분한 지식을 갖춘informed, 이성적이고rational, 개명된 공중enlightened public의 존재가 전제되어야 한다. 그러나 리프만은 민주주의가 의존해야 할 대중이 인간적 충동, 욕망, 편견에 휘둘리지 않는 자기 정화 능력을 가진 합리적 공중이 아니라, 공공 사안에 대하여 무지하고 무관심하며 선전에 손쉽게 속아 넘어가는 무능력한 집단에 불과한 것으로 이해하였다. 현대 사회 자체가 이전과는 달리 지나칠 정도로 복잡해졌으며, 그 어떤 사람도 사회가 어떻게 돌아가는지 알 수 없는 지경에 이르렀다. 그렇다면 정화되지 않고, 계몽되지도 않은 대중의 여론, 집단적 동의야말로 현대 정치가 노정하는 문제의 근원이 아닐 수 없게 되었다. 둘째, 리프만에게 대중의 여론이 가진 고질적 문제와 상호 관련되어 있는 또 하나의 문제는 바로 그 자신이 몸담고 있었던 언론 자체였다. 그는 현대 정치와 관련된 여러 제도 또는 기관 중에서도 언론만큼 이러한 대중의 무지와 무능에 직접적 책임을 져야 할 존재는 없다고 보았다. 언론이 대중의 합리적 여론 조성을 보조하기 위해 명료하게 해석된 '사실'이 아니라 왜곡된 선전만을 제공하고 있는 한, 현대 민주주의의 위기는 다름 아닌 언론의 위기와 동일하다는 것이었다. 공중의 개명된 동의enlightened consent에 의존한다는 민주주의의 이상은 소멸하고, 그 대신 언론이 제공하는 왜곡된 정보, 편향된 뉴스, 자의적 평론에 휘둘리는 대중의 조작된 동의manufactured consent만이 현실 정치를 지배하고 있다고 보았다.

결국 이들 두 가지 문제는 현대 민주주의에서의 대중적 동의의 문제, 즉 여론의 문제로 귀결된다고 말할 수 있다. 여론의 본질은 무엇인가? 대중은 과연 합리적 여론의 형성 주체가 될 수 있는가? 만일 아니라면, 이러한 대중의 무능력은 어디에서 기원하는가? 그것은 인간의 본성에서 기인하는가, 아니면 인간 외적 제도상의 문제로부터 연원하는가? 대중의 합리적 여론 형성을 지원하기 위해서는 어떠한 제도적 장치가 마련되어야 하는가? 대중적 여론 형성의 토대인 정보와 뉴스를 제공하는 '언론'이라는 현대적 제도는 어떠한 본질적 결함 또는 한계를 지니고 있는가? 현대 언론은 과연 민주주의 기관으로서 자격을 갖추고 있는가? 언론은 정녕 민주주의의 파수견 역할을 온당하게 수행하고 있는가? 참된 여론의 형성을 위하여 대중들의 정보 원천을 어떻게 보호해야 하는가? 만일 언론이 민주주의의 기관으로서 근본적 흠결을 지니고 있다면, 언론은 어떻게 개혁되어야 하며, 언론 이외의 어떠한 외적 권위에 정보 제공의 책무를 맡길 수 있는가? 민주주의라는 현대적 정치 질서의 건강을 유지하기 위해 대중의 정치 개입은 어떠한 선까지 용인되어야 하며, 어떠한 방식으로 실현되어야 하는가?

이러한 질문들에 대한 리프만의 답변은, 오늘날 대중의 여론은 참된 '사실'과 '실제'에 근거하는 것이 아니라, 단지 "그들 머릿속의 그림"에 대한 반응에 불과하다는 것, 그리고 이 그림은 현대의 언론에 의하여 형편없이 왜곡된 것에 불과하다는 것이었다. 올바른 정보를 제공받지 못하고, 능력마저 부족한 대중에게 현대 정치의 복잡다기하고 구체적인 문제들을 이끌어갈 합리적 여론 형성 능력을 기대할 수는 없으며, 오직 과학적 훈련을 통하여 양성된 전문가 집단과 조직된 정보 조직organized intelligence만이 이러한 임무를 수행할 수 있다고 파악하였다.

리프만의 『여론』은 이와 같은 현대 민주주의의 근본적 쟁점들을 체계적으로, 종합적으로, 학술적으로 천착한 효시적 의미를 가진 저작으로서 20세기 사회과학사에 굳건한 위치를 지켜나가고 있다. 리프만만큼 인간의 본성, 대중, 민주주의 관련 제도, 특히 언론에 대하여 근본적인 철학적 회의를 체계적으로 전개해낸 사람은 없었다. 또한 앞에서 언급했듯 리프만 자신이 대학원 과정을 마친 전문 학자는 아니었지만, 이 저서 전반을 거쳐 정교한 개념화와 체계적인 이론화를 시도하였으며, 역사, 철학, 정치학의 여러 고전, 현대 심리학의 연구 결과, 실제 사례와 참고 문헌을 풍부하고 정확하게 인용하면서 수많은 각주와 색인을 제공하는 등 이 책의 학술적 가치를 높이고 있다. 또한『여론』이 제기하고 분석한 이론적 쟁점과 성과는 21세기 현대 언론학, 정치학, 심리학의 연구 과제로 여전히 승계되면서 그 선구적 영향력을 유지해 나가고 있다.

3. 민주주의와 언론의 위기, 그 해결책

리프만의『여론』을 구체적 목차와 서술 전개 과정에 의존하지 않고 재구성해보면, 이 책의 탐구 주제는 〈대중〉-〈여론〉-〈언론〉-〈민주주의〉 축선상의 각 매듭과 관련된 네 가지 문제라고 축약할 수 있다. 또는 두 가지 문제, 즉 첫째, 대중이 주도하는 여론의 문제, 둘째, 민주주의 기관으로서 언론의 취약성으로 요약할 수도 있다.

『여론』은 이러한 탐구 주제들을 다시 네 층위에서 논의, 분석하고 있다.

첫째, 여론의 한계를 유발하는 '외부적 제약 요인'을 본격적으로 논의하고 있다. 외부적 제약 요인은 다시 세부적으로 (1) 대중의 '사실fact'에 대한 접근이 얼마나 어렵고 제한적인가, (2) 그 결과 '현실reality'에 대한 대중의 이해는 얼마나 심각하게 왜곡되기 쉬운가, (3) 언론은 이러한 왜곡을 어떠한 방식으로 조장하는가 하는 문제로 나누어진다.

둘째, '내부적 제약 요인'으로서 인간 고유의 심리 체계를 분석하고 있다. 구체적으로는 인간 의식 세계 속에 잠재하는 이미지images, 선유관념preconceptions, 편견prejudices의 지배적 힘을 설명하고, 이러한 정신적, 심리적 요인이 인간의 주의 분배attention allocation와 인식vision 자체에 미치는 영향력을 논의하며, "스테레오타입stereotype"이라는 리프만 자신이 창안한 개념을 제시한다.

셋째, 민주주의 기관으로서 언론이 가지는 한계와 취약성을 체계적으로 분석한다. 이 부분은 다시 언론이 생산하는 뉴스의 본질적 한계에 대한 분석과, 언론 조직의 특성 및 뉴스 생산 과정을 둘러싼 여러 가지 제약 요인에 대한 논의로 나뉜다.

넷째, 현대 언론의 한계를 극복하기 위한 리프만 나름의 대안과 해결 방안을 모색하고 있다. 합리적 대안으로서 독립적 전문가 조직independent expert organization의 형성, 사회과학의 역할과 과학적 훈련의 중요성, 그리고 현대 언론에게 부과할 새로운 지위와 임무가 상술된다.

『여론』은 총 8부로 구성되어 있다. 제1부 「서론」에서는

'과연 인간은 환경을 항상 올바로 파악해낼 수 있는가?'라는 기본 질문이 제기되고 있다. 인간이 목도하는 '현실reality'은 객관적 현실과 주관적 현실로 구분되는 것이며, 이들은 본질적으로 상이하다는 것이다. 그러므로 '있는 그대로의 세계'와 '인간에게 알려진 세계,' '사실 또는 진실'과 '허구fiction, 관념ideas, 재현representation,' '직접 경험'과 '간접 지식,' '실제 환경'과 '유사 환경pseudo-environment'사이에도 근본적 격차가 발생하게 된다.

문제를 더욱 어렵게 만드는 것은 현대 사회에서 '실제 환경'은 너무나도 넓고, 크고, 복잡하며, 유동적이고, 모호하고, 다채로우며, 예측 불가능할 뿐만 아니라 인간의 직접 경험이 불가능한 도달불능의 원거리에 존재한다는 것이다. 실제 현실에 대한 대중의 접근, 파악, 이해가 불가능하다는 문제는 민주주의의 고전적 이상의 실현을 방해하는 조건으로 작용한다.

제2부 「외부 세계에 대한 접근」은 인간의 외부 환경에 대한 접근이 불가피하게 제약과 한계에 직면할 수밖에 없음을 논의한다. 현대 사회에서 정보 접근을 방해하거나 왜곡하는 요인으로는 직접적 검열, 프라이버시 문제, 선전이 대표적이다. 이로 인하여 현대인은 오직 특수한 관점과 특정 문구에 끝없이 반복 노출되면서 세뇌될 수밖에 없다. 또한 정보의 자유로운 유통과 교환이 저해되거나 직접 접촉의 기회가 제한되기도 하고, 인간의 사회적 지위에 따라 보고, 듣고, 읽고, 경험하는 세계가 계급적으로 차별화되기도 하며, 인간의 모방 또는 군중herd 욕구에 의하여 확장된 정보 접근이 제약되기도 한다. 그 밖에도 시간 요인과 주의배분상의 제약이 작동하고, 언어, 문자상의 왜곡과 모호

성이 항상 작용할 수 있다. 결론적으로 인간이 실제 세계에 대한 명료하고 정확한 인식, 적절한 확인 과정을 확보하기는 진정 어렵다는 것이다.

제3부「스테레오타입」에서 리프만은 그의 핵심적인 공헌 중 하나라 할 수 있는 "스테레오타입stereotype" 개념을 체계적으로 개발하고 설명한다. 인간의 심리적 지각 과정이 보이는 한 가지 중요한 편향은 "보고 나서 정의first see and define"하기보다는 "정의하고 나서 본다define first and then see"는 것이다(p. 81). 인간 지각은 문화적, 사회 계층적, 습관적으로 미리 정의되고 결정되는 경향이 있기 때문에 '사실'이라는 것마저 객관적·외부적으로 주어지는 것이 아니라 개인의 심리 작용에 의하여 주관적·선별적으로 창조되는 것에 불과하다. 인간은 현실 인식 과정에서 그의 표준화된, 습관화된, 그리고 미리 정의된 스테레오타입의 힘을 극복할 능력이 없다는 것이다. 그러므로 인간은 직접 관찰보다는 타인의 설명에 높은 타당성을 부여하고, 직접 체험보다는 공상을 더 신뢰하는 경향을 나타내게 된다. 스테레오타입이 곧 '현실'이 되고, '틀frames,' '패턴patterns,' '공식formula'이 인간 정신세계와 현실 판단을 지배하게 된다.

스테레오타입은 인간 존재의 굳건한 토대로 존재하기 때문에 누군가 이것을 의심하거나 해체하고자 하면 완강한 저항에 봉착하게 된다. 물론 스테레오타입도 변화해 나갈 수도 있지만, 일반적으로 스테레오타입에 대한 공격은 우주의 토대에 대한 공격과 동일하게 인식되기 때문이다. 스테레오타입은 인간이 익숙해지고 길들여진 고정관념으로 맹목적 자동반응을 유발하기 때문에, 그 앞에서 인간은 '과연?'이나 '왜?'와 같은 의문을 제기할 수 없다.

스테레오타입은 지각 과정을 지배하는 선별 체계이며, 인간이 어떤 사실을 어떠한 각도에서 바라볼 것인가를 결정하는 지각의 방식a way of seeing이다. 인간은 외부 현실을 지각, 판단할 때 현실을 최대한 쥐어짜내어 과장적으로 자신의 스테레오타입과 부합시키려 하고, 부합되지 않는 부분은 암흑의 세계로 폐기하고자 한다. 스테레오타입의 세계는 흑백논리의 세계이며, 모든 현실은 전면적 악 또는 전면적 선 중 어느 한쪽으로 확연하게 양분되는 세계이다. 스테레오타입의 작동에 의하여 현실계의 증거들 중 특정한 것만이 선별적으로 채택되기 때문에, 과연 무엇이 '실제' 또는 '진실'인지도 모호해진다. 스테레오타입의 세계에서 '진실'은 설 자리를 잃는다.

리프만의 스테레오타입 개념은 그가 최초로 창안한 사회심리학적 개념이기도 하지만, 단순한 심리학적 차원을 넘어서 인간 문명 전반에 두루 적용될 수 있는 보편적 개념이기도 하다. 즉 전통, 습관, 관념, 종교적 신념, 문화적 요소들도 스테레오타입으로 설명될 수 있다. 가령 '진보'나 '성공' 등 현대 사회에서 일반적으로 통용되는 상식적 가치들도 사실은 스테레오타입의 일종으로 볼 수 있다. 그렇기 때문에 리프만의 스테레오타입은 단순한 심리학적 편향이라는 좁은 의미를 넘어서 인간의 존재 방식이며 문명사적 토대와도 직결된다. 또한 리프만의 스테레오타입은 보통 수준의 교육을 받은 평범한 인간에게서만 발견되는 것이 아니다. 리프만은 고등 교육 과정을 이수한 훈련된 전문 학자들마저도 예외 없이 스테레오타입의 힘에 휘둘린다는 사실을 보여주는 연구 성과를 인용하고 있다.

제4부「이익」에서는 개인적 이익이 인간의 정치적 의견과 행동에 영향을 미치는 것은 사실이지만, '이익'이라는 것마저도 궁극적으로는 '객관적'으로 결정되는 것이 아니라 스테레오타입이라는 심리학적, 인지적 과정에 의하여 구성되는 '주관적'인 것이라는 점이 설명되고 있다. 사회주의적 정치관에 의하면 인간의 경제적 이익은 자기 자신의 계급적 지위라 하는 객관적 조건에 의하여 자동적으로 결정된다. 그러나 리프만에게는 이러한 사회주의적 이익 개념은 잘못된 것이다. 사회주의 이론에 따르면 동일한 사회계급적 위치에 놓인 인간들은 동일한 '이익' 관념을 형성하여야 마땅할 것이다. 그러나 실제의 인간은 동일한 외적 조건 속에 놓이더라도 개개인마다 전혀 다른 각자만의 이익 관념을 형성할 수 있다. 그 이유는 이익이라는 것 역시 하나의 주관적, 심리적, 상징적 구성 과정의 결과물에 다름 아니기 때문이다. 인간은 공적 사안과 관련된 연설, 헤드라인, 영화, 만화, 소설, 그림 등 매개와 재현을 끊임없이 외부로부터 공급받는다. 외부적 상징체계에 접한 한 인간이 자신의 어떤 속성과 그것을 어떤 이유로든 동일시identification하거나 그것에 감정이입empathy을 보이는 순간, 이러한 상징체계에 담긴 어떤 관념이나 아이디어는 온전히 그 자신의 것이 되고 만다.

상징체계들은 인간의 관심과 몰입을 손쉽게 유발하기 위하여 흔히 갈등, 흥분, 서스펜스, 승리 같은 동일시 촉발 요인들을 담고 있다. 즉 바람직한 것과 나쁜 것, 현실적인 것과 비현실적인 것, 선한 것과 악한 것 사이의 도식적 구분이라는 스테레오타입을 담고 있다. 정치 이데올로기도 이와 동일하다. 그 안에는 실제 세계의 어떤 측면을 집적하는 절대악의 그림(예컨대 독일의 침공, 계급 갈등)이 제공되고, 이미 친숙한 어떤 관념과 부합되는 현실 측면에 대한 매우 그럴싸한 서술이 있으며, 현실의 잔혹성과 미래의 영구적 행복은 극단적으로 대비된다. 인간악, 사회악의 모든 측면은 악의 편에 독점적으로 배치된다.

공공 사안에 관한 상징물에 담긴 이러한 포뮬라formula에 노출된 인간은 그 자신 안에 자리 잡은 어떠한 내적, 심리적 패턴을 통하여 이해하게 되고, 외부 환경에 관한 이야기를 자신의 사적 생활의 닮음꼴 또는 확장이라고 인식하게 된다. 한 개인의 이익은 이와 같은 심리적 과정, 즉 스테레오타입의 작용에 의하여 정의된다. 이처럼 리프만은 이익이라는 것도 심리적, 인지적 작용의 결과로 얻어지는 것이며, 객관적, 고정적 방식으로 존재하는 것이 아니라고 함으로써 사회주의 경제결정론과 기계론적 인간관을 극복하고자 하였다.

제5부 「공동 의지의 형성」은 개인의 관념이 집단의 '공동 의지common will'로 전환되는 과정을 다루고 있다. 즉 어떠한 방식으로 개인의 주관 세계, 즉 머릿속 그림이 확장되어 넓은 외부 환경과의 동일시가 발생하는가, 어떠한 과정을 거쳐 수많은 인간이 각자의 사적 이해를 넘어서서 공동 의지 또는 공중 여론을 형성하는가 하는 문제를 설명하고 있다.

여기에서도 리프만은 언어와 상징의 역할에 주목하였다. 정치 언어와 상징이 반복적으로 활용되면서 개인의 의식을 통합적으로 묶어내는 '결합자binders'로 작용하고, 그 결과 한편으로는 인간들 사이에 스테레오타입이 확산되고 집단적 유대가 형성되어간다. 일단 공동의 유대common bond가 확립되고 나면 이것은 전체 사회집단의 순응을 강요하는 규범적 권위를 행사하게 되고, 드디어 공동 의지라는 결정체가 응결된다. 즉 개인의 사적 이익이 공동 의지라 하는 집단적, 공동체적, 보편 이익으로 흡인되고 개인적 의견이 공동의 여론에 권위를 위임하게 되는 대전환, 즉 '이익의 전이transfer of interest'가 발생한다.

정치 상징을 제공하고 그것에 강력한 권능을 부여할 수 있는 자격은 사회 일반에 평등하게 분배되지 않는다. 오직 정치 체계의 극소수 핵심 세력inner circle, 의사 결정 체계에서 고도의 전략적 위치를 점유하는 엘리트에게만 이러한 자격이 주어진다. 정치 세계의 구체적 작동과 의사 결정은 극소수the Few 또는 오버소울Oversoul에게 독점적으로 장악되고 절대다수the Many 또는 대중에게는 자신들의 미묘하고 섬세한 의견을 상세하게 표현해 낼 어떠한 기회도 직접적으로 주어지지 않는다. 그들에게 주어지는 행동 또는 의사 표현의 기회는 오직 투표장에서의 찬성Yes 또는 반대No 기표라는 이분법적 선택으로 제한된다.

이처럼 현대의 정치 현실이 가지는 미묘성과 복잡성에 비하여 대중에게 주어지는 의사 표현의 기회는 매우 도식적이고 단순하다. 현대의 대중은 감정에 물씬 젖은 정치 상징에 포위되어 있다. 감정적 상징의 동원은 대중의 마음을 사로잡기 위한 정치 통합의 기술이다. 정치 상징들의 감정적 소구에 포획된 대중은 손쉽게 '군중the crowd'으로 탈바꿈한다. 감정을 매개로 하여 전체 대중의 단결이 이루어지고, 그들의 결집은 정치적으로 이용된다. 리프만은 현대 대중이 소수 엘리트의 상징 조작에 의하여 여론을 결집하고 동의를 형성하는 한, 이러한 대중적 "동의의 제조manufacture of consent(p. 248)" 자체가 민주주의의 토대가 아닌 해악이라고 파악하였다. 이 경우의 대중적 동의는 합리적이고 개명된 여론일 수 없다고 보았기 때문이다.

제6부 「민주주의의 이미지」에서는 앞에서의 인간의 본성과 여론의 한계에 대한 논의를 토대로 현대 민주주의가 당면한 위기 문제를 본격적으로 검토하고 있다. 리프만 이전까지 '여론'을 민주주의의 기본 동력으로 파악하는 견해는 정치 이론에서 당연시되고 있었다. 그러나 여론에 대한 본격적인 학문적 논의는 시도되지 않고 있었다. 특히 여론의 원천과 여론 형성의 과정에 대한 연구는 결여되어 있었다. 그러나 "인민의 소리는 하늘의 소리vox populi, vox dei"라는 믿음, 여론에 의한 지배가 참된 민주주의라는 신념은 이들 자체가 하나의 스테레오타입에 불과하다는 것이 리프만의 견해였다. 그는 초기 민주주의자들의 신념, 즉 대중에 의하여 자율적이고, 이성적 판단이 형성될 수 있으며, 따라서 대중에 의한 자치self-governance가 최고 형태의 정치 체제라는 믿음은 대중이 자신의 외부 환경에 대한 적절한 지식과 정보를 확보할 수 있었던 그리스 도시국가 등 소규모 공동체에서나 적용가능하다고 믿었다. 리프만에 따르면 현대의 복잡다기한 정치 환경에 대한 대중의 정보와 지식이 충분히 확보될 수 없는 현실 조건 속에서 대중에게 중요한 정치적 의사 결정을 맡긴다는 것은 민주주의의 실패를 불가피하게 만든다는 것이다. 통치의 권능을 부여받기

위해서는 세계에 대한 지식의 확보가 전제되어야 하기 때문이다.

리프만은 민주주의 제도는 대중에게 정치 환경에 대한 적절한 지식 제공 수단이 결여된 상황에서 대중의 투표라는 도식적 결과에 의사 결정을 맡기는 자기모순에 봉착하게 되었다고 보았다. 현실적으로는 오히려 소수에게 의사 결정을 독점적으로 위임하고 다수는 맹목적으로 순종하는 정치 제도가 더욱 현명한 통치를 결과할 수도 있다는 것이다. 의회 중심의 대의 민주주의 체제를 채택하고 있는 미국 정치에서 의회는 단지 방대한 미지의 정치 세계에 대해 무지한 맹인의 집단에 불과하며, 세상이 어떻게 돌아가고 있는지를 의회가 직접 파악할 수 있는 어떠한 체계적인 방법도 존재하지 않는 것 또한 미국 민주주의가 가진 취약성의 한 측면이라고 리프만은 파악하였다.

이와 같은 현실 분석이 리프만에게 주었던 교훈은 외부 환경에 대한 적절하고 충분한 보고 또는 정보 제공이 민주주의의 활성화를 위하여 얼마나 중요한가 하는 각성이었다. 그는 전통적 민주주의 이론은 통치권의 궁극적 기원 또는 출처를 어디로 볼 것인가 하는 질문만을 중시한 나머지 통치의 과정이나 결과에 대해서는 무시하고 있다고 보았다. 이러한 현실을 타개하기 위한 대안으로 리프만은 전문가 집단의 양성을 통하여 비가시적 현실 세계에 대한 진실된 정보, 충실한 기록, 객관적 평가의 보급을 도모해야 함을 제시했다.

제7부「언론」에서는 여론 형성 과정에서 언론이 차지하는 중요성과 역할을 본격적으로 논의하고 있다. 대중의 여론이 외부의 도움 없이 자율적으로, 자연발생적으로 형성되는 것이

아니고, 비가시적 외부 세계에 대한 정보 부재의 상황에서는 건강한 여론이 형성될 수 없다는 사실을 바로 인식한다면, 언론의 역할에 대한 학술적 탐구가 얼마나 긴요한지 자명해진다. 언론이야말로 불가시적이며 경험 가능한 세계 밖에 존재하는 외적 환경과 공중 사이의 상호 접촉을 실현시키는 현대의 핵심 수단이며 제도이기 때문이다. 그러나 리프만 이전의 전통 정치학에는 언론 연구가 부재한 상황이었다.

이러한 인식을 바탕으로 첫 번째로 제기되는 질문은 과연 현재의 언론이 불가시적 외부 세계에 관한 진실한 그림을 제공해 주고 있는가 하는 물음이었다. 이 질문에 대한 리프만의 대답은 전적으로 부정적이었다. 그의 이러한 답변은 언론이 보도하는 뉴스의 본질에 대한 부정적 인식에 기반을 둔 것으로, 리프만이 파악한 뉴스의 취약성은 크게 세 가지 측면으로 나누어 볼 수 있다.

첫째, 언론인 또는 언론사의 취재 능력과 조건상의 한계이다. 취재되어야 마땅할 대상이나 주제는 광범위한 데 반하여 취재의 능력과 조건은 극히 제한되어 있으며, 언론인이 접근할 수 있는 장소와 접근권, 언론인의 지식과 시간도 극히 제한되어 있다는 것이다.

둘째, 언론의 뉴스 가치 판단 기준 등 취재 관행과 언론 조직상의 문제점들도 간과할 수 없다. 그러한 문제점들로는 현실의 '과정'에는 주목하지 않고 오직 외부적으로 드러난 행동이나 사건 등 '결정적인 어떤 것'만 강조하는 뉴스 선별 기준 문제, 관급 보도와 공적 권위에 대한 지나친 의존, 언론인이 자신의 직접적 경험 밖에 있는 세계를 취재하여야 한다는 점에서 발생하는 문제, 지면 제약의 문제, 편집인이 현장을 직접 목도하지 않고 스테레오타입과 표준화된 관행에 따라 사안을 평가하고 기사를 작성함으로 인해 유발되는 문제, 적절하고 정확한 관련 자료의 빈곤 문제, 통신사와 홍보에 의존하는 관행상의 문제 등 여러 가지 요인이 설명되고 있다.

셋째, 믿을 수 있는 정보 제공 기관이 존재하지 않는다는 문제이다. 현실에 대한 신뢰성 있는 정보 제공을 담당할 공평무사한disinterested 조직이 부재함으로써 '사실'이 뉴스가 되지 못하고, 오직 외향적 행동이나 표면적 증상만이 뉴스 지면을 장식하고 있다는 것이다.

이와 같이 언론이 제공하는 뉴스 자체가 근본적 흠결과 편향을 내포하고 있는 데도 불구하고 언론은 여전히 대중의 여론을 창조하는 강력한 힘을 발휘하고 있다는 것이 현대 민주주의 위기의 본질임을 리프만은 역설한다. 리프만이 지적하는 언론의 취약성은 업튼 싱클레어Upton Sinclair 등 폭로 저널리스트muck-raker가 파악한 바처럼 언론이 전면적으로 사악하거나 고도의 의도적 음모에 의하여 통제되기 때문이 아니라, 뉴스 자체의 본질적 한계에서 비롯되는 것으로 파악되고 있다는 점을 주목할 필요가 있다.

그리하여 리프만은 '뉴스news'와 '진실truth'은 서로 다른 것으로 엄격히 구분되어야 한다고 주장하게 되었다. 뉴스의 역할은 단지 어떤 사건을 지목해주는 것에 불과한 반면, '진실truth'의 기능은 숨겨진 이면의 사실에 불빛을 비춤으로써 이들 사이의 관계를 설정해 주는 것이라고 보았다(p. 358). 현대 언론은 민주주의의 토대로서 수준 높은 여론 형성을 위한 지식과 정치 세계에 관한 신뢰할만한 '기록record' 제공 역할을 수행하지 못하고 있다고 지적하였다. 언론은 외부의 독립적 기관이 제공해준 기록만을 겨우 보도할 수 있을 뿐이며, 그 나머지 언론이 제공하는 것은 모두 '주장argument'과 '의견opinion'에 불과하다는 것이다(p. 361).

리프만의 관점에서 보면 현대 정치의 비극은 바로 이 점에서 비롯된다. 뉴스의 본질 자체가 이처럼 뿌리 깊은 한계를 안고 있다면 언론이 대중적 통치력을 지원할 수 없다는 것은 자명하기 때문이다. 언론의 한계에 관한 한 리프만의 진단은 극도로 비관적이다. 그는 언론이 민주주의의 기구로서 "현재 실패하고 있으며, 실패하지 않을 수 없도록 되어 있으며, 미래에도 계속 실패할 수밖에 없을 것(p. 362)"이라고 진단하였다. 따라서 사회에 대한 기록의 임무도 언론에게 맡겨서는 아니 되며, 별도의 독립적인 사회 기관 또는 조직에 의한 기록이 언론에 제공될 때에만 '뉴스의 질' 역시 높아질 수 있는 것으로 파악했다.

제8부 「조직된 정보」는 이 책의 결론 부분에 해당하는 것으로, 리프만 나름의 대안과 해결 방안을 모색하고 있다. 언론의 본질적 흠결을 극복하고 민주주의를 구원할 수 있는 대안은 무엇일까? 리프만은 일차적으로 '훈련된 전문가' 집단의 역할에서 해결의 실마리를 찾았다. 과학자, 전문 연구자, 사회분석가의 훈련된 능력에 주목하고, 이들을 언론을 대신하여 복잡한 현실 세계에 대한 객관적 파악을 대중에게 제공할 수 있는 새로운 매개자로 인정하였다.

리프만의 이러한 인식은 20세기 초반 새롭게 발전을 거듭하고 있었던 사회과학의 연구 성과와 방법론에 대한 깊은 신뢰에서 비롯되었던 것으로 보인다. 특히 리프만은 새로운 과학적 탐구 기법의 발전을 통하여 사회현상, 정치현상마저도 객관적 기준과 절차의 적용을 통하여 그 본질이 구명될 수 있을 것으로 전망하였다. 또한 어떠한 사건이 발생하고 난 이후에 그것을 특정한 이론적 틀을 덧씌워 설명하는 예전의 낙후된 방식에서 벗어나, 보다 적극적으로 사회적 '사실'을 찾아내고 조직하는 능동적 분석이 과학적 마인드와 훈련을 겸비한 새로운 전문가 집단에 의하여 추진될 수 있을 것으로 기대하였다. 이에 리프만은 현대적 사회과학에 대하여 현실적 문제의 분석과 해결을 위한 실용적 개입practical engagement을 요청하기에 이르렀다. 당시까지 언론에 맡겨졌던 대중과 환경 사이의 매개 역할을 전문가에게 위임하여야 한다는 것이 그의 처방이었다. 전문가들은 사적 시민과 비가시적 외부 정치 환경 사이를 연결시키기 위해서 객관적 자료와 사실을 수집·제공하는 임무를 맡아야 한다는 것이었다.

리프만이 제시하는 두 번째 대안은 전문가 집단을 결집하여 사회 부문마다 일종의 '정보 조직intelligence bureau'을 중층적으로 만들어 내고 이들을 서로 연결시키는 네트워크를 조성하는 것이다. 여기에서 전문가들에게 주어진 임무는 현실 분석을 통하여 사실을 해석하고, 단순화하며, 일반화하는 일이다. 이러한 중대한 임무를 떠맡는 참된 전문가에게 필요한 자질은 '초연함detachment'이다. 즉 참된 전문가는 어떤 경우에도 현실을 분석, 탐구할 뿐, 현실에 직접적으로 참여하거나 의사 결정 과정에 개입하려 해서는 안 된다는 것이다. 의사 결정 과정으로부터의 분리를 통해서만 전문가는 편향과 사심의 개입을 벗어나 중립적이고 객관적인 현실 분석과 사실 획득에 주력해 나갈 수 있고, 지식을 조합하는 역할과 정책을 집행하는 역할 사이에 엄격한 분리가 실현될 때 최상의 결과를 얻을 수 있다고 리프만은 조망하였다. 특히 리프만은 전문가가 정책의 결정에 개입하면, 그 순간부터 그의 권위는 평가절하되기 시작한다고 보았다. 왜냐하면, 전문가가 실제 정책 결정에 관여하는 순간부터 그는 자신이 보기 원하는 것을 보기 시작하게 되고, 바로 그 사실 때문에 그가 보아야 할 것을 바로 볼 수 없게 되기 때문이다(p. 382).

전문가의 참된 역할은 보이지 않는 것을 보여주는 일이다to represent the unseen. 그가 보여주는 것은 시야 바깥에 존재하는 사건, 명료하지 않은 현실, 침묵하는 사람, 아직 태어나지 않은 국민, 사물과 인민 사이의 관계 같은 것들이어야 한다. 또한 그는 무형적 실체의 대변인이어야 한다constituency of intangibles(p. 382). 보이지 않은 것들을 보이게 함으로써 정책결정자들에게 새로운 관념과 이해를 제공하고, 궁극적으로 의사 결정에 영향을 미칠 수 있게 된다. 그러므로 '연구investigation'와 '집행execution'은 완전하게 분리되어야 하며, 전문가가 실제의 의사 결정 과정에 초연함을 유지할 때에만 전문가의 힘과 권위도 유지될 수 있다(p. 382)는 점을 리프만은 강조하였다.

리프만이 진정한 전문가에게 요청하는 이와 같은 도덕적 자질과 지적 태도는 1929년 발간한『도덕론 서설*A Preface to Morals*』에서 그 배경을 더욱 자세히 파악할 수 있다. 이 책에서도 반복 강조하는 것은 현실 세계의 정치, 행정의 세부 사항과 구체적인 정책 입안은 대중이 직접 감당할 일이 아니기 때문에 오직 잘 훈련된 전문가 집단에 이러한 과제를 위임해야 한다는 것이다. 그러나 여기에서 몇 가지 의문이 제기될 수 있다. 과연 이러한 전문가 집단은 어떠한 인간으로 구성되는가? 전문가 집단은 또 하나의 지배 엘리트 집단에 불과하지는 않은가? 이들은 과연 대중의 특성인 편견과 무지로부터 해방된 존재인가? 단순한 지적 교육 과정을 통해서 이러한 전문가 집단을 양성할 수 있는가, 아니면 정규 교육 과정 이외의 어떠한 특수한 교육이나 훈련이 추가로 필요한가?

리프만은『도덕론 서설』에서 이상적 전문가의 상을 "이성적, 문명적 인간rational, civilized man" 또는 "성숙된 인간mature man"으로 제시하고 있다. 이러한 인간형은 명징하고 조화로운 지적 사유 능력을 구비하고 있을 뿐만 아니라, 일종의 '상위 법higher law'에 대한 헌신을 내면화하여야 한다. 상위 법은 다름 아니라 감정적 충동과 자의성arbitrariness으로부터 벗어나게 하는 자기초월적인 상위의 보편적 권위라고 볼 수 있다. 스토아철학자Stoics를 원형으로 삼고 있는 이러한 지적 완결성과 도덕적 성숙성을 아울러 갖춘 인간형은 자신의 욕망, 고통, 악, 죽음 등 혼돈에 가득한 경험 현실에 대면하면서도 끝까지 이성적 성찰을 지탱함으로써 자기 자신의 한계와 욕망으로부터 스스로의 독립과 자유를 유지할 수 있는 능력을 구비하게 된다. 이러한 인간만이 현실에 직면하고 있으면서도 그 현실로부터 거리두기detachment와 초연함disinterestedness을 유지할 수 있으며 현실에 대한 온전한 달관understanding을 획득할 수 있다는 것이다. 오직 상위 법에 헌신하는 인간형만이 삶의 온갖 불합리와 혼돈에 지배받지 않고 그것들을 자신의 경험 속에서 적절한 위치로 이관시킬 수 있는 성숙된 능력을 갖추게 된다. 그러므로 이처럼 높은 수준의 인격적 성숙을 달성한 인간형인 리프만적 전문가에게 세상과 정치에 대한 지도가 위임될 때에만 사회는 본연의 목적을 달성할 수 있다는 것이다.

앞에서 밝혔듯 리프만은 이러한 전문가들을 조직적으로 결집하여 정부 부처와 사회의 여러 부문마다 일련의 '정보 조직'을 중층적으로 설치하고 이들을 유기적으로 연결하는 정보망의 구성을 제안하였다. 그는 연구와 분석 임무에서 독립성과 자유를 보장받는 중층적 정보 조직의 활성화를 통하여 "보이지 않는 환경unseen environment"에 관한 분석 자료와 사실 정보가 생산되어야 하며, 이들이 언론에 공급되어야 한다고 보았다. 언론 자체가 이러한 정보 조직을 대체할 수는 없고 언론은 정보 조직에 의하여 제공되는 진실 없이 공중을 계도할 수 없다는 것이 리프만의 믿음이었다. 여론은 언론을 위하여 만들어져야 하는 것이지, 언론에 의하여 만들어져서는 안 되기 때문이었다.

특히 리프만은 전문가들의 역할이 담보될 때 비로소 언론이 정보 조직에 의하여 견제될 수 있다고 보았다. 이러한 견제가 이루어질 때 대중은 민주시민으로서의 자질을 함양할 수 있고, 건강한 여론의 주체로 승격될 수 있다는 것이다. 인간이 건강한 여론을 정립할 수 있는 시민으로 격상되기 위해서는 이기심을 벗어난 불편부당성selfless equanimity에 토대를 둔 사유 능력을 함양해야 한다. 그때 인간은 "해맑은 눈an innocent eye"을 회복하고,

감정의 속박에서 벗어날 수 있으며, 호기심 어린 "열린 가슴"을 얻을 수 있게 됨으로써(p. 56), 주체적 시민의 필수 자질인 "마음의 명징성lucidity of mind(p. 69)"과 "비판 능력critical power(p. 71)"을 갖출 수 있게 된다는 것이 리프만의 생각이었다. 전문가의 육성과 활용을 통하여 대중의 "비판적 교육critical education(p. 126)"이 가능해지고, 궁극적으로는 참되고 건강한 민주주의의 실현을 기대할 수 있게 된다는 것이다.

4. 리프만의 업적과 『여론』의 기여

언론인으로서의 리프만

언론에 대한 리프만의 공헌, 『여론』의 의의는 첫째, "객관주의 언론objective journalism"의 정립과 옹호에 있다고 평가할 수 있다. 그는 한때 폭로 저널리스트인 링컨 스티븐스 휘하에서 일한 적도 있었으나, 당시의 상업주의 언론, 당파주의 언론의 폐해를 절감하게 되었고, 『여론』을 통하여 객관주의 언론을 이론적으로 정립하고 철학적으로 정당화하고자 하였다. 이에 따라 '사실'과 '의견'을 엄격히 구분하고, 거리두기와 초연함을 언론인의 기본 덕성으로 설정하였다. 그 자신 역시 사회 현실과 정치 세계에 대한 날카로운 비판의 필봉을 멈춘 적이 없었으면서도 이러한 비판 역시 "객관주의"라는 일종의 상위 법 질서 안에서 이루어져야 한다고 믿었고, 스스로도 이러한 관점을 실천하고자 노력하였다. 그리하여 객관주의 언론에 대한 옹호는『여론』전편에 걸쳐 일관성 있게 펼쳐지고 있다.

하버드 대학 동기동창이자 절친한 친구였으며 사회주의 클럽 동지이기도 했던 리드John Reed에 대한 리프만의 비판도 이러한 관점에서 이해될 수 있다. 심지어 1913년 패터슨Patterson 시에서 일어난 견직공장 노동자의 파업 사건을 현장에서 취재하던 도중 리드가 체포되었을 때 그를 옹호하기 위하여 달려갔으며 언론인의 자유를 주장했던 리프만이었지만, 리드가 러시아 혁명 현장을 직접 목도하면서 쓴 저작『세계를 뒤흔든 십 일*Ten Days That Shook the World*』(1919)에 대해서는 극도로 비판적인 입장을 보여주었다. 리프만은 리드가 초월성과 거리두기를 실천하지 않았으며, 환상의 장난과 사실에 대한 책임을 구분하지 않았기 때문에, 그는 전문 작가도 아니고 기자도 아니라고 비판하였다.

둘째, 언론의 "전문직화professionalism"를 주창하였으며, 이를 앞장서 실천하고자 하였다는 점에서 리프만의 공헌이 인정될 수 있다. 미국 역사상 리프만만큼 유명하고 영향력이 높았던 언론인이 없었다고 평가하는 사람마저 있을 정도로 미국 언론계에서 그의 위치는 굳건하였다. 그러나 리프만만큼 미국 언론에 대해서 혹독한 비판을 가했던 언론인 역시 드물었다. 리프만은『여론』에서 미국 언론이 민주주의 실현에 실패하고 있으며, 실패할 수밖에 없도록 되어 있으며, 앞으로도 계속 실패해 나갈 것이라고 단언할 정도였다. 현직 언론인의 저술로서『여론』만큼 현실 언론을 철저하고 근본적으로 비판한 경우도 드물 것이다.

리프만의 언론 비판은 언제나 궁극적으로는 언론의 개혁과 구원 가능성의 모색으로 연결되는 것이었다. "사회 문제는 존재하지만, 그것을 해결할 수 있는 처방도 언제나 존재한다"는 그의 믿음처럼, 언론에 대한 그의 혹독한 비판은 항상 대안의 제시를 결여하지 않았다. 언론의 전문직화 역시 리프만의 대안 중 하나였다. 언론 전문직화에 대한 그의 견해는 두 가지 차원에서 논의될 수 있다.

첫째, 리프만이 사실과 의견의 분리를 통해서 객관주의 언론의 실현을 꿈꾸었다면, 그는 '언론'과 '정치'의 분리를 통해서 언론의 전문직화를 추구했다고 말할 수 있다. 그 자신이 미국 정가에 폭넓은 인맥을 형성하고 있었고, 역대 미국 대통령들이 그로부터 정책 자문을 구했으며, 그들로부터 여러 차례 정계 입문을 권유 받았지만, 그는 공직을 맡지도, 선거에 출마하지도 않으면서 언론인의 자리를 굳게 지켜나갔다. 그는 자신이 언론인으로 남아 있을 때 미국 정치와 사회에 더욱 큰 힘을 발휘할 수 있다고 믿었다. 리프만은 그토록 비판해 마지않았던 자신의 소속 기관 언론을 저버리지 않고 끝까지 지키며, 아끼고, 염려하고, 사랑했던 참된 전문직 언론인으로서 살아갔다고 말할 수 있다. 『여론』에서 사실 '탐구'와 정책 '집행'의 엄격하고 완전한 분리를 강조하고, 전문가들이 정책 결정에 직접 참여하거나 관여해서는 안 된다는 주장을 되풀이 강조하는 것도 리프만의 이와 같은 신념, 그리고 그의 삶의 자세와 동일한 맥락에 놓여 있다고 볼 수 있다.

둘째, 리프만은 언론의 전문직화를 촉진하기 위하여 언론인의 자질 향상과 교육을 강조하였다. 언론인들에게 '과학적 훈련'을 제공함으로써 그들의 직업적 자질을 향상시키기 위하여 저널리즘 스쿨의 도입과 학위 과정의 설치를 주장하였다. 리프만의 주장은 20세기 전반부터 활성화된 미국 언론계의 정화·개혁 운동에 큰 영향을 끼쳤으며 1940년대 언론자유위원회Commission on Freedom of the Press의 출범 등 다양한 성과를 이끌어냈다. 리프만의 이러한 삶과 사상이 그로 하여금 "언론의 교황"으로 불리면서, 미국이 낳은 가장 영향력 큰 언론인(Altschull, 1990, p. 307)으로 추앙받게 하였던 것이다.

사회과학, 언론학과 리프만

리프만은 수십 권의 저서를 남길 만큼 활발한 저술 활동을 했지만, 그 자신은 대학원 과정을 수학하여 전문 학자로서의 훈련을 받은 것도 아니고 대학교수도 아니었다. 그는 언론인이었다. 그러나 리프만의 저술이 가진 중요한 특징 중 하나는 매우 학술적이라는 점이다. 리프만 자신이 『여론』에서 언급하듯, 과학, 과학적 방법, 사회과학적 연구 방법에 대한 높은 신뢰를 지녔던 탓도 있었겠지만, 리프만 자신의 지적 훈련과 성취의 수준 또한 매우 높았기 때문에 가능했던 일이라는 점 역시 자명하다. 『여론』은 단순한 저널리스트적 단상이나 에세이의 수준을 넘어서는, 학문적 성취도가 매우 높은 저술이다. 이 책은 철학, 역사학, 정치학은 물론 심리학적 연구 결과, 사회과학적 조사 결과에 이르기까지 다양한 문헌들을 적확하게 인용하고 있다. 『여론』이 오늘날에 이르기까지 사회과학의 다양한 분과에 대한 영향력을 지켜가고 있는 이유도 바로 이 책의 학술적 가치가 그만큼 높기 때문이다.

이 책이 담아낸 탁월한 개념화와 이론화는 사회과학적 측면에서 높은 가치를 가진다. 리프만은 『여론』에서 "유사환경pseudo-environment," "스테레오타입" 등 전적으로 새로운 여러 가지 개념들을 창안하고 체계적으로 개발해냈다. 리프만이 만들어낸 이들 개념은 오늘날까지도 여전히 폭넓게 활용되고 있다.

또한 『여론』이 이룩한 이론적 성과는 현대 사회과학의 여러 분야에 직간접의 영향을 미쳤다. 가령 『여론』이 촉구한 언론에 대한 연구는 그 이후 다양한 민주주의 연구, 저널리즘 연구, 언론의 효과와 영향력 연구, 뉴스 가치, 뉴스 편향, 뉴스 생산 과정에 관한 연구, 언론사 조직 연구, 여론의 형성과 성격에 관한 연구를 촉발하였다. 여론 연구 역시 리프만의 전통은 컨버스(Converse, 1964)의 "비태도 가설no attitude hypothesis"로 이어지면서 경험주의 연구의 한 축을 형성하고 있다. 정치 상징, 정치 언어, 정치 선전 연구(예를 들면, Edelman, 1985) 역시 리프만의 영향을 받아온 연구 분야이다. 경험주의 언론 효과 연구에서도 리프만의 공헌이 컸는데, 의제 설정 이론agenda-setting theory을 위시하여 사회 현실 구성 이론construction of social reality 등의 발전에 직간접적으로 기여하였다. 리프만의 민주주의에 대한 비판적 관점 역시 이후 오르테가 이 가세트Ortega y Gasset(1932), 슘페터J. A. Schumpeter(1950)로 계승되어 오고 있다.

5. 『여론』에 대한 문제 제기와 평가

리프만의 『여론』이 이처럼 〈대중〉-〈여론〉-〈언론〉-〈민주주의〉의 축을 비판적으로 구명해 낸 고전이라는 것은 분명하다. 그러나 오늘날의 우리에게는 여전히 몇 가지 의문을 남기고 있다.

첫째는, 리프만이 궁극적 대안으로 제시한 전문가와 전문가 조직에 관한 질문이다. 리프만의 전문가형 인간이 제아무리 높은 수준의 훈련과 교육을 받았다 하더라도, 그들은 여전히 이 세계를 장악하는 극소수의 지배 엘리트에 지나지 않을 수 있다. 전문가 집단이라 해서, 그들이 고도의 교육과 훈련을 받아 양성된다 해서, 그들이 과연 편견과 사심으로부터 벗어난 초연함을 실현할 수 있는 "성숙된 존재"라는 보장은 어디에 있는가에 대한 물음과 함께, 현대의 교육 과정 중 어떤 방식이 리프만식 성숙된 인간 유형의 전문가를 양성하는 데 도움을 줄 수 있는가에 대해서도 의문이 제기될 수 있다.

오늘날 관찰되는 전문가 중에는 리프만이 상정했던 이상형적 존재, 즉 "호민관형 전문가"는 찾아보기 어렵고 자신들의 정치적 출세와 명예를 추구하거나 최고위 지배 계층에 편입되기 위한 이기적 편향에 치우친 "수탈적 전문가"가 압도적으로 많지 않은가 하는 의심을 가질 수 있다. 그와 더불어, 현대 민주주의의 위기는 사회과학적으로 훈련되고 교육받은 전문가의 부족에서 기인하는 것이 아니라, 그와 정반대로 이러한 전문가의 과잉에서 연원하는 것은 아닌가 하는 성찰 또한 무시하기 어렵다.

그렇다면 전문가 양성 자체가 아니라, 전문가 내부의 인적 구성의 다양성과 가치 스펙트럼의 확장을 통해 전문가 집단 내부의 이념적 균형을 도모하는 것이 더욱 긴요할 수 있다. 전문가 집단과 일반 국민 사이의 힘의 균형과 상호 견제 역시 전문가들의 올바른 역할을 담보할 수 있는 조건이 될 수 있지 않을까 생각하게 된다. 물론 이러한 질문에 대한 리프만의 답변은 도덕적, 지적, 교육적인 처방에 있지만, 성숙된 인간의 개인적 덕성 함양 이외에도 정치적 힘의 균형과 상호 견제의 틀 역시 중요할 수 있기 때문이다.

다음으로 제기되는 의문은 과연 객관주의 저널리즘에서 상정하는 리프만식의 '사실facts'은 존재할 수 있는가 하는 점이다. 현대 언론학에서 객관주의 저널리즘 모형을 비판하는 가장 중요한 근거가 바로 사실의 존재와 그 확보 가능성에 대한 의심에 놓여 있다는 것은 널리 알려진 사실이다. 리프만은 대중과 언론인의 스테레오타입이 사실의 발견을 방해한다고 주장했지만, 리프만의 '사실' 자체마저도 일종의 스테레오타입에 불과할 가능성은 부인하기 쉽지 않다. "객관주의"라는 리프만의 새로운 모형마저 한 가지 새로운 편향의 집결체일 수 있다는 것이다.

리프만의 입장을 긍정적으로 해석하면, 그것은 일종의 '가능주의possibilism' 관점에서 이해할 수 있을 것이다. 리프만이 파악한 여론의 본성과 언론의 성격, 민주정치의 현실은 극도로 암울한 것이었지만, 그는 젊은 시절부터 미국 사회와 정치의 복합적이고 지난한 문제에도 반드시 합당한 해결 방안이 존재한다고 믿었다. 이러한 관점에서 그는 대중과 여론을 재교육하고 언론을 격상시킬 수 있는 방안을 찾아내기 위하여 숙고하였다. 이렇게 보면 리프만의 철학은 플라톤적인 로맨티시즘으로 파악하기보다는 리프만 나름의 가능주의라고 이해하는 것이 더욱 마땅하다. 리프만은 부정적 현실에 대한 비관적 분석과 기술이라는 수동적 입장을 넘어서서, 최극단의 비관적 상황에서도 언제나 인간은 그 무언가를 시도할 수 있으며, 그러한 희망에 찬 시도가 존재하는 한, 상황은 점진적으로나마 개선될 수 있다고 믿었던 것이다. 그러므로 리프만의 사실 개념과 객관주의 언론이라는 것도 도달할 수 없는 절대적 이상향으로서의 의미보다는 불만족스러운 현실 속에서도 보다 나은 미래를 향하여 한 걸음 내딛고 나아갈 수밖에 없는 현대인의 숙명이자 버릴 수 없는 지향으로 파악되어야 마땅할 것이다.

결론적으로 리프만의 『여론』은 혼돈과 방황의 시대를 살아가고 있는 현대인에게 고요하고 은은한 빛을 뿌려주는 달과 같은 존재로 남아 있다고 평가할 수 있다. 비록 어느 시기에는 사람들로부터 잊힐 때도 있지만, 시절이 흐르면 다시금 변함없이 살아나 다시 떠오르는 달, 여러 인간의 눈길을 한 몸에 모으면서도 결코 닳아 없어지지 않고 천 년을 살아남는 달, 인간들이 의식하든 못하든, 고마워하든 싫어하든, 언제나 홀로 떠올라 온 세계를 비추어주는 달과 같은 고전으로 살아있고, 앞으로도 계속 살아남을 것이다.

참고문헌

Altschull, J. Herbert, 1990, *From Milton to McLuhan: The Ideas behind American Journalism*, White Plains, NY: Longman.

Converse, Philip E., 1964, "The Nature of Belief Systems in Mass Publics," in David E. Apter (ed.), *Ideology and Discontent*, New York, NY: The Free Press, pp. 206-261.

Edelman, M., 1985, *The Symbolic Uses of Politics* (2nd Ed.), Champaign, IL: University of Illinois Press.

Forcey, Charles, 1961, *The Crossroads of Liberalism: Croly, Weyl, Lippmann, and the Progressive Era*, New York, NY: Oxford University Press.

Lippmann, Walter, 1913, *A Preface to Politics*, New York, NY: Mitchell Kennerley.

———, 1914, *Drift and Mastery*, New York, NY: Mitchell Kennerley.

———, 1920, *Liberty and the News*, New York, NY: Harcourt, Brace and Hoe.

———, 1922, *Public Opinion*, New York, NY: Macmillan.

———, 1929, *A Preface to Morals*, New York, NY: Macmillan.

———, 1937, *The Good Society*, Boston, MA: Little, Brown and Company.

———, 1955, *Essays in the Public Philosophy*, Boston, MA: Little, Brown and Company.

Luskin, John, 1972, *Lippmann, Liberty, and the Press*, Tuscaloosa, AL: The University of Alabama Press.

Ortega y Gasset, Jose, 1932, *The Revolt of the Masses*. New York, NY: W. W. Norton & Company.

Reed, John, 1919, *Ten Days that Shook the World*, New York, NY: Boni and Liveright.

Rossiter, Clinton and Lare, James (eds.), *The Essential Lippmann: A Political Philosophy for Liberal Democracy*, Cambridge, MA: Harvard University Press.

Schumpeter, Joseph A., 1950, *Capitalism, Socialism, and Democracy* (3rd Ed.), New York, NY: Harper & Row.

Steel, Ronald, 1999, *Walter Lippmann and the American Century*, New Brunswick, NJ: Transaction Publishers.

Syed, Anwar Hussain, 1963, *Walter Lippmann's Philosophy of International Politics*, Philadelphia, PA: University of Pennsylvania Press.

Wellborn, Charles, 1969, *Twentieth Century Pilgrimage: Walter Lippmann and the Public*

Philosophy, Baton Rouge, LA: Louisiana State University Press.

Wright, Benjamin F., 1973, *Five Public Philosophies of Walter Lippmann*, Austin, TX: University of Texas Press.

요제프 슘페터, 『자본주의, 사회주의, 민주주의』

Joseph A. Schumpeter, *Capitalism, Socialism, and Democracy* (1942)

자본주의는 어떻게 변화할 것인가?

홍기현
서울대학교 경제학부 교수

『자본주의, 사회주의, 민주주의*Capitalism, Socialism and Democracy*』(1942)라는 책은 오스트리아 출신 경제학자 슘페터Joseph A. Schumpeter(1883-1950)가 만년에 쓴 책이다. 이 책은 슘페터의 저작 중에서 가장 대중적인 것으로 2차 세계대전 이후의 사회를 전망하여 사회과학계 전반에 걸쳐서 상당한 관심을 끌었던 현대적 고전이다.

슘페터는 이 책에서 자본주의는 점차 활기를 잃어가면서 소멸하고, 대체적인 체제로서 사회주의가 자리 잡을 것으로 예측하였다. 그렇지만 슘페터가 이 책에서 주장하는 자본주의 소멸론이라든지, 사회주의 작동 가능성은 타당하지 않은 주장으로 이미 드러났다. 이러한 상황에서 『자본주의, 사회주의, 민주주의』를 21세기에 다시 한 번 소개하는 의의는 무엇일까? 즉 이미 사회자본주의와 사회주의의 체제적 대결이란 거대한 문제는 그 답이 나와 있는 바와 같고 경제 체제와 민주주의의 관계에 대해서는 한쪽 방향으로의 뚜렷한 답을 찾기 어려운 것을 체험적으로 알고 있는 상황에서, 체제에 관한 거대한 담론을 제기하는 것이 과연 의미 있는 과제일까?

슘페터의 저작에서 시대를 뛰어 넘는 어떤 통찰력을 찾으려면, 역시 그 저작이 쓰여 졌던 사회적 배경에 대한 이해를 바탕으로 슘페터가 동시대의 다른 학자에 비해 어떤 점에서 독창적인 사고를 하였고, 그 독창성이 시대의 추세에 비추어서 적절성을 가지고 있는지 검토하는 것이 필요할 것이다. 이러한 작업을 통해 이 글에서는 인간 행동에 관한 폭넓은 이해, 과학 분석 방법에 관한 적절한 자리매김을 통해 사회를 체계적이고도 포괄적으로 이해하려는 슘페터의 시도를 설명함으로써 현실적인 예측의 실패에도 불구하고, 이러한 슘페터의 시도가 현재에도 배울 만한 가치가 있음을 보이고자 한다.

이러한 시각에서 슘페터 사상의 사회적, 문화적 배경을 알아보기 위해 다음 절에서는 슘페터의 생애와 전반적인 사상을 제시하고, 그 다음에 『자본주의, 사회주의, 민주주의』의 내용을 각 부분별로 비판적으로 소개하며, 소개된 내용을 바탕으로 어떤 시사점을 얻을 수 있을지 설명하려고 한다.

1. 폭넓은 시야로 경제를 읽다[1]

요제프 알로이스 슘페터는 1883년 오스트리아-헝가리 제국의 모라비아 지역에서 직물 제조업자의 아들로 태어났다. 아버지는 4세 때 사망하였고, 10세 때 어머니는 육군 중장과 재혼하였다. 슘페터는 귀족 자제들이 다니는 테레지아눔을 졸업하고 18세 때 빈 대학 법정학부에 입학하였다. 당시 법정학부는 빈 대학 학생의 40% 정도가 소속되어 있던 학부로서, 오스트리아의 행정 관료와 정치가를 배출하는 유수한 교육기관이었다. 특히 경제학 교수로 오스트리아학파의 창시자인 칼 멩거Carl Menger가 있었으며, 그의 제자인 비저Wieser, 뵘바베르크Böhm-Bawerk 등이 학풍을 이어가고 있었다.

오스트리아학파는 경제 과정에서 개인의 선택을 중심적으로 탐구하여 불확실성 속에서 불완전한 개인의 선택이 어떻게 조정되어 시장경제가 운영되고 있는가를 분석하는 데 관심을 가진 학파였으며, 슘페터도 이러한 전통을 이어받았다는 평가를 받는다.

슘페터는 빈 대학을 졸업한 후 영국으로 건너갔고, 그곳에서 영국 여성과 결혼하였으며, 이집트 정부에서 일하기 위해 카이로에 체재하였다. 1908년에는 『이론경제학의 본질과 주요 내용*Das Wesen und der Hauptinhalt der theoretischen Nationalkonomie*』을 발간하였

---

1 이 절의 내용은 슘페터 역서에 대한 이상구(1977)의 해제, 이상구(1982), 변은현(1993) 제1장 등을 주로 참고하였다.

는데, 이 책에서 슘페터는 정학적인 균형 분석을 경제학의 중심적 분석 방법으로 하여 경제학 체계를 구성하는 것이 타당하다고 서술하였다. 정학과 동학의 명확한 구분과 정학 분석의 의의를 높이 평가하는 슘페터의 태도는 지속되었다. 말하자면 슘페터는 이론경제학 적용 범위의 한계를 인정하면서도 그 의의에 대해서 적극적으로 평가하는 입장이었기 때문에 다른 이론경제학자들과 경제학 방법론 면에서 그다지 충돌은 없었다.

1909년 가을, 슘페터는 은사인 뵘바베르크의 소개로 체르노비츠 대학 교수가 되었으며, 뒤이어 28세 때인 1911년에는 그라츠 대학으로 자리를 옮겨 근무하게 된다. 이 무렵 발간한 책이 『경제 발전의 이론*Theorie der wirtschaftliche Entwicklung*』(1912)이다. 이 책은 슘페터의 자본주의관을 잘 나타내고 있으며, 세계적으로 이름을 알리는 계기가 되었다. 이 책에서 그는 기업가entrepreneur의 기술혁신innovation을 통해 매년 일정한 규모로 반복되는 순환적 흐름circular flow을 깨고 나오는 창조적 파괴creative destruction 과정을 분석했다. 즉 혁신이란 단지 새로운 제품을 만들거나 새로운 생산방법을 개발하는 것이 아니라, 신원료 획득, 신시장 개척, 신조직 창출과 같은 광범위한 변화를 의미하는 것으로, 기업가의 혁신적 노력에 의해 경제·사회의 전반적인 변화가 주도되고 있다고 설명한다.

1913년부터 2년에 걸쳐 슘페터는 미국 콜럼비아 대학에서 객원교수로 재직하였으며, 1914년 다시 오스트리아로 돌아갔다. 1914년에서 1918년에 걸친 제1차 세계대전의 결과, 오스트리아는 패전국으로서 영토가 4분의 1로 축소되었다. 전후 집권한 혁신적인 사회민주당 정부에서 슘페터는 재정대신으로 기용되었으나, 산업의 국유화를 추진하는 정부와 견해가 달랐던 탓에 1년을 채우지 못하고 사임하게 된다. 그 이후 슘페터는 민간은행인 비더만 은행의 은행장직을 맡기도 했으나 은행은 파산한다. 결국 1925년 본Bonn 대학에서 교수 생활을 다시 시작한 슘페터는 7년간 본 대학에 재직하면서 많은 논문을 썼으며, 1932년 가을 미국 하버드 대학의 교수로 임명되어 18년에 걸친 교수 생활을 하게 된다. 슘페터는 하버드에서 경제 이론을 강의하면서 경제순환 문제를 중심으로 폭넓은 연구를 하였으며, 이를 바탕으로 하버드 대학 재직 시절 3권의 거대한 저작을 남겼다. 첫째는 1939년에 발간된 『경제순환론*Business Cycles: A Theoretical, Historical, and Statistical Analysis of the Capitalist Process*』인데, 이 책에서 슘페터는 산업혁명 이후의 경제적 변화 과정을 기술 변화에 의해서 촉발된 장기적 파동이라는 틀에 근거하여 통계적 · 역사적으로 분석하고 있다. 즉 증기기관과 직물 산업을 중심으로 한 산업혁명 기간(1787-1842), 철도 건설과 철강 산업의 발전을 통한 제2차 파동(1843-1897), 전기 이용과 자동차 산업을 중심으로 한 제3차 파동(1898년 이후)의 과정을 분석하면서, 기술혁신을 통한 호황과 투자 기회의 소멸로 인한 불황의 반복 과정으로 경제의 장기적 변화를 설명하였다.

그 다음 중요한 저작이 1942년에 발간된 『자본주의, 사회주의, 민주주의』이다. 이 책은 기술 발전, 독점화, 주식회사의 등장, 제국주의의 등장 등 당시의 자본주의의 변화를 분석하고 미래 사회를 전망한 것으로, 슘페터가 자신의 연구와 사상을 집대성하여 쓴 책이다. 다른 책들에 비해서 대중적으로 쓴 책이지만,

경제학설, 경기순환, 역사적 연구 등 상당한 지식을 바탕으로 썼으므로, 이론적 배경을 알지 않고서는 그 의미를 명확히 이해하기 어려운 부분도 있다.

마지막으로 슘페터 사후 그의 세 번째 부인인 경제학자 엘리자베스 슘페터가 원고를 정리하여 1954년에 출간한 『경제 분석의 역사*History of Economic Analysis*』이다. 이 책은 고대로부터 경제사상의 발전을 이론 분석적 측면에서 설명한 책인데, 당시의 이론을 거의 알고 있는 슘페터의 지적 수준을 잘 보여주고 있다. 그는 이 책에서 논리적 엄밀성을 추구하는 경제 분석과 시대적 상황에 의해서 영향을 받는 비전vision을 구분하여 실증과학적 측면에서 엄밀한 과학 법칙을 높이 평가하고 있다. 그렇지만 사실상 책 내용의 반 이상은 시대적 상황과 개인의 정책적 지향성을 평가하는 내용으로 되어 있어, 사상의 시대적 배경을 결코 소홀히 하지 않고 있음을 잘 보여주고 있다.

이와 같은 슘페터의 생애를 살펴보면, 오스트리아 출신으로 사실상 가장 세계적인 학자가 된 사람의 하나로서 기업이론, 경기변동, 경제사와 경제사상사 분야에서 뛰어난 연구 업적을 남긴 학자라고 평가할 수 있다. 슘페터는 이론경제학 분야에서도 선구적인 연구를 잘 이해하는 학자로서, 계량경제학회The Econometric Society의 창설에도 참가하여 1937년에서 1941년까지 학회장을 역임하였으며, 1948년에는 미국경제학회장을 역임한 바 있다. 슘페터는 이론, 역사, 정책에 걸쳐 폭넓은 관심을 가지고 있었다. 또한 오스트리아학파 전통에서 출발했음에도 주류경제학이나 마르크스 경제학을 잘 이해하고, 이러한 조류를 활용하여 자신의 이론적 틀을 정립한 학자였다.

2. 자본주의의 흐름을 쫓다

앞에서 슘페터의 생애를 사회, 문화적 배경과 함께 소개하여 전반적인 사상은 대체로 이해되었으리라고 생각되므로, 본격적으로 『자본주의, 사회주의, 민주주의』의 내용을 순서에 따라 소개하고자 한다.

이 책은 모두 5부로 구성되어 있는데, 제1부「마르크스 학설」, 제2부「자본주의는 살아남을 수 있는가」, 제3부「사회주의는 작동할 수 있는가」, 제4부「사회주의와 민주주의」, 제5부「사회주의 정당의 역사적 개관」이다. 그런데 제5부의 내용은 독일어, 프랑스 번역본과 마찬가지로 한글 번역본에서 제외된 바 있어서 여기에서도 소개하지 않으려고 한다.

마르크스 학설

슘페터는『자본주의, 사회주의, 민주주의』의 제1부에서 마르크스에 대해서 체계적이고도 비판적으로 소개하고 있는데, 마르크스에 대해서 익숙하지 않은 독자는 이 부분을 읽지 않고 제2부로 건너뛰어도 된다고 말한다. 필자 역시 현재의 독자들은 그렇게 해도 책 전체의 논지를 이해하는 데 지장이 없다고 생각한다.

그렇다면 왜 이 책에서 마르크스에 대한 논의로써 시작하고 있는지 궁금증이 생길 것이다. 그 질문은 물론 슘페터 자신의 개인적 배경, 나아가 그 시대적 상황을 이해해야만 해결할 수 있다. 우선 19세기 말에서 20세기 초에 걸친 유럽 전체 상황을 보면, 영국을 제외한 대부분의 국가들이 자본주의에 기반을 둔 민주주의적 민족국가를 수립하는 데 순탄하지 못한 가운데 자본주의 체제를 적대시하고 이를 붕괴시키려는 사회주의 세력이 등장하였고, 특히 제1차 세계대전과 러시아 혁명을 계기로 사회주의가 현실적인 대안으로 등장하였다. 이러한 상황에서 대부분의 지식인들이 직간접적으로 체제에 대한 자신의 입장을 표명하는 것은 자연스러운 일이었다.

19세기 말 오스트리아에서는, 특히 빈 대학의 각종 세미나에서 자유주의를 지지하는 지식인과 사회주의를 지지하는 지식인 간에 논쟁이 활발하게 벌어졌으며, 당시 슘페터의 은사 뵘바베르크도 마르크스 경제학의 이론적 문제점을 날카롭게 지적한 바 있다. 즉 마르크스의 노동가치론에서는 상품의 가치가 투하된 노동량에 비례한다고 전제하고, 따라서 잉여는 착취된 노동의 산물이라는 식으로 설명하고 있는데, 이는 노동량이 투하된 이후 상품이 생산되어 판매되기까지 걸리는 시간을 무시한 결과라는 것이다.

이러한 가격 결정 이론을 포함하여 경제변동, 제국주의 등 여러 경제 문제에 대해서 당시 오스트리아 경제학계에서는 미제스L. Mises와 같은 자유주의적인 오스트리아 한계효용학파Austrian marginalist와 루돌프 힐퍼딩Rudolf Hilferding, 오토 바우어Otto Bauer와 같은 마르크스주의자 간에 이론적인 대립이 있었다.

슘페터는 논쟁이 벌어지는 각종 세미나에 참석하면서 새롭게 등장하는 한계효용학파와 당시 독일 문화권에서 주도적인 조류인 역사학파the historical school, 그리고 학계 외부에서 강력한 정치적 흐름을 형성하기 시작한 마르크스주의의 모든 흐름에 대해서 정통한 지식을 갖게 된 것으로 보인다. 어쩌면 슘페터는 마르크스의 이론 체계를 뛰어넘는 광대한 사회과학 이론 체계를 세우려고 했는지도 모르며, 이런 점에서 슘페터를 '부르주아 마르크스'라고 하는 것도 적절한 표현이라고 할 수 있다. 즉 마르크스의 사적 유물론, 노동가치론과 공황론, 사회주의관 등에 대비될 수 있게, 슘페터는 사회심리에 근거를 둔 사회 분석, 균형가격이론과 이를 뛰어넘는 경제동학, 기술과 조직 변화에 의한 체제 변화라는 체계를 통해 거대한 사회과학 패러다임을 제시하고 있는 것이다.

방법론적으로 볼 때 마르크스에 대한 슘페터의 입장은 오스트리아학파와 큰 차이가 없으나, 실제적인 내용에서는 다른 오스트리아학파 학자들에 비해 좀 더 우호적으로 마르크스의 장점을 받아들이는 태도를 가졌다고 볼 수 있다. 슘페터는『자본주의, 사회주의, 민주주의』에서 예언자, 사회학자, 경제학자, 교사라는 네 측면에서 마르크스를 평가하고 있는데, 한 가지 측면씩 살펴보자.

우선 예언자적 측면에서 슘페터는 마르크스가 사회주의

적 목표를 달성하기 위해서 하층민이 중산층이 되어 좀 더 잘 살려고 하는 의지를 허위의식으로 매도하여 대중의 진지한 삶의 의지를 왜곡하였다고 비판한다.[2]

> 불우한 대중의 감정에 대한 마르크스의 정형화는 물론 의식적인 것이거나 무의식적인 것이거나 간에 대중의 실제의 감정을 성실히 정형화한 것은 아니었다. 오히려 그것은 불우한 대중의 실제의 감정을 사회 발전의 논리와 바꾸어 놓으려는 기도라고 말할 수 있을 것이다. 이렇게 함으로써 그리고 마르크스 자신의 표어인 계급의식을 대중의 속성으로 꾸며댐으로써 마르크스가 노동자의 진정한 심정을 속였다는 것은 의심할 여지가 없는 사실이다.(p. 42)

다음으로 사회학자로서의 측면에 대해서 슘페터는 마르크스의 유물론을 비판적으로 고찰한다. 즉 생산양식이 사회구조의 기본적 결정 요소이며, 생산양식은 그 자체의 논리에 의해서 발전한다는 소위 역사의 경제적 해석에 대해서 의문시하고 있다.

> 역사의 경제적 해석이 어떤 경우에는 만족하게 작용하고, 다른 경우에는 보다 덜 만족하게 작용할 터인 하나의 유용한 접근 방법 이상의 것이냐 아니냐의 문제가 제기된다. 여기에는 애초부

2 이 글에서『자본주의, 사회주의, 민주주의』에 대한 인용은 이상구(1977)의 번역본을 사용하였다.

터 하나의 명백한 제약이 있다. 사회의 구조, 양식, 태도는 좀처럼 용해되지 않는 경화硬貨와 같은 것이다. 이들은 일단 형성되게 되면 아마 수세기 동안 존속할 것이다. 그리고 여러 가지의 사회의 구조 및 양식은 여러 가지의 존속 능력을 나타내는 것이기 때문에, 거의 언제나 실제상의 집단적 및 국민적 행위는 우리가 생산 과정의 지배적 형태에 의거해서 이를 추론하려는 경우에 예기될 터인 것과는 어느 정도 어긋나게 된다.(pp. 49-50)

말하자면 슘페터는 경제 영역에 있어서의 생산양식 외에 다른 문화적, 관습적 요인도 강하게 존속하므로 이러한 다양한 요소들의 관련성을 탐구해야 하는데, 생산 형태가 사회를 결정한다고 보는 것은 단순한 관찰 방식이라고 비판한다.[3] 그렇지만 슘페터는 적어도 경제적 측면에서 마르크스의 개념적 구조가 치밀하게 짜여 있기 때문에 한 가지 개념을 가지고 비판할 수는 없고 전체 틀의 적용 가능성을 잘 보아야 한다고 권고하고 있다.

이런 점에서 경제학자로서의 마르크스에 대해 초점을 맞추어 평가하는 것은 당연하다고 생각된다. 물론 슘페터는 마르크스의 노동가치론이나 착취설과 같은 분석 도구들이 너무나 단순하여 현실을 왜곡시키고 있다고 생각하는 오스트리아학파의

3 가장 단적인 예로 마르크스주의자들이 제국주의를 선진 자본주의에서 과잉자본 문제를 해소하기 위한 해외진출로 보는 데 비해서, 슘페터는 지배층의 권력욕이 국내적으로 적절히 통제되지 못한 결과 생기는 격세유전적(隔世遺傳的) 현상으로 해석하고 있다.

기본적 태도를 견지하고 있으며, 가격을 수요-공급에 의해 균형론적 시각에서 분석하는 신고전학파의 업적들이 주류경제학이 된 것은 당연하다고 생각한다.

그렇지만 슘페터는 마르크스가 그 당시 누구보다도 산업의 집중, 경제변동, 금융자본의 득세 등 자본주의의 역동적 변화를 잘 관찰하였다고 평가하였고(p. 72), 자본주의의 발전 과정에서 자본주의의 기초가 파괴되어 사멸하게 된다는 마르크스의 주장에 동의하고 있다.

> 비록 마르크스가 거론한 사실과 이론 전개가 현재의 그것보다 더 많은 결함을 지니고 있다고 하더라도 마르크스의 결론이 자본주의 발전은 자본주의 사회의 기초를 파괴한다는 것을 주장하는 것에 머무는 한, 역시 그것은 진리일지도 모른다. 나는 진리라고 확신한다.(p. 82)

마지막으로 교사로서의 측면에 대해서는 마르크스와 마르크스주의자들의 관계에 대해서 언급하고 있는데, 슘페터는 마르크스가 계급 이론에 바탕을 두고 종합적으로 사회를 설명하였기 때문에 비교적 많은 추종자가 생겼지만, 실제로 자본주의가 성숙을 통해 사회주의화된다는 그의 예측이 러시아의 경우에는 적용되지 않으므로 마르크스의 교의가 추종자들에게 그대로 전수될 수 있는 것은 아니라고 평가한다.

자본주의의 작동과 그 미래

『자본주의, 사회주의, 민주주의』 제2부의 제목은 "자본주의는 살아남을 수 있는가"로, 슘페터의 중심적 생각이 잘 나타난 부분이다. 그의 연구 경력 소개에서도 언급했듯이, 이 부분은 1912년에 발간된 『경제 발전의 이론』에 언급한 기술혁신론을 자본주의 미래 분석에 연장하여 적용한 것이라고도 볼 수 있다. 그는 제2부의 앞쪽에서 자본주의의 장래에 관한 자신의 주장을 뚜렷하게 제시하고 있다.

> 내가 내세우고자 하는 논지는 이렇다. 즉 자본주의 체제의 현재와 앞으로의 업적을 볼 때 자본주의 체제가 그 경제적 실패의 중압에 의해서 자기붕괴하게 된다는 생각이 부정될 것이라는 점이다. 아니 오히려 자본주의 체제의 경제적 성공이야말로 자본주의 체제를 옹호하고 있는 사회적 여러 제도를 전복시켜서 불가피하게 그 자신의 존속을 불가능하게 하며, 나아가 그 후계자로서 사회주의를 강력히 지향하는 사태를 만들어낸다는 것이다.(p. 109)

말하자면, 슘페터는 자본주의는 성공하지만, 성공 요인이 그 자신을 붕괴시키는 요인이 되어 결국 사회주의로 전환될 수밖에 없다는 독특한 주장을 하고 있다. 그렇다면 자본주의는 어떤 식으로 발전하는 것이며, 왜 그 발전 동력이 사라지는 것일까?

슘페터는 자본주의의 발전 과정은 기업가의 기술혁신에

의해서 생기는 창조적 파괴를 수반한다고 생각한다. 여기서 기술혁신이란 단순한 공정의 개선이 아니라, "신생산방법(기계화한 공장, 전력화한 공장, 화학적 합성), 신상품(철도, 자동차, 전기기구), 신조직형태(기업합병운동), 신생산원료(라플라타 양모, 아메리카 면화, 카탕카 동銅), 신거래경로 및 신판매시장 등을 도입하여 주기적으로 현존의 산업구조를 재편성(p. 115)"하는 것이다. 이러한 혁신은 발전의 원동력이자 장기적 순환의 원인이다. 이에 따라 슘페터는 자본주의를 정태적으로 정의하거나 순조로운 성장으로 보는 견해에 대해서 비판하고 있다.

> 원래 자본주의라고 하는 것은 경제변동의 하나의 형식 또는 방법이며, 따라서 자본주의는 결코 정태적이지 않으며, 정태적일 수도 없는 것이다. 뿐만 아니라 자본주의 과정의 발전적 성격은 단순히 사회적 · 자연적 환경이 변화하여 경제활동 여건이 변화하게 되는 그러한 상태에서 경제생활이 영위되고 있다는 사실에만 기인하는 것이 아니다. 이 점도 물론 중요하며, 전쟁 · 혁명 등도 가끔 산업 변동을 규정하는 것이기도 하지만 그들 변화는 자본주의 과정의 근본적 동인은 아니다. 또한 자본주의 과정의 발전적 성격은 인구와 자본의 거의 자동적인 증가나 화폐제도의 변덕스런 움직임에 기인하는 것도 아니다. 자본주의 엔진을 가동시키며 그 운동을 계속시키는 기본적 충격은 자본주의 기업이 창조해내는 신소비재, 신생산방법 내지 신수송방법, 신시장, 신산업조직 형태에서 연유되는 것이다.(p. 133)

말하자면 슘페터는 기업가의 혁신에 의해서 생기는 독점적 기업은 독점 이윤을 바탕으로 성장할 수 있으며, 이러한 혁신기업을 모방하여 군집cluster을 이루면서 어떤 산업이 발전하면 경제가 호황 국면에 이르게 된다고 생각한다. 그렇지만 점차 혁신의 효과가 소멸하면 불황 국면으로 빠져들게 될 것이므로, 발전과 순환이 중첩되어 나가는 것이 자본주의의 동학적 모습이라고 생각한다.

이러한 점에서 슘페터는 완전경쟁 상태를 이상적인 상태로 보는 기존 경제학을 비판하고, 어떤 기업이 독점기업이 되려는 전략을 추구하는 것은 경제 발전을 저해하는 것이 아니라고 평가한다.

> 이 사업 전략은 개개의 경우 및 시점에서 보면 대단히 생산 제한적으로 보이는 것임에도 불구하고, 상당한 정도까지 바로 이 사업 전략을 통해서, 대규모 조직 또는 대규모 지배 단위가 경제적 진보, 특히 총 생산량의 장기적 증대의 가장 강력한 엔진이 되어왔다는 그것이다. 이 점에 있어서, 완전경쟁은 단순히 불가능할 뿐만 아니라 열등한 것이며, 이상적 능률의 모델로서 설정될 아무런 자격도 없는 것이다. 따라서 대기업으로 하여금 완전경쟁하에서 해당산업이 작용하듯이 작용시켜야 한다는 원리를 산업에 대한 정부 통제의 이론적 기초로 삼는다는 것은 오류이다.(p. 158)

이와 같이 독점기업이 기술혁신에 유리하다는 명제, 또는 기술혁신과 시장의 독과점도는 양의 상관관계가 있다는 명제를 슘페터 가설Schumpeter hypothesis이라고 부르고 있는 바, 완전경쟁이 효율적이라는 주류경제학의 가격 이론이 주장하는 내용과 정면으로 배치하는 것이다.

나아가 슘페터는 기업가의 기술혁신에 의해서 자본주의가 발전할 수 있다는 관점에서 자본주의가 진전되면서 투자 기회가 소멸하여 자본주의의 활력이 없어진다는 케인스의 경제변동론이나 마르크스의 공황론을 비판하고 있다. 그는 자본주의가 쇠퇴하는 요인은 경제적 측면에서만 분석하기는 어렵다고 생각한다. 그는 자본주의의 장래는 투자 기회의 소멸과 같은 경제적 측면만이 아니라 첫째, 자본주의를 둘러싸고 있는 정치 · 사회적 환경이 자본주의에 대해서 적대적이 되어 가는가 하는 점, 그리고 둘째, 자본주의가 내부적으로 기술혁신을 일으킬 수 없는 식으로 동맥경화증이 발생하는가 하는 점에 초점을 맞추어 분석해야 한다고 강조한다(p. 169).

이러한 분석에 앞서서 슘페터는 자본주의의 문명적 특징을 합리성의 추구라고 보고, 화폐 사용을 통한 회계적 이익의 계산, 그리고 근대과학의 발전과 그 응용이라는 두 측면에서 이 합리성이 고도로 나타난다고 본다. 이러한 긍정적 특질에도 불구하고 자본주의가 고도화되면서 자본주의를 옹호하는 제도들은 붕괴되고, 내부적으로 발전 동인이 사라지게 된다. 먼저 기업가 기능이 쓸모없어지는데, 기술개발이 일상 업무처럼 되고 경제발전은 비인격화, 자동화되는 경향이 생긴다.

> 자본주의적 기업은 다름 아닌 스스로의 업적에 의해서 진보를 자동기계화하는 경향을 갖고 있기 때문에 우리는 여기서 자본

> 주의적 기업은 자기 자신을 무용화하는 경향을 가진다고 결론짓고자 한다. 완전히 관료화한 거대한 산업 단위는 중소 규모 기업을 축출하고 그 소유자를 '수탈'할 뿐만 아니라 종국에 가서는 기업가 자체도 축출하며, 계급으로서의 부르주아까지도 수탈하기에 이른다. 그리고 그 과정에 있어서 부르주아 계급은 자기의 소득을 잃을 뿐만 아니라, 무엇보다도 중요한 것인 자기의 기능을 잃게 되어 있다.(p. 193)

이에 따라 기업가적 모험은 사라지고 단순한 관리자로서의 중간 계급이 자리 잡게 된다. 아울러 자본주의가 생성되면서 봉건적 질서를 파괴하게 되는데, 자본가 계층을 정치적으로 보호해줄 수 있는 귀족계급까지 파괴함에 따라, 정치적으로 무력하고 지도력을 가지지 못한 부르주아 계급은 자기 자신의 이익도 수호할 수 없게 된다고 분석한다(pp. 200-201).

나아가 자본주의가 성숙되어 소유와 경영이 분리되면서, 자본주의의 기초인 사유재산과 자유계약이라는 기초마저 파괴된다고 슘페터는 생각한다. 즉 경영자의 이익은 주주의 이익과 다르며, 대주주는 회사 이익을 챙기지만 완전한 소유주와는 다르며, 소주주는 사소한 금전적 이익 때문에 투자한 것이므로 회사의 이익에는 관심이 없다는 것이다(p. 203). 이리하여 자본주의적 기업을 지키고 발전시키려는 의지는 사라지고 만다.

> 이리하여 자본주의 과정은 진실로 개인의 민간 경제활동의 요구와 방법을 표시했던 모든 제도, 특히 사유재산 제도와 자유

> 계약 제도를 뒤편으로 몰아넣는다. (…) 자본주의 과정은 공장의 담이나 기계를 한 줌의 주식으로 대체함으로써 재산이란 관념으로부터 그 생명을 빼앗아간다. 자본주의 과정은 과거에 강력했던 장악력을 약하게 한다. 즉 자기 재산을 자기 뜻대로 처분하는 법적 권리와 실천적 능력이란 의미에서 장악력의 약화, 또한 권리증서의 소유자가 자기의 공장과 자기 공장의 지배를 위해서, 경제적, 육체적, 정치적으로 싸우려고 하는 의지, 또는 필요하다면 공장 계단 위에서 죽기까지 하려고 하는 의지를 상실한다는 의미에서 장악력의 약화가 그것이다. (…) 결국 진정으로 재산을 옹호하려고 하는 사람은 한 사람도 없을 것이다. 대기업의 영역 내에서도 또한 대기업의 영역 밖에서도 한 사람도 찾아볼 수 없을 것이다.(pp. 204-205)

이와 같이 자본주의는 내부적으로 붕괴할 뿐만 아니라, 자본주의를 옹호하던 제도적, 문화적 골조들이 해체되면서 자본주의에 대한 적대적인 분위기가 형성된다. 이러한 분위기가 형성되는 요인에는 첫째, 일반적인 정치적 불만이 자본주의에 대한 불만으로 발전하는 것, 둘째 무산대중의 비판에 대해서 효과적으로 자본주의를 옹호하기가 어렵다는 것, 셋째 개인적 실패를 체제의 잘못으로 돌리려는 태도 등이 있다(pp. 206-208).

여기에 더하여 슘페터는 지식인들이 특히 자본주의에 적대적인 입장이 되기 쉬운 이유에 대해서 세 가지 지식인의 특성을 들고 있다. 즉 첫째, 지식인은 실제적인 사항에 대해서 직접적인 책임을 지지 않는다는 것, 둘째, 경험 부족으로 실제적인 지식이 결여되어 있다는 것, 셋째, 비판적인 태도를 취함으로써 자기 자신을 인정받을 수 있는 가능성이 크다는 것 등이다(p. 210).

이렇듯 자본주의에서는 "기업가 및 자본가의 기능의 중요성을 감소시키며, 옹호 계층 및 옹호 제도를 파괴하며 또한 적대적 분위기를 만들어내는 것 등에 의해서 부르주아지의 지위를 뒤엎는 바로 그 동일한 경제 과정이, 또한 그 내부로부터 자본주의의 원동력을 해체(p. 228)"하여, 자본주의는 사회주의로 대체된다는 것이다.

사회주의의 작동 가능성

자본주의가 스스로 붕괴되고 사회주의로 대체된다면, 사회주의는 잘 작동할 것인가라는 질문이 자연스럽게 이어진다. 이 질문에 대한 슘페터의 대답은 비교적 명확하다. 즉 산업 발전이 성숙되고 전환기에 나타나는 문제들이 잘 해소된다면 자본주의를 대체하여 나타나는 사회주의는 잘 작동할 것이라는 것이다. 사실 이 질문은 1930년대 경제학자들 사이의 사회주의 계산 논쟁socialist calculation controversy과 관련된다. 즉 현실의 사회주의가 가격 계산을 잘못하여 실패할 것이라는 미제스나 하이에크F. Hayek와 같은 오스트리아학파 경제학자들의 비판에 대해서, 랑게O. Lange나 테일러F. Taylor와 같은 수학적인 가격이론가들이 암묵적인 생산비용을 잘 계산하면 사회주의도 시장경제에서와 마찬가지로 적절하게 자원을 배분할 수 있다고 반박함으로써 생긴 논쟁과 맥락을 같이 하는 질문이다.

오스트리아학파의 분위기 속에서 경제학을 수학한 슘페터는 특이하게도 수리경제이론가들의 견해에 동조하고 있다. 이러한 슘페터의 견해는 슘페터가 경제 이론 면에서 균형론적인 수리경제학에 대해서 호의적으로 평가하고 있다는 측면뿐만 아니라, 그가 자본주의의 붕괴를 예상한 상태이며, 나아가 러시아에서 사회주의 경제가 그런대로 운영되고 있었다는 현실적인 요인도 작용한 것으로 보인다.

이러한 배경에서 슘페터의 견해를 살펴보자. 우선 슘페터는 사회주의에 대해서 "생산수단에 대한 지배권과 생산 그 자체에 대한 지배권이 중앙당국에 부여되어 있는 제도적 유형(p. 233)"이라는 지극히 일반적인 정의를 따르고 있으며, 집산주의, 공산주의, 사회주의의 여러 유형을 구별하고 있지는 않다. 아울러 슘페터는 사회주의의 작동 가능성에 대해서 단순히 경제적 측면뿐만 아니라 정치적, 문화적 측면에 대해서도 고려하고 있다.

우선 슘페터는 이론적으로 사회주의하에서 각 재화에 대한 수요와 공급량이 일치하고, 필요한 재화를 생산하는 데 가장 효과적인 생산방법을 찾을 수 있는 가격을 계산할 수 있다는 주장에 동의하고 있다. 나아가 실제적으로도 사회주의의 계획당국이 자본주의의 대기업이 직면하는 관리의 어려움보다 특별히 더 큰 어려움을 가진 것은 아니라고 생각한다. 즉 사회주의 계획 당국은 "자본주의의 대해의 파도 속에서 하나의 기업을 조종하는 데 필요한 것보다 훨씬 더 적은 지능으로써(p. 255)" 사회주의를 운영할 수 있다는 것이다.

나아가 슘페터는 비슷한 발전 수준을 가진 사회주의와

자본주의를 비교했을 때, 사회주의 쪽이 성과 면에서 더 우월하다고 생각한다. 먼저 기술적인 생산성이라는 좁은 면의 능률이라는 점에서 사회주의는 자본주의에 비해 적어도 동일한 성과를 올릴 수 있고, 분배 면에서 상대적으로 평등한 분배를 실현함으로써 전반적인 복지 수준을 올리며, 동기 면에서도 사회주의에 동참하고 있다는 의식을 고취시키고 집단적 규율을 고양시킴으로써 성과를 올릴 수 있다고 생각한다. 특히 실업을 없애고 경기변동을 줄임으로써 경제 안정을 성취할 수 있다고 본다.

> 사회주의 사회에 있어서는 주로 불황이 배제되는 결과, 실업이 한층 더 감소될 것이라는 것, 또한 주로 기술상의 개량의 결과 실지로 실업이 발생했다 하더라도 생산성은 그 계획이 그 가능성에 따라서 실행되고 있는 한, 항상 실업자를 기다리고 있는 다른 일터로 전출시킬 수 있을 것이다.(p. 270)

물론 슘페터는 사회주의에서는 적극적인 투자 의욕이 감소하여, 저축이 부족해질 가능성이 있다는 점에서 성숙한 자본주의에서 사회주의로 전환하여 자발적인 저축으로만 충분할 정도로 급속한 성장이 문제시되지 않는 경우가 이상적이라고 생각하고 있다. 이러한 점에서 슘페터는 성숙한 상태에서의 사회주의화와 미성숙 상태에서의 사회주의화 과정을 구별하고 있다.

먼저 성숙한 상태에서의 사회주의화 과정은 헌법 개정과 같은 법률적인 조치로도 가능할 정도로 순조로이 진행될 수 있다고 생각한다. 슘페터가 어느 정도의 단계가 성숙한 것인가에 대해서 정확한 지표를 제시하고 있지는 않지만, 영국 사회주의 정당의 정강 정책 등에 비추어보면, 은행, 철도, 전기, 철강 등 중요 산업이 독점화, 대규모화되는 상태가 아닌가 판단된다. 성숙한 상태에서는 이미 최소한의 생활 수준이 유지되고 충분한 관리 능력이 있으므로, 총생산 면에서 5퍼센트 내외의 정도의 생산 조정을 통해 평등주의적 사회화의 길로 들어설 수 있다고 보고 있다(p. 305).

이에 비해 미성숙한 상태에서는 혁명적인 사회주의 정당이 중앙 당국을 지배하고 나서도, 인플레이션을 통한 자금 조달과 많은 생산 부문의 국유화와 같은 급격한 조치를 취할 수밖에 없다고 본다. 러시아의 예에서 보듯이 이것은 가혹한 변혁 과정을 가져오겠지만, 슘페터는 이러한 과정이 반드시 사회주의화 때문에 나타난 것이라기보다는 러시아의 환경과 문화라는 특수한 상황 때문에 나타난 것이라고 본다(p. 297).

지금까지의 논지로 볼 때, 슘페터는 양차대전 기간에 발생한 전쟁, 세계대공황, 기업의 대규모화 등의 변화를 보고 사회주의화 자체는 불가피한 것으로 생각하면서도, 경제나 사회의 성숙을 통한 순조로운 전환이 일어나기를 기대한 것이 아닌가 짐작해볼 수 있다.

경제 체제와 민주주의

『자본주의, 사회주의, 민주주의』의 마지막 질문으로 사회주의와 민주주의가 양립하겠는가라는 질문이 제기된다. 이 질문은 사회주의화 과정에서 불가피하게 사회주의 세력, 나아가 사회의 일반적 이익을 대변하기 위해 '프롤레타리아 독재'가 불가피하다는 사회주의자들의 주장에 대한 자신의 입장을 밝히기 위해서 제기된 것으로 보인다. 이 질문에 대한 답은 제4부의 결론부에 다음과 같이 명확하게 주어져 있다.

> 우리가 정의한 바의 사회주의와 우리가 정의한 바의 민주주의와의 사이에 필연적인 관계는 없다. 사회주의는 민주주의를 떠나서 존재할 수 있고, 민주주의도 또한 사회주의를 떠나서 존재할 수 있다. 동시에, 사회주의와 민주주의는 양립하기 어려운 것도 아니다. 적절한 사회 환경하에서는 사회주의 기구는 민주주의 원리에 의거하여 운영될 수 있는 것이다.(p. 353)

이미 설명했듯이 생산수단이 공유되고 중앙 당국의 계획에 의해 경제가 운영되는 제도라는 사회주의에 대한 슘페터의 정의는 일반적으로 통용되는 정의와 다르지 않다. 그렇다면 슘페터가 말하는 민주주의의 정의란 무엇인지 알아볼 필요가 있다. 여기에서 슘페터는 그리스 이래 내려오는 고전적인 민주주의democracy의 정의, 즉 '인민에 의한 지배'라는 개념에 대해서 비판적으로 고찰하고 있다.

우선 '인민'이라는 말은 합리적인 판단을 할 수 있는 사람을 참정권에서 배제하지 말아야 한다는 뜻으로 받아들일 수 있다. 다음으로 '지배'라는 말은 모든 개인이 실제로 입법상, 행정상의 업무에 참여한다는 뜻으로 보아야 하는데, 이것이 현실적으로 가능한지에 대해서 슘페터는 회의적으로 보고 있다(p. 331). 따라서 실제로는 인민의 권리를 위임 받거나, 인민의 대표가 일반의지general will를 반영하여 의사를 결정하는 것이 민주주의를 의미하게 되었다고 분석하고 있다.

그렇지만, 과연 인민의 일반적 의지를 나타내는 공공선, 공공 의사가 존재할 것인가에 대해서 슘페터는 여전히 비판적으로 보고 있다. 그 이유는 모든 인민이 동의할 수 있는 확정적인 공공선의 기준이 없으며, 나아가 이러한 기준, 예를 들면 공리주의자들의 '최대 다수의 최대 행복'과 같은 기준을 찾는다 하더라도 구체적인 문제에 대해서 동일한 해답이 나오리라고 볼 수 없기 때문이다(pp. 340-341).

슘페터는 민주주의의 대한 고전적인 정의가 현실적인 적용 가능성이 없음에도 불구하고 계속해서 남아있는 것에 대해 네 가지 측면에서 흥미로운 설명을 하고 있다(pp. 356-360). 첫째, 민주주의에 대한 정의가 신 앞에 평등을 주장하는 종교, 특히 개신교의 종교적 교의와 일치함으로써 신앙적으로 지지를 받았다는 점, 둘째, 많은 국가에서, 예를 들면 미국 같은 나라에서 민주주의가 자신들의 역사적 사건과 결부되어 열렬한 지지를 받고 있다는 점, 셋째, 소규모 공동체에서는 고전적 학설이 적용될 수도 있으므로 이러한 경험을 중시하게 되었다는 점, 넷째, 대중들에게 기쁨을 가져다 주는 수사학으로서 많이 사용되었다는 점이 그것이다.

슘페터는 민주주의에 대한 고전적 정의를 현대 사회에 적용하기 어렵다고 보고, 대안적 정의를 제시한다. 즉 "민주주의 방식이란 정치적 결정에 도달하기 위한 하나의 제도상 협정이며, 여러 사람들이 투표를 획득하기 위한 경쟁적 싸움을 통하여 결정권을 획득하게 하는 것을 그 내용으로 한다(p. 364).”

나아가 슘페터는 이러한 정의가 더 적합한 이유를 일곱 가지 측면에서 제시하고 있다. 첫째는 막연한 ‘인민의 지배’라는 기준보다 실제적으로 민주주의와 비민주주의를 구별하는 데 더 효과적이라는 사실, 둘째, 지배권이라는 개념이 실제로 작용하는 방식에 대해서 현실적으로 고려할 수 있다는 점, 셋째, 집단적 의사가 있을 경우 실제로 하는 역할에 대해서 고려한다는 점, 넷째, 지배권을 위한 경쟁이 투표 과정을 통해 나타나는 과정에 주목할 수 있다는 점, 다섯째, 민주주의와 개인적 자유의 관계에 대해서 생각해볼 수 있게 한다는 점, 여섯째, 정부가 구성되는 것뿐만 아니라 정부가 해체되는 과정에 대해서도 고려할 수 있다는 점, 일곱째, 다수결보다는 과반수가 인민의 의사를 집약하는 것이라는 점을 더 분명하게 드러낸다는 점 등이다.

이러한 시각을 가지고 슘페터는 실제로 의원내각제의 실제적인 절차에서 인민의 의사가 어떻게 반영될 수 있는지 검토하고, 그 의사가 왜곡될 가능성에 대해서도 고려하면서, 민주주의에 대해 다음과 같이 말하고 있다.

> 민주주의라고 하는 것은 인민이 실제로 지배한다는 것을 의미하는 것도 아니며, 또한 의미할 수도 없다. 민주주의는 다만 인민이 인민의 지배자가 되고자 하는 사람들을 승인하거나 또는 부인할 기회를 가지고 있음을 의미할 따름이다. 그런데 인민

은 인민의 지배자가 되고자 하는 사람들을 승인하느냐 부인하느냐를 전연 비민주주의적으로 결정하게 될 수도 있을 것이기 때문에, 우리는 한 걸음 더 뚫고 들어가서는 민주주의 방식이냐 아니냐를 검증하는 부가적 표준을 설정함으로써 우리의 정의를 더욱 제한하지 않을 수 없었다. 즉, 선거민의 투표를 획득하기 위하여 자칭 지도자들이 자유롭게 경쟁할 수 있다는 것이 바로 그 표준이다.(p. 385)

말하자면 슘페터는 민주주의란 '인민의 지배'가 아니라 '인민의 지지를 얻기 위한 경쟁 과정을 통해 선출된 정치가의 지배'라고 좀 더 실제적인 정의를 하고 있는 것이다. 이에 대해서 슘페터는 기업의 목표는 이윤 추구라고 단정적으로 정의하는 것보다는 기업 간의 경쟁을 분석하는 것이 현실을 더 효과적으로 분석하는 방법이듯, 정치적 과정도 규범적 선언보다는 실제적 절차 분석이 더 중요하다는 시사점을 제시하고 있다.

이러한 점에서 슘페터는 자본주의도 자유와 경쟁을 추구한다는 점에서 분명히 민주주의적 절차와 민주주의에 적합한 가치를 갖고 있음을 인정하고 있다. 그렇지만 부르주아 계층은 자신의 체제를 옹호할 수 있는 정치인을 배출하는 데 관심이 적으며, 자본주의 체제에서는 국민들이 분열되어 있을 때 이를 통합시킬 적절한 영도력을 발휘하는 데 실패하였다고 분석한다(pp. 400-401).

따라서 슘페터는 특정한 경제 체제보다는 사회의 성숙도가 민주주의에 더 긴요하다고 생각한다. 즉, 그는 민주주의 성공의 실제적 조건에 대해 네 가지 측면에서 분석하고 있다. 첫째 조건은 정치에 있어서 인적자원이 충분히 높은 수준의 자질을 가지고 있어야 한다는 점이다. 둘째 조건은 정치적 결정이 효과를 미치는 범위가 지나치게 광범하게 확정되어서는 안 된다는 것이다. 셋째 조건은 현대 산업국가에서 민주주의 정부는 공적 활동 영역을 위하여 강력한 의무감과 단결심을 가진 잘 훈련된 관료의 봉사를 확보할 수 있어야 한다는 것이다. 넷째 조건은 '민주주의적 자제'라는 문구로서 요약될 수 있을 것이다. 무엇보다도 유권자와 대의원들은 협잡꾼과 기이한 인물에 농락되지 않을 정도로 높은 지성적, 도덕적 수준에 도달하고 있어야 한다(pp. 392-397). 이와 같이 모든 계급에서 대다수의 사람이 민주주의적 규칙을 지키려는 결의가 더 중요하다는 것이다.

3. 슘페터 경제학, 성공인가 실패인가?

슘페터의 『자본주의, 사회주의, 민주주의』는 20세기 중반에 쓴 책이다. 더군다나 제1차 세계대전과 세계대공황이라는 미증유의 격변기가 배경이기 때문에 아무래도 암울한 전망이 바탕을 이루고 있다. 현재 시점에서 평가하자면 자본가의 혁신이 사라지고 자본주의가 소멸하며 사회주의로 대체되리라는 전망, 나아가 적어도 성숙한 단계에서 전환된 사회주의가 잘 작동하리라는 예측 등은 대체로 틀렸다는 것이 드러났다. 물론 오래전 암울한 시기에 이루어진 미래에 대한 저자의 전망이 현재 시점에 맞으리라고 기대하는 것 자체가 이상할지도 모른다. 따라서 슘페터의 전망 자체보다는 그의 분석의 관점에서 교훈을 얻는 것이 더 타당할 것이라 생각된다.

우선 자본주의 분석에서 가장 중심이 되는 기술혁신 문제에 대한 슘페터의 기여는 높이 평가할만하다. 특히 자본주의를 움직이는 핵심적 동인이 기술혁신이라는 사실, 기술혁신이 단순히 제작 방법 변화를 의미하는 것이 아니라 신제품 개발, 원료, 공정, 시장의 전체 부가가치 사슬value chain에 걸친 과정, 나아가 조직 변화를 포함한다는 것, 기업의 이윤은 이러한 기술혁신에 따른 독점적 지위의 대가라는 것, 그리고 이러한 지위는 모방에 의해서 사라진다는 것 등은 현대 기업 행동 분석에서도 유효하게 자리 잡고 있다.

슘페터는 20세기 초 자동차, 전화, 전력, 화학 등의 분야에서 뛰어난 개인 발명가가 기업을 창업하는 것을 관찰하였기 때문에 개인 기업가의 영웅적 노력을 높이 평가하였고, 대규모 조직 안에서 이러한 혁신 의욕이 사라지는 것이 자본주의의 활력을 없앨 것이라고 생각하였다. 하지만 현대 기업의 체계적이고도 끊임없는 기술개발 노력을 보면 이러한 슘페터의 생각이 반드시 타당한 것은 아니다. 특히 기술경제학에서는 국가적 기술혁신 체제National Innovation System라고 하여, 기업, 대학, 연구소, 정부 등이 긴밀히 연결되어 기술개발에 필요한 연구와 교육의 여러 측면이 어떻게 관계하고 있는지 분석하고 있다.

다음으로 경제학계의 흐름을 통해 슘페터의 기술경제학을 살펴보면 슘페터가 활동하던 시기나 죽은 직후보다는 그 이후에 그에 대한 평가가 나아졌음을 주목할만하다. 1930년대 세계 대공황기에는 각국 정부가 케인스적인 수요 확대 정책을 채택하면서 케인스 경제학이 거시경제학의 중심적 이론이 되었으므로 상대적으로 슘페터의 입지가 낮게 평가될 수밖에 없었다. 이러한 평가는 케인스 정책을 기본으로 한 수요 확대 정책이 효과를 발휘하던 2차대전 이후부터 1970년대 초까지, 즉 자본주의의 황금기The golden age of capitalism까지 계속되었다.

그렇지만 1980년대 이후 케인스 정책의 한계가 지적되고 공급 측면을 중시하는 흐름이 나타나면서, 슘페터에 대한 평가가 높아졌다. 이에 따라 기술혁신과 같은 공급 측면을 중시하는 슘페터 경제학이 득세할 것이라는 평가와 함께 '슘페터의 시대The age of Schumpeter'가 열렸다고 평가하는 기어쉬H. Giersch 같은 학자도 등장했다.

그 다음으로 자본주의의 몰락과 사회주의화를 예견하는 슘페터의 전망에 대해서 생각해보면, 전망 그 자체가 틀렸다는 것은 물론 명백하다. 그렇지만 그의 추론의 배경을 보면, 주식시장의 발달, 소유와 경영의 분리, 기업에서의 계획적 요소의 도입, 정부 역할의 증대와 같은 요인이 있음을 알 수 있다. 물론 이러한 배경적 요인들을 보고 사회주의화를 전망하는 것은 성급한 것임에는 분명하지만, 자본주의 체제의 질적 변화를 고찰하려고 노력했다는 점은 높이 평가할만하다.

마지막으로 정치 체제와 경제 체제의 관련성을 설명하

는 부분에 있어서 그의 시각은 당시 기준으로서는 신선한 것이었다. 즉, 정치 과정에 대한 경제적 분석으로서 자리 잡은 공공 선택public choice의 시각이라고 볼 수 있다. 민주주의란 투표를 통한 권력 장악을 위해서 경쟁하는 방식이라는 정의는 민주주의를 인민의 지배라고 보는 고전적인 정의에 비해 현실적으로 적용할 수 있는 범위가 훨씬 크다. 이렇듯 새로운 정의를 통해 슘페터는 행정 제도나 국민의 책임 의식과 같은 민주주의가 성공할 조건에 주목함으로써, 실제로 민주주의적 과정을 개선하는 데 관심을 돌릴 수 있었다. 이는 아마도 독일과 이탈리아에서 전체주의적 정권이 등장하는 것을 보고 착안한 것으로 보인다.

위와 같은 평가에서 보듯이, 슘페터의 영향은 사실 한 가지 경제 이론에 한정되지 않는다. 기술혁신, 경기변동, 체제 변화 등에 걸친 광범위한 분야에 영향을 주었지만, 오히려 그 때문에 특정한 집단의 제자들이 나타나지는 않았다. 그렇지만 1980년대 이후, 기술변화에 관심을 가진 사람들을 중심으로 슘페터의 접근방법을 계승하고자 슘페터학회The Schumpeter Society를 창설하고 전문지 『진화경제학 저널*Journal of Evolutionary Economics*』을 발간하는 등, 슘페터주의적Schumpeterian 경제학은 계속해서 영향력을 발휘하고 있다.

참고문헌

Bottomore, T., 1992, *Between Marginalism and Marxism: The Economic Sociology of J. A. Schumpeter* (변상진 역, 1997, 『한계주의와 맑스주의 사이에서』, 성균관대학교출판부).

Giersch, Herbert, May 1984, "The Age of Schumpeter," *American Economic Review*, pp. 103-109.

Hong, Keehyun, 1992, "Austrian Capital Theory and 'Dynamic' Analysis of Schumpeter vs. Hayek," *Seoul Journal of Economics,* Vol. 5, No. 2, pp. 167-192.

Schumpeter, Joseph A., 1950, *Capitalism, Socialism and Democracy* (이상구 역, 1977, 『자본주의, 사회주의, 민주주의』, 삼성출판사).

변은현, 1993, 『슘페터 경제학 연구』, 도서출판 심지.

이상구, 1982, 『J. A.슘페터』, 경제학전집(고전편) 9, 유풍출판사.

홍기현 · 이근, 1998, "경쟁, 기업조직 및 기술혁신: 진화론적 경제학을 중심으로," 『경제론집』 제37권, 제2-3호, 서울대학교 경제연구소, pp. 337-366.

田村信一, 原田哲史編著, 2009, 『ト゜イツ經濟思想史』, 八千代出版.

八木紀一郎, 1988, 『オ-ストリア經濟思想史研究』, 名古屋大學出版會.

칼 폴라니, 『거대한 변환』

Karl Polanyi, *The Great Transformation* (1944)

19세기 서구 시장자본주의의 흥망성쇠

안청시
서울대학교 정치외교학부 명예교수

세상이 크고 작은 문제와 위기에 봉착할 때마다 우리는 선현이 남긴 고전과 명저를 찾아 길을 묻고, '무엇이, 왜 잘못되었는가' 라는 물음에 대한 해법을 찾아 나선다. 세계경제가 미국발 금융 위기를 시발로 갈림길에서 휘청거리는 위기를 겪어 내면서, 우리는 소위 '낡은 근대'의 그늘로부터 근대 이후post-modern의 세계로 이행하는 발전 경로가 결코 – 일부 낙관론자가 내다본 만큼 – 순탄할 수 없다는 것을 재확인했다. 21세기 첫 10년을 넘기는 문턱에서 세계의 지식인 사회는 자본주의의 미래와 시장경제의 성패를 둘러싸고 반복되어 온 시련과 도전, 전쟁과 평화의 역사를 되돌아보는 한편, 역사의 고비마다 새로운 해법을 찾아 나섰던 과거의 노력과 기록을 재조명하는 일이 필요하다는 생각에 이르렀다. 고전을 찾아 다시 길을 물을 때가 된 것이다.

20세기에 들어서면서 세계는 두 차례의 세계대전을 치르고, 크고 작은 혁명과 혼란을 겪어내며 어렵사리 민주주의와 시장 자본주의 경제 체제를 지켜냈다. 정치적 자유와 시장경제가 당면했던 역사적 부침과 위기의 갈림길에서 제기되었던 논쟁과 문제에 대한 기록은 여러 분야에 걸쳐 수많은 고전과 명저를 배출했다. 사회과학 분야로만 좁혀 본다 하더라도 근대 체제modernity의 기원과 도전, 위기, 붕괴, 진보와 혁신 등과 연관해 선도적인 탐구 의제를 제시하며 창의적 해법을 탐색해 낸 명저가 허다하다. 그중 필자가 전공해온 정치학 분야에서 일찍이 근대-탈근대로의 이행 문제를 이론적으로 다룬 대표적 명저를 꼽는다면 나는 별 주저 없이 카E. H. Carr(1892-1982)의 『20년의 위기』[1] 와 칼 폴라니Karl Polanyi(1886-1964)의 『거대한 변환』[2]을 꼽고 싶다. 이 두 저서는 비록 유럽중심주의적 편견을 가지긴 했지만[3] 사회과학의 여러 분야에 걸쳐 아직도 중요한 영향을 미치고 있어 재조명할만한 가치가 충분하다.

---

*이 글의 초고를 읽고 독해의 편의와 표기에 대하여 많은 도움을 준 서원대학교 박종성 교수에게 감사한다.

1 E. H. Carr, *The Twenty Years' Crisis: 1919-1939*, 1939, 1945, 1981, and 2001 by Palgrave (New York), reissued with a new introduction and additional materials by M. Cox. 이 책의 한국어 번역본은 E. H. 카, 『20년의 위기』, 김태현 편역 (서울: 녹문당, 2000, 2003, 2005(3쇄))가 있다.

2 Karl Polanyi, *The Great Transformation: The Origin of Our Time* (Boston: Beacon Press, 1944). 이 책은 같은 출판사에서 1957, 2001년에 재판되었고, 2001년 판에는 스티글리츠(Joseph E. Stiglitz)의 서언과 블록(Fred Block)의 서론(Introduction)이 새로 추가되었다. 한국어 번역본은 칼 폴라니, 『거대한 변환: 우리 시대의 정치적·경제적 기원』, 박현수 역, 대우학술총서 번역 47 (민음사, 1991)이 있다. 최근에는 홍기빈의 번역본이 출간되었다.

3 카와 폴라니는 공히 역사와 문명 차원의 변화 혹은 진보에 치중함으로써 강대국 중심주의 입장에 경도하여, '작은 나라들의 문제'에 대해서는 냉담하고 유럽주의를 넘는 시각이 부족하다는 비판에 대해 필자는 동의한다.

이 글은 폴라니의 대표 저서로 꼽히는 『거대한 변환』의 주요 논지와 내용을 소개하는 형식으로 구성하였다. 『거대한 변환』은 20세기를 통틀어 가장 중요한 100권의 명저서 중 하나로 알려져 있어 그 위상과 가치에 대하여는 긴 설명을 요하지 않는다.[4] 최근에는 신자유주의의 부상과 그 폐해에 대응하려는 비정통파 경제(사)학자와 제도주의 역사사회학파 중에서도 폴라니의 시장주의 비판과 제도론이 자주 언급된다. '지구화 정치 경제'에서 새로운 생존과 경쟁 전략이 요구되는 대변혁기에 폴라니 '다시 읽기'는 동아시아와 한반도의 미래 전략을 지구적 차원에서 구상해 보는 데도 도움이 될 것으로 생각한다.

이 글은 필자가 다른 책에 게재한 논문을 비전공자나 일반 독자가 보다 쉽게 읽을 수 있도록 고쳐 쓰며 일부 보완한 것이다.[5] 편의상 이 글에 자주 인용된 원전의 한글판 번역본은 "역서"로 표기하였으며 병기하는 아라비아 숫자는 박현수의 번역본 『거대한 변환』(1991)의 페이지 수를 의미한다. 필요한 경우 "원저(서)"와 해당 면수를 병행 표기하여 독자들에게 도움을 주고자 했다.

---

4 이들 명저의 저자 중에는 트로츠키(Leon Trotsky), 레닌(Vladimir Lenin), 막스 베버(Max Weber), 타우니(R. H Tawney), 케인스(J.M. Keynes), 융(Carl Jung), 토인비(Arnold Toynbee), 레비 스트라우스(Claude Levi-Strauss), 베블린(Thorstein Veblen), 보바르(Simone de Vauvoir) 등이 포함되어 있다(*Time*, March 17, 1977). 폴라니의 저서는 정치경제학 분야에서 하이에크(Hayek)의 『노예에의 길(*Road to Serfdom*)』(1944)에 버금갈 만큼 중요한 고전으로 평가되기도 한다.

5 안청시, "제3장 폴라니의 정치경제학," 『현대 정치경제학의 주요 이론가들』, 안청시·정진영 편저, 대우학술총서 473 (서울: 아카넷, 2000), pp. 83-154 참조. 특히 121-145쪽이 이 글에서 다시 수정, 보완한 부분이다.

1. 폴라니, 대변혁의 시대를 살다[6]

칼 폴라니는 1886년 10월 21일 오스트리아의 수도 비엔나의 헝가리계 유태인 가정에서 태어났다. 가족이 일찍 헝가리로 이주하는 바람에 폴라니는 어린 시절을 부다페스트에서 보냈으며 부다페스트 대학에 입학하여 법학도로서 청년기를 보냈다. 학창시절 한때 그는 셰익스피어에 심취하여 햄릿 구절을 외고 다닐 정도로 문학과 글쓰기에 능했고 인기 있는 연설가였다고 한다. 당대 대부분의 대학생들처럼 사회주의 사조에 물들었던 그는 재학 중 사회주의 이념서클과 진보적 학생 운동을 주도하다 부다페스트 대학에서 퇴학을 당했고, 그 때문에 한 지방대학으로 옮겨서 대학 학위 과정을 마쳤다. 1910년부터 잠시 법률사무소 서기로 일하면서 변호사 자격증을 얻지만, 이 일에 별 흥미를 느끼지 못한 폴라니는 1차 세계대전이 일어나자 오스트리아-헝가리 제국의 장교로 참전하여 전투 중에 부상을 입고 후송된 후 곧 퇴역한다.

제1차 세계대전에서 패한 후 오스트리아-헝가리 제국은 해체되고, 헝가리는 독립국가로 분리된다. 독립 후 곧 사회주의 정치 세력이 득세하여 헝가리 연립정부를 구성하나, 얼마 지나지 않아 이 연립정부의 실권은 공산주의자에 의해 장악된다. 이로 인해 헝가리 사회는 극심한 사회적 혼란 속에 빠져 들고, 제1차 세계대전의 잔학상에 겹쳐 군주제의 폐해를 목도한 중산 지

---

6 이 부분은 필자의 앞 글 pp. 89-98에서 요약함.

식인 계층은 과격파 좌익 사조에 물들어 간다. 이 시기 폴라니는 잠시 급진시민당Radical Citizens Party의 총서기로 일하지만, 그가 속했던 정당이 연립정부 수립에 참여하다 실권에서 밀려나자 현실정치에 실망하고 염증을 느껴 정계에서 물러난다. 1918년 10월에는 부다페스트에서 혁명이 일어나 헝가리에 친공산주의 공화국이 새로 들어선다. 바로 이듬해인 1919년 3월에는 헝가리 소비에트 공화국Hungarian Soviet Republic도 무너진다. 이어서 헝가리에 볼셰비키 공산정권이 수립, 선포되자 폴라니는 조국 헝가리를 떠나 비엔나로 이주한다.

비엔나에서 폴라니는 헝가리 공산당 간부로 활약하다 망명 이주해온 일로나 두진스카Ilona Duczynska와 1923년에 결혼한다. 그의 반려자가 된 일로나는 잘 알려진 대로 폴라니의 생애와 사상, 그리고 활동에 지대한 영향과 변화를 가져온 여성이다.[7] 폴라니 가족은 유럽대륙의 제국이 명멸하는 가운데 새로운 '구원의' 사회를 찾으며 요동치는 역사 속에서 '세계인으로서의 삶'을 살아간다. 드러커P. Drucker[8]는 폴라니 가족을 "명멸하는 시대"에 "새로운 사회를 꿈꾸던 아주 특별한 가족[9]으로 묘사하며 가족 모두

---

7 폴라니는 자신의 책 『거대한 변환』의 첫머리에 "나는 이 책을 아낌없는 도움과 조언을 베풀어 준 나의 사랑하는 아내 일로나 두진스카에게 바친다"고 헌사(獻辭)를 남겼다.

8 피터 드러커, 『피터 드러커 자서전』, 이동현 역 (한국경제신문, 2005), 2부, 「명멸하는 시대의 사람들」 중 "폴라니가(家): 새로운 사회를 꿈꾸던 흥미로운 가족," pp. 278-311 참조.

9 예컨대, 크리스마스 저녁 식사에 초대된 젊은 시절의 드러커가 폴라니의 수입에 비해 턱없이 가난하게 살고 있는 폴라니 가족을 보고 의아해하자 폴라니의 아내는 이렇게 말한다. "월급을 자신을 위해 쓰다니! 우리는 그런 소린 생전 처음 들어봅니다." "하지만 사람들은 대부분 그렇게 살아요"라는 드러커의 말에 "우리는 대부분의 사람이 아니에요. (…)

가 한 가지 목적에 헌신했다고 다음과 같이 서술한다(드러커, p. 286).

> 그들(폴라니 가족, 필자 주)은 19세기를 극복하려 했다. 자유를 추구하되 *부르주아적이거나 자유주의적이지 않은 길*, 번영을 이루되 인간의 생활이 *경제에 종속되지 않은 체제*, 공동체를 지향하되 *마르크스주의의 집산주의가 아닌* 새로운 사회를 추구했다.(기울임체는 필자가 강조한 부분임)

비엔나로 정치적인 이주를 선택할 즈음, 폴라니는 제2차 인터내셔널이 결정론적 마르크스주의에 집착하여 당시 헝가리 농민이 처했던 가난과 희생에 등을 돌리고 있는 현실을 직접 체험한다. 폴라니는 이때부터 사회주의 정당 운동에 대한 매력을 버리고 마르크스주의와도 결별한다. 이후 폴라니는 도덕으로 무장한 인간이 꾸준히 노력하지 않으면 사회 발전과 진보가 이루어질 수 없다는 진보적 계몽주의 가치의 신봉자가 된다. 그리고 사회주의 정당에 직접 가입해서 투신하는 길을 접는 대신, 노동계급을 계몽시켜 그들을 진보 전선으로 이끌어 낼 수 있는 각종 교육 프로그램을 개발하고 확대하는 쪽으로 눈을 돌려 1924년부터 1933년까지 당시 비엔나의 유수한 경제 잡지『오스트리아 이코노미스트』의 선임 논설위원이자 고참 기자로 일한다. 이 일을 하는 동안 폴라니는 1920년대 유럽을 강타했던 각종 국제 사건을 접하고 세계 정세를 분석

우리는 돈을 벌 수 있는 능력이 있으니 월급은 다른 헝가리 사람에게 주고 우리가 나가서 벌어오는 것이 논리적인 일이죠"라고 일로나는 단호하게 말했다(드러커, pp. 285-286).

할 수 있는 능력을 연마한다. 이 시절 마르크스의 『자본론』을 다시 읽고 멩거K. Menger, 비저F. von Wieser, 슘페터J. A. Schumpeter 등 오스트리아 경제학자의 주관적 가치 이론과 사회학 서적들을 탐독하면서 폴라니는 학문과 사상 면에서 성숙기를 맞는다. 1922년에 당시 이름을 떨치던 비엔나 대학 경제학 교수이자 자유주의 학파의 거두였던 미제스Ludwig von Mises에 맞서 좌파 사상을 옹호하는 글을 발표하고 논쟁을 벌인 일화는 유명하다. 폴라니 연구가들은 그의 명저 『거대한 변환』의 집필 계획과 골격이 바로 이 시절 비엔나에서 준비되었을 것으로 본다.[10]

1933년에는 히틀러가 득세하여 독일에 나치 정부가 들어선다. 나치는 즉각 독일과 파시즘에 비판적이던 『오스트리아 이코노미스트』의 독일 내 배포와 광고를 금지시키고, 폴라니의 적대적인 논설이 오스트리아에서 발표될 수 없도록 탄압한다. 자신을 향해 다가오는 나치 정권의 위험을 감지한 폴라니는 나치가 비엔나를 침공하기 직전, 또다시 영국으로의 정치적 이주를 택해야만 했다. 폴라니는 영국에서 나치에 반대하는 글을 활발하게 발표하는 한편, 노동자 교육 연합과 대학의 사회교육 과정에서 국제 관계와 영국 경제사를 가르치며 가족과 자신의 생계를 책임져야 하는 불안정한 몇 년을 보낸다. 그는 강의와 계몽 활동에 필요한 자료를 찾아 영국의 사회경제사 연구에 몰두한다. 기독교 사회주의자, 퀘이커 교도와 활발하게 교류하고, 이들과의

10 Karl Polanyi-Levitt (ed), *The Life and Work of Karl Polanyi: A Celebration* (Montreal, Canada: Black Rose Books, 1990), pp. 122-123 참조.

만남을 통해서 기독교 윤리주의와 좌파 윤리주의 연구 쪽으로도 관심을 넓혀간다. 한편, 1933년부터 1947년까지 영국에 있는 동안 폴라니는 당시 영국 노동자계급의 극심한 빈궁을 목도한다. 자본주의 치하의 영국 노동자들은 사회주의 치하의 비엔나 노동자보다 더 비인간적이고 가혹한 대접을 받고 있었다. 이때부터 폴라니는 시장경제에 대해 더욱 깊은 회의를 품게 되고, 시장경제의 폐해를 극복할 수 있는 대안 경제학의 길을 찾는 일에 더욱 깊이 몰두한다. 이와 같은 지적 경험과 체제 비교에서 축적된 연구 결과와 자료는 후일 그가『거대한 변환』을 집필하는 토대로 활용된다.[11]

1938년에는 히틀러가 오스트리아를 침공하여 무력 점령하고, 1939년에는 제2차 세계대전이 발발한다. 1941년 초 폴라니는 피터 드러커의 소개로(드러커, p. 302) 버몬트 주의 베닝턴 대학Bennington College에 교수 자리를 얻어 3년간 미국에 체류한다. 그동안 그는『거대한 변환』의 집필을 마쳐 그의 나이 58세가 되던 1944년 뉴욕에서 초판을 발행하고, 1945년 런던에서도 출간한다. 폴라니는 1943년 영국으로 돌아가 노동자 교육과 헝가리 해방 운동을 하던 중 1947년 콜럼비아 대학의 객원교수로 초빙되어 다시 미국으로 건너온다. 이 시기 10여 년 동안 폴라니는 자신의 창조성을 꽃피우는 제2의 학문적 전성기를 보낸다. 콜럼비아 시절 폴라니의 연구 주제는 경제생활이 사회에서 차지하는 위상과 역할에 대

11 저자 서문에서 폴라니는 이 책의 핵심 주제는 영국 체류 시(1939-1940) 시작되어 미국에서 마무리된 것이라고 밝히고 있다.

한 역사적 기원을 밝혀 내는 것이었다. 이때 폴라니의 관심은 자본주의 사회의 역사에서 더욱 거슬러 올라가 고대와 원시 사회의 경제 제도 연구로 옮겨간다. 그는 이 문제에 대한 콜럼비아 대학에서의 공동 연구 성과를 모아 1957년에 『초기 제국에 있어서의 교역과 시장*Trade and Market in the Early Empires*』을 펴낸다.[12]

폴라니는 71세의 나이로 콜럼비아 대학에서 연구 생활을 은퇴하고 캐나다 온타리오 주 토론토 근처 피커링Pickering에 마지막 거처를 정한다. 말년에는 세계 평화 문제를 다룬 학제적 잡지 『공존*Co-Existence*』을 기획하는 일에 착수하여 이 잡지의 창간호 교정본이 세상에 나오는 것을 보고 세상을 떠난다.

폴라니가 콜럼비아 대학에서 경제사 강의를 맡았던 시기는 냉전의 확대기로 미국 내에 반공산주의가 맹위를 떨치고 있었다. 매카시즘이 한창이던 1953년, 폴라니의 아내 일로나는 과거에 헝가리 공산당원이었다는 이유로 미국 비자 발급을 거부당한다. 이 때문에 폴라니는 피커링에 거주하면서 뉴욕까지 오가며 강의를 한다. 『거대한 변환』의 출간으로 학자와 교수로서의 명성을 얻자 헝가리 정부는 1961년 폴라니에게 조국을 방문할 기회를 준다. 그는 1963년에 부다페스트의 과학아카데미에 초청되어 강

---

12 이 책의 주제는 원시 사회의 경제행위는 오늘날처럼 이윤 동기, 가격 결정 원리, 화폐화, 시장 거래 등에 의해 이루어진 것이 아니라 호혜나 재분배 등 '사회적 장치'가 주요 동기로 작용하였다는 것이다. 이것은 이윤 동기나 시장만이 인간의 경제생활을 조직화할 수 있다는 종래의 이론을 반박하며, 경제가 갖는 역사적, 제도적 의미를 간과하고 시장 법칙에만 의존하여 경제행위를 설명하려는 현대 경제 분석의 한계를 잘 지적하고 있다. 이 책에 수록된 그의 논문 "The Economy as Institutional Process"에서 그는 비시장 전통 사회의 경제를 연구하는 데 신고전주의 개념을 그대로 원용하는 정통 이론의 문제점을 명쾌한 논지로 반박한다.

연하는 명예도 얻는다. 1964년에 78세로 파란만장한 생을 마감한 폴라니는 캐나다 온타리오 주 피커링 시에 안장된다. 젊은 시절부터 완벽한 이상 사회 건설의 길을 찾아 세계를 떠돌며 19세기와 함께 삶을 영위하다 그가 예측한대로 19세기가 무너지는 것은 보았지만 꿈꾸어 왔던 이상이 실현되는 것은 보지 못한 채……

2. 거대한 변환을 논하다

폴라니의 저서『거대한 변환』은 19세기 전 기간과 20세기 전반부에 걸쳐 세계를 지배한 영국 중심의 서구 문명이 '형성-발전-붕괴'되는 역사의 궤적을 정치경제학적으로 추적한다. 저자는 이 책의 목적이 '자기 조정적 시장 체제'에 기반을 둔 19세기 서구 문명의 제도적 기원과 그 전개 과정, 그리고 이를 기반으로 형성된 서구 민주국가의 발흥과 붕괴 요인을 분석하는 데 있다고 밝힌다. 이를 통해 그는 20세기 초두부터 인류 문명이 당면하게 된 '거대한 변환'의 정치적·경제적 실체가 무엇인지를 밝혀내고자 한다. 내용은 3부로 나누어지는데, 제1부는 "국제 체계"란 제하題下에 19세기 서구 문명을 역사적 제도주의 시각에서 분석한다. 제2부는 '시장경제의 흥망' 과정을 '악마의 맷돌'과 '사회의 자기방어'로 나누어 고찰한다. 전자에서는 19세기 문명의 제도적 원동력으로 '자기 조정적 시장'의 성립과 전개 과정을 분석하고, 후자에서는 시장 체제 확산과 그로 인한 정치사회적 격변, 부작용과 폐해에 대응하여 정치·사회 안에서 일어났던 사회적 자기방어 운동을 고찰한다. 제3부에서는 "변환의 진행"이란 제목으로 새로운 세계를 향한 변환의 진행과 전망에 대한 저자의 관점과 희망적 예측을 담는다. 이 글의 목적이 명저의 소개에 있으므로 폴라니에 대한 비판적 읽기에 치중하기보다는 우선 주제별로 주요 내용을 요약하고 정리하는 데 주력하기로 한다.

근대 체제의 뿌리와 제도적 기원

서구 문명은 1815년 비엔나 회의부터 1914년 제1차 세계대전 발발에 이르기까지 100년간의 평화를 구가한다. '유럽 협조Concert of Europe' 체제라 불리는 이 기간 동안 영국, 프랑스, 프러시아, 오스트리아, 이탈리아, 러시아 등 당시 유럽 열강 간에 전쟁이 있던 기간은 통틀어 18개월에 불과하다. 17세기와 18세기에는 100년 사이에 60-70년 동안이나 큰 전쟁이 벌어진다. 이전 역사와 비교해볼 때 19세기 문명이 누린 백 년간의 평화는 역사상 유례가 없던 일이다. 유럽의 강대국은 안으로는 자유주의, 민족주의, 사회주의 등 사상 대립과 권력투쟁으로 인한 내전, 혁명, 반혁명 등 때로 심각한 무장 충돌과 폭력 사태를 숱하게 겪는다. 그렇지만 이러한 내부 갈등과 분쟁은 국지적 수준에서 관리되거나 격리 가능했기 때문에 유럽 열강 상호 간에 전면전 상태로 확산되는 사태는 피할 수 있었다. 19세기에 서구 문명이 백 년 평화의 뒤꼍에서 물질적 경제적 산업화로 풍요를 누리며 안으로 정치적 자유주의를 구가하고 밖에서는 식민지 획책의 전열을 정비하여 세계를 제패할 수 있었던 원동력은 무엇이었을까? 바로 여기에 19세기 문명, 즉 유럽 중심의 근대 질서가 확립된 원인과 배경, 그리고 궁극적으로는 그 붕괴 과정까지 읽어낼 수 있는 열쇠가 숨어 있다는 주제를 내걸고 폴라니는 이 책의 논지를 전개한다.

폴라니에 의하면 19세기 유럽 문명권은 네 가지 제도적 메커니즘에 의해 지탱된다. 첫째는 세력 균형 체제로 이 덕분에 백 년 동안 열강 사이의 전쟁이 효과적으로 억제된다. 둘째는 국제 금본위제로 이는 영국과 유럽 중심의 '세계경제'란 독특한 조직망을 황금의 실로 엮어내는 특이한 국제 경제 제도를 통해 전쟁 없는 유럽 협조 체제를 가능하게 한다. 셋째는 자기 조정적 시장으로 이는 전대미문前代未聞의 물질적 풍요를 가져다 주어 '유럽 협조' 체제의 경제적 기반을 마련해 준다. 넷째는 자유주의 국가 체제로 시장경제를 원활하게 작동할 수 있도록 (보호·보장)해 줌으로써 물질적 풍요와 평화를 지탱한다. 뿐만 아니라 유럽의 근대 (자유주의) 국가 이념은 나머지 세 기제의 작동을 정치적으로 보완한다. 이상 네 제도 중 국제 금본위제와 시장 체제는 경제 제도이고 세력 균형 체제와 자유주의 국가 기제는 정치 제도이다. 그리고 시장과 국가는 국가 내부적 제도이고 세력 균형과 금본위제는 국제 차원의 제도이다. 이들 네 가지 제도적 메커니즘이 한데 어울려 19세기 유럽 문명의 독특한 특징과 동학動學을 이루어냈다는 것이 제1부의 논지다.

이 중 가장 핵심적인 개념이 '자기 조정적 시장'이다. 세력 균형 체제는 국제 금본위제에 기반을 둔 정치적 상부 구조였고 국제 금본위제는 자기 조정적 시장이 국제적으로 확장된 것에 불과했다. 자유주의 국가는 자기 조정적 시장이 만들어낸 피조물이자 때로는 그 보호장치로 활용되기도 한다. 이런 점에서 19세기 서구 문명의 원천과 기반은 자기 조정적 시장이었다는 것이 이 저서의 핵심 명제이다. 자기 조정적 시장을 기반으로 자유주의 국가가 성립되고 자기 조정적 시장이 국제적으로 확장되어 국제 금본위제가 수립된다. 그 결과 국제 정치에서 세력 균형 체제가 작동 가능했다는 것이다. 그렇다면 19세기 서구 문명을 구성하는 주요 제도는 모두 단일 모체母體인 자기 조정적 시장 체제에서 비롯된 셈이다. 폴라니는 이를 가리켜 "19세기라는 근대 문명의 제도 체제의 비밀을 푸는 열쇠는 시장경제의 생성과 발전을 지배하는 법칙"에 있었고 "19세기 유럽 문명이야말로 인류 역사의 특정 시점에 등장한 특정 제도의 메커니즘을 중심"으로 지탱되어 왔다는 점에서 문명사에 유례를 발견하기 힘든 "독특한" 역사라고 간명하게 규정한다.

풀어 말하자면, 폴라니는『거대한 변환』에서 19세기 유럽 열강이 중심이 되어 세계를 제패한 역사 공간과 시간 단위를 연구 범위로 설정하고 이 문명사적 단계를 그 이전과 이후 어느 역사와도 뚜렷하게 구분하여, 문명사에 일대 변환을 가져온 '독특한 역사적 국면'으로 규정한다.『거대한 변환』은 이처럼 세계사에서 유례없이 특별했던 유럽의 시대, 즉 근대 질서modernity를 창안·주도한 (서양)문명 체계의 구조, 연원 및 흥망성쇠를 거시적 관점에서 정치경제학적으로 분석하여 지난 시대를 총체적으로 이해할 수 있는 독창적 독해법을 제시한 책이다.

폴라니는 19세기의 백 년 평화는 현상적으로 세력 균형 체제 덕분이지만 그 이면에서는 복잡하게 얽힌 경제 조직의 이해관계에 크게 의존했다고 본다. 일반적으로 세력 균형은 평화가 아니라 전쟁을 통해 유지되었는데, 그 이유는 동맹국을 바꿔 가며 끊임없이 전쟁을 벌이는 가운데 강대국과 약소국이 상호 균형과 안정을 이루며 함께 독립을 유지할 수 있었기 때문이다. 그런데 19세기 세력 균형이 전쟁 상태가 아닌 평화를 구가할 수 있었던 것은 큰손 금융haute finance이라는 거대 금융 조직을 통해 각국 정부와 유력한 시민 그룹이 다양한 금융·경제·법률의 끈으로 연결되어 있었기 때문이라는 것이다. 여기서 큰손 금융이란 자기 조정적 시장에 기반을 두고 새로 생겨난 거대 경제 조직을 지칭하는데, 이 조직은 국제 금융과 결합한 국내 은행 체계를 통해 각국 정치와 경제 조직을 하나로 연결함으로써 평화 유지 기능을 수행했다. 폴라니에 의하면 1900년을 전후한 60-70년간 큰손 금융이라는 국제 제도는 유럽의 국제 정치와 경제 조직을 연결하는 역할을 통해 국제 평화 체계의 수단을 제공한 "가장 탄력 있는 항구적 매개자" 노릇을 했다(역서, pp. 25-26 참조). 유럽의 "열강 스스로는 막상 큰손 금융의 성립에도 유지에도 간여할 수 없었다." 예를 들면 로스차일드Rothschild, N. M.가家는 영국 정부와 별도의 독자 채널을 통해 외국 정부와 접촉을 유지했고, 중앙은행과도 거리를 두면서 국제 문제에 깊이 간여했다. 큰손 금융 조직의 활동은 '돈벌이'란 사적 이익 영역에 기초하고 있었고 전쟁에 투자하여 재산을 형성했으며 도덕적 문제에는 '무감각했다.' 이들은 결코 평화주의자도 아니었고 '평화를 위한 수단으로 고안'된 공적 장치도 아니었다. 이 조직은 각자 위세와 지위, 권위와 충성, 화폐 자산과 단골 후원자, 그리고 사회적 활동 범위가 독특한 무수한 국내 회사 및 상인 등으로 구성된다. 이들은 사업의 성공을 위해 약소국에 폭력 행사도 불사했고 정부 유력자에 대해 뇌물 공세를 취하며 약소주권국의 정책 결정에 강력한 조정자로 행동한다. 또 식민지와 반식민지에서 이익을 취하기 위해 음흉한 수단을 사용하기도 한다. 그럼에도 불구하고 19세기적 평화는 결국 국경을 초월한 사적 이익을 위해 무언無言의 압력을 행사할 수 있었던 이들 큰손 금융이라는 국제 경제 조직의 힘에 의존했던 것으로 풀이된다(역서, p. 29).

그러나 1900년대로 접어들면서 큰손 금융으로 불리는 경제 조직은 서서히 해체되어 간다. 더불어 유럽 열강 간의 세력 균형도, 지난 100년을 지탱해온 평화 체제도 붕괴에 직면하게 된다. 1904-1906년 사이 유럽 협조는 두 적대 세력으로 대체되고, 세력 균형 체제도 종말을 고한다. 바야흐로 유럽 안에는 균형 메커니즘이 기능을 멈추고 영국, 프랑스, 러시아의 동맹과 이에 대항하는 독일과 이탈리아로 갈라진 두 개의 경쟁적 세력 집단만 남게 된다(역서 pp. 34-35 참조). 이로써 백 년 평화가 종식되는 것은 시간문제였고 평화의 바탕이었던 인위적 경제 조직의 본질도 무너질 수밖에 없었다고 폴라니는 진단한다. 1914-1918년에 세계가 제1차 세계대전의 폭풍우에 휘말린 것도 백 년 평화를 가져온 19세기적 경제 조직의 해체와 맞물려 예견된 결과였다. 폴라니는 "1900년 이래 진전된 세계 경제 체제의 해체"가 1914년에 폭발한

제1차 세계대전의 "원인이었다"고 단언한다(역서, p. 37). 대전 종결과 파리 강화조약의 결과, 독일의 경쟁력이 약화되고 미국의 윌슨W. Wilson 대통령의 제창으로 국제연맹이 수립되자 세력 균형 체제가 한동안 회복되고 긴장은 완화되는 듯 보인다. 그렇지만 강화조약은 "패전국의 일방적 무장해제를 통해 세력 균형 체계의 재건을 원천봉쇄"함으로써 긴장의 원인을 오히려 악화시켰고, 그로 인해 평화에 대한 정치적·경제적 장애는 더욱 증대된다. 시장의 자율 조정 기능이 무너지고 로스차일드가, 모르간Morgans 등 큰손 금융 경제 조직의 뒷받침이 사라진 국제 정치 경제 체제는 모래성처럼 무너져간다. 유럽의 평화와 번영을 이어주었던 이들 황금 실golden thread이 끊기자, 세계는 바야흐로 일대 혼란기를 거치며 인류 전체를 다시 제2차 세계대전이라는 미증유未曾有의 재앙으로 몰아간다.

그즈음 유럽 내 자유주의 정부는 곳곳에서 전체주의 독재 정부로 교체되었고, 자유 시장에 기초를 둔 생산은 계획과 통제를 결합한 새로운 경제 제도로 속속 바뀐다. 이로써 19세기 문명을 받쳐주던 네 개의 제도적 메커니즘은 붕괴되고 독일의 파시즘(혹은 나치즘), 러시아의 사회주의, 미국의 뉴딜 정책 등 새로운 형태의 정치 경제 제도가 도입된다. 세계가 19세기의 허물을 벗고 20세기로 진입한 순간을 폴라니는 제2장, "보수적 20년대, 혁명적 30년대"라는 제목으로 다룬다. 그는 여기서 결론 내리기를,

> (유럽 중심 시대 종막의) 분수령은 영국의 금본위제 포기, 러시아의 5개년 계획, (미국의) 뉴딜 정책 개시, 독일의 국가 사회주의 혁명, 아

우타르키 국가(독일·이탈리아·일본)에 밀려 국제연맹이 붕괴되는 사태로 이어졌다. 1차 세계대전의 끝 무렵과 종전 직후 한동안 19세기적 이상들이 한껏 부풀어 올라 (몰락 직전의 정점에서) 그 위세가 10여 년간을 지배했지만 1940년에 들어서는 국제 정치에서 구체제의 흔적이 말끔히 사라지고 – 몇몇 소수의 고립된 국가를 제외하고는 – 대다수 나라가 전혀 새로운 국제 환경을 마주하게 된다.(원서, p. 23/역서, p. 39)

이처럼 20세기 인류가 겪은 거대한 변환의 원인은 결국 19세기 서구 문명의 기초를 이룬 자기 조정적 시장과 이에 바탕을 둔 국제 금융 제도의 붕괴로 말미암았다는 것이다. 그렇다면 유럽 체제의 형성과 그 붕괴를 가져온 자기 조정적 시장이란 무엇인가라는 물음에 답하기 위해 다시 폴라니의 텍스트를 따라가 보자.

자기 조정적 시장의 형성과 전개

폴라니는 일반적 의미의 시장과 '자기 조정적 시장'을 개념적으로 구분하여 사용한다. 일반적 의미의 시장market은 교역이나 매매를 목적으로 만나는 장소적 의미를 중심으로 이해한다. 이러한 시장은 석기 시대 이후 줄곧 인류와 함께 존재했다. 이때의 시장은 그 자체로 하나의 독자적 경제 제도로서의 의미를 갖지 못하고 사회의 다른 부분과 영역 속에 묻혀 있었다embedded. 인류 역사에서 오랫동안 시장 기능은 인간의 여러 경제생활 중에서도 주변 영역에

속하는 것으로 간주된다. 재화의 생산과 분배 활동을 규정하는 보다 중요한 방식은 시장을 통해 이루어지는 대신, 관습, 종교, 지배와 폭력 같은 비시장 원리에 따라 이루어져 왔다고 본다. 반면, 자기 조정적 시장에 기반을 둔 경제 제도, 즉 19세기적 시장경제 체제에서 이루어지는 시장은 이전 시대의 그것과는 본질적으로 다른 의미로 규정된다. 자기 조정적 시장은 생산, 교환, 분배의 모든 활동을 – 외부 도움이나 간섭 없이 – 오직 시장가격에 따라 조절, 통제하는 인류 역사상 새로운 경제 제도로 이해된다. 이때 시장은 시장 체계 안에서 행동하는 모든 인간을 합리적이라고 가정하며, 재화의 가격은 이들의 수요와 공급이 일치하는 점에서 자동 형성되는 것으로 상정된다. 이전 시대의 시장이 사회 속에 묻혀있거나 시장이 아닌 정치 제도에 부속되어 있었던 것과는 달리, 19세기 시장경제는 정치와 사회적 규제에서 독립하여 시장 원리가 스스로 모든 경제활동을 조절 · 통제하는 독자적 체계로 간주되기 시작한다.

폴라니가 '경제적 자유주의자'로 지칭한 19세기적 시장경제론자들에 따르면, 시장 원리는 인류 역사 전반에 적용될 수 있는 보편적 현상으로 인식된다. 자유주의 경제학의 아버지, 아담 스미스A. Smith는 사회 분업은 어떤 물건을 다른 물건과 거래 교환하려는 인간의 보편적 성향, 즉 시장의 존재에 기인한 것으로 본다. 이 견해는 훗날 '경제적 인간'이란 개념을 낳았고 스펜서H. Spencer, 미제스, 리프만W. Lippmann 등에 의해 계승된다. 하지만 폴라니는 이들의 분석과 예측이 19세기 시장경제 체제에서는 적중했을지 모르나 그 이전 시대 경제에 대해서는 타당하지 않다고 본다. 폴라니는 교역 성향이 초기 인류의 경제생활로까지 거슬러 올라가서 적용되는 원리, 즉 자연적 보편적 인간 본성으로 규정하여 원시 경제 시대까지도 자기 조정적 시장론을 확대 적용하는 것은 오류라고 비판한다. 이를 입증하기 위해 폴라니는 원시 경제에 대한 인류학적 연구를 통해 오랫동안 인간의 경제생활이 19세기처럼 이윤 동기에 의해 이루어지지 않았음을 밝혀낸다. 원시 경제 체계에서는 이윤 행위가 금지되고 흥정은 비난 받았으며 무상 제공만이 미덕으로 여겨진다. 폴라니는 교역, 거래, 교환하려는 성향은 보편적으로 나타났다기보다는 경제 체계가 사회 조직의 질서와 통합을 도와주는 보조 기능에 머물렀다고 지적한다.

한편, 경제적 자유주의자들은 경제행위의 안정성과 통일성은 오직 자기 조정적 시장을 통해서만 획득 가능한 것으로 믿었다. 그러나 폴라니는 – 고고학, 인류학, 경제사학의 연구 성과에 근거해서 – 경제 통합이 이루어지는 형태와 방식에는 교역 원리뿐 아니라 호혜, 재분배, 집안 살림 등 다양한 행위 원칙이 있어왔다는 사실을 반증으로 제시한다. 호혜reciprocity는 대칭 관계에 있는 개인 또는 집단 사이의 재화와 용역이 이동하는 방식인데, 이 원리에 따라 각 부족 분파는 다른 부족 분파와 짝을 이룸으로써 이윤 개념 없이도 재화와 용역을 주고받을 수 있었다. 이러한 예는 남서태평양의 트로브리안드 섬의 쿨라Kula 교역에서 발견된다. 이들은 이웃 섬을 방문하여 붉은 조개 목걸이와 흰 조개 팔찌를 주고받는데, 이러한 선물 교환의 결과로 쿨라 교역에 참가하는 사람 간에 유대가 강화된다. 재분배redistribution란 중앙집권기구를 매개로 재화가 이동하는 양식樣式으로, 예컨대 부족 사회의 족장이나 고대 국가의 왕에 의해 재화와 용역이 징발된 후 이것이 다시 구성원에게 분배되는 경우가 이에 해당된다. 재분배는 지리적으로 분화된 생산자 집단을 추장이나 왕 등이 결합하도록 매개해줌으로써 효과적 분업과 경제 통합을 창출하는 방식이다. 또한 이를 통해 재분배를 담당하는 추장이나 귀족, 왕 등의 정치 권력이 증대되는 것이 보통이다. 집안 살림householding이란 가족과 같은 폐쇄적 집단 간의 자급자족을 위한 경제행위인데, 이는 이윤 동기가 아니라 구성원의 물질적 욕구 충족 필요에 기인한다. 교역barter 원리에서 강조되는 개념, 즉 이윤을 위한 생산, 경제적 보상을 얻기 위한 노동, 공동체 사회와 유리된 경제 체계라는 생각은 초기 인류에게는 매우 낯설었다. 폴라니에 의하면 유럽에서조차 봉건제가 종언을 고하기까지 대부분의 경제 체계는 시장 원리에 기초를 두었다기보다 호혜, 재분배, 집안 살림이라는 행위 원칙의 다양한 조합에 바탕을 두고 조직되어 왔던 경우가 허다했다.

폴라니는 『초기제국의 교역과 시장』(1957, pp. 243-270)에서 '형식적 의미의 경제'와 '실제적 의미의 경제'를 구별하고 경제를 실제적 관점에서 접근해야 한다는 자신의 생각을 더욱 발전시킨다. 경제적 자유주의자들은 경제란 제한된 자원으로부터 최대 목표를 달성하기 위해 다양한 대안 가운데 가장 좋은 행동을 선택하는 행위로 정의한다. 이들은 널리 알려진 대로 최소 비용으로 최대 효과를 얻으려는 것을 가장 합리적인 경제행위로 규정하고 이 가정에 따라 인간의 경제행위를 보편화하는 접근법을 취한다. 폴라니는 경제에 대한 이러한 형식적 의미의 개념 규정이 경제의 참뜻을 왜곡한다고 비판한다. 형식적 의미의 경제란, 인간이 화폐 이익을 극대화하기 위해 행동한다는 가정에 근거하며 재화와 용역의 수요와 공급이 일치하는 시장의 존재를 상정한다. 형식적 의미의 경제는 시장에 의해 '통제-규제-인도'되는 시장경제 체제에서는 타당성을 갖는다. 하지만 이를 역사를 초월한 보편성을 가진 개념으로 사용할 수는 없다는 것이 폴라니의 생각이다. 그에게 '실제적 의미의 경제'란 인간이 자연 혹은 사회 환경과 상호작용하는 과정, 특히 그 상호작용이 인간에게 물질적 욕구 충족 수단을 제공하는 과정을 가리킨다. 따라서 인간이 살아가기 위해 자연과 동료 인간에게 의존하면서 물질적 욕구를 충족하려고 벌이는 모든 활동은 경제라고 부를 수 있다. 이러한 의미의 경제 개념을 사용해야만 우리는 과거와 현재의 모든 역사적·경험적 경제 현상을 편견 없이 연구할 수 있다는 것이다. 시장 기구와 시장 원리가 작동하기 시작한 19세기 이후에는 형식적 의미의 경제 개념을 적용해도 무방하다. 그러나 폴라니는 그 이전의 비시장 제도를 이해하는 데는 실제적 의미의 경제 개념을 분석 도구로 사용해야 한다고 주장한다.

경제적 자유주의자들은 시장경제를 보편적이고 자연적이며 합리적인 사회질서로 간주하고 인류의 초창기 경제생활은 일시적이고 예외적인 현상에 지나지 않는 것으로 치부한다. 그에 대해 폴라니는 비시장경제가 오히려 인류에겐 자연스럽고 보편적인 사회질서였고 시장경제야말로 19세기에 이루어진 예외적이고 일시적인 현상으로 보아야 한다는 입장을 취한다. 자기 조정적 시장은 근대 서구 문명의 독특한 현상이다. 근대 이전에도 시장은 존재했다. 그러나 시장이 사회에서 분리되어 독자적인 행동 원리가 적용되는 장場으로 기능하기 시작한 것은 19세기 이후의 일이었다면서 폴라니는 다음과 같이 말한다. "우리 모두가 너무 쉽게 망각하는 사실이지만, 시장경제는 우리 자신의 시대 이외에는 이제껏 어떤 시대에도 존재하지 않았으며, 우리 시대에도 단지 부분적으로만 존재하고 있는 제도적 구조다."

폴라니에 따르면 자기 조정적 시장은 두 가지 독특한 속성을 갖고 실제적 경제를 형식적 경제 요건에 맞도록 변형·통제하는 속성을 지닌다. 첫째로 그것은 경제를 일체의 외부 간섭 없이 오직 시장가격에 의해서만 지배되는 체제, 즉 자기 조정 체제로 만들고자 한다. 둘째로 그것은 다른 모든 사회 제도를 시장의 자기 조정적 필요에 맞게 변형·통제하려 한다. 바로 이 점이 자기 조정적 시장에 바탕을 둔 경제가 비시장경제와 결정적으로 다른 점이다. 호혜, 재분배, 집안 살림 원리에서는 경제가 사회 속에 파묻혀 그 일부분으로 작용하며 경제행위와 경제 기능만 담당하기 위해 독자적 제도를 창출하지 않았다. 예를 들어 부족장이 구성원에게 사냥감이나 수확물을 재분배하는 경제행위는 정치행위와 구분되지 않았고, 경제행위는 오히려 통치의 일부로 수행되었다. 반면 교역 원리는 사회에서 독립된 시장이라는 특수한 제도를 창출했을 뿐 아니라 사회 전체를 자신의 필요에 맞게 재조직했다. 왜냐하면 일단 자기 조정적 시장이 형성되면 사회는 경제 체계가 독자적 법칙에 따라 기능하도록 허용하는 그런 방식으로 재구성되어야만 했기 때문이다. 그 결과 사회 전체가 – 마치 시장의 부속물처럼 – 시장이 잘 기능할 수 있도록 움직이게 되었다. 이렇게 되면 경제는 더 이상 사회관계 속에 묻히지 않고 오히려 사회관계가 경제 체계 속에 파묻히게 된다. 자기 조정적 시장 체제의 형성은 이전 사회를 '시장화'하고 이는 곧 기존 사회가 파괴되는 결과를 낳는다는 것이다. 이것이 곧 시장경제주의의 출현이다.

자기 조정적 시장은 전적으로 19세기의 산물이다. 중세 도시에서도 시장이 존재했고 그 범위가 더욱 확대되었지만 그것을 자기 조정적 시장이라고 할 수는 없다. 중세 유럽의 도시는 한편으로 시장의 산물이자 수호자였지만, 다른 한편으로 시장이 인근 농촌으로 확대 침투해 들어가는 것을 가로막는 장애물이기도 했다. 중세 도시는 인근 농촌에 대해 정치적 · 군사적 영향력을 발휘하여 국지 교역을 통제할 수 있었다. 그러나 다른 도시와의 원격지 교역은 통제하기 힘들었다. 따라서 도시는 국지 교역과 원격지 교역을 엄격히 분리 단절함으로써 유동 자본의 위협으로부터 도시를 방어하고자 했다. 이처럼 도시는 시장을 보호하면서도 그 확대를 가로막는 이중 기능을 가졌다.

국지 교역과 원격지 교역 간의 경계선을 깨고 전국 규모의 시장을 형성한 것은 중상주의 국가 체제였다. 15-16세기에 중상주의 국가는 도시의 특권과 텃세를 부수고 전국적인 국내시장을 형성한다. 도시의 각종 제한 조치는 제거되고 농촌과 도시의 구별도 없어졌으며 경쟁 원리가 도입된다. 그러나 중상주의 시기의 국내시장은 – 어느 정도까지는 그 전보다 경쟁적이었지만 – 여전히 전통적 요소가 잔존했고 국가의 강력한 통제를 받고 있었다. 중상주의 시기에 실행된 교역 자유화는 시장 기구를 도시의 인위적 통제로부터 해방시킨다. 그러나 시장에 대한 각종 규제는 오히려 그 폭이 확대되고, 여전히 통제적 시장으로 남아있었다. 18세기 말에 이르러서야 비로소 통제적 시장에서 자기 조정적 시장으로의 이행이 시작된다. 정교한 기계 설비의 발명으로 중상주의가 쇠퇴하고 공장제가 도입된다. 이와 함께 재화뿐 아니라 노동, 토지, 화폐라는 생산요소가 상품으로 간주되고 시장에서 매매되기 시작한다. 원래 노동, 토지, 화폐는 상품이 아니었지만 이제 노동 가격은 임금으로, 토지 가격은 지대로, 그리고 화폐 가격은 이자란 이름으로 시장에서 판매되기 시작한다. 생산의 결과물인 재화만이 아니라 생산에 필요한 모든 생산요소가 시장에서 상품으로 취급됨으로써 마침내 시장은 외부 간섭에서 벗어나 모든 것을 자기 스스로 조절 통제하는 자기 조정적 시장으로 전환되기에 이른다. 나아가 자기 조정적 시장은 노동, 토지, 화폐라는 허구적 상품을 통제함으로써 마침내 인간, 자연, 생산 조직이라는 모든 영역을 그 지배권에 둘 수 있게 된다. 자유주의 시장주의자들은 자기 조정적 시장이 확립되면 보편적 진보와 번영, 그리고 개인의 자유가 (자동적으로) 다가올 것으로 내다본다. 폴라니는 그와 반대로 만약 시장 사회화로 야기될 사회 해체 위험에 대응해 일어난 자구적 사회 운동과 각종 정치경제적 대응책이 없었더라면 일찍이 영국을 비롯한 서구 사회가 당면했을 법한 사회 재앙에 대해 엄중 경고한다. 시장화는 시골 사람을 슬럼 속에 가두어 인간답지 못한 생활환경 속으로 내팽개치고, 노동자를 소위 공업 도시라는 새로운 폐허 속으로 모여들게 한다. 폴라니는 영국 국토의 대부분이 '악마의 맷돌'[13]이 토해 낸 탄가루와 쓰레기 더미로 급속히 황폐화된 현실을 개탄한다. 또 산업혁명의 결과, 국부의 총량은 증가했지만 개별 노동자의 생활은 오히려 더 어려워진 사실을 지적한다. 여태까지 공동체적 부조와 보호를 받아왔던 가족은 산업혁명의 물결에 휩쓸려 정착지를 떠나 이리저리 방랑한다.

산업혁명은 거대한 사회 혼란을 가져왔고 빈곤 문제는 이러한 혼란의 경제적 측면에 지나지 않았다. 오웬R. Owen이 경고한 바를 상기하면서 폴라니는 만약 시장의 사회 파괴 작용을 제어할 수 있는 보호적 반작용과 각종 구제 입법 운동이 정치·사회 안에서 일어나지 않았다면 자기 조정적 시장 체계는 인간 사회를 파멸시키고 말았을 것이라고 단언한다. 인간이 자연 상태로부터 타고난 보편 성향이라고 가정된 이윤 동기에 따라 작동하는 자기 조정적 시장 메커니즘은 19세기 전반 영국에서 먼저 사회 법칙으로 제도화된다. 그리고 약 20년 뒤 유럽대륙과 미국에까지 도달한다. 시장 사회는 이처럼 영국에서 탄생한다. 그러나 시장 사회의 내재적 취약성과 이중 작용, 그리고 사회 파괴의 폐해 때문에 비극적 분규의 씨앗이 싹튼 곳도 영국이 포함된 유럽대륙이었다. 19세기는 영국의 세기라 해도 과언이 아닐 만큼 산업혁명은

---

13 악마의 맷돌(Satanic Mill)이라는 표현은 블레이크(W. Blake)의 시 「밀턴」(1804)의 서시에 나오는 구절로, 산업혁명이라는 기술 발전 과정이 문화를 파괴하는 현상을 나타내기 위한 은유적 표현이다. 폴라니는 청년기에 셰익스피어 문학에 심취했던 문학 애호가이기도 했으며, 이처럼 적절한 수사학적 비유를 구사하여 자기 주장을 설득력 있게 표현하는 기법을 자주 사용한다. Lewis M., 1991; Block and Sommers, "Beyond the Economic Fallacy," in Skocpol (ed), *Vision and Method in Historical Sociology*(1984), pp. 71-72.

영국의 사건이었다. 시장경제, 자유무역, 금본위제 등은 영국의 발명품이었다. 그러나 이러한 제도는 20세기에 이르러 곳곳에서 무너져 버린다. 그래서 폴라니는 19세기 문명, 즉 근대modernity의 흥망성쇠를 가져온 장기 요인을 연구하자면 산업혁명의 출생지인 영국에서 시작해야 한다고 주장한다(역서, p. 47).

사회의 자기방어

폴라니는 19세기 서구 사회의 정치와 경제 제도는 두 개의 상충된 조직 원리와 운동에 의해 추동되었다고 본다. 하나는 앞서 정리한 것처럼 경제적 자유주의 원리economic liberalism에 기초하여 자기 조정적 시장의 확립과 그 꾸준한 확대를 목적으로 추진된 운동이다. 이 운동은 상업계급의 지지를 받아 자유방임과 자유무역을 주요 정책 수단으로 내세운다. 자기 조정적 시장 원리는 재화뿐 아니라 인간, 자연, 생산 조직 등 모두를 상품화하면서 유럽에서부터 세계 전역으로 번져 나간다. 인간은 노동이란 이름으로, 자연은 토지라는 이름으로 판매 대상이 된다. 폴라니는 만약 사회가 오직 이러한 원리로만 조직되어 갔다면 인간과 자연은 시장의 사회 파괴 작용에 의해 일찌감치 파멸되고 말았을 것이라고 내다본다. 다른 하나의 조직 원리는 자유주의에 대항하여 시장의 무자비한 확대를 저지하고 시장 사회화에 기인하는 파괴적 결과로부터 인간의 실제적 경제생활을 보호하고 사회 안정과 통합을 수호하려는 사회 방어social protection 운동이다. 이제 폴라니가 이른바 이중 운동double movement이라 불렀던 현상 중 사회 방어 운동에 대해 살펴보자.

사회 방어 원리는 생산 조직을 수호하고 인간과 자연의 보호와 보존을 목적으로 내세우며, 시장 확대로 인해 직접적으로 피해를 받는 노동계급과 지주계급이 주도했다. 다양한 투쟁 방법이나 지원 수단을 구사하고, 보호 입법protective legislation, 감시 및 규제 단체restrictive associations, 그 외 각종 개입 장치 등을 방어 운동 및 정치적 자원으로 동원했다(원서, p. 132/역서, p. 168). 국가의 개입을 거부했던 자유주의 진영과 달리 사회방어론자는 국가로 하여금 각종 사회 입법 조치와 정치 규제 장치를 강구하며, 시장 파괴 작용으로부터 사회를 지키고 통합을 달성하는 데 주력하도록 압박한다.

자기 조정적 시장 파괴 작용에 대항해 일어난 최초의 조직적 운동은 영국의 스피남랜드 법Speenhamland Act으로 나타난다. 18세기 말 영국 사회는 산업혁명이 한창이었고 시장 제도도 급속히 발전한다. 토지와 화폐에 뒤이어 노동이 상품으로 매매되는 과정이 본격화되면서 민중의 생활양식은 급속하게 황폐화되고 사회 조직도 크게 흔들리기 시작한다. 정주법이 정한 교구농노제가 완화됨으로써 민중은 자신의 생활 터전을 떠나 일자리를 찾아 전국을 누비며 방랑한다. 거리에는 걸인이 넘쳐나고 빈곤과 굶주림도 만연한다. 민중 생활의 파탄을 방지하기 위해 1795년 5월 6일 뉴버리 근처 스피남랜드의 펠리컨장에 모인 버크셔의 치안판사들은 임금부조금 액수를 빵 가격에 연동해 정하면서 빈민에게는 개인 수입과 관계없이 최저소득이 사회에 의해 보장되어야 한다고 결정한다(역서, p. 125). 이 결정은 곧바로 근처의 농촌과 여러 공업 지역으로 확산되어 스피남랜드 법이 된다. 이 법의 시행으로 노동자는 누구나 일정 수준의 소득을 얻을 수 있게 되었다. 자선과 온정주의에 바탕을 둔 스피남랜드 법은 생존권 개념을 도입함으로써 노동 시장의 파괴 작용에서 민중 생활을 보호하고자 했다. 이 법이 시행된 결과 빈곤과 굶주림은 한동안 완화되었고 경쟁적 노동 시장의 형성은 상당 기간 지연된다.

그러나 1820년대에 이르러 스피남랜드 법의 문제점은 여러 곳에서 드러난다. 노동자는 누구나 교구教區에서 일정한 액수의 급여를 받을 수 있기 때문에 열심히 일을 하지 않았다. 고용주들은 아무리 임금을 낮게 매겨도 그 부족분을 공익 자금에서 충당해 주었기 때문에 되도록이면 임금을 낮게 책정하려 했다. 경쟁적 노동 시장 형성이 지연된 만큼 구빈세액은 기하급수적으로 증가하여 재정을 압박했다. 이 비경제적 제도는 노동생산성을 떨어뜨려 국가의 조세수입을 격감시키고 결국 노동자와 그 가족에게 지급되는 임금부조금 액수도 그만큼 줄어들게 만든다. 1815년에서 1830년 사이에 스피남랜드 법의 급부금 액수는 3분의 1정도 감소한다. 1818년에 빈민 구제에 사용된 총액은 약 800만 파운드이다. 이 수치는 점차 하락하여, 1826년에는 600만 파운드 이하로 낮아진다(역서, p. 125). 이 법은 결국 노동자를 게으르고 무능하며 임금부조금에 기대는 비열한 존재로 타락시키고, 전체로서의 프롤레타리아 계급 형성을 가로막기도 했다는 비난을 면치 못하게 된다.

이즈음 경제적 자유주의자들이 노동 시장 형성을 가로막

는 스피남랜드 법 철폐를 요구하는 목소리를 높이게 된 건 당연한 일이었다. 타운센드W. Townsend는 "빈민을 자극하여 일터로 보낼 수 있는 방법은 기아밖에 없다"고 주장하고 나선다(역서, p. 145). 그는 배고픔을 피하도록 사람을 노동 시장으로 내보내는 일은 혼란과 폭력을 수반하는 법이나 강제 조치와는 달리, 가장 온건하고 지속적인 방법으로 노동자를 근면하게 일하도록 독려하는 자연스럽고 탁월한 효과를 발휘할 것이라고 내다보았다. 이러한 논거에 의거해서 노동은 시장에서 가격을 결정할 수 있는 하나의 상품으로 취급되어야 하며, 실업자 구제, 최저임금, 생존권 보장 등은 철폐되어야 한다는 주장이 입법자를 압박했다. 타운센드를 비롯한 버크E. Burke, 벤담J. Bentham, 맬서스T. R. Malthus, 리카르도D. Ricardo 등은 방법은 달랐지만 모두 경제적 자유주의자로서 생물학적 접근을 통해 스피남랜드 법에 반대한다는 점에서 일치하고 있다(역서, pp. 148-161). 이들은 입을 모아 "시장에 빈민에 대한 책임을 떠맡겨라, 그러면 모든 것이 스스로 조정될 것이다!"라는 구호에 동참했다.

1820년대 후반 영국의 경제적 자유주의자들은 한결같이 경쟁적 노동 시장, 자동적 금본위제, 국제적 자유무역이라는 세 교리를 정책으로 표방하고 나선다. 노동은 시장에서 가격이 정해질 수 있어야 하고, 화폐 창조는 자동적 메커니즘에 따라야 하며, 재화는 방해도 특혜도 받지 않고 국가 간에 자유롭게 이동해야 한다는 것이다. 1830년대에 이르러 이러한 신조는 전투적 열정처럼 분출한다. 일한 만큼만 소득이 부여되어야 하고 산업 노동의 시장화를 방해하는 모든 법률과 제도는 공격과 철폐 대상이

된다. 1832년 중산계급이 정치적 승리를 거두자 새 의회는 즉시 과거 법률을 폐기하고 새로운 법률을 제정한다. 경제적 자유주의자들의 교리는 수정 구빈법(1834), 필Peel 은행 조례(1844), 반反곡물 법안(1846)이라는 3대 법안에 의해 마침내 일관된 정책으로 구체화된다. 그러나 스피남랜드 법 폐지는 인간을 지켜주던 사회의 보호막을 제거하고 노동자를 약육강식의 냉혹한 법칙 속으로 내던지는 행위에 다름없다는 것이 훗날의 결과로 입증된다.

수정 구빈법은 빈민에 대한 임금부조금 제도를 폐지함으로써 스피남랜드 법이 가로막았던 경쟁적 노동 시장이 형성될 수 있도록 길을 터준다. 필 은행 조례는 화폐 창조를 자동 메커니즘에 맡김으로써 자동적 금본위제를 가능하게 했고, 반곡물 법안은 곡물에 대한 국가의 보호무역 조치를 철폐함으로써 자유무역의 길을 열어준다. 이로써 1795년 스피남랜드 법 제정을 통해 노동의 상품화를 막으려던 사회의 자기방어 운동은 경제적 자유주의의 거센 파도에 밀려나고 만다. 토지와 화폐에 이어 노동이 상품화됨으로써 마침내 1840년대에는 자기 조정적 시장 형성이 완결되어 가는 듯했다.

폴라니에 의해서 예견된 이중 운동론에 따르면 시장 사회화는 시작부터 파국의 씨앗을 잉태하고 있었다. 자유주의자들은 산업혁명의 결과 인구가 급격히 늘어나고 국가의 부富도 급속히 증가하여 경제적으로 부강해지는 시대에 어떻게 파국이 있을 수 있겠느냐고 반문한다. 그러나 폴라니는 파국의 진정한 원인이 경제적 착취 때문이 아니라 사회 제도의 기본 틀을 급격하고 격렬하게 붕괴시키기 때문이라고 본다. 그리고 경제적 부의 증가는 개인의 직업 안정과 보호, 거주생활 형태와 환경 보호, 사회 안정 등 본원적 생활 가치와 비교할 때 오히려 이차적인 것이라고 생각한다. 자기 조정적 시장 성립과 확대는 인간적 삶에 필요한 환경을 황폐화하고 사회 유대와 통합 기반을 무너뜨린다. 예를 들어 19세기 후반 인도의 랭커셔에서 민중이 대거 아사餓死한 것은 경제적 착취 때문이 아니라 촌락공동체가 철저하게 무너져버렸기 때문이라는 것이다(역서, p. 199).

유럽 시장 자본주의의 황금시대를 풍미했던 자기 조정적 시장 파괴 작용에서 사회를 지키려는 움직임은 세 방향으로 전개된다. 그리고 이 운동은 한결같이 자기 조정 시장 기제를 수정하는 결과로 귀착되는데, 노동 분야에서는 사회입법 실시 운동, 토지에서는 곡물관세 부과 운동, 화폐 영역에서는 중앙은행에 의한 통화 정책이라는 국가의 보호주의 정책으로 나타난다. 첫째, 노동 시장에서 인간을 지키려는 노력은 영국에서는 오웬주의Owenism와 차티스트 운동이라는 노동조합 운동으로 나타났고, 유럽대륙에서는 각종 사회입법을 탄생시킨다. 오웬주의는 노동계급을 신자로 계승한 일종의 산업 종교였고 사실상 현대 노동운동의 효시였다. 차티스트 운동Chartist Movement은 합법적 정치 참여 활동을 통해 노동자가 정부 결정에 영향을 행사하려는 정치적 투쟁이었다. '차티스트'란 이 운동의 강령이 되었던 '인민헌장Peoples' Charter'에서 비롯된 용어인데, 1838년 법안 형태로 의회에 제출된 이 헌장은 오웬의 추종자였던 라베트W. Lovett에 의해 작성된다. 노동자들은 보통선거권 제도의 실시를 요구하며 의회에 청원 운동을 벌였다. 차티스트 운동은 초기엔 실패했지만, 후일 노동자에게 점진적으로 선거권이 확대됨으로써 애초의 목적을 달성한다. 영국의 경우와는 달리 유럽대륙의 노동자들은 스피남랜드 법이나 수정 구빈법 단계를 거치지 않는다. 그들은 농노의 지위에서 공장노동자 지위로 옮겨가면서 곧바로 선거권과 노동조합권을 갖게 되었고, 이로써 영국 노동자들이 경험한 사회문화적 파국을 우회 통과할 수 있었다. 영국 노동자들이 자구 수단에 의한 보호, 즉 노동조합에 더 의존한 반면, 대륙 유럽 노동자들은 국가 개입에 의한 보호, 즉 입법 조치를 통해 시장으로부터 보호받을 수 있었다. 결과적으로 영국에서도 대륙에서도 노동가격은 더 이상 자기 조정적 시장 내부에서만 결정되도록 방임되지 않았고, 파업이나 협상 같은 시장 외부 요인에 의해 조정되는 입법적 보호 체제로 옮겨간다(역서 14장 참조).

둘째, '악마의 맷돌'로부터 자연을 지켜내려는 노력은 곡물관세와 토지입법 형태로 구체화된다. 토지는 원래 자연의 일부로 노동과 분리되지 않았다. 경제 기능은 토지가 지니는 여러 기능 중 하나에 불과했고, 토지는 인간의 생활터전이며 거주 장소로서 육체적 안전을 위한 자연 요건으로 간주되었다. 그러나 자기 조정적 시장은 토지를 인간과 분리시켜 상품화하고 토지 생산물을 빼돌려 도시로 가져갔으며 이에 더해 잉여 생산 체계를 해외 식민지로 확대해 나간다. 토지 유동화의 결과, 농촌 인구는 격감하고 도시로의 집단 이주가 이루어지면서 농촌 사회는 철저하게 낙후·파괴된다. 이에 대응해 일어난 방어 운동으로 1870년대 영국에서는 계약 자유의 영역에서 농토를 분리하고, 농촌 생활 터전을 보호하기 위한 성문법이 제정된다. 같은 목적으로 각종 행정 조치가 취해지는가 하면, 외국 농산물의 자유 수입을 규제하기 위해 곡물관세를 부과하기도 한다. 봉건지주들은 토지와 토지 생산물이 자기 조정적 시장에 편입되지 않도록 토지 유동화를 지연시키고 농촌 사회의 붕괴를 가로막는 방어적 기능을 수행하기에 이른다(역서 15장 참조).

셋째, 시장에서 생산 조직을 지켜내려는 노력은 중앙은행에 의한 통화 정책으로 구현된다. 금본위제에서는 생산과 거래의 급격한 확대에도 불구하고 화폐량이 크게 증가되지 않았다. 이 때문에 생산 조직체는 만성적 화폐 부족으로 고통을 겪게 되고, 디플레이션 현상으로 전반적인 가격 수준이 하락하자 자본주의적 기업은 도산 위기에 부딪친다. 자기 조정적 시장 체계가 자본주의 기업이 설 땅을 빼앗아버리는 사태가 벌어지자, 각국은 순수 금본위제 노선을 수정하여 지폐를 발행하고 통화량을 늘리는 정책으로 선회한다. 이렇게 해서 중앙은행 제도가 도입되고 할인율 인상과 통화 시장 조작 등 개입 정책을 통해 통화량을 의식적으로 조절해 나간다(역서 16장 참조). 예컨대 해외무역에서는 금본위제에 기초한 상품화폐를 적용하고 국내 거래에는 은행권에 기초하여 발행된 지폐가 사용되는데, 이 두 거래 간의 조화와 조정은 중앙은행을 통해 이루어진다. 이러한 조치는 모두 시장의 파괴 작용으로부터 국내 생산 조직을 보호하는 데 목적을 두고 있었다.

폴라니는 19세기 후반, 구체적으로 1879-1929년 사이의 서구 사회는 – 앞서 논의한 이중 운동 원리 사이에 벌어진 모순과 긴장 때문에 – 한편으로는 '내면적 긴장'을 지닌 채 통합된 문명 단위를 유지해 나가면서도 다른 한편으로는 '각종 붕괴 징후'가 빈번한 사건으로 터져 나온 과도기 단계로 본다. 시장 자본주의 체제의 부작용이 사회 붕괴를 위협하는 한, 이에 대응한 사회의 자기 보호 운동은 시장화 성립을 봉쇄하거나 아니면 일단 성립된 시장의 자동 조절과 자유로운 기능을 제한하는 것을 의미한다(역서, p. 247). 동시에 사회 보호 운동과 각종 보호 조치의 결과는 시장의 자율 조정 기능 손상을 심화시킬 수밖에 없었다. "사회가 시장 메커니즘 요구에 조화되도록 만들어졌기 때문에" 자기 조정적 시장 기능 손상은 내적 긴장을 누적시켜 나간다(역서 17장 참조). 노동과 토지의 자유로운 공급과 화폐의 무제한 공급이 지속적으로 이루어질 수 있는 조건이 사라지자 사회 방어가 개시되었고, 노동과 토지에서의 사회 방어는 – 각각 사회입법과 곡물관세 등을 통해 – 보호주의를 강화한다. 특히 "화폐 시장의 자기 조정 기능"이 – 국가 간섭과 규제 강화 등에 의해 – 상처받으면서 정치적 간섭이 속속 등장한다(역서, p. 253). "국제적으로도 시장 기능의 긴장과 불완전성을 보완하기 위한 정치적 수단이 사용"되었고(역서, p. 254) 통화, 무역, 채무 관련 국가 간 분규에 함대를 파견하거나 포격 수단을 배치하는 등 간섭주의적 침략과 무력 수단이 빈번하게 이용되기에 이른다(역서, pp. 254-255).

같은 기간, 반세기에 걸쳐 시장 기능과 사회 방어 운동 간에 벌어진 긴장과 이중 운동에서 비롯된 각종 사건이 각국의 지역 특성과 시대 상황에 따라 다양한 모습으로 발생한다. 폴라니는 이들을 주요 제도 영역별로 "붕괴에 대한 긴장"이란 제목 아래 18장에서 다음과 같이 분류한다. 첫째, 국내 경제에서는 생산, 고용, 소득 감소 등과 같은 불균형 징후가 실업이라는 재앙으로 표출된다. 둘째, 국내 정치면에서는 계급 간 긴장으로 전형화된 갈등이 사회 세력 사이의 충돌과 교착 상태를 야기한다. 셋째, 국제 경제면에서는 환율에 대한 압력과 개입으로 유발된 긴장으로 인해 수출 감퇴, 교역 조건 악화, 수입 원료 부족, 해외 투자 손실 등 경제적 곤란 징후가 심화된다. 넷째, 국제 정치 영역에서는 제국주의적 대립으로 분류된 각종 국제적 사건과 긴장이 연이어 나타난다(역서, pp. 256-257). 긴장은 먼저 시장 영역에서 발생, 정치 영역으로 확산되고 사회 전체로 번지기 시작한다. 개별 국가 안에서는 세계경제가 기능을 지탱하는 동안에는 긴장이 잠재된 상태 속에서 기존 제도가 유지될 수 있었다. 그러나 최후까지 근대 체제 존속에 버팀목 역할을 해주던 금본위제가 무너지자 궁극적으로 국내외 긴장은 폭발이 불가피했다(역서, p. 267). 앞서 지적한 세 가지 사회 방어 기제 가운데 화폐에 대한 국가 개입은 19세기 질서의 붕괴를 재촉한 결정적 요소로 작동한다. 토지와 노동에 대한 보호 조치는 그 여파가 주로 농민과 노동자라는 특정 계급에만 해당되는 사안이었다. 그러나 화폐에 대한 보호주의는 모든 기업가는 물론 여러 나라의 민중 생활 깊숙이 그 영향이 파급될 수밖에 없었다. 중앙은행 제도가 생겨나 각국 통화량을 임의 조정함으로써 자동 메커니즘에 의한 화폐 창조의 신화도 무너진다. 1931년에 영국이, 1933년 미국이 금본위제를 이탈해버리자 국제 경제 체계는 크게 흔들린다. 이리하여 20세기 초에는 과거 100년 동안의 평화를 떠받치던 네 개의 제도적 기둥 모두가 붕괴되기에 이른다.

새로운 위협 상황에 처해 각국은 한동안 전통 방식으로 세계경제 붕괴와 민주주의의 파탄을 예방하고, 국제 평화 유지를 위한 대응책을 강구하려 애썼지만 시장 체계 붕괴를 막고 자유민주주의를 수호하여 전쟁 상태로의 재돌입을 막아내는 일은 수포로 돌아간다. 시장 영역에서 발생한 긴장은 급기야 정치 충돌로 확대되고 마침내 제2차 세계대전이 발발하여 국제 사회는 붕괴가도에 돌입한다. 시장 체제라는 '환상utopia'위에 설계된 세계 질서의 마지막 보루가 무너졌을 때, 시장 문명 그 자체도 심연 속으로 빠져들 수밖에 없었던 것이다. 이렇게 해서 – 폴라니의 지적에 의하면 – "물질적 복지의 자동 증대만을 목적으로 한 무정한 제도의 맹목 작용"과 – 카carr가 내다보았던 것처럼 – 현실적 "권력 요소를 무시한 이상주의" 신조 위에 세워진 하나의 문명이 일어섰다가 마침내 그 기력을 다한 채 막을 내린 '믿기 어려운' 역사, 즉 영국과 유럽 중심의 근대사가 끝나고(역서, pp. 267-268) 세계는 비로소 '거대한 변환'에 맞물린 새로운 역사로 이어지게 되었다는 것이 제2부에서 폴라니가 끌어낸 결론이다.

3. '복합 사회'에서의 자유 수호와 정치 복원의 길을 내다보다

거대한 변환에 맞물린 '복합 사회'의 등장에서 폴라니는 19세기적 시장경제의 해체 가능성을 내다본다. 동시에, 시장을 사회 법칙 속에 재통합하는reembed 진보와 혁신의 희망적 조짐을 확인하고자 한다. 20세기 초까지의 경제가 사회로부터 이탈하여 '환상'과 '타락'과 '파괴'의 역사로 얼룩진 과거였다면, 폴라니는 다음 단계의 세계는 필연적으로 경제를 사회의 실질적 존속 목표와 양립 가능한 체제로 재건하고, 그 본연의 기능으로 복원하기 위해 노력하고 투쟁하는 역사가 되어야 할 것으로 내다본다. 폴라니는 20세기 초, 자신의 시대에서 내다본 시장경제의 종언 조짐이 여러 나라로 하여금 보다 새롭고 다양한 복합 사회로 발전해 나가는 길을 터주게 될 낙관적인 징후와 조짐이 될 것으로 이해했다. 그는 '비시장적 기초 위에' 세워질 다음 시대에는 사람들이 보다 많은 자유를 누릴 수 있을 것으로 내다보았다. 국가 내부에서는 "경제 체제가 더 이상 사회를 지배하지 않게 되고" 사회 부문이 경제에서 보다 더 높은 우선순위를 차지하는 것을 보증하는 '발전'이 가능해질 것으로 그는 내다보았다. 국제적 측면에서도 과거 금본위제에서처럼 획일적으로 자유무역 보장을 강요하고, 자유주의 국가liberal state를 고수하려는 구체제가 물러간 자리에는 각국이 안으로는 자유를, 밖으로는 평화를 얻기 위해 다양한 제도와 정책을 시도할 수 있는 여지를 갖게 될 것으로 보았다.

폴라니는 『거대한 변환』을 통해서 우리에게 시장이 역사상 유일한 경제 제도도 아니며, 동시에 가장 진보적인 메커니즘도 아닌 것으로 입증되었음을 강조하고자 한다. 시장을 통해서 경제적 번영과 자유를 구가하겠다는 19세기적 노력은 사회공동체를 조직화하는 데 실패하고, 인간의 보편적 자유를 증진하는 데도 장애를 초래했다. 따라서 미래를 내다보며 폴라니가 이 저서의 마지막 부분에서 착안한 임무는 시장 사회와 산업 사회를 공동체와 조화시키면서 경제적 부와 개인적 자유를 증진하는 대안이 있음을 독자들에게 강조해 보여주는 것이었다.

1930년대에 폴라니는 시장경제 체제가 해체되는 위기 과정에서 파시즘, 사회주의, 뉴딜 등이 등장하는 모습을 자신의 눈으로 직접 확인했다. 그는 파시즘과 사회주의는 공히 시장경제 위기에 대한 해결책과 대응 양식으로 나타난 '거대한 변환'의 일환으로 이해했다. 다만 이 두 체제는 위기에 대한 인식과 처방이 각각 달랐을 뿐이라고 지적한다. 파시즘은 시장경제의 문제점을 해결하려는 노력이 국가주의 세력과 결합함으로써 생겨난 대응 양식이었다. 파시즘은 시장경제가 위기에 당면하는 1915-1923년 사이에 생겨나 잠시 잠복기를 거친 후 1930년대에 맹위를 떨친다. 1929년까지 이탈리아 일국의 권위주의 정도로 치부되었던 파시즘은 1930년대에 들어오면서 독일의 권력투쟁에 이어 산업 사회의 문제 해결을 위한 강력한 대안으로 부각되면서 유럽 전역의 민주주의 정부를 위협한다. 히틀러는 1932년에 나치 정권을 수립하고 1934년에는 독일의 국제연맹 탈퇴를 선언한다. 이어서 독일, 일본, 이탈리아 등 추축3국이 연합하여 국제연맹을 공개적으로 파괴한다. 이에 자유주의 의회 정부는 양당제를 접고 일당제나 거국일치 내각으로 속속 대체된다. 자유주의적 자본주의는 미국과 영국에서조차 퇴조한다(역서, p. 296). 러시아는 독재 체제를 거쳐 사회주의로 전환하여, 시장경제를 계획경제로 전면 대체하고 시장을 초월하는 산업 문명을 꿈꾸고 나선다.

여기서 폴라니는 시장경제가 붕괴된 자리에는 민주주의나 전체주의 중 어떤 정치 체제라도 들어설 수 있는 것으로 내다보았다. 그러나 유감스럽게도 파시즘과 사회주의적 대응 양식은 시장경제 소멸과 함께 – 폴라니가 이상적으로 바라던 – 자유 시대의 개막을 원천봉쇄하는 결과를 낳는다. 파시스트들은 사회 현실을 수용한다는 미명 아래 자유의 개념을 거부한다. 그 결과는 인종차별과 인간성 말살 정책으로 이어지고 말았다. 사회주의자들은 자유의 천 년 왕국을 약속했지만 수단이 목적을 압도했기 때문에 그 약속 또한 공염불로 끝나고 만다. 한편, 자유주의자들은 한동안 권력과 강제가 없는 유토피아 사회를 건설하려는 꿈을 포기하지 않고 자기 조정적 시장 체제의 생명 연장에 매달린다. 그러나 폴라니는 '환상적 자유에 집착하여 사회 현실을 직시하지 못하는' 자유주의자들의 꿈도 이미 좌절된 것으로 보았다. 그렇다면 시장경제의 종언은 자유의 종말일까, 아니면 새로운 자유 시대의 개막일까? 시장경제 이후의 세계를 새로운 자유 시대 개막으로 전환하려면 무엇을 어떻게 해야 하는가? 시장 사회를 이을 복합 사회의 '자유'란 무엇이며 이는 어떻게 확보 가능한가? 자율 조정 기제로서의 시장 체제와 국제 금본위제가 소멸된 이후, 시장의 존폐는 어떻게 될 것인가? 제3부「변환의 진행」

에서는 폴라니가 『거대한 변환』이 출간되기 전까지 이에 관해 직접 체험하고 관찰하며 고심한 내용들이 소개된다.

폴라니는 시장경제가 정치적·사회적 자유를 가져온다는 자유주의자들의 주장은 일면 수용하나, 시장경제의 종언이 자유를 종식시킨다는 논리를 거부한다. 동시에 개인의 자유를 제도적으로 보장하는 일은 반드시 시장 자본주의에 의해서만 가능하다는 독선도 그는 배격한다. 자유의 증진은 계획경제를 포함하여 어떤 경제 시스템에서도 가능할 수 있는 것으로 본다. 그는 개인적 자유와 책임을 중시하는 이상을 구현하며, 동시에 사회의 지속성과 안정성을 수호하기 위해 경제를 어떻게 관리해야 하는가라는 문제야말로 정치가 풀어나가야 할 선택이요 핵심 과제라고 본다. 사회성을 고려하지 않고 자기 이익만 무책임하게 추구하는 자유는 결국 모든 자유를 위협한다. 이러한 자유는 사회의 지속성과 재생산을 위협하여 결국 극단적 조치나 냉혹한 재앙을 불러일으키는 화를 자초할 것이기 때문이다. 따라서 그는 파시즘과 공산주의가 일부 세계에서 시장 사회 이후의 대안 정치로 표방되고 미화되는 것도 단호하게 반대한다. 진정한 자유는 시장에 모든 것을 내맡기는 체제로는 성취될 수 없거니와 파시즘이나 사회주의처럼 완벽한 통제를 통해 얻을 수도 없다. 따라서 우리에게 주어진 선택은 시장 시대가 가져다 준 '가치 있는' 자유를 보존함과 아울러 시장 유토피아로 인해 생겨난 '부당한' 자유와 그 폐해를 제어하는 한편, 시장으로는 창출할 수 없는 자유와 평화를 '의식적으로' 추구하려고 노력해야 한다는 것이다(역서, pp. 308-311 참조). 폴라니는 현대 세계에서 진정한 평화와 자유를 얻기 위해 필요하다면 그러한 목표를 올바르게 선택하고, 이에 맞게 경제를 재사회화하며, 권력과 강제를 보다 합리적이고 효율적으로 제도화해야 한다고 처방한다. 복합 사회에서 자유와 평화를 얻는 길은 환상적 자유, 환상적 평화를 좇아 사회 현실을 거부하지 말고 현실을 수용하여 권력, 강제, 규제, 통제를 인간의 존속과 자유 및 사회 통합과 인류 공영을 위해 합목적적으로 쓰도록 하는 것이다. 그렇게 할 수만 있다면 시장경제의 소멸은 "유례없는 자유 시대의 개막"을 이룰 수 있을 것이며 "법률상의 자유와 현실적 자유는 이전의 어느 때보다 더 폭넓어지고 일반화될 수 있을 것으로" 내다본다(역서, p. 309). 그리고 사회의 "통제와 규제는 소수자뿐 아니라 만인을 위해 자유를 실현할 수 있는" 힘이 될 것으로 전망한다. 요컨대, 그는 20세기 복합 사회에서 구현되어야 할 '자유에의 길'과 민주주의의 정치적 회복 가능성은 열려있다는 희망적 관점을 마지막 순간까지 놓지 않는다(원서, pp. 249-250/역서, 21장: Block, "Introduction," in Polanyi, 2001, pp. xxxv-xxxviii참조).

폴라니는 "19세기 산업 사회의 근원적 취약점은 그것이 산업 사회였다는 사실에 있지 않고 시장 사회였다는 점에 있다"고 지적한다. 여기서 그는 산업 사회화를 시장 사회화와 구분하여(역서, p. 302/원서, p. 250) "산업 문명은 자기 조정적 시장이란 유토피아적 경험이 과거지사가 되어버려도 존속할 것"으로 내다본다(역서, pp. 302-303). 구체제의 붕괴는 비록 많은 사람들을 쓰라린 고통과 희생 속으로 몰아가긴 했지만, 동시에 사람들로 하여금 새로운 삶의 부활로 인도할 길을 열어주기도 할 수 있을 것이라는 점에 그는 주목한다. 폴라니는 "산업혁명을 새로운 탈시장주의 토대

위에 다시 구축하는 일은 많은 사람들에게 불가능한 것처럼 보일지 모른다. (…) 그러나 시장경제의 해체가 이미 곳곳에서 새로운 다원 사회를 발생시키고 있으며(역서, p. 305)," 그러므로 "과거 체계의 붕괴는 우리를 공백 지대에 방치하는 대신에" 보다 새롭고 영속적인 '자유로움'으로 이끄는 제도 창설의 새싹을 보여주고 있다[14]고 재확인한다(역서, p. 303).

> 우리는 여러 국가 내부에서 경제 체계가 더 이상 사회를 지배하지 않게 되고 사회 부문이 경제 체계보다 더 중요해지는 것을 보증하는 하나의 발전을 목격한다. 이는 지극히 다양한 형태로, 즉 민주적, 귀족적, 혹은 입헌적, 권력적 방법으로 아니면 아직 예측할 수조차 없는 방식으로 발생할지 모른다. 어떤 나라의 미래가 다른 나라에서는 이미 현재로 진행하고 있을지 모르며 어떤 나라는 아직 다른 나라의 과거를 체현하고 있을지도 모른다. 그러나 어느 경우에도 결과는 같다. 즉, 시장 체계는 원칙적으로도 더 이상 자기 조정적일 수 없게 될 것이다. 왜냐하면 시장경제가 노동, 토지, 화폐를 포함하지 않을 것이기 때문이다.

여기서 우리는 폴라니가 권력과 강제의 필요성을 인정하고 국가 규제와 통제를 통해 복합 사회의 자유를 추구해야 한다는 입장,

---

14 이 점을 예시해주는 최근의 글로벌 경제-사회운동에 대해서는 Block, in Polanyi, 2001, pp. xxxvii-xxxviii 참조.

즉 정치 우선론과 국가의 역할을 강조하고 있음에 주목할 필요가 있다. 폴라니는 경제에 대한 국가의 개입주의적 방어 정책을 거부하지 않는다. 자유와 통제를 선험적으로 선과 악으로 규정하거나 상호 배타적인 것으로 규정하는 독선도 수용하지 않는다. 소수자 특혜가 아니라 사회구성원 전체를 위한 자유를 실현하기 위해 권력과 통제라는 강제 수단을 적절히 사용하여 진정한 자유의 확대를 추구해야 한다고 주장한다. 그는 통제 없는 완벽한 자유 사회란 실현 불가능한 또 하나의 유토피아에 지나지 않는다고 본다. 이러한 현실을 인정하고 감안해야만 복합 사회에서 진정한 의미의 자유를 실현하는 민주정치의 길을 찾을 수 있다고 믿는다. 정치 권력은 사회구성원을 구속한다. 그러나 구성원들이 이에 순응하는 이유는 그것이 개인적 자유, 사회 존속과 발전, 국제 평화와 안정을 가져다 주는 기능을 수행하기 때문이다. 인간은 누구든지 다른 이들이 이래라저래라 간섭하거나 강요할 수 없는 스스로의 의지와 희망, 가치와 욕구를 지닌다. 이처럼 사람들이 각자 간직하는 소망을 통해 자연스레 표현되는 의사가 정치 권력으로 표출될 수 있는 한, 정치와 권력은 개인적 자유와 소망이 결집된 집합적 공론을 대표하면서 시장 체제보다 더 유효할 수 있음을 부인하지 않는다. 자유로운 개인이 제각기 공론 형성에 참여하는 한, 모두는 권력의 창조자요 생산의 주체이며 사회참여의 주역이기 때문이다. 민주 공론에 근거해 만든 정치 제도와 국가 규제는 자유를 확대할 수도, 더 제약할 수도 있다. 그러나 국가와 권력 없이 어떤 사람도 궁극적으로 자유로울 수 없다면, 우리는 자유를 보장하는 데 필요한 권력과 규제를 두려워할 필요가 없다. 자유와 민주주의를 위해 권력과 정부의 개입은 선택이기 이전에 필연적인 것으로 간주된다. 이 점에 대해 폴라니는 다음과 같이 결론짓는다(원서, p. 258/역서, p. 314).

> 모든 사람에게 보다 풍부한 자유를 가져다 주는 것이 엄중한 임무임을 인식하는 한, 우리는 권력이나 계획화가 인간에게 등을 돌리고 인간이 그것들 덕분에 향유할 수 있게 된 자유를 잃게 될지 모른다고 두려워할 필요가 없다. 이것이 복합 사회의 자유의 의미이다. 그리고 이에 대한 확신만 가지고 있으면 우리는 그 임무를 성취할 수 있다.

폴라니가 추구하는 정치·사회의 이상은 모든 구성원에게 보다 풍부한 자유를 보장하는 것이다. 이러한 사회는 통제와 규제를 필요로 하는 만큼 국가에 의한 각종 입법 조치와 개입 정책의 등장이 불가피함을 인정한다. 이러한 논거를 따르면 국가와 정치의 역할은 경제행위를 사회 필요에 맞춰 제도화하고 통제하여 사회 이상을 고양시키도록 하는 데 있다. 그렇다면 국가의 입법 조치와 개입 정책의 한계는 무엇이며 만약 국가가 적절한 수준을 넘는 입법과 개입을 꾀하는 경우 이는 과연 누가 견제할 것인가? 이에 관한 폴라니의 해답은 분명치 않지만, 그의 사회 우선 원리에 비추어 다음과 같이 유추해볼 수는 있을 것이다. 자유주의자나 마르크스주의자는 모두 국가와 시장을 대립적 위치에 항구적으로 고정시킨다. 그러나 폴라니는 국가와 시장을 본원적 대립 관계로 보지 않는다. 오히려 그는 사회와 시장을 보다 대립적 관계로 본다.

폴라니는 경제와 사회 체제 양자 공히 국가를 통해 통합 조정해야 할 대상으로 상정하는 국가우위론과 정치복원론적 입장을 견지한다. 국가는 시장과 사회 사이에서 중립적이고 중재적인 위치를 담보하며 양자 간에 일어날 수 있는 갈등 관계를 적극 조절하는 '자율적' 실체로 접근한다. 그는 국가가 필요와 때에 따라 시장 친화주의와 사회 우위 정책을 취하는 이중 기능도 수행해야 하며, 경우에 따라 윤리(론)적 규범 설정 기관이자 규범 집행 기관이기도 해야 하는 것으로 인식한다. 이러한 점에서 우리는 폴라니를 자유방임적 국가론과 오늘날의 신자유주의, 마르크스 류의 계급론적 국가론자와도 구분하여, 윤리(주의)적 차원에서 정치와 권력의 자율성 복원을 주장하는 윤리(주의)적 사회주의 국가론자 또는 사회우위론적 공동체주의 이론가 진영에 포함시킬 수 있을 것이다.

칼 폴라니의 『거대한 변환』은 오늘날까지도 매우 '유효한 현재성contemporary relevance'을 지닌 생명력 있는 명저이다(Block, in Polanyi, 2001, p. xxxiii). 폴라니의 사상과 논지는 글로벌 금융자본주의를 올바르게 이해하고, '인간의 얼굴'을 한 경제를 회복하며, 민주적 대안을 모색해 가는 데 영감과 교훈을 얻을 수 있는 지적 보고라고 할만하다.

폴라니의 주요 저서

폴라니가 직접 출간해서 남긴 저서 및 편저는 모두 5편이다. 그중 1944년에 출간된 『거대한 변환』과 1957년에 펴낸 『초기 제국에 있어서의 교역과 시장』은 그가 생존할 당시에 출간되었다.

Polanyi, Karl, 1944, *The Great Transformation: The Political and Economic Origins of Our Time*, New York and Toronto: Rinehart & Co; 1957, Boston: Beacon Press Edition; Published in England as *Origins of Our Time*, 1945, Victor Gollancz (trans.), London; 2001, Boston: Beacon Press, with foreword by Joseph E. Stiglitz and new introdution by Fred Block (박현수 역, 1991, 『거대한 변환: 우리 시대의 정치적·경제적 기원』, 대우학술총서 번역 47, 민음사). 한국어 판은 최근에 홍기빈에 의해 『거대한 전환: 우리 시대의 정치·경제적 기원』(도서출판 길, 2009)이라는 제목으로 다시 번역·출간되었다.

———, with C. M. Arensberg and H. W. Pearson, 1957, *Trade and Market in Early Empires*, New York: Free Press. (이종욱 역, 1994, 『초기 제국에 있어서의 교역과 시장』, 대우학술총서 번역 70, 민음사).

———, 1966, *Dahomey and the Slave Trade*, Seattle: University of Washington Press.

Dalton, George (ed.), 1968, *Primitive, Archaic and Modern Economies: Essay of Karl Polanyi*, New York: Anchor.

Pearson, H. W. (ed.), 1977, *Karl Polanyi, the Livelihood of Man*, New York: Academic Press.

참고문헌

Block, Fred, 2001, "Introduction," in Polanyi, *The Great Transformation*, Boston: Beacon Press, pp. xviii-xxxviii.

——— and Margaret R. Somers, 1984, "Beyond the Economistic Fallacy: The Holistic

Social Science of Karl Polanyi," Theda Skocpol (ed.), *Vision and Method of Historical Sociology*, Cambridge and New York: Cambridge University Press, pp. 47-84.

Carr, E. H., 1939, 1945, 1981, and 2001, *The Twenty Years' Crisis: 1919-1939*, New York: Palgrave, reissued with a new introduction and additional materials by M. Cox [한국어 번역본은 E. H. 카, 『20년의 위기』, 김태현 편역, 서울: 녹문당, 2000, 2003, 2005(3쇄)가 있다].

Polanyi, Karl, 1944, *The Great Transformation: The Political and Economic Origins of Our Time*, New York and Toronto: Rinehart & Co.; 1957: Beacon Press Edition. Published in England as *Origins of Our Time*, 1945, Victor Gollancz (trans.), London.

———, C. M. Arensberg and H. W. Pearson, 1957, *Trade and Market in Early Empires*, New York: Free Press (이종욱 역, 1994, 『초기 제국에 있어서의 교역과 시장』, 대우학술총서 번역 70, 민음사).

Polanyi-Levitt, Kari (ed), 1990, *The Life and Work of Karl Polanyi: A Celebration*, Montreal, Canada: Black Rose Books.

Stiglitz, Joseph, 2001, "Foreword," in Polanyi, *The Great Transformation*, Boston: Beacon Press, pp. vii-xvii.

안청시, 2000, "폴라니의 정치경제학," 안청시 · 정진영 편저, 『현대 정치경제학의 주요 이론가들』, 제3장, 아카넷, pp. 83-154.

피터 드러커, 1994, "폴라니가: 새로운 사회를 꿈꾸던 흥미로운 가족," in Peter F. Drucker, *Adventures of a Bystander*, New Jersey: Transaction Publishers (피터 드러커, 2005, 『피터 드러커 자서전』, 이동현 역, 한국경제신문, pp. 278-311).

아브라함 매슬로우, 『동기와 성격』

Abraham Maslow, *Motivation and Personality* (1954)

이상적 인간과 사회는 어떻게 실현할 수 있는가?

김명언
서울대학교 심리학과 교수

아브라함 매슬로우Abraham Maslow(1908-1970)의 심리학적 사상을 집대성한 『동기와 성격*Motivation and Personality*』은 1954년에 첫판이 발간되었고 주로 심리학자들로부터 관심을 끌었다. 하지만 1970년도에 제2판이 발간된 후로는 다양한 인접 학문 분야에 지대한 영향을 주었다.[1] 특히 이 책에서 제시된 매슬로우의 인본주의 심리학과 위계적 동기 이론은 사회, 조직, 발달, 성격, 임상, 상담 등의 심리학 내 여러 분야뿐만 아니라 조직학, 소비자행동학, 정치행동학, 행정학, 사회학, 교육학, 노사관계학, 정신건강학 등의 인접 학문 분야에도 영향을 미쳤다. 그리고 제반 사회과학 분야에 인간 본성과 욕구에 관한 이론적 기반을 제공했을 뿐만 아니라, 각 분야에서 당면해온 개인, 개인 간, 집단, 집단 간, 또는 사회적 차원에서

1 1980년까지만 헤아려 봐도 약 1,300번이나 인접 학문의 주요 학술지에 인용된 점에서 이 저서의 영향력을 쉽게 가늠할 수 있다(Maslow, 1987).

의 문제를 이해하고, 예언하고, 해결하는 데 유용한 기본 틀을 제공해온 최고의 심리학 저서 중 하나다.

1. 위대한 심리학자 매슬로우의 탄생

매슬로우는 1908년 4월 1일 일곱 형제의 첫째로 미국 뉴욕 시 브루클린에서 태어났다. 그의 부모는 교육을 받지 못한 유태계 러시아 이민자였다. 부모는 자신들이 교육을 받지 못했기에 자녀들에게 학교 공부에 열중할 것을 무척이나 강조했다. 매슬로우는 아버지의 강권으로 법대에 진학했으나 이 주 만에 그만 두었다. 다행스럽게도 학구열에 불타 있는 그의 갈망이 받아들여져 위스콘신 대학 심리학과에 입학할 수 있었다. 매슬로우는 유태인이라고는 혼자였던 동네에서 자라면서 백인 학생들만 다니는 학교에서 유일한 흑인 학생 같은 유년기를 보내며 외톨이가 되었고, 주로 도서관에서 책을 읽으며 보냈다(Maslow, 1968). 이 같은 유년기의 환경은 매슬로우로 하여금 자신의 내면에 대해 귀 기울이게 하는 습관을 가지게 했고, 이 습관은 매슬로우의 인간 본성에 대한 긍정적, 전인적 이론을 잉태하게 만들었다.

매슬로우는 대학원생으로, 동료로, 선후배 교수로 만났던 여러 저명한 심리학자와의 만남을 통해 영향을 받았다. 붉은 털 원숭이의 애착 행동 연구로 유명한 영장류 연구가 해리 할로

Harry Harlow는 우월성dominance과 동물 연구를 인간에 적용하는 해악에, 에드워드 손다이크Edward Thorndike는 행동주의의 한계성 발견에 눈을 뜨게 했다. 반면 성격심리학자인 알프레드 아들러Alfred Adler는 성격 형성에 있어 환경적 요인의 중요성에, 형태주의 심리학의 창시자인 막스 베르트하이머Max Wertheimer는 인간을 전체적으로 보는 관점을 가지게 해 주었다.

이밖에도 에릭 프롬Erich Fromm, 인류학자인 마가렛 미드Magaret Mead와 루스 베네딕트Ruth Benedict도 매슬로우의 사상에 지대한 영향을 주었다. 특히 매슬로우는 자아실현self actualizing이라는 자신의 독창적 개념을 그의 스승이며 막역한 친구였던 막스 베르트하이머와 루스 베네딕트가 지닌 감동적인 인간성에 대해 개인적 관심을 가지고 탐구하는 과정을 통해 고안했다. 또한 베네딕트는 매슬로우로 하여금 인간 본성에 대한 문화의 영향력을 중시하는 관점에 관심을 가지게 했다.

제2차 세계대전은 매슬로우에게 증오, 편견, 전쟁의 근원에 대해 심각하게 생각해보는 계기가 되었다. 더 나아가 매슬로우는 나이가 많아 입대하지 못한 데 대한 부담감을 덜기 위해 자신의 남은 생애를 바쳐 인간은 보다 고귀한 것을 지니고 있고 추구할 수 있음을 과학적으로 입증하고자 노력했다. 이를 위해 그는 위대한 사람들에 대한 탐구로 연구 방향을 이동했다. 1951년에 신설된 브랜다이즈Brandeis 대학의 초대 심리학과 과장으로 부임하여 내담자 중심의 상담심리학을 제창한 칼 로저스Carl Rogers와 함께 인본주의 심리학회Association for Humanistic Psychology를 창립했고, 인간의 무한한 잠재력에 대한 탐구를 지속하며 『초인간적 심리학 저널*Journal of Transpersonal Psychology*』을 창간했다. 그는 세상을 떠나기 일 년 전까지 브랜다이즈 대학에서 자신의 인간 본성에 대한 이론을 다듬었다. 그는 인본주의 심리학을 제3의 심리학이라 명명하며, 갈릴레오, 다윈, 아인슈타인, 프로이트 그리고 마르크스가 이루어냈던 것과 유를 같이하는 일종의 심리학에서의 혁명이라고 보았다. 즉 지각과 사고에 있어서의 새로운 방식, 인간과 사회에 대한 새로운 이미지, 윤리와 가치에 대한 새로운 개념, 지향점에 있어서의 새로운 방향이라는 점에서 심리학에서의 혁명으로 인식한 것이다. 아울러 인본주의 심리학을 인간의 욕구가 아닌 우주에 중심을 둔 제4의 심리학인 초인간적tranpersonal, transhuman 심리학으로 이동하기 위한 준비 과정인 중간 단계로 간주했다(Maslow, 1968).

미국 캘리포니아 주에 소재한 혁신적 하이테크 회사였던 논리니어 시스템즈Nonlinear Systems에서 초빙학자로 지냈던 일 년간의 경험은 그로 하여금 자신의 이론이 실험실이 아닌 현장에서 구현되고 있음을 확인하는 기회가 되었다(Lowry, 1979). 그리고 순수 심리학Pure psychology이 일상생활의 심리학Life psychology으로부터 배워야 할 것이 많다는 사실을 깨달게 되었고, 이후 경영학 분야에 대한 저술과 경영학과의 접목을 꾸준히 시도하게 되었다.

2. 인간의 본질을 논하다

책의 구성

6권의 주요 저서와 140편이 넘는 논문을 발간한 매슬로우의 가장 큰 업적 중 하나는 저자가 『동기와 성격』 초판(1954)의 제목으로 구상했던 "인간 본성의 보다 높은 수준Higher Ceilings for Human Nature"에 대해 포괄적으로 그 존재의 가능성을 밝혀내고 이에 다다르는 방법을 제시하면서 인간 본성에 대한 희망론을 논리적이고 경험론적으로 체계화하였다는 점이다. 제3판은 프레이저Frager 등이 제2판의 장 순서를 재정리한 것으로, 크게 동기 이론, 정신병리와 정상, 자아실현, 그리고 인간 과학의 방법론 등 4개 분야로 나누어 저자의 인간 본질에 대한 사상과 이론을 논하고 있다. 그리고 제3판의 13장은 2판에 없었던 장으로, 매슬로가 1958년 미시간 주립대학에서 강연한 내용이다. 제3판의 목차는 다음과 같다.

제1부. 동기 이론

1. 동기 이론에 대한 서문
2. 인간 동기에 대한 하나의 이론
3. 근본 욕구의 충족
4. 본능 이론의 재음미
5. 욕구의 위계
6. 비동기화된 행동

제2부. 정신병리와 정상성正常性

7. 정신병리의 기원

8. 파괴성은 본능적인 것인가?

9. 좋은 인간 관계 형성을 통한 심리 치료

10. 정상성과 건강에 대한 접근

제3부. 자아실현

11. 자아실현자: 심리적 건강에 대한 연구

12. 자아실현자의 사랑

13. 자아실현자의 창의성

제4부. 인간 과학의 방법론들

14. 새로운 심리학을 위한 질문

15. 과학에 대한 심리학적 접근

16. 방법 중심 대 문제 중심

17. 고정관념 대 참 인지

18. 심리학에 대한 전체적 접근

주요 내용

동기 이론

매슬로우는 책의 제1부에서 동기 이론에 관한 견해를 서술하고 있다. 매슬로우는 이전의 전통적 동기 이론의 한계점을 체계적으로 지적하면서[2] 다요소적 동기관, 건강한 동기의 특징, 인간과 문화 그리고 환경 간의 상호작용, 비동기적 행동의 존재 등을 고려해야 함을 주장하고 있다. 보다 구체적으로 살펴보면 제1부의 첫 번째 핵심 주제로 좋은 동기 이론이 반영하여야 할 17개의 명제를 제시하고 있다. 그중 몇 가지만 살펴보면, '전체적holistic 접근'의 명제에서는 동기는 개인의 일부가 아닌 전체로 가져지는 것임을 주장하고 있다. 예로 배고픔이란 동기는 '위장의 욕구'가 아니라 배고픔을 느끼는 '개인의 욕구'이기에, 소화기관의 기능뿐만 아니라 지각이 변하고(음식물이 평소보다 빨리 눈에 띈다), 기억이 변하고(다른 때보다 맛있는 음식을 더 잘 기억한다), 감정이 변하고(평소보다 더 긴장하고 안절부절 못한다), 사고의 내용이 변한다(수학 문제 푸는 것보다 음식 구하는 것을 더 생각한다)고 봐야 한다고 주장한다.

'수단과 목적'에 관한 명제에서는, (의식적) 욕구는 목적 자체라기보다 다른 (근본적이며 궁극적인) 목적을 성취하기 위한 수단이기에 궁극적 목적(욕구)을 연구해야 한다고 주장한다. 예로, 돈을 필요로 하는 것은 자동차를 사기 위해서이고, 자동차는 열등감을 느끼기 싫어서, 또는 자존심을 유지하기 위해서이다. 이와 연관된 명제로, 의식적 욕구나 동기화된 행동은 여러 개의 근본적 목적(욕구)을 표현하는 창구 역할을 한다고 보며 '다중 동기multiple motivations'의 명제를 주장한다. 일례로, 한 남성의 성욕은 개인의 남

2 그 당시의 주요 이론인 프로이트의 생득적 본능의 결정론과 스키너(Skinner)의 강화 결정론을 비판하고 있다. 우리의 자아와 문화가 요구하는 것은 우리의 이기적 본능과 상충할 수밖에 없다는 프로이트의 주장을 반박하며, 인간은 근본적으로 선하고 협동적이며, 문화에 의해 억압되고 좌절당하는 것이 아니라 충만해질 수 있다고 보고 있다. 모든 인간 행동은 강화를 통해 학습된 것으로 설명할 수 있다는 행동주의학파에 대해서도 인간은 적극적이고 능동적인 대응 행동을 할 수 있음을 주장하고 있다.

성성을 스스로에게 확인해주기 위한 욕구, 다른 사람에게 남성으로 인정받으려는 욕구, 친밀감, 사랑의 욕구 또는 이들 욕구의 조합을 의미할 수 있다. 그리고 견고한 동기 이론이 되기 위해서는 무의식적 동기도 다루어져야 한다고 본다.

문화와 관련된 명제로는 '인간 욕구의 범문화적 공통성'을 주장한다. 인간의 근본적 욕구는 일상생활에 나타난 의식적 욕구와는 달리 문화 간 차이가 없다고 본다.[3] 어떤 문화권에서는 훌륭한 사냥꾼이 됨으로써 자아 존중감 욕구를 충족하려 하나, 다른 문화권에서는 저명한 의사나 용감한 전사가 됨으로써 동일한 욕구를 충족할 수 있다.

인간이 처한 환경에 대한 명제에서도 환경의 영향력은 인정해야 하나 지리적 환경이 아닌 '심리적 환경'이 보다 중요함을 강조하고 있다. 그리고 이 '심리적 환경'을 창조하는 데 있어서는 개인의 욕구가 주안점으로 설정되어야 한다고 본다. 환경을 구성하고 있는 무수한 대상들 중 특정 대상에 대해 가치를 부여하는 것도 개인이고, 장애물이나 촉진제로 인식하는 것도 개인이라고 보기 때문이다.

인간이 가지는 근본 욕구는 우세성의 위계 속에 배열되어 있으며 '한 욕구의 만족은 새로운 욕구를 생성한다'는 명제는 '범문화적 근본 욕구의 존재' 명제와 '이들 근본 욕구에 근거한 분류 체계' 명

---

3 오이시(Oishi) 등(1999)이 39개국에서 실시한 삶의 만족도 조사는 범문화적으로 근본 욕구가 존재함을 입증해 주고 있다.

제와 함께 매슬로우가 제창한 욕구위계론의 근간이 되는 명제이다. 그리고 매슬로우가 이 책에서 제시한 17개의 명제는 기존의 행동주의 이론, 정신분석 이론, 그리고 인본주의 이론을 통합하는 명제이다.

제1부의 두 번째 핵심 주제로 매슬로우의 이름을 세상에 널리 알린 한 5단계 욕구 이론에 대해 설명하고 있다. 매슬로우 스스로는 이 이론의 기반에 대해 다음과 같이 기술한다. "앞서 기술한 (17개의) 이론적 명제를 만족시키는 동시에, 실험, 임상, 관찰을 통해 알려진 사실과도 부합하는 인간의 동기에 대한 긍정적인 이론을 세우고자 한다. 그러나 무엇보다도 이것은 임상적 경험에서 가장 직접적으로 유래한다. 이 이론은 제임스W. James와 듀이J. Dewey의 기능주의적인 전통을 따르며, 베르트하이머와 골드슈타인 등의 형태주의 심리학의 전체론, 그리고 프로이트, 프롬, 호니, 라이히, 융, 아들러 등의 역동주의dynamism와도 융합되어 있다. 이렇게 통합 또는 합성을 통해 완성된 나의 동기 이론은 전체적-역동적holistic-dynamic 이론이라 부를 수 있다(p. 15)."

범문화적이면서 근본적인 욕구로 매슬로우는 생리적 욕구, 안전 욕구, 소속과 친애 욕구, 자아존중 욕구, 자아실현 욕구 등 5가지가 있다고 본다. 그리고 이들 욕구는 나열식이 아닌 상대적 우세성에 입각한 위계를 가지며 조직되고 배열되어 있다는 욕구 위계의 역동 이론을 제시하고 있다. 즉 이들 근본 욕구는 만족의 우선순위가 정해져 있으며, 낮은 수준의 욕구가 만족되었을 때는 그 욕구보다 한 단계 높은 수준의 욕구가 만족시켜야 할 욕구 대상이 된다고 본다. 하지만 욕구의 순차적 우세성은 절대적이 아닌 일반적 위계를 가짐을 전제한다.

매슬로우는 일반적으로 생리적 욕구(배고픔, 피곤함, 졸림, 성욕 등)가 모든 욕구 중 가장 우세하다고 본다. 두 번째 수준의 욕구는 안전 욕구이다. 안정감, 공포나 불안으로부터의 자유, 질서나 구조화에 대한 욕구 등이 이에 속한다. 평생 고용 보장이 가능한 직장의 선호, 다양한 종류의 보험 가입, 절대적 권력이나 강력한 시스템의 선호, 부분적으로는 종교를 가지는 것이나 특정 과학과 철학을 추종하는 것 등을 안전 욕구가 표출된 예로 든다. 낯선 것보다 익숙한 것, 모르는 것보다 알려진 것을 더 좋아하는 일반적 선호 경향도 안전욕구가 두 번째로 우세하다는 자신의 주장을 입증하는 예로 들고 있다. 이 욕구가 너무 강하면 개인적으론 새로운 것 또는 미지의 것에 대한 건강한 호기심이 결여될 수도 있고, 사회적으로는 독재나 군사 통치를 쉽게 수용하게 됨도 지적하고 있다.

세 번째 소속과 친애 욕구는 다른 사람과의 친밀한 관계 형성을 통해 충족된다. 따라서 이 욕구가 새로운 중심으로 자리 잡으면 고독, 소외, 거부, 친구의 부재. 소속되어 있는 집단이나 조직이 없다는 사실이 크게 부각된다. 잦은 이사. 컴퓨터 사용과 아파트 거주로 인한 주위 사람과의 낯섦 증가, 가족의 해체 등은 이 욕구의 결핍을 증대시킬 수 있음을 지적하고 있다. 일례로 청소년들이 만드는 반항적 또래집단도 이 욕구의 결핍으로 인한 결과라고 보고 있다. 그리고 이 욕구에 속하는 친애 욕구(사랑)는 받는 것만이 아니라 주는 것으로도 충족될 수 있음도 언급한다.

네 번째 상위 수준의 욕구인 자아 존중의 욕구는 두 개의 하위 요소로 구분된다. 자기 자신에 대한 존중으로, 세상을 향한 자신감, 적절성, 능력 등이 그 하나이고, 다른 사람으로부터 받는 명성, 존경, 인정, 감사에 대한 욕구가 다른 하나이다. 특히 아첨이나 인기와 같은 근거가 취약한 다른 사람의 의견에 바탕을 둔 자아 존중감이 가지는 위험성을 지적하며, 순수한 의지, 결단력, 책임감, 타인의 진솔한 존경심 등에 바탕을 둔 건강한 자아 존중을 통한 욕구 충족이 중요하다고 강조한다.

가장 상위 수준의 욕구이며 가장 널리 알려져 인용되는 자아실현의 욕구에 대해 매슬로우는 다음과 같이 정의하고 있다. "이것은 자아 성취의 욕구, 즉 자신이 잠재적으로 될 수 있는 그 무엇을 실현하고자 함을 의미한다. 이것은 한 개인이 점점 더 자신의 특유함을 찾으려는 욕구, 자신이 될 수 있는 모든 것이 되려는 욕구라고 할 수 있다(p. 22)." 다른 욕구와 특성상 많은 차이를 가지며 가장 중요한 욕구라는 점에서 매슬로우는 '으뜸 욕구metaneed'라고 명명하였다. 이 욕구는 다양한 형태로 나타나며, 강도에 있어서도 개인차가 가장 심하게 나타난다.

매슬로우는 자신의 욕구위계론에 대해 몇 가지 부가적인 설명을 제공한다. 첫째, 욕구 충족의 우선순위는 고정적이지 않을 수 있다는 점을 인정하고 있다. 예로 선천적으로 창의적인 사람은 보다 우세한 (하위) 욕구의 만족이 결여됨에도 불구하고 창의적인 것을 추구하는 자아실현의 욕구가 중심 욕구가 될 수 있다. 헌신이나 보람 등의 높은 가치를 중시하는 사람 또한 하위 욕구의 만족을 뛰어넘어 상위 욕구를 추구할 수 있는데, 이들은 어린 시절에 하위 욕구의 만족을 충분히 경험했던 사람임을 보여주면서 '좌절 내성frustration tolerance'이라는 개념을 제시하고 있다.

둘째, 대부분의 정상인은 모든 근본 욕구에 있어 부분적으로 만족하면서 동시에 부분적으로는 불만족 상태에 있다고 보며, 우세성의 위계에서 상위로 올라갈수록 만족의 비율이 감소한다고 가정한다. 아울러 우세한 욕구가 만족된 후, 새로운 욕구의 등장은 급격하지 않고 느리며 점진적인 특성을 지닌다고 본다. 셋째, 하위 수준의 욕구가 충족된 후 상위 수준의 욕구로 올라가는 것이 일반적으로 관찰되는 사실이나, 한번 이러한 상위 수준의 욕구를 추구하고 그것의 가치와 맛을 경험하면 상위 욕구는 하위 욕구의 충족 여부에 의존하지 않으며 독립적으로 작동한다고 본다. 매슬로우는 이 같은 현상을 '상위 욕구의 자율성autonomy of higher needs'이라 명명한다.

제1부의 세 번째 핵심 주제로 매슬로우는 자신의 욕구위계 이론을 바탕으로 근본 욕구의 충족 여부가 인간의 가치 형성, 학습, 성격 형성, 정신적 건강 및 질병 등과 밀접하게 연관되어 있음을 주장하고 있다. 그는 인간의 가치관이 지엽적 문화나 임의적 환경의 힘에 더해 근본 욕구의 충족 여부에 의해 영향을 받음을 주장한다. 즉 아직 충족되지 않은 욕구를 만족시키는 만족 요인satisfier을 과대평가하거나, 이미 충족된 욕구의 만족 요인을 과소평가하여 가치의 변화를 가져온다고 본다.

근본 욕구의 충족과 좌절은 인간의 성격 형성에도 중대한 영향을 준다는 입장을 취한다. 예로, 근본 욕구의 좌절은 공격적 성격을 가져오고, 충족은 호의적 성격을 가져온다고 본다. 특히 어린 시절의 욕구 충족 여부는 성인의 성격 형성에 영향을 준다는 프로이트의 입장을 부분적으로 수용하고 있다. 일례로 "사랑하는 사람에게 독립적 행동을 허용하는 능력, 사랑의 부족을 견딜 수 있는 능력, 자율성을 포기하지 않고 사랑할 수 있는 능력 등, 건강한 성인이 보이는 여러 특성은 어린 시절 친애 욕구의 충족에 따른 긍정적 결과라 간주할 수 있다(p. 36)." 이 같은 매슬로우의 관점은 자신의 '욕구 충족과 좌절'의 원리에 '기능적 자율functional autonomy'의 원리를 가미하며[4] 행동주의의 연합 학습 이론을 비판하고 있다고 볼 수 있다.

매슬로우는 인간의 정신적 건강 또한 근본 욕구의 충족과 비례한다고 본다. 보다 더 성숙된 발달 단계로 이동해 가는 인간이 지닌 내재적이며 긍정적인 성장의 경향성을 가정하고 있는 자신의 욕구위계론을 한 사람의 일생을 통해 자아실현에 이르는 개인적 성장의 단계론으로 간주할 수 있다는 점에서 에릭슨의 인간 발달 단계론과 맥을 같이 한다고 보고 있다. 아울러 위계적 동기 이론의 5요소가 가지는 발생적 특징인 우위성과 점진성에 의해 상위 수준의 욕구 충족은 하위 수준의 욕구에 비해 덜 긴급히 요구되기 때문에 보다 늦게 인간 행동의 결정 요인으로 자리 잡지만, 이들 상위 수준의 욕구 충족이 인간에게 보다 큰 행복과 개인적 성장을 가져온다는 사실을 강조하고 있다.

하지만 매슬로우는 근본 욕구의 과잉 충족은 부정적 결

---

4 '기능적 자율'이란 한 수준의 욕구가 오랜 기간 동안 충족된 후에 그 욕구 수준보다 낮은 욕구와 그 욕구 자체로부터 독립적이 된다는 것을 의미한다. 예로, 유아기 때 자아존중 욕구가 충족된 성인은 안전 욕구, 소속감 욕구, 자아존중 욕구로부터 자유로워져 이들 욕구의 충족 미비를 견딜 수 있다.

과를 가지고 올 수도 있음을 적시하고 있다. 낮은 욕구의 과한 충족에 따른 물질적 풍요는 공동체 의식의 파괴나 권태 등을, 친애 욕구나 자아존중 욕구의 과잉충족(예로, 과잉보호, 무조건적 허용, 비위 맞추기)에 따른 심리적 풍요는 가치의 부재, 의미의 부재, 성취의 부재를 가져올 수 있음을 지적하고 있다.

제1부의 네 번째 핵심 주제로 인간의 모든 행동이 항상 어떤 목적을 달성하고자 수행되지는 않는다는 주장을 피력하면서, 이 책을 쓸 당시에 심리학에서 간과되었던 비동기화된 행동unmotivated behavior의 존재를 갈파하고 있다. 비동기화된, 즉 비도구적이며 그 자체가 목적인 표현expression 행동을 도구적·적응적·기능적이며 목적을 지닌 대처coping 행동과 대비하며, 그저 표현하고 싶거나 즐겁고 싶어서 행하는 유희, 노래 부르기 등의 비동기적 행동도 인간 과학의 주요 관심사가 되어야 함을 지적한다. 매슬로우는 욕망에서 자유로워지면 움직인다는 사실을 모르며 움직이게 된다는 노자의 말을 인용하며, 비동기화된 행동은 '애쓰지 않으려 애쓰는trying not to try' 역설적 특성을 지닌다고 본다. 즉, 대처와 표현의 구분을 뛰어넘게 되어 노력하는 것이 비노력에 이르는 경로가 된다. 특히 건강한 사람은 자신이 원할 때 표현 행동을 보일 수 있고, 즐길 줄도 알지만 즐기는 것을 기다릴 줄도 아는 사람으로 정의하며 이 부류의 행동에 대한 연구가 필요함을 강조한다.

정신병리와 정상성

제2부의 정신병리와 정상성pathology & normality, 그리고 정신병리의

치료에 대한 저자의 관점은 네 가지로 묶어볼 수 있다. 첫째, 좌절과 정신병리와의 관계에 대한 분별적 논지이다. 매슬로우는 인간이 경험하게 되는 모든 좌절(또는 갈등)이 위협적으로 인식되는 것은 아니며, 오직 근본 욕구와 관련된 좌절만이 위협이 됨을 강조한다.[5] 아울러 위협적 좌절 상황이 건강한 방법을 통해 성공적으로 극복되면 자기 성장을 촉진하는 순기능적인 측면을 가지고 있음을 자신의 임상 치료 경험을 토대로 주장하고 있다. 반면에 위협적 좌절은 정신병리의 근원이 될 수 있음을 전제하며 정신병리에 관한 이론은 동기 이론을 바탕으로 해야 함을 주장한다.

둘째, 인간의 파괴적 성향(공격성)은 프로이트학파가 주장하듯 생득적 본능이 아님을 동물, 유아,[6] 문화 비교, 내분비학과 유전학 연구의 결과를 바탕으로 입증하면서, 인간의 파괴적 성향은 개인의 성격 구조, 문화규범적 압력, 당면 상황의 특성 간의 함수 관계로 산출되는 이차적이거나 파생적 현상으로 보는 것이 타당하다는 입장을 취한다. 그리고 파괴성(공격성)은 기본적 욕구의 좌절, 대처 시스템의 위협 등과 같은 기본적 위협에 수반되는 반응으로 보고 있다. 한 걸음 더 나아가, 인간의 본능은 악하고 나쁘기보다는 건강하고 좋다는 것을 전제하며, 이를 보존하

---

5 예로, 한 아이가 원하는 아이스크림을 먹지 못하게 될 때, 아이스크림을 먹는 감각적 충족을 얻지 못한 것일 경우에는 위협적 좌절이 아니나, 이것이 어머니의 사랑을 얻지 못한 것일 경우에는 위협적 좌절이 된다.

6 예를 들어 유아에 대한 연구 결과를 바탕으로 어른에게만 의미를 가지는 공격성, 파괴성, 적대감 등의 단어를 사용하여 아이의 행동을 해석하며 공격성의 생득적 본능설을 주장하는 것은 오류임을 지적한다.

고 강화하는 건강한 사회에서는 파괴적 행동이 나타날 수 없음을 주장한다.

셋째로 심리 치료의 7가지 주요 방식[7] 중 기본적 욕구 충족을 경험하게 하는 방법이 모든 치료의 궁극적 목표인 자아실현에 이르게 하는 길을 놓는 것이라고 주장한다. 이 같은 주장을 바탕으로, 위계적 동기 이론의 5욕구 중 상위 욕구들(안전, 친애, 자아존중)은 타인과의 만족스런 관계 형성을 통해서만 충족이 가능하기 때문에 정신병리적 증상은 건강한 인간관계를 형성해 줌으로써 치료가 가능하다는 인간관계 중심적 치료론을 제시한다. 더 나아가서는 정상적인 일반인도 정신적 문제를 안고 있는 타인을 도울 수 있음을 주장하며 사회적 지원social support의 중요성을 강조하고 있다. 하지만 자신의 생각, 소원, 좌절, 억제된 욕구 등을 무의식 수준에서 의식 수준으로 끌어 올리지 못해 정신병리적 증상을 경험하는 사람에게는 전문 치료가의 도움이 필요함을 분명히 하고 있다. 아울러 매슬로우는 심리 치료를 사회 속에 내제된 병리적 요소에 대항하는 행위이며, 작은 노력과 힘을 모아 조금씩 점진적으로 좋은 사회의 축소판을 만들어가는 시도로 본다. 이 같은 노력의 결과 사회구성원 간의 관계가 변화하면 한 사회의 정치적, 법적, 경제적 측면에서의 긍정적 변화도 이루어질 수 있다고 주장한다. 사회가 건강할수록 정신적으로 병든 사람들이 건강한

7 매슬로우가 정리한 일곱 가지 주요 심리 치료 방식은 (1) 표현(행위 완성, 방출, 정화), (2) 기본적 욕구 충족(안심, 지지, 보호, 사랑, 존중을 줌), (3) 위협 제거(보호, 좋은 사회적·정치적·경제적 여건 형성), (4) 개선된 통찰, 지식, 이해, (5) 제안, (6) 행동 치료에서와 같은 증상에 대한 직접적 치료, (7) 긍정적 자아의 실현, 성장 등이다(p. 93).

일상 체험만으로도 치유될 수 있거나 치유가 보다 쉬워진다는, 사회의 건강도와 심리 치료 간의 연관성에 대한 명제도 설정하고 있다.

넷째, 정상성에 대한 전통적인 정의(즉, 통계적 평균, 관습적 정의, 자민족 중심, 수동적 적응, 병의 부재)의 문제점을 지적하면서, 보다 가치 중심적이며 긍정적인 시각에서 바라볼 것을 제안하고 있다. 정상성 개념은 인간의 본성(즉, 본질적으로 무엇을 필요로 하고, 중시하는지)에 대한 올바른 이해를 바탕으로 정의되어야 하고, 따라서 이러한 본성을 통합적으로 실현하면서 본성이 규정하는 방향으로 성숙하는 심리적 건강을 가진 사람이 곧 정상적인 사람이라고 본다. 아울러 심리적 건강을 유지하고 강화하기 위해서는 각 개인의 주요 욕구가 적절히 충족될 수 있도록 도와주고, 넓은 선택의 폭을 허용하는 사회적 환경의 조성이 중요함을 강조하고 있다.

자아실현가

제3부 자아실현에 대한 장에서는 가장 극치의 심리적 건강을 지닌 이상적 인간은 자아실현self actualization을 추구하는 사람이고, 이상적 사회는 사회구성원의 자아실현을 적극적으로 지원해 주는 사회라고 보며 다음 세 가지를 논하고 있다. 첫째, 자아실현가self-actualizing people의 주요 공통 특성이 자발성, 초연함, 독립성, 절정경험peak experience, 풍부한 유머 감각, 창의성 등이라는 것을 자신의 경험적 자료를 토대로 기술하고 있다. 특히 일반인에게는 상충적으로 인식되기 십상인 과제(예로 이성과 감성의 대립, 책임 완수와 즐거움 추구의 대립, 자애심과 애타심의 대립 등)에 대한 자아실현가들의 통합적 해결 방식에 대해

예리하게 기술하고 있다. 즉 타인에 대한 사랑은 자신의 희생을 가져온다고 보지 않고, 궁극적으로는 자아실현을 이룬 자신의 모습을 목격함으로써 자애심의 충족을 이루게 된다는 야누스적 사고를 하는 사람이 곧 자아실현가라고 본다. 이 같은 통합적 문제해결 방식은 근간에 들어 조직 과학에서 주목받고 있는 역설적 리더십paradoxical leadership관의 근본적 메커니즘과 그 유용성을 제시하고 있다는 점에서 놀라운 통찰력이다.

둘째, 자아실현가가 지닌 창의성의 비결은 자아 수용과 통합을 통하여 전체 자아를 창의적 목적을 위해 항상 가용하게 만들어 놓고 있음을 갈파하고 있다. 그리고 창의성에 대한 성격론적 관점을 취하며, 자아실현적 창의성은 인간 본성의 심층에 존재하는 상상력, 직관, 영감 등이 발휘되어 나타난다는 점에서 '일차적 창의력primary creativity'이라고 명명한다. 또 일부 타고난 재능을 지닌 자아실현가는 문화와 예술 분야에서 독특한 창의성을 보이나. 평범한 자아실현가 역시 나름대로 자신의 창의성을 청소, 요리, 운동, 양육 등의 일상적 생활에서 구현한다는 사실을 확인해주고 있다.

셋째, 자아실현가들이 보이는 사랑의 특성에 대해 논하고 있다. 이들은 불안감의 부재로 인해 매사에 개방적 특성을 지닌다. 그래서 이들은 심리적으로 벌거벗었다고 느끼면서도 안전함을 느낀다. 이들은 마치 사랑하는 능력과 사랑받을 권한을 타고난 사람처럼 보인다. 이들에겐 섹스와 사랑이 서로 결합되어 있어 성행위는 중요하면서 동시에 중요하지 않다. 왜냐하면 자아실현가가 추구하는 높은 수준에서의 사랑은 낮은 욕구를 덜 중심적으로 만들면서도, 낮은 수준의 욕구가 충족되면 보다 진심으로 높은 수준에서의 사랑을 즐길 수 있기 때문이다. 남녀 간 사랑의 성행위에 있어서도 평등성을 보여줌을 자신의 자료를 바탕으로 상세히 기술하면서 자아실현가가 지니는 탈전통적 성역할관의 특성도 제시하고 있다.[8] 이들이 보이는 사랑은 결핍 동기에 의한 일반인의 사랑과는 달리, 자연발생적 성장 동기에 의한 이타적 사랑인 'B-love' 즉, '타인의 실존에 대한 사랑love for the Being of the other'임도 기술한다. 마지막으로, 이들의 사랑은 자아의 초연과 강화라는 역설적 특성을 가지기 때문에, 서로 지극히 가까우면서도 필요할 때에는 관계가 붕괴되지 않은 채 서로 떨어져 있을 수 있다는 점도 색다른 특징으로 제시하고 있다.

인간 과학의 방법론

제4부 인간 과학을 위한 방법론에 관한 장에서는 첫째, 학습, 지각, 정서, 동기, 지능, 인지, 임상심리학, 동물심리학, 사회심리학, 성격심리학 등 전통적인 심리학적 주제에 대한 새로운 접근을 개관하고 있다. 매슬로우가 제안하는 새로운 접근은 인본주의 심리학이며 긍정적 특성, 덕목, 경험에 대한 연구 강화이다. 둘째, 과학에 대한 심리학적 접근에서는 과학자도 인간이기에 그들의 행동 또한 심리학적 원리를 따른다는 점을 보여주고 있다. 과학에

---

8 매슬로우는 자아실현가가 성행위 시에 성역할이 분명하게 구별되지 않는 점을 상세히 기술하며 서로를 파트너, 동등한 존재, 친구로서 존중하는 탈전통적 성역할관을 지닌다는 사실을 강조한다(p. 152, 153).

서 가치, 두려움, 희망, 꿈 등이 중요한 역할을 한다고 보면서, 전통적인 과학적 조망에 시인, 철학자, 몽상가 등의 접근 방법을 추가할 것을 제창하고 있다. 셋째, 제반 심리학 분야들이 심각히 반추하고 개선해야 할 문제점을 지적하고 있다. 특히 지나친 방법 중심적means centering 접근 방법이 가져온 과학적 배타주의, 근본에 대한 소홀, 연구 주제의 한정 등 역기능적 측면에 대해 경종을 울리고 있다. 넷째, 기존의 분류 도식을 남용하여 생기게 되는 새로운 현상에 대한 철저한 파악 및 분석의 미비는 현상에 대한 잘못된 판단을 이끌어 낼 수 있음을 지적하면서, 새로운 현상에 대한 성급한 분류화 작업을 지양할 것을 강조하고 있다. 마지막으로 인간 심리에 대한 전체적 접근 방법holistic approach을 강조하며, 항상 전체가 아닌 부분을 가지고 한 인간에 대해 판단을 내리는 잘못을 범할 수 있음을 명심할 것을 충고한다. 지금도 여전히 팽배해있는 서양 문화권의 분석적 접근 방법에 대한 경종을 서양학자가 이미 반백 년 전에 울렸다는 사실은 고무적이다.

3. 심리학의 새로운 지평을 열다

매슬로우의 기여

이상에서 살펴봤듯이 『동기와 성격』은 현대 심리학에 제3의 조류를 잉태하는 시발점이 되었다. 즉, 본능론에서 시작하여 행동주의에 머물러 있던 1950년대 심리학의 흐름에 인본주의 심리학이 출범하는 계기를 만들었다. 더 나아가서 제4의 조류라 칭해지는 초인간적 심리학transpersonal psychology을 파종하는 씨앗이 되었다. 또한 인간 존재의 문제뿐만 아니라 사회, 철학, 종교, 교육, 기업 경영, 국가의 성쇠[9] 등 광범위한 문제에 대해서도 근본적 원인에 대한 이해의 틀과 아울러 바람직한 해결책을 체계적으로 제시하고 있다. 특히 출간 당시의 타 이론과는 달리 인간의 비정상성과 정상성뿐만 아니라 이상형까지도 제시해줌으로써 인간 문제에 대한 포괄적 시각을 갖게 해 주었다. 이 같은 점을 고려한다면 매슬로우의 사상이 다른 어떤 이론가의 사상보다도 광범위한 학문 영역에 걸쳐서 섭렵되어 온 것은 전혀 뜻밖의 결과가 아니다.

무엇보다도 매슬로우는 이미 오래 전에 탄탄한 논리와 방대한 경험적 자료를 바탕으로 오늘날 심리학의 새로운 패러다임으로 자리 잡고 그 지평을 넓혀가고 있는 긍정심리학의 토대를 제시했다. 긍정적 특질, 경험, 조직의 복원에 대한 과학적 연구를 지향하는 긍정심리학(Seligman & Csikszentmihalyi, 2000)은 매슬로우가 제시한 긍정적 특질로서의 자아실현, 긍정적 경험으로서의 절정경험, 긍정적 조직으로서의 건강한 사회와 연결하여 그 의미를 반추할 수 있다. 그는 이 책의 첫 장인 동기 이론에 대한 서문의

9 심리학자로서 국가 발전에 대한 매슬로우의 예견력은 1961년에 소련의 붕괴를 자신의 인간 성장 이론에 의거해 예언했다는 사실에서 확인할 수 있다. 1961년 그는 앞으로 산업 현장이 자신의 심리적 역동론의 새로운 실험장이 될 것이라고 전제하고 미국 산업계의 인간 성장 중시 경향성을 긍정적으로 평가하며 이 같은 예언을 했다.

말미에서 다음과 같이 주장한다. "좋은 동기 이론은 건강한 사람이 가진 최상의 능력도 다루어야 한다. 특히 인류 역사상 위대한 사람들의 관심과 특성에 대해서도 연구해야 한다(p. 14)." 그는 근본 욕구의 충족에 대해 논하면서, 인간 과학으로서 심리학은 좌절과 병리에 대한 일방적 강조가 아닌 인간 동기의 긍정적이고 건강한 측면을 균형 있게 보아야 한다고 강조한다. 새로운 조직 과학의 패러다임을 제안하고 있는 긍정조직학positive organizational scholarship이나(Cameron, Dutton, & Quinn, 2003), 제3의 조직 변화 모델로 일컬어지며 조직 변화의 긍정 혁명을 가져왔다고 평가받는 가치 발견적 탐구 변화 모델(appreciative inquiry: AI, Cooperrider & Whitney, 2004) 또한 매슬로우의 긍정적 인간관에 뿌리를 두고 있다.

그는 토플러Alvin Toffler의 제3의 물결에 이어 제4의 물결로 중시되고 있는 창의성에 대해서도 중요한 개념적 토대를 제시한다. 매슬로우는 창의성을 자아실현 욕구를 지닌 사람이 보이는 특성으로 간주하면서 일차적, 이차적, 통합적 수준이라는 세 가지 창의적 과정을 제안하고 있다. 이들 세 수준은 오늘날 준비, 부화, 통찰, 검증의 4단계 창의성 과정의 원형적 모형을 제시하고 있다는 점에서 주목할만한 업적이다. 다만 창의성을 사회, 문화, 그리고 역사적 시기의 소산물이라고 개념화하는 사회문화적 관점sociocultural model of creativity에서 보면 매슬로우의 창의성에 대한 성격론적 또는 개인 중심적 관점은 일반인이 지닌 신화적 관점이며 전체가 아닌 부분을 다루는 시각으로 볼 수 있다(Sawyer, 2007).

조직변화학의 거장인 베니스Warren Bennis는 매슬로우가 일반인들에게 제공한 두 가지 선물은 보다 온전한 인간이 되는 것에 대한 과학과 기술, 그리고 영혼의 민주화라고 요약하고 있다(Stephens & Heil, 1998). 프로이트 이후 가장 위대한 심리학자라고 칭송받는 매슬로우는 인간의 가장 중요한 과제는 가장 최고의 자신the best self이 되는 것이라고 주장하며, 이 같은 과제를 수행함에 있어서는 어떠한 경쟁자도 없기에 모두가 성공적으로 달성 가능하다고 강조하고 있다(Maslow, 1968). 한마디로 말해, 매슬로우는 인간에게 자신의 긍정적이며 높은 수준의 잠재력에 대한 소유권을 되찾아 주었다고 볼 수 있다.

매슬로우에 대한 오해

매슬로우에 대한 긍정적 평가 못지않게 빈번히 목격되는 사실은 그의 동기 이론과 개념에 대한 오해이다. 동기 이론에 관한한 세계적인 석학인 미시간 대학의 앳킨슨John Atkinson 교수와 하버드 대학의 해크만Richard Hackman 교수도 지적했듯이, 매슬로우의 인간 동기에 관한 이론인 욕구위계론은 상당수의 학자에 의해서 그의 전체적 논지를 무시한 부분적 인용으로 인해 왜곡되어 이해되거나 소개되어 왔음을 매슬로우의 이론에 기반을 둔 여타 인간 동기에 관한 연구나 비판 연구, 그리고 그의 이론을 소개한 대다수의 개론서[10]에서 발견할 수 있다. 이에 해당하는 첫 번째 예로는,

---

10 O'Connor, Yballe(2009)는 조직행동학의 주요 개론서에서 이 같은 오류가 만연함을

그의 이론은 개인적 특성뿐만 아니라 문화적 요소와 상황적 요인도 고려하여 인간 행동을 설명하고 있음에도 불구하고 마치 개인적 성격 특성(즉, 충족하고자 하는 욕구)에 의해서만 인간 행동이 결정된다는 입장을 취하고 있다고 잘못 인용되어 왔다. 두 번째로, 그의 이론은 기본적으로 행동주의학파, 프로이트학파, 그리고 인본주의학파를 통합적으로 수렴하고 있음에도 불구하고, 인본주의 일변도의 이론으로 잘못 이해되고 분류 되는 경우를 들 수 있다.

세 번째 오해는, 그가 의미하는 욕구의 위계는 하위 수준의 욕구가 충족되어야만 그 다음 상위 욕구가 행동에 영향을 준다는 욕구 작동의 단계론으로 잘못 해석되어 왔다는 점이다. 앞에서 기술한 '좌절 내성frustration tolerance'과 '상위 욕구의 자율성autonomy of higher needs'이라는 개념을 감안하면 욕구의 '일반적 위계론'을 욕구의 '일방적 단계론'으로 간주하는 것은 심각한 오도이다. 넷째, 통상 매슬로우의 욕구위계 이론은 과정 중심적 이론content theory과 대비되는 내용 중심적 이론process theory으로 분류되어 왔다(Steers, Mowday & Shapiro, 2004). 하지만 이 이론은 동기의 중요 구성 요소가 무엇인지(5가지 욕구)에 대한 이론일 뿐만 아니라, 각 동기가 어떠한 과정을 거쳐 행동에 영향을 주는지에 대해서도 말해주고 있다고 볼 수 있다. 일반적으로 하위 욕구가 충족되면 그 다음 상위 욕구의 충족을 위한 행동이 활성화된다고 가정하는 점에서 그러하다.

발견하며 일종의 바이러스로 부르고 있다.

4. 위대함은 우리 안에 있다

매슬로우의 욕구 이론을 통해 오늘날 사회에서 발생하는 다양한 문제를 이해하고 개선책을 마련할 수 있다. 산업화와 정보화 그리고 세계화는 인간의 근본 욕구 중 어떠한 욕구의 좌절을 가져왔는지, 이들 욕구의 결핍은 어떠한 방식으로 표출되고 있는지, 보다 바람직한 방식의 욕구 충족은 무엇인지 등을 매슬로우의 욕구 이론으로 조망해볼 수 있다. 일례로, 아파트 속에 고립되어 사는 컴퓨터 세대는 소속감, 친밀감, 애정의 욕구가 채워지지 않음으로 인해 왕따 학생이라는 공통의 적을 선정해 집단적 폭력을 행사함으로써 이들 욕구를 잘못 충족하고 있다고 볼 수 있다.

매슬로우의 사회개조론[11]은 건강한 개인의 양육을 통한 건강한[12] 사회 건설이 가능하다는 가정을 설정하고 있다. 건강한 개인의 양육은 두 가지 기제에 의해 가능하다고 본다. 첫째, 낮은 수준의 욕구에 대한 적정한 충족이다. 수준이 낮기에 더 우세한 근본 욕구가 적절히 충족되지 않고서는 더 높은 수준의 욕구에 대한 좌절감, 즉 충족의 동기를 가질 수 없기 때문이다. 둘째, 보다 높은 수준의 욕구에 대한 인식이다. 상위 수준의 욕구가 개인 그리고 사회에 존재하지 않으면 순기능적인 좌절감도 발생하

---

11 매슬로우는 자신의 인간 본성에 대한 철학을 심리학의 한 조류 이상의 세계관을 의미한다는 점에서 Zeitgeist(시대정신)이라 명명하고 있다.

12 매슬로우는 건강한(healthy) 사회를 공동작용적(synergic) 또는 건강한 정신의(eupsychian) 사회로 명명하고 있다.

지 못하기 때문이다. 매슬로우는 사회구성원에게 낮은 수준의 욕구 충족을 가능하게 하는 동시에 높은 수준의 욕구 좌절을 인식하게 함으로써 사회 발전이 이루어질 수 있다고 지적하고 있다. 그는 이 같은 기제를 통해 사회구성원은 개인적 이익과 사회적 이익을 동시에 이루어 낼 수 있다고 본다. 건강한 사회에서는 개인의 이익과 사회의 이익이 적대적인 것이 아니라 공동작용적 synergic이다. 그러나 일반인은 개인과 사회 이익이 대립·상충하는 나쁜 사회를 직간접적으로 더 많이 접함으로써 개인의 이익과 사회의 이익에 대한 잘못된 도식을 갖기 쉽다. 따라서 병든 사람과 사회의 분석이 아닌 건강한 사람과 사회에 대한 분석을 통해 인류의 행복 증진과 사회 발전의 방법을 모색해야 함을 주장한다. 부정적 현상을 잉태하는 요인과 긍정적 현상을 생성하는 요인이 상이하다는 점에서 타당한 주장이다. 하지만 작금의 현대 사회에서 목격되듯, 물질적 욕구의 충족 이후 상위 욕구에 대한 충족 욕구가 뒤따르지 못하고 목적 부재의 행동으로 이어진다면 그 사회는 정체된 사회가 되고, 종극에는 퇴행하는 사회가 될 수 있음도 지적하고 있다.

매슬로우의 심리학은 인간의 본성을 조망하는 새로운 방법을 제시하며 우리들로 하여금 긍정적 잠재력의 인식을 통해 보다 나은, 아니 최상의 자아로 지향할 것을 요구하고 있다(김명언, 2011). 매슬로우가 우리에게 준 궁극적 영향력은 위대함이 바로 우리들 개개인 속에 잠재해 있다는 사실을 일깨워준 것이다.

우리 사회가 당면하고 있는 제반 문제의 심층을 들여다보면 『동기와 성격』의 유용성은 더욱 두드러진다. 한마디로 이 책은 물질 만능주의, 집단 이기주의, 인간 경멸주의의 팽배와 가정교육의 붕괴로 인해 심각한 위기에 처한 한국 사회를 어떻게 올바른 방향으로 개조할 것인가에 대해 근본적 이해의 틀과 개선 방향을 제공하고 있다. 즉 한국인은 무엇을 위하여 자기가 맡은 일들을 열심히 행하고 (또는 하지 않고) 사는지, 어떻게 하면 의미와 보람을 느끼며 맡은 바 임무를 성실히 수행할 수 있는지, 나와 타인의 관계 개선의 출발점은 어디서 어떻게 찾아야 하는지, 그리고 이상적 사회는 어떻게 실현할 수 있는지에 관해 관심을 갖고 있는 한국의 학자, 인력 개발 전문가, 그리고 일반 대중에게 매슬로우의 이 역작은 필독서이다.

참고문헌

Cameron, K., J. Dutton and R. Quinn, 2003, *Positive Organizational Scholarship: Foundations of a New Discipline*, San Francisco: Berrett-Koehler Publishers.

Cooperrider, D. and D. Whitney, 2005, *Appreciative Inquiry: A Positive Revolution in Change*, San Francisco: Berrett-Koehler Publishers.

Lowry, R. J., 1979, *The Journals of A. H. Maslow*, Vols. I-II, Monterey, CA: Brooks/Cole.

Maslow, A. H., 1968, *Toward a Psychology of Being* (2nd. Ed.), New York: Van Nostrand.

———, 1987, *Motivation and Personality* (3rd. Ed.), New York: Harper & Row.

O'Conner, D. and L. Yballe, 2007, "Maslow Revisited; Constructing a Road Map of Human Nature," *Journal of Management Education*, 31(6), pp. 738-756.

Oishi, S., E. F. Diener, R. E. Lucas and E. M. Suh, 1999, "Cross-Cultural Variations in Predictors of Life Satisfaction: Perspectives from Needs and Values," *Personality and Social Psychology Bulletin*, 25, pp. 980-990.

Sawyer, R. K., 2006, *Explaining Creativity: The Science of Human Innovation*, New York: Oxford University Press.

Seligman, M. E. P. and M. Csikszentmihalyi, 2000, "Positive Psychology: An Introduction," *American Psychologist*, 55, pp. 5-14.

Steers, R., R. Mowday and D. Shapiro, 2004, "The Future of Work Motivation Theory," *Academy of Management Review*, 29(3), pp. 379-387.

Stephens, D. C. and G. Heil, 1998, *Maslow on Management*, New York: John Wiley & Sons, Inc.

김명언, 2011, "왜 긍정성인가?"『한국 산업 및 조직 심리학회 춘계 심포지엄 논문집』, 한국 산업 및 조직심리학회, pp. 23-26.

배링턴 무어, 『독재와 민주주의의 사회적 기원』

Barrington Moore Jr., *Social Origins of Dictatorship and Democracy: Lord and Peasant in the Making of the Modern World* (1966)

사회는 어떻게 독재와 민주주의로 이행하는가?

박상섭
서울대학교 정치외교학부 교수

우리가 고전이라고 평가하는 인문·사회학 분야의 모든 작업은 특정 시기와 장소를 넘어서는 가치를 갖는 것이지만, 이러한 보편적 가치는 그 작업들이 탄생한 특정 시기 장소와의 긴밀한 연관성을 바탕으로 만들어진 것이다. 즉, 그러한 보편성을 함의하는 고전적 가치의 창출은 구체적이고 특수한 문제에 대한 관찰자의 투철한 문제의식을 전제로 해서만 가능한 것이다.

이러한 일반적 명제를 모두에 제시하는 까닭은 최소한 영미권의 경우, 배링턴 무어Barrington Moore Jr.(1913-2005)에 의해 크게 활성화되기 시작한 비교역사사회학comparative and historical sociology의 학설사적 의의를 제대로 이해하기 위해 이러한 이론의 출현이 갖는 구체적인 정치사회적 맥락 또는 배경을 먼저 고려해야 한다는 점을 강조하기 위해서이다. 무어가 그의 주저로 꼽히는 『독재와 민주주의의 사회적 기원』[1] (이하 『사회적 기원』으로 줄여서 부름)에서 다루고 있는 문제는 서구식 의회 민주주의, 그리고 그 대척점에 있는 전체주의 체제(파시즘과 공산주의)의 역사적 뿌리를 찾는 것인데, 이것은 다양한 유형의 정치 체제의 역사적 뿌리를 찾는다는 제한된 의미의 학술적 작업으로 그치는 것만은 아니었다. 즉 그의 작업은 당시까지 학계를 포함한 미국 사회 전반을 지배하고 있던 정치적 자만심과 그것을 떠받치던 이데올로기적 자기기만, 그로 인해 나타난 사회과학의 탈역사적 경향을 전면적으로 비판하고 수정을 요구하는 정치 운동의 성격을 띠고 있었다.

유럽을 중심으로 발전된 근대 사회 이론은 유럽 근대사의 경험을 바탕으로 발전한 것이다. 한편 미국에서의 사회 이론은 미국적 정치·사회의 경험을 바탕으로 미국의 특성에 대한 강력한 자의식을 내포하며 유럽과는 다른 성격을 띠면서 발전해왔다. 이것을 소위 '미국적 예외주의American exceptionalism'라 부른다. 구체적으로 미국은 봉건제의 역사도 경험하지 않았고 왕정에 항거하는 혁명을 통해 공화정으로부터 나라가 시작되었다는 점, 그리고 유럽과 달리 대량 빈곤과 산업화에 따른 계급 갈등을 경험하지 않았다는 두 명제가 그러한 미국적 예외주의의 기초를 이루고 있었다.[2]

---

1 Barrington Moore, Jr., *Social Origins of Dictatorship and Democracy: Lord and Peasant in the Making of the Modern World* (Boston: Beacon Press, 1966). 한국어 판은 『독재와 민주주의의 사회적 기원』, 진덕규 역 (까치, 1985).

2 이 점에 관해서는 Dorothy Ross, *The Origins of American Social Science* (Cambridge: Cambridge University Press, 1991), pp. 22-50을 볼 것.

이러한 낙관론과 자만심은 2차 세계대전 이후 미국이 서방세계의 맹주가 되면서 더욱 강화되었고, 이 점은 미국 사회 이론에 그대로 반영되었다. 특히 유럽과는 별도의 세계로서 미국의 자아상 확립이라는 암묵적인 작업과 관련하여 정치학이나 사회학 같은 사회과학의 여러 분과 학문은 기술전문주의, 개량주의, 그리고 탈역사주의를 특징으로 하면서 발전하였다. 이러한 사회 이론은 단순히 미국 자신에 대한 이해라는 제한된 목적만 갖고 있었던 것이 아니라 전후 미국의 세계 정책 수립을 위한 이론적 기초로서도 기능하였다. 특히 세계 정치에 있어서 소련과의 대립을 전제로 작성된 신흥국의 근대화 정책은 근본적으로 미국의 정치·경제 발전을 기준으로 작성된 것이었다.

2차 세계대전 직후 미국은 승전국으로서 유럽을 대신하는 세계 정치의 주도국이라는 지위를 확실히 하였다. 비록 소련의 핵 위협 문제가 새로 나타나기는 하였지만 미국의 막강한 경제력과 이것에 의해 뒷받침되는 군사력은 누구도 감히 도전할 수 없을 것으로 여겨졌다. 승전 직후의 낙관론과 경기상승에 따른 국내 정치적 기대감, 미국식 민주주의의 대한 자신감은 1950년대 중반경 최고조에 달하게 되고, 이에 따른 이데올로기적 경향도 보수적으로 흐르게 되었다.

이러한 낙관론은 아래와 같은 몇 가지 일에 의해 감소하게 되었다. 우선 소련의 수소폭탄 실험의 성공으로 인해 국제정치에 있어서의 미국의 일방적 우위는 더 이상 사실이 아닌 것으로 평가되기 시작하였다. 또한 아시아 아프리카의 국가들이 중립 또는 비동맹을 표방하면서 미국의 일방주의적 정책에 제동이 걸리기 시작하였다. 이집트의 수에즈 운하 국유화 선언과 이를 무효화하려한 영국과 프랑스의 개입이 실패한 것도 이와 같은 맥락에서 이루어진 것이었다. 이 사건은 미국과 직접적으로 관련된 것은 아니었지만 쿠바에서의 사회주의 혁명의 성공은 미국의 명성에 타격을 입혔고 또한 미국의 군사적 안보를 실질적으로 위협하는 사건이었다.

국내적으로도 1950년대 말부터 서서히 표면화되기 시작한 흑인 민권 운동이 1960년대에 들어서면서 본격적으로 조직화하기 시작하였고 전국적인 뉴스의 초점이 되었다. 예컨대 1965년 로스앤젤레스의 와츠Watts 지역에서 발생한 흑인 소요 때 거의 4천 명에 가까운 사람들이 체포되고 34명이 살해되었는데, 이 이후로 흑인 소요 사태가 전국적이고 지속적으로 번져가기 시작하였다.

이렇게 1960년대 중반에 이르면서 미국 사회는 아직은 표면화되지 않은 불안감으로 휩싸이게 되었다. 그러나 미국의 사회과학계는 탈콧 파슨스Talcott Parsons류의 낙관주의적 보수주의가 지배하고 있었고 이러한 학계의 주류에 대한 비판적 언급은 쉽게 용납되지 않았다. 예외적으로 밀즈C. Wright Mills 같은 진보적 경향의 학자만이 비판적 논의를 제기하였지만[3] 여전히 고립된 작업에 불과했다.

---

3 C. W. Mills, *The Sociological Imagination* (New York: Oxford University Press, 1959).

1. 독립적으로 사유하는 급진주의자

위에서 언급한 미국의 사회학자 밀즈와 거스Hans H. Gerth는 1946년에 펴낸 막스 베버의 영역 논문집[4] 앞부분에 기고한 베버의 약전에서 그가 대학자가 될 수 있었던 조건으로 '창조적 여가creative leisure'를 언급한 바 있다. 물론 막스 베버는 큰 부자는 아니었지만 개인적 사정으로 인해 대학교수로 재직한 기간은 얼마 되지 않았으면서도 학자로서의 학문 활동은 지속할 수 있었다. 밀즈와 거스는베버가 대학자로서의 작업을 할 수 있었던 여건으로 직업인으로서의 교수들과는 달리 학문 외적 업무에 시간을 뺏기지 않으면서 자신의 학문적 작업에 집중할 수 있었던 좋은 환경을 가졌다는 점을 지적하였던 것이다. 이러한 환경에 관한 사항은 배링턴 무어의 개인 약전을 언급하는 사람들에 의해 가장 많이, 그리고 우선적으로 지적되는 점이기도 하다.

1913년 5월 12일 워싱턴 DC의 부유한 집안에서 태어난 무어는 엘리트 교육을 받았다. 동부 명문의 하나로 알려진 로드아일랜드 주 뉴포트 시 소재의 기숙사립학교인 세인트 조지 고등학교를 졸업하고 메사추세츠 주의 윌리엄즈 대학Williams College을 다녔다. 교수 전원이 아이비리그 출신으로 구성되어 있는 것으로 유명한 이 학교는 인문 기초 분야를 집중적으로 교육하는 것

4 H. H. Gerth and C. W. Mills (eds. & trs.), *From Max Weber: Essays in Sociology* (New York: Oxford University Press, 1946).

으로도 널리 알려져 있다. 무어는 이곳에서 라틴어와 고전 그리스어 같은 고전학을 전공하였고 독일어에도 능통했는데, 이러한 고전어와 외국어의 기초가 그의 학문 방향을 정하는 데 큰 역할을 한 것으로 보인다.

그는 예일 대학교로 옮겨 사회계층 분야의 연구로 1941년에 박사 학위를 취득하였다. 학위를 마친 후 그는 전쟁 중 정부기관, 오늘날의 중앙정보국CIA의 전신으로 알려진 전략연구청OSS: Office of Strategic Studies 및 법무성에서 정보분석관으로 일하기도 하였다. 당시 국무성에서 동유럽과의 과장 서리로 일하던 마르쿠제Herbert Marcuse를 알게 되었는데, 이 두 사람은 여러 가지 면에서 다른 입장을 보이면서도 마르쿠제가 사망할 때까지 비판적 이론의 동지로서 우정을 지속했다.

종전 후 시카고 대학교에서 강의를 시작한 무어는 1948년에 하버드 대학교로 자리를 옮겼다. 그는 잠시 사회관계학과Department of Social Relations에서 강의를 하였지만 이곳에서 자리를 잡지 않고 1951년에 러시아문제연구소Russian Research Center로 근거지를 바꾸어 1979년 정년 퇴임 시까지 재직하였다. 그가 자리를 옮긴 것에 대해서 당시 미국 사회학의 태두였던 파슨스의 사회학 패러다임을 거부하였기 때문에 무어 자신이 그 곳에 머무르기를 거부했다는 설과 파슨즈를 중심으로 하는 학과 내 다수파에 의해 배척되었다는 설 등 상충되는 설명이 있었지만, 여하튼 간에 무어의 이론적 입장이 파슨스 사회학과 조화되기 어려웠다는 점을 말해준다. 또한 자신의 경제적 여유 덕분에 무어는 대학 내에서의 지위 같은 세속적 문제에 상대적으로 초연하면서 자신의 계획에 맞추어 학문적 작업을 밀고 나갈 수 있었음을 짐작할 수 있다.

그의 가까운 친구나 제자의 회상에 따르면 그는 집안의 내력을 이어받아 요트 항해에 대단한 취미를 갖고 있어 대부분의 여름은 자신의 요트에서, 그리고 겨울에는 유타 주에 있는 자신의 스키 별장에서 지냈던 것으로 알려져 있다. 이러한 점은 표면적으로는 그의 사상이 드러내는 대단히 급진적인 면과 상당히 대조적인 측면으로 보이기 때문에 여러 사람들에 의해 자주 지적되는 부분이지만, 하버드대 사회학과의 호만스George C. Homans 교수와 함께 무어가 공동 지도교수로 박사 논문을 지도했던 틸리Charles Tilly는 그러한 여유가 바로 무어의 독립적 사유의 기초가 되었다는 점을 강조한다. 이러한 독립심은 기성의 패러다임을 그대로 받아들이기를 거부하고 스스로를 설복할 수 있을 때까지 문제를 끝까지 추적하려 했던 그의 철두철미한 탐구 자세로 나타났다. 이러한 그의 자세로 인해 그는 학문적으로 어떤 타협도 받아들이지 않으려 한 급진적 인물로 여겨지기도 했다. 이러한 의미에서 영국 출신의 정치사회학자인 네틀J. Peter Nettl은 무어를 가리켜 "단독으로 행동하는" "위대하고 준엄한 학자적 자세를 갖춘 급진주의자"라고 평하기도 하였다.[5]

무어는 하버드 대학교 러시아문제연구소에서 활동하면서 러시아 정치와 관련하여 『소비에트 정치*Soviet Politics*』(1950)와 『소련, 테러와 진보*Terror and Progress USSR*』(1954)라는 두 권의 책을 출간하였다. 이 작업을 통해 그는 정치적 폭력, 억압, 권위주의, 전체주

---

5 "Return of the Intellectual," *New Statesman*, 73 (October 6, 1967), p. 438.

의, 정치 이데올로기 등의 문제에 공통적으로 관심을 보였는데, 이 문제들의 일부는 그가 전시에 수행한 OSS 활동과 연결된 것으로 이해된다. 또 그는 사회과학의 방법, 전체주의적 억압의 역사적 기원에 관한 문제에 관해 기왕에 발간된 논문들을 묶은 책 『정치권력과 사회 이론*Political Power and Social Theory*』(1958)을 출간하였다. 이 책에 실린 논문의 공통점을 꼽는다면 아마도 당시까지의 미국 주류 사회과학의 이데올로기적 한계에 대한 비판의식을 말할 수 있을 것이다.

러시아 전체주의에 대한 연구 결과의 일부로 여겨지는 그의 중심 논지 가운데 하나는 전체주의를 산업자본주의적 현상의 일부로 보는 견해에 대한 비판이다. 2차대전 이후 서방세계, 특히 미국에서는 나치즘과의 대결의 경험과 막 시작된 냉전 분위기로 인해 전체주의에 대한 집중적 연구가 이루어졌는데, 거의 대부분의 논의는 이러한 전체주의적 통제를 기술적으로 가능하게 만들었던 산업 사회적 양상을 고려하여 전체주의를 20세기에 와서 대두된 독특한 역사적 현상으로 취급하는 경향이 있었다.[6]

이에 비해 무어는 기술적 조건보다는 사회를 총체적으로 통제하려는 시도를 중요시한다. 그리고 이러한 시도는 이미 농업 사회에서도 존재했다는 점을 강조하고 있고, 또한 자유 사회에서도 사람들의 행동을 일정한 틀에 순응하도록 하는 경향이 있

6 이러한 경향의 대표적 논의로는 Carl J. Friedrich and Zbigniew K. Brzezinski, *Totalitarian Dictatorship and Autocracy* (Cambridge: Harvard University Press, 1956)을 들 수 있다.

음을 역설한다.[7] 실제로 무어는 산업 사회의 기술적 조건을 바탕으로 하는 완성된 통제 기술과 이데올로기적 프로파간다를 바탕으로 하는 20세기에 국한된 전체주의보다는 정치적 억압이라는 보다 일반적인 정치적 폭력이 더 중요한 문제라고 생각한다. 이러한 관점에서 직접적인 폭력을 바탕으로 하는 정치적 억압이 일상적 정치 행태가 되고 있는 권위주의 또는 독재에 보다 큰 관심을 갖는 것은 자연스러운 일처럼 여겨지는데, 그의 책의 제명에서 '독재dictatorship; autocracy'라는 말이 강조되는 점에 유의할 필요가 있을 것이다.

무어는 사회과학의 방법에 관한 책을 출간한 후 상당 기간의 공백기를 갖다가 1966년이 되어서야 그의 주저로서 의문의 여지가 없는『사회적 기원』을 출간하는데, 그 동안에 그는 이 책의 저술을 위한 연구에 매진했던 것으로 전해진다.『정치권력과 사회 이론*Political Power and Social Theory*』(1958)에서 그가『사회적 기원』을 통해서 말하고자 했던 상당 부분의 논점이 이미 언급되고 있는 것으로 미루어 볼 때,『사회적 기원』에 대한 저술은 이미 러시아 문제에 관한 저술을 마치면서 의도한 것으로 짐작할 수 있다. 따라서 무어가 이 책의 저술에 바친 시간은 10년이 넘는 것으로 추정된다. 1960년대 전반에 무어의 대학원 세미나에 참석했던 사람들의 증언에 의하면, 이때 세미나에서 사용했던 독서 자료 대

---

7 이러한 두 경향에 대한 논의는 앞서 언급된『정치권력과 사회 이론(*Political Power and Social Theory*)』(1958)의 두 장에서 심도 있게 다루고 있다. 앞의 것은 2장「Totalitarian Elements in Pre-Industrial Societies」에서, 뒤의 문제는 6장「Reflections on Conformity in Industrial Society」에서 논의된다.

부분이 『사회적 기원』에서 언급되었던 것이라고 한다.

2. 근대 정치 체제의 기원을 찾아서

무어는 『사회적 기원』의 저술 의도에 대해 자신의 책 첫머리에서 "농업 사회로부터 근대 산업 사회로의 전환 과정에서 상층 지주 계급과 농민들이 담당했던 여러 가지 정치적 역할을 설명하는 것(xi/5)"[8]이라고 압축적으로 밝히고 있다. 이러한 작업은 "이 두 농촌 집단이 개별적으로 또는 함께 서양의 의회 민주주의와 좌우의 독재 체제, 즉 파시스트 정권과 공산주의 정권이 대두하던 그 이면에서 중요한 세력이 되게끔 만든 역사적 조건의 범위를 발견하려는 시도(xi/5)"인 것이다. 좀 더 평이하게 말한다면 무어의 작업은 20세기에 나타났던 세 가지의 상이한 정치 체제인 의회 민주주의, 파시즘 및 공산주의의 사회적·역사적 기원을 찾는 것인데, 그가 특히 주목하는 점은 그 전환 과정에서 농촌 사회의 양대 세력인 지주 계급과 농민이 담당했던 역할이다. 그러한 자급형 농업 사회에서 산업 사회로의 전환은 기존의 이해관계의 변동을 수반하는 동시

---

8 『사회적 기원』의 면수 표시는 괄호 속에 면수만 적는다. 앞의 면수는 영문 원본의 것이고 뒤의 면수는 한국어 번역판의 면수임. 직접 인용의 경우 번역은 부분적으로 수정하였다.

에 중요한 사회집단 전체가 해체되고 재편성되는 과정을 겪을 수밖에 없기 때문에 불가피하게 다양한 갈등과 투쟁을 낳게 된다. 근대 사회가 수립되면서 취하게 되는 정치 체제의 형태는 결국 그러한 투쟁에 의해 출현하게 되는데, 그 결과는 근대 사회의 모체로서 전근대 사회를 구성하는 주요 세력들 간의 힘의 관계에 의해 결정된다. 따라서 전근대 사회의 양대 사회 세력인 상층부의 지주 계층과 농민이 당연히 논의의 중심적 지위를 차지하게 되는 것이다.

무어는 산업화 이전의 세계에서 근대 사회에 이르는 역사적 도정道程을 크게 세 가지로 나누어 관찰하고 있는데, 첫째, 자본주의와 의회 민주주의로 연결된 부르주아 혁명, 둘째, 자본주의를 바탕으로 하는 반동적인 정치 체제(파시즘), 셋째, 공산주의가 그것이다. 압도적으로 농업 사회였던 전근대 사회에서 근대 사회로의 변화는 농촌 사회의 해체를 의미하고, 보다 구체적으로는 농촌 사회의 양대 세력인 지주 계층과 농민의 해체와 변화를 말하는 것이다. 이러한 변화, 즉 농업의 상업화라는 도전에 대해 이들 양대 세력이 취한 대응 방식의 성격이 다양한 정치적 결과를 만드는 가장 결정적인 요인으로 지적되는데(xvii/11), 양대 세력이 취하게 된 특정한 태도를 결정한 또 다른 다양한 변수와 이들 변수 간의 상호작용을 검토하는 것이 바로 무어의 작업 내용이다.

이러한 작업을 위해 그는 앞서 언급한 세 정치 체제를 대표하는 나라를 선택하여 비교역사학적 고찰을 시도하고 있다. 첫 번째 의회 민주주의의 경우로는 영국, 프랑스, 그리고 미국, 두 번째 파시즘의 경우로는 일본, 공산주의의 경우로는 중국이 검토되고 있고 과거 한 때 '아시아의 민주주의'로 지칭되던 인도의 경우는 제4의 유형으로 논의된다. 공산주의의 전형적 경우인 러시아와 파시즘의 전형이었던 독일의 경우는 논의에서 제외하고 있는데, 저자의 설명에 따르면 이미 많은 일급의 연구가 이루어져 있고, 이들을 포함시킬 경우 책이 너무 길어질 것이기 때문에 제외하기로 결정했다고 한다(xii/6).[9] 그러나 3부(7-9장)의 이론적 논의 과정에서 비교를 위해 러시아와 독일의 경우를 언급하고 있어 이 두 나라가 완전히 논의에서 빠진 것은 아니다.[10]

참고로 무어의 논의에서 검토되는 모든 나라가 그 발전 과정이 전적으로 대내적 요인에 의해서 이루어졌음에 유의할 필요가 있을 것이다. 정치적 또는 경제적으로 다른 강력한 국가에 의존해온 중소국가의 경우는 그 발전의 결정적 요인이 대부분 외부적이기 때문에 순전히 대내적 요인에 의해서 발전과 변화 과정의 모습이 결정된 나라를 다루는 무어의 경험적 일반화라는 작업에 적합한 사례가 될 수 없다. 이러한 점은 무어 자신이 밝히고 있는데(xiii/7), 결국 무어의 논의에서 취급되는 나라는 단순히 편의

9 무어의 제자이기도 했던 틸리는, 러시아와 독일에 관해서는 이미 원고를 마련하여 여러 차례 수정하면서 타이프라이터로 찍은 복사물을 회람하였다고 회고하고 있다. 그러나 『사회적 기원』이 인쇄에 들어갈 때에는 독일과 러시아에 관한 더 나은 학술적 업적이 나타났기 때문에 최종 출간된 책에서는 독일·러시아 장을 제외한 것이라고 전한다. Charles Tilly, "Barrington Moore, Jr.," *Canadian Journal of Sociology Online* (January-February, 2006).

10 이 책은 총 3부 9장으로 구성되어 있다. 1부(1-3장)는 의회 민주주의의 길을 걸은 영국, 프랑스 및 미국의 경우를 다루고 있고 2부(4-6장)에서는 아시아를 대표하는 3개국, 중국, 일본 및 인도의 경우가 논의된다. 3부에서는 의회민주주의, 파시즘 및 공산주의의 세 경우에 대한 이론적 논의가 이루어진다. 그리고 에필로그와 부록이라는 이름이 붙은 추가의 논의에서는 당시까지의 보수적 사회 이론에 대한 비판적 논의가 이루어진다.

상 선택된 경우가 아니라 다룰 수 있는 모든 경우가 (독일과 러시아만 제외한다면) 다 포함된 것이라 말할 수 있다.

서양식 민주주의가 싹틀 수 있는 정치적·사회적 조건들을 논의하면서 무어는 우선 어떤 특정의 집단이나 개인이 지배자의 권력으로부터의 간섭이 배제된 자유로운 영역을 누릴 수 있다는 관념, 부정의한 권위에 대한 저항의 권리를 가진다는 관념, 그리고 자유로운 개인 사이에 자유롭게 맺어지는 상호적 약속으로서의 계약 관념 등을 지적하고 있다(415/419). 이러한 관념군은 오로지 서유럽에서만 출현했는데 이렇게 되기 위해서는 주요한 정치 세력, 즉 절대군주, 농촌의 지주 세력으로서의 귀족, 그리고 도시 세력으로서의 부르주아지 사이의 일정한 균형 상태가 이루어져야 했다고 설명한다(417-418/421). 이러한 의미에서 무어는 "부르주아 없이는 민주주의도 없다"는 마르크스주의의 고전적 명제에 대해 기본적으로 동의하지만, 이러한 명제의 의미를 제대로 이해하기 위해서는 부르주아지를 둘러싼 농촌 사회 양대 세력과의 동맹 또는 대립 관계에 대한 이해가 전제되어야 한다고 말한다.

그러한 사회 세력 또는 계급 간 일정한 균형 상태의 존재 여부와 성격을 결정짓는 주요 요인으로서 무어는 세 가지를 말하고 있는데, 아래에서 상세히 논의되고 있는 상업적 충격의 강도, 상업적 농업의 형식(노동억압적 또는 시장적)과 농민 혁명의 잠재력 등이 그것이다. 그리고 이 세 요인이 그의 논의의 기본 구조를 이루고 있다.

상업적 충격의 강도

전근대 농업 사회에서 근대 산업 사회로의 이행 과정에서 나타나는 다양한 정치 체제의 결정 인자를 탐구하는 무어의 논의 전체에 있어 가장 중요하게 제시되는 요인 또는 변수는 상업적 충격의 강도이다. 절대주의는 영국, 프랑스, 독일 등지에서 모두 수립되었으나 그에 대한 견제가 처음으로 이루어진 곳은 영국이었다. 그러한 점은 영국의 경우 상업적 충격이 강했던 까닭으로 토지 귀족들이 가장 일찍 상업적 성격을 획득했었기 때문이라고 설명된다. 즉, 절대주의가 뒤에 어떻게 변모하였는가를 결정한 가장 중요한 인자는 토지 귀족의 상업 세력화 여부와 그러한 상업화가 취한 형태라고 무어는 말한다(419/423). 예를 들어 영국의 경우, 지주 귀족들은 일찍이 상업화했기 때문에 군주에 대한 의존 관계에서 빠르게 벗어나 왕실의 절대주의화 기도에 적대적 태도를 취했던 것으로 설명한다. 동시에 영국에서 농업의 상업화가 취한 형태는, 예컨대 동부 독일의 경우와 달리 도시 세력의 이해관계와 일치했기 때문에 절대주의화 기도에 맞선 의회파의 승리를 확보할 수 있었던 요인으로 작용했다. 이와 달리 상업화의 충격이 약했던 지역에서는 대규모의 농민층이 잔존하게 되어 민주주의 수립에 상당한 방해 요소로 작용했다. 최악의 경우 농민 혁명의 저수지 역할을 하게 됨으로써 결국에는 공산혁명으로 이어지고, 상층 계급이 이들 농민층을 토지에 묶어두려고 각종 정치적·사회적 지렛대를 사용하려 한 경우에는 파시즘으로 결과하기도 했다고 무어는 주장한다(420/423-424).

한편 농업의 상업화의 정착 정도를 결정짓는 요인을 추적하는 작업과 관련하여 무어는 전통 또는 문화 등을 말하는 재래적인 설명에 반대하고, 대신 주변 지역의 시장 또는 적절한 교통수단의 존재 같은 상업화를 위한 기회의 존재 여부에 주목한다. 그러나 무엇보다도 중요한 것은 정치적 변수로서 상층계급이 상업화에 의존하지 않고서도 지대 수취 같이 자신들의 이익을 챙기는 과정에서 국가의 강제 장치를 손쉽게 이용할 수 있는 경우에는 굳이 상업화의 노력을 기울이지 않았다고 설명한다. 구체적인 예로 아시아 대부분의 나라나 혁명 전의 프랑스와 러시아가 지목된다. 이 점은 결국 기존의 왕국과 상층 지주계급의 관계와 시장 상대 생산을 위한 요청사항에 대한 지주계급의 대응 방식에 관한 것인데, 이러한 논의에는 이미 상층 지주계급과 도시민, 특히 부르주아지라고 부르는 상층부 도시민 사이의 협력과 대결의 다양한 형태의 문제가 깔려있는 것이라고 무어는 말한다 (423/426). 무어에게 이 문제는 대단히 중요한 것으로, 근대에 있어 상대적으로 자유로운 사회의 발전에 기여한 지주계급과 도시민 사이의 관계가 구체적으로 어떤 것이었는가를 찾아내는 것이 작업의 주된 내용이었다.

앞에서 언급되었듯이 민주주의의 경로를 밟은 영국을 바탕으로 관찰할 때 의회 민주주의의 정착에는 왕, 지주계급 그리고 도시민(부르주아지) 사이의 힘의 관계가 가장 중요한 변수로 논의되는데, 비록 소극적 의미에서이기는 하지만 농촌(농민)의 역할을 기억해둘 필요가 있다. 즉 농민이 (상대적으로) 평화적인 방식을 통해 다른 종류의 사회세력으로 전환됨으로써 농민 문제를 해결하는 것, 혹은 농업 부문의 순치馴致가 민주주의를 위해 최선의 전조가 되는 일임을 무어는 강조한다(422;429/425;431). 그는 역사상 가장 평화적이었다고 평가받는 영국의 민주주의 수립은 농민 문제가 인클로저 운동을 통해 해결되었기 때문에 가능했던 것이라고 설명한다. 인클로저 운동이 결코 평화롭기만 했던 것은 아니지만, 후일의 러시아나 중국, 또는 독일의 경우에 비해 참혹함이 훨씬 덜한 방식으로 농민 문제가 해소된 덕분에 농민층이 혁명적 목적이나 반동적 목적을 위한 폭력의 저수지로 사용될 가능성이 예방되었다는 것이다. 무어는 자유주의 기치하에 이루어진 부르주아 혁명에서도 일정한 정도의 폭력 과정은 불가피했던 것이고, 영국의 인클로저 운동에서 드러난 폭력성은 민주주의의 평화적 이행이 취할 수 있는 폭력성의 최소한의 한계로 보아야 함을 강조한다(426/429).

상업화된 농업에 있어서의 노동 통제 방식

농업 중심의 전근대 사회가 근대 산업 사회로 전환되면서 농업은 상업화된다. 무어는 농촌에서 지주계급이 시장을 상대로 한 농업 활동을 위해 노동력을 확보하는 방법으로 두 가지 이상형적 유형을 제시하는데, 바로 노동억압적 방식과 시장적 방식이다(433-434/435-436). 전자의 경우는 농민 사회의 기존 체제를 바꾸지 않은 채 이들의 노동력 확보를 위해 정치적 강제력을 사용하는 것을 말하고, 후자는 노동 시장을 통한 노동력 확보 방식을 말하는데, 이 노동 통제에 관한 두 개의 유형론은 한 사회가 근대 사회로 전환하는 과정에서 민주주의 성장의 여부를 결정하는 두 번째의 중요한 변수로 제시되고 있다.

상업화된 농업에 있어 노동억압적 방식의 노동 통제 방식이 시장적 방식에 비해 농민의 고통을 더 많이 가져오는 것은 아니지만, 무어에게 있어서 중요한 문제는 농민이 느끼는 고통의 양이 아니라 노동억압적 방식이 민주주의 성장에 비우호적인 토양이 되고, 제도적 복합체의 적지 않은 부분이 파시즘으로 유도된다는 점이다. 따라서 그는 왜, 그리고 어떠한 방식으로 그렇게 되는가를 밝히는 데 많은 노력을 기울였다.

농업 생산이 시장에서의 판매, 즉 상업 목적의 생산으로 변화하면서 지주 계층은 농민층에 대한 전통적인 우월적 지위를 유지하는 동시에 이들을 토지에 계속 묶어두어야 할 필요가 생긴다. 이러한 작업은 결국에는 국가의 강제력에 대한 의존을 필요로 한다. 무어는 앞서 의회 민주주의의 조건 중 상층 지주계급이 왕국으로부터 상대적으로 독립할 것을 말한 바 있는데, 사회경제적 필요에 따라 지주계급의 왕국 의존도가 높아지면서 그러한 독립이 점차 어렵게 되어 결국 의회 민주주의의 중요한 조건 하나가 사라진다는 점을 지적한다(435/438).

국가에 대한 지주계급의 높은 의존도는 프러시아에서 전형적으로 나타났는데, 국가와 귀족 간 힘의 관계가 유일한 변수는 아니다. 즉, 도시 부르주아지의 역할이 중요한 매개변수였다. 19세기 후반부 근대화·산업화가 심화되는 과정에서 상공업 계층이 정치적, 사회적으로 성장하였는데 지주 계층과 이들 상공업 계층 간 상대적 힘의 균형이 중요한 변수였다. 그런데 독일-프러시아의 경우 도시 상공업 계층은 독자적으로 정권을 장악할 만큼 성장하지 못했다. 이러한 상황에서 노동자 계층의 성장은 이들에게 커다란 정치·사회적 위협을 주었고 따라서 이들은 토지 귀족과 왕국의 권력에 의존할 수밖에 없었다. 그러나 이들 상공업 계층은 중국과 러시아 같은 공산혁명이 일어나는 것을 막을 만큼은 강했었다. 어쨌든 이들이 수행했던 노동억압적 방식은 미국처럼 선진 기술을 갖춘 나라와의 강력한 경쟁에 직면하여 자신의 경제적 지위와 정치적 지배를 지속하기 위해 권위주의적이고 반동적인 경향을 더욱 강화하지 않으면 안 되었다고 무어는 말한다 (437/439).

이러한 정치 체제는 아직 파시즘으로 말할 단계에 도달한 것은 아니다. 이러한 보수주의 정권도 과거의 봉건유제를 파괴하고 새로운 것을 도입하는 데 나름대로의 상당한 성과를 거둘 수 있지만, 문제는 그 사회구조의 내부까지 바꾸지는 못한다는 점이다. 보수적인 정부가 외형적인 근대화를 꾀하는 근본적인 까닭의 하나는 원래의 사회구조를 가능한 범위 안에서 유지하고자 하기 때문이다. 따라서 보수적 근대화 작업의 결과는 비유적으로 말해 "부족한 화장실과 새롭게 칠 한 벽 안에 단정하게 감추어져 있는 물 새는 수도관을 그대로 갖추고 있지만 현대식 전기식 부엌을 갖고 있는 오늘날의 빅토리아식 건물"같은 것이라고 지적한다(438/440). 사회구조의 온존溫存을 목적으로 하는 보수주의적 개혁은 노동자·농민층의 불만, 도시와 농촌 상위 계층 사이의 갈등을 낳을 수밖에 없다. 이러한 딜레마를 해소하기 위해 군국주의를 추구하고 이를 정당화하기 위해 국제적 갈등을 고조하는 정책을 취할 수밖에 없게 되는데, 무어는 대체로 이러한 단계에 이르게 되면 파시즘을 언급할 수 있다고 주장한다(439/441).

무어는 이러한 파시즘의 경향이 반드시 독일에만 국한된 것은 아니고 영국에서도 한때(19세기 전반부) 이러한 경향이 짙게 나타난 적이 있었다고 설명한다. 그러나 영국의 경우는 우선 중앙정부가 확보하고 있었던 억압 수단(예컨대 육군 병력과 경찰)이 크지 않았고, 부르주아지는 일찍이 성취한 산업화 덕분에 토지 귀족에 정치적으로 의존할 이유도 없었을 뿐 아니라 귀족 또한 노동력 확보를 위해 농민층을 정치적으로 억압할 필요가 없었다. 따라서 독일과 같은 권위주의적 보수주의 그리고 그 극단적 형태인 파시즘은 처음부터 자리 잡을 수 없었다고 설명한다(444/445).

농민층의 혁명적 잠재력

부르주아 혁명이나 파시즘의 경우는 모두 농업의 상업화가 일어난 곳에서 발생한 현상인데 비해, 러시아나 중국이 그 대표적 경우인 공산혁명은 농업의 상업화가 실패한 곳에서 나타난 양상이다. 무어는 우선 러시아와 중국에서의 공산혁명을 기본적으로 농민 혁명이라고 규정한다. 이곳에서의 혁명이 지식인 출신의 직업 혁명가들에 의해 주도되고 완성되었지만, 기본적으로는 농민층의 좌절과 불만에서 비롯되었다는 점에서 농민 혁명으로 규정되어야 한다는 것이다(480/479).

무어는 농민 혁명이 발발하기 위해 우선 정치적 세력으로서의 농민층이 잔존해 있어야 하고, 그 농민층이 충분히 강력한 세력으로 작용할 수 있는 농촌 사회가 있어야 한다는 점을 지적한다. 이러한 점을 쉽게 설명하기 위해서 정반대의 사례인 영국과 독일의 경우를 소개한다. 영국의 경우 양모산업의 발전으로 인해 지주 계층은 노동력보다는 토지를 더 필요로 했기 때문에 농민을 토지에서 몰아냈고(444;460/445;461), 독일의 경우는 정반대로 지주 귀족들이 수출용 곡물 생산을 위해 농민을 강제력을 통해 토지에 결박함으로써(460-464/461-465) 농민을 정치적으로 무력화시켰다는 점을 무어는 강조한다.

이에 비해 중국과 러시아에서 상층 지주계급은 상공업이 중심이 되는 근대 세계로의 진입에도 실패하고 농민들의 기존 사회조직을 파괴하는 것도 실패함으로써 사회적 불만의 원천을 그대로 남게 했다(467/467). 사회적 불만을 가진 대규모 농촌 사회가 온존하고 있다는 사실 자체만으로 혁명이 바로 발발하는 것은 아니다. 혁명의 발생은 다른 조건 또는 매개변수의 작용과도 관련되는데, 무어는 다음과 같은 세 가지를 이야기한다. 첫째, 농촌 공동체와 지주들이 맺고 있는 연계의 성격, 둘째, 농민층 자체 안의 계급 관계, 셋째, 농민 공동체가 갖는 유대 또는 응집력(468/467-468) 등이다. 예컨대 러시아의 경우는 농촌 사회의 강한 유대가 제정러시아의 붕괴에 크게 도움이 되었으나, 중국의 경우 원자화된 농민층 때문에 혁명의 성공은 중국 공산당의 적극적인 역할을 필요로 하였다.

농업의 상업화가 일어나지 않고 기존의 농촌 조직이 그

대로 남아있던 러시아나 중국의 경우 재래적인 수취 관계에서만은 더 나쁜 형태로 변화하였다. 다른 국가에서 이루어진 농업의 상업화와 산업화의 영향으로 국가나 지배계급이 농민을 상대로 해야만 하는 경제적 수취의 양은 더 증가할 수밖에 없었기 때문이다. 무어가 이 점에 관해 명백히 말하고 있지는 않지만 강화된 군사 경쟁과 다른 부문에서의 소비 증대 등을 그 요인으로 우리는 쉽게 짐작할 수 있다. 특히 혁명 전 프랑스의 경우 중앙집중화가 강화되면서 왕국은 구귀족의 경제적 특권은 해치지 않고 그대로 두면서 더 많은 수취를 시도하였는데, 결국 그 추가의 부담은 모두 농민에게 전가되었다. 구귀족이 기왕에 행하던 농민에 대한 보호 기능을 상실함으로써 농민의 사회·경제적 지위는 더욱 열악해질 수밖에 없었다(472/472). 무어는 이렇게 재래적 수취 관계는 아무런 변동이 없으면서 새로운, 즉 자본주의적 경제 잉여의 수취가 추가될 때 농민이 봉기하였던 것으로 설명한다(473/473).

이러한 상황을 다양한 각도에서 검토하면서 무어는 다음과 같은 결론을 내린다(477/477):

> 요약하건대 농민 혁명의 가장 중요한 요인으로는 상층부 지주계층에 의해 주도된 상업 혁명의 부재와 이에 수반하는 농촌 사회제도의 (새로운 긴장과 시련을 겪었던) 근대까지의 잔존을 들 수 있다. 일본에서와 같이 농민 공동체가 남아있는 곳에서 혁명을 회피하기 위해서는 농민 공동체가 농촌의 지배계급과 긴밀한 유대를 맺고 있어야 한다. 따라서 농민 혁명을 돕는 중요한 요인으로, 상층 계급과 농민 관계의 수탈적 성격에 더해 상층 계

급과 농민 사회를 묶는 제도적 연결고리의 취약성이 있다.

지금까지 우리는 배링턴 무어의 논의를 그 기본 골격을 중심으로 요약하였다. 그에게 있어서 자유주의적 의회 민주주의가 달성될 수 있기 위해 가장 중요한 것은 농업의 상업화라는 도전에 대해 구 사회의 지배계급, 특히 토지 귀족이 어떻게 대응하였는가 하는 점이다. 무어는 이러한 상황에서 상층부 지주계급이 농민을 직접 수취하지 않고 농민을 토지에서 몰아냄으로써 농민 문제를, 즉 근대 사회로의 진입 과정에서 만들어지는 폭력적 요소를 원천적으로 해소하였던 것으로 이해한다. 이에 비해 독일과 같은 경우 지배계급의 상업적 농업에 대응하기 위해 강제력을 바탕으로 농민을 토지에 결박해야만 하는 상황에 부딪혔고, 이에 따라 권위주의적 정치 체제가 필요하게 된 것이라고 본다. 한편 공산혁명의 경우는 농업의 상업화의 실패에 따른 농촌 사회의 잔존과 농민에 대한 추가적 수탈의 필요성 때문에 발생한 농민 혁명으로 이해한다.

3. '정통'에 정면 도전하다

『사회적 기원』은 출판되자마자 학계에 상당한 반향을 일으켰는데, 이러한 반향의 증거로 우선 1967년에는 우드로우 윌슨 재단 상 Woodrow Wilson Foundation Award이 수여되었고 1968년에는 미국사회학회가 주는 매키버 상MacIver Award이 수여되었다는 점을 들 수 있을 것이다. 외국에서의 관심도 대단하여 발간 10년 안에 프랑스어, 독일어, 스페인어, 이탈리아어 그리고 스웨덴어로 번역되었다. 한글 번역판은 1985년이 되어서야 나왔는데, 아마도 이 책이 갖고 있는 독특한 관점과 (마르크스주의와 연관되는 일체의 논의가 허용되지 않던) 당시까지의 한국 사회의 특수성 때문에 출간되기 어려웠을 것이라고 짐작할 수 있다.

무어의 작업에 대한 학계의 반응도 당연히 엄청난 것이었다. 『사회적 기원』에 대한 토론이 집중적으로 이루어진 출간 후 10년 동안 영어권 학술지를 통해 나온 비평은 (짧은 학술지의 논평과 본격적인 비평 논문 모두 포함하여) 대략 30개를 훨씬 넘었다. 이렇게 대단한 반응이 나타난 이유는 여러 가지 각도에서 언급할 수 있을 것이다. 우선 『사회적 기원』에서 논의하는 사례의 폭이나 깊이는 당시까지 미국 학계에서 나온 인문·사회 분야의 그 어떤 작업과도 비할 수 없는 것이었다. 또 뒤에 다시 언급되겠지만, 당시 학계의 '정통적' 시각에 정면으로 도전하는 시도로 여길 수 있다는 점도 기억할 필요가 있다. 이 '정통'은 이데올로기의 좌우를 모두 포함한다. 기성 학계를 주도하던 자유주의적 입장에서는 무어의 논의가 내포한 우상 파괴적 성격에 대해, 그리고 마르크스주의 계열 학자의 경우 무어의 논의가 갖고 있는 정통 마르크스주의적 관점에 대한 수정 요구에 대해 불편함을 나타냈다. 무어에 대한 비평을 종합적으로 검토한 바 있는 한 필자에 의하면, 이러한 논란은 "무어의 작업이 갖는 장단점을 드러내는 것이기도 하지만 동시에 미국과 유럽 사회과학의 현 상태를 그대로 보여주는 것"이

었다.[11]

이렇게 다양한 시각에서 『사회적 기원』에 대한 논평이 이루어졌는데, 대체로 네 방향으로 분류할 수 있다. 첫 번째는 사회계급을 중심으로 하는 분석과 관련한 무어의 방법론을 둘러싼 논의, 두 번째는 무어가 사용하는 중심적 개념의 적절성에 관련된 논의, 세 번째는 무어가 말하는 논지의 학설사상 위치, 그리고 마지막으로 개별 국가의 역사에 관련된 무어의 논의가 적절한가 등에 관한 것이다.[12]

방법상의 문제

무어의 사회계급 분석을 기초로 한 논의에 대해서 당시 주류 미국 학계의 기본적 반응은 당시까지 배척되던 마르크스주의적 관점이 채택된 점에 대한 거부감과 연관된 것으로 보인다. 책이 출판된 직후, 당시 미국 정치학계와 사회학계의 중심 인물이었던 알몬드(Almond, 1967)와 벤딕스(Bendix, 1967)는 바로 논평을 시도했는데, 모두가 무어의 사회계급 중심의 분석 방식에 대한 불편함을 토로하고 있

---

11 이러한 구분은 와이너(Jonathan M. Wiener)의 앞의 논문(1975)과 무어의 『사회적 기원』에 대한 같은 필자의 리뷰 논문 *History and Theory*, 15-2 (May, 1976), pp. 146-175에서의 논의를 원용한 것이다.

12 이러한 점은 프랑스 혁명 때의 방데(Vendée) 반혁명 사건에서의 종교의 역할을 다루는 부분(pp. 98-99), 또는 기술혁신의 수용에 반대한 중국 지배계급의 태도를 다루는 부분(pp. 178-180), 일본에서의 비판적 지식인 부재(p. 240), 인도의 문화적 전통과 근대화의 장애를 다루는 부분(pp. 402-403) 등에 잘 나타나 있다.

다. 알몬드는 무어의 책이 “우리들이 애써 피해온 문제들, 특히 상이한 근대화의 정치적 도정들 사이의 상대적 비용의 문제에 대해 우리들로 하여금 자세히 살펴보도록 하고 있다”고 높이 평가하면서도, 무어는 “경제결정론으로 흐르는 경향이 있는데” 이 점에서 “균형을 상실하고” 있다고 비판하고 있다(Almond, 1967, p. 769).

이러한 입장에서 볼 때, 무어의 논의는 정치에 대한 경제의 우위를 강조하는 마르크스주의 도그마에 매달려 있는 논의로서 사상이나 관념이 역사 형성에서 갖는 독자적 역할을 무시하기 때문에 근본적으로 결함이 있다고 평가된다(Lowenthal, 1968, p. 259). 이러한 입장에 대해 적지 않은 수의 학자들이 동감을 표시하고 있는데, 이러한 생각을 가장 분명하게 제시하는 논의 중 가장 잘 알려진 것으로 로스만의 글을 들 수 있을 것이다(Rothman, 1970). 로스만은 무어의 이론적 입장을 첫째, 생산양식이 사회계급의 이데올로기를 결정하고, 둘째, 모든 지배계급은 가능한 최대의 착취를 일차적 목표로 한다는 두 가지 명제로 구성되는 경제적 결정론으로 규정하면서 이 결정론의 결함을 지적하는 데 초점을 맞추고 있다(Rothman, 1970, p. 62).

그러나 로스만의 비판에도 적지 않은 문제가 있다. 우선 무어가 사용하는 계급 분석의 시각은 사회구조적 설명을 말하는 것으로, 이것과 경제결정론을 혼동해서는 안 된다는 점이다. 단순한 경제결정론은 무어가 대단히 경계하는 이론적 입장이다. 그는 예컨대 농민 반란을 “상업과 공업의 영향으로 농민의 상황의 악화된다는 관점에서 설명하려는 단순한 경제결정론”은 버려야 할 첫 번째의 것이라고 밝히고 있다(453/454). 경제 사정의 악화라는 조건에서 농민 반란은 일어날 수도 나지 않을 수도 있는데, 이러한 것을 결정하는 또 다른 경험적 요인을 찾아내는 것이 무어가 실제로 하고자 하는 작업의 내용이다(454/455).

로스만은 무어의 논의에 대한 대안으로 문화적 접근법을 제시한다. 그는 무어가 비판하는 문화적 접근이야말로 무어로 대표되는 네오마르크스주의 또는 다른 마르크스주의적 사회 이론에 대한 가장 효과적인 대안이라고 강조한다(Rothman, 1970, p. 64). 이러한 문화적 요인에 대한 강조는 상기 로웬탈도 강력히 제안하고 있다. 그러나 무어가 문화적 요소를 완전히 배제하는 것은 아니다. 그의 논의에서 강조하는 것은 이러한 문화적 요인이 독립변수로서가 아니라 매개변수로서만 취급되어야 한다는 점이다.[13] 문화적 변수의 중요도를 상대적으로 낮게 취급한 점에 대해서 어떤 평자는, "집단 행동의 양태를 문화적 패턴이라는 관점에서 해석하는 입장에 대한 통렬한 비판이 무어의 뛰어난 공헌의 일부"라고 평가하기도 한다(Poggi, 1968, p. 217).[14]

실제 로스만과 로웬탈의 비판은 가장 '적대적'인 입장에서 이루어지고 있는 것인데, 굳이 그러한 노골적인 적의를 표하지 않는 다른 많은 비평가도 사회계급 관계 외의 다른 요인에 대

---

13 독일 학계에서 이루어진 논평에서도 문화적 설명을 배격하고 사회구조적 설명을 시도하는 무어의 논의 방식에 긍정적이었다. 그 대표적인 것으로는 나르(Narr, 1973)와 보르하르트(Borchardt, 1968)을 들 수 있을 것이다.

14 Bendix, 1967; Benson, 1972; Black, 1967; Kraminick, 1972; Rokkan, 1971; Stone, 1967; Zagorin, 1973.

한 균형있는 고려가 필요하다는 점을 강조하고 있다.[15] 예를 들어 블랙은 반드시 고려해야 할 요인의 리스트로 이데올로기, 사회심리, 지도력, 전쟁, 외교, 그리고 우연을 제시한다(Black, 1967, p. 1338). 실제로 무어도 어떤 사건을 설명함에 있어서 정치적, 사회적 또는 정신적 요인 같은 다른 것에 대한 고려 없이 경제적 요소 하나만 따로 고려하는 것은 오해를 낳을 수 있음을 시인한다. 그러나 다양한 요인을 나열하는 데 그친다면 지적인 혼란 상태를 결과할 뿐이라고 경고하고 있다(135/155).

지금까지의 논의는 문화적 설명의 필요성에 대한 논평을 둘러싼 것이었는데, 우리가 더 큰 관심을 갖고 고려해야 할 것은 국제관계의 영향에 관한 논의가 거의 생략되었다는 비판이다. 이러한 지적은 문화적 요소에 대한 거론과는 달리 이데올로기적 입장에 무관하게 이루어졌다. '보수적' 시각에서 이 문제를 언급한 학자로는 우선 알몬드(1967)와 벤딕스(1967)를 들 수 있다. 무어의 관점을 기본적으로 지지하는 학자들도 이 점을 문제로 지적하였다. 스카치폴이 그 대표적 논객의 한 사람으로, 위로부터의 혁명과 근대화의 시도는 반드시 토착적 사회 발전의 결과로 발생하는 것은 아니고 국제적 환경과 자극에 의해서 이루어지는 경우가 많은데, 무어가 이 점을 충분히 고려했어야 한다고 지적했다(Skocpol, 1973, pp. 30-33).

국제관계 측면에 관련된 논의가 부족하다는 지적과 관련하여 군사적 요소에 대한 논의가 없다는 점도 자주 지적된다. 무

---

15 Gerhard E. Lenski, *Power and Privilege* (New York: McGraw-Hill, 1966).

어가 이 부분까지 자신의 논의에서 다루어야 했다는 점을 의미하는 것인데, 여하튼 이러한 아쉬움에 대해서는 다우닝(Downing, 1992)이 별도의 연구로 제출하였다. 이 책에서 다우닝은 자신의 작업이 무어의 작업을 비판하는 것이라기보다는 보완이라는 점을 애써 강조하고 있다.

개념 사용상의 문제

무어의 논의를 경제적 결정론으로 규정하는 논의는 대부분 무어의 논의가 갖는 마르크스주의적 색채에 대해 부정적으로 평가하고 있는데, 이러한 비판은 단순히 마르크스주의적 관점 그 자체보다는 모든 근대화 또는 산업화 과정이 크든 작든 일정한 폭력적 과정을 수반할 수밖에 없다는 무어의 논지 때문에 자극되었던 것으로도 보인다. 또한 폭력적 봉기를 찬양하는 듯한 무어의 발언도 상당한 반발 요인으로 작용한 듯 보인다. 이 점에 대해서는 무어 스스로도 충분히 예견한 듯하다. 즉 그는 "인간의 자유를 증진하는 방안으로서 점진적인 개혁이 폭력적 혁명에 비해 우수성을 발휘해왔다고 하는 가정은" "깊은 골이 파인 사고 습관"인 바, 이에 위배되는 혁명적 급진주의를 서방의 학자가 대변하는 일이 결코 쉽지 않다고 말한다. 그러나 실제 역사에서 발견되는 증거를 바탕으로 볼 때 절제와 중용의 대가가 혁명에 못지않게 참혹했다는 점을 강조하고 있다(505/502).

이러한 점을 고려하면 무어가 급진적 논객이 아니라고

강변하기는 어렵다. 그러나 기왕에 이러한 입장을 견지하던 급진적 이론가의 관점에서는 무어의 정치적 이상이 여전히 서유럽의 자유주의 전통에 있다는 점이 불만스러운 것으로 보인다. 이들은 무어의 개념 사용을 지적하는데, 우선 무어의 기본 논지에 대단히 동감한다고 하던 홉스봄은 무어가 말하는 자유의 개념은 헌정 질서의 테두리를 전제로 한 것이고, 따라서 그것은 부르주아 민주주의에 국한된 논의일 것이라는 점을 암시한 바 있다(Hobsbawm, 1967, p. 822). 이러한 점, 즉 무어의 민주주의의 개념은 영미적 경험에만 기반을 둔 것이라는 점에 대한 보다 명백한 지적은 스톤(Stone, 1967, p. 34)에 의해서 이루어졌다. 무어는 민주주의에 대해서 나름대로의 기준을 제시한 바 있는데(415/419), 민주주의라고 해서 반드시 억압이 부재하는 것은 아니라고 지적한다. "공산주의 정권이 억압을 자국 내 국민을 향해서 행사하는 데 비해, 서방식 민주주의의 경우는 억압을 대외적으로 행사한다는 점에서 공산주의나 서방식 민주주의 모두 여러 가지의 억압을 정당화하고 감추는 이데올로기로 변화하기 시작했다"고 말하기도 한다(508).

보수적 시각에서 크게 문제시된 개념으로는 '착취exploitation'가 있다. 이 점은 로스만에 의해 제기되고 있는데(Rothman, 1970, p. 63; 80), 그에 따르면 무어는 모든 지배계급이 각 사회에 따라 아무런 차이가 없이 동일하게 착취적이라고 보기 때문에 비교 연구에 큰 효용성을 갖지 못한다고 한다. 그러나 무어는 지배계급이 행하는 서비스(군사적 보호 등)와 여타 계층이 제공하는 서비스는 질적으로 상이한 것이기 때문에 교환의 공정성의 정도를 비교하기는 어렵다는 점에서 착취의 정도를 정확히 측정하기는 어렵지만, 그래도 분명히 장소와 시간에 따라 차별화할 수 있는 객관적 개념임을 역설하고 있다(470-471/470-471).

로스만과 유사하게 무어에 대해 일관되게 비판적 입장을 취하고 있는 로웬탈은 무어가 사용하는 개념, 예컨대 민주주의, 파시즘, 민주주의 또는 공산주의 같은 것이 대부분 부정확하거나 일관성이 없고, 또는 그 대상이 잘못 선정되었거나 전혀 상관이 없음을 지적하고 있다(Lowenthal, 1968, p. 26). 엄밀하게 정의된 개념을 사용하지 않는다는 비판은 소머즈에 의해서도 지적되고 있는데(Somers, 1971), 그는 무어의 작업을 다섯 가지 변수군으로 구성되는 보다 체계적인 논의로 바꾸려 시도하고 있다. 그에 의해 제시된 다섯 변수군은 집단, 구조, 환경 요소, 과거의 사건, 그리고 문화적 가치 등이 포함된다. 무어의 작업의 원래 취지는 "어떤 일들이 왜 어떻게 발생하였는지를 이해하고 설명하는 것"으로 엄밀한 개념 정의보다는 이해를 위한 기준점으로서 (이상형적) 인문학의 개념을 제시하고자 하는 무어의 원래 의도와 멀어질 가능성이 농후하다. 이 점에 대해서는 무어도 미리 경고하고 있는 바인데(429/431), 이에 대해 랜달 콜린즈Randall Collins는 무어의 논지를 형식화하려는 그러한 사이비 과학적 태도는 부적절하며 잘못된 것이라고 지적했다(Wiener, 1976, p. 160에서 재인용).

무어의 학설사상 위치

무어의 작업이 나온 후 영미권에서 발표된 대부분의 논의는 무어를 마르크스주의 이론의 테두리에 속한 것으로 평가하고 있다. 무어를 마르크스주의 테두리에 포함시키는 것에는 호의적인 것과 적대적인 논평 모두가 포함된다. 예컨대 앞서 언급된 로스만의 관점에서 무어는 단연코 마르크스주의 이론가인데, 이러한 성격 규정은 당시 미국 사회과학계의 반공주의 또는 반마르크스주의의 분위기를 그대로 반영한 것으로 보인다.

그러나 긍정하는 의미의 마르크스주의로 성격을 규정한 평가도 적지 않다. 스카치폴은 무어의 논의를 "이론적으로 정교화된 사실상의 유일한 근대화의 정치 이론(Skocpol, 1973, p. 1)"으로 평하고 있는데, 마르크스의 사회 분석을 긍정적으로 보는 상당수의 사람들이 이러한 마르크스주의적 규정에 동의한 바 있다(Wiener, 1976, pp. 160-161). 실로 무어가 자신의『사회적 기원』에서 시도하는 계급 분석은 이미 그가 1958년에 발간한 책의 한 논문(Strategy in Social Science)에서 중심적 논의 방식으로 정리한 바 있다(Moore, 1958, p. 116):

> (…) 정치의 기초적인 소재로서 경제적 관계와 계급 갈등의 역사적으로 특정한 집합에서 나오는 사회계급의 개념은, 마르크스주의자이든 아니든 간에, 역사와 정치 행동의 연구자가 갖게 되는 가장 중요한 생각을 이루는 것이다. (…)

무어를 긍정적으로 보는 논평가의 대부분은 무어가 전통적인 마르크스주의로부터 벗어나고 있다는 점을 높이 평가한다. 예컨대 미국의 저명한 진보적 지식인인 마이클 로긴Michael Rogin은 1967년 한 서평에서, 무어의 책 속에서 "마르크스주의 정통 이론은 매 순간마다 잘못되었음이 밝혀지고 있다"고 말하고 있다. 많은 평자가 동의하고 있는 점은 계급 사이의 동맹과 갈등 관계를 정통 마르크스주의에 비해 훨씬 세밀하게 논의한다는 점이다(Dore, 1969, p. 296). 홉스봄도 무어가 노동자 대신에 농민을 반자본주의 혁명의 중심 세력으로 언급한다는 점에서 마르크스와 차별된다고 말한다(Hobsbawm, 1967, p. 822). 기든스도 농민의 역할에 대한 무어의 강조는 농민에 대한 마르크스의 상대적 경시를 수정한 것이라는 평가를 내리고 있다(Giddens, 1973, pp. 144, 147, 165, 214; Smith, 1983, p. 6).

마르크스와 일정한 거리를 두고 있는 무어의 이론적 자세와 관련하여 무어가 막스 베버와 독일 역사학자 오토 힌체Otto Hintze로부터 상당한 영향을 받은 흔적이 강하다는 점이 몇몇의 독일 평론가에 의해 지적되었다(보다 자세한 점은 Wiener, 1976, p. 162). 무어 자신도 막스 베버의 저작 중에서 역사적 관점이 강조되는 부분에 대해서는 상당히 높이 평가하고 있다 (Moore, 1958, p. 122). 그러나 무어의 논의가 계급 분석을 출발점으로 하고 있다는 점에서 베버보다는 마르크스 쪽에 더 가까운 것으로 보아야 할 것이다.

개별 국가사의 문제

무어의 작업은 불가피하게 특정한 개별 국가의 역사를 다루고 있는데, 무어는 자신의 책에서 다루고 있는 국가에 대한 전문가는 아니다. 따라서 특정 국가의 전문가 입장에서는 언뜻 동의하기 어려운 부분이 있을 수 있다. 이 점에 대해서는 무어와 유사한 작업을 시도했던 다른 학자들에 의해 변호되었다. 예컨대 홉스봄은 "전문가가 이 사례 연구 중 어떤 하나를 상대로 비판하는 일은 쉬운 일이겠지만 별로 의미 있는 일은 아닐 것"이라고 말하면서 비교분석가는 "전문가와 경쟁하는 것이 아니라 그들을 이용하고 그들에게 질문을 하는" 것이라고 무어의 작업을 옹호하였다 (Hobsbawm, 1967, p. 82; 유사한 관점으로는 Stone, 1967, p. 32).

무어의 개별 국가에 대한 논의 가운데 가장 많은 비판과 토론의 대상이 되었던 것은 미국 남북전쟁에 관한 장이었다. 우선 가까이에서 무어에 대해 논의한 사람들이 주로 미국인으로 미국사 전문가가 많았던 이유도 있지만, 무엇보다도 당시까지의 미국사 연구에서 거의 제출된 바 없던 마르크스주의적 논의가 기성 학계에 엄청난 충격을 주었기 때문이었다. 무어의 논지에 대한 찬반은 진보적 경향과 보수적 경향으로 나뉘었는데, 앞서 다른 문제에 대해 비판적이었던 로스만이나 로웬탈의 견해는 바로 미국사의 이해에서 그 실마리를 찾을 수 있을지 모른다.

미국사 다음으로 많은 논란을 불러왔던 주제는 영국사였다. 무어의 논지는 영국 내란(1641-49)은 당시의 논쟁점이 아니라 결과 면에서 부르주아 혁명으로 규정할 수 있다는 것이었다. 이에 대해 앞서 언급된 로웬탈이 비판했는데, 그는 참가자의 의도를 볼 때 영국 내란을 부르주아 혁명으로 간주할 수 없다고 지적했다(Lowenthal, 1968, pp. 264-265).

무어의 중요한 학문적 기여 가운데 하나는 동양과 서양의 근대화 문제를 하나의 이론틀 속에서 함께 논의하려는 시도였다. 많은 동아시아 전문가들은 무어의 작업에 큰 관심을 갖지 않았는지 아니면 동의하지 않아서인지 『사회적 기원』에 대해 언급을 하지 않았다. 그런 가운데 중국 전문가인 찰머스 존슨Chalmers Johnson은 무어(그리고 벤딕스)의 작업 같은 "진정한 지역 연구야말로 정치 발전의 진정한 이론을 향하는 유일한 옳은 길(Johnson, 1974, p. 575)"이라고 하여 무어의 작업을 높이 평가했으나, 작업의 구체적인 내용에 관해서는 더 이상 깊이 언급하지 않았다.

영국의 일본사 전문가인 도어Ronald Dore는 지주-농민 관계와 일본 발전 과정에서의 국제정치의 중요성에 대한 언급에 불만스러운 부분이 있지만, 일본 문제의 전반을 보여주는 저작 중에서 가장 잘 된 다섯 손가락 안에 꼽힌다는 평가를 내리고 있다(Dore, 1969, pp. 295-300). 또 도어는 중국에 관한 무어의 설명도 막스 베버나 비트포겔에 비하면 논점이 훨씬 분명하고 또한 세부적 사항의 미묘한 차이를 잘 포착하였다고 평가했다(Dore, 1969, p. 299).

앞에서 지적한 바 있지만 무어는 강대국의 경우만 다루고 있는데, 이에 대해 스웨덴의 로칸Stein Rokkan은 무어가 "크기와 경제력에 있어 여러 수준의 정치를 설명하려는 노력을 전혀 하지 않는다. 실제로 그는 이러한 작업을 자신의 지적 노력의 가치가 없는 것으로 여겨 거부하고 있다(Rokkan, 1971, p. 141)"고 비판하였다.

이와 관련하여 이미 이 글의 모두에서 지적한 바 있듯이, 무어는 "중소국가는 경제, 정치적으로 크고 강한 국가에 의존하여 정치에 대한 결정적인 요인이 그들의 국경 바깥에 있기(xiii/7)" 때문에 중소국가의 경우를 강대국과 비교할 수는 없다고 말하고 있다.

4. 시대를 뛰어넘는 명저로 남다

자신의 시대를 넘어 후대에까지 기억되는 대부분의 저술은 그것이 태어난 시대의 문제에 대한 탐구, 그리고 동시대인과의 대화라는 의미를 지닌다. 이 대화가 시대를 넘어서는 의의를 갖기 위해서는 시대의 주도적인 조류를 단순히 추종하는 것이 아니라, 그러한 조류가 갖고 있는 문제점을 비판적으로 지적하여 논의를 제기할 필요가 있다. 배링턴 무어의 작업이 갖고 있는 일차적인 의의는 바로 이러한 문제 제기에서 발견된다. 그의 작업은 사회생활의 갈등보다는 조화를 강조하던 당시 미국의 주도적 사회 이론이 가진 이데올로기적 성격을 비판하는 동시에 사회에 내재하고 있는 갈등의 측면을 전면에 내세우는 것이었다. 이러한 의미에서 폿지는 1968년의 한 논평에서 다음과 같은 요지의 발언을 했다. 20세기 사회학에서는 갈등과 조화 측면에 대한 강조가 교대로 이루어진 바 있는데 이러한 관점에서 본다면 『사회적 기원』이 (그리고 렌스키의 *Power and Privilege*[16]가) 출간된 1966년은 전자의 측면이 복귀한 기념의 해로 기억될 수 있다는 것이었다. 이때 폿지가 말하는 갈등의 측면은 세 가지 핵심 개념을 중심으로 구성되는데, 첫째로 사회 내의 상층 및 하층을 묶고 있는 객관적인 착취 관계, 둘째는 이러한 관계의 유지를 위해 동원되는 강제력의 체계적 사용, 마지막으로 다수의 노동력에 의해 생산되는 잉여 생산물이 소수에게로 이전되는 과정을 말한다(Poggi, 1968, pp. 215-216). 아마도 갈등을 부각하는 무어의 작업이 당시 미국의 기성 사회(과)학계의 큰 반발을 자극하는 동시에 이를 계기로 비판적 관점을 갖는 다양한 논의가 공식적으로 수용될 수 있었던 것으로 보인다. 또 우리가 기억해둘 필요가 있는 점은 미국과 유럽 전체에 걸쳐 기성의 모든 관행과 제도를 비판하고 나선 반체제 운동이 바로 거의 같은 시점인 1960년대 중반부터 일어나기 시작했다는 사실이다.[17]

역사적 관점에 대한 강조는 단순히 방법상의 문제로 그치는 것이 아니라 그의 비판적 관점과 긴밀히 연결되어 있다. 무어는 이러한 점을 앞서 언급한『정치권력과 사회 이론』에서 이미 강조했다. 무어는 뒤르켐이나 베버가 보여주는 정치적인 보수성향과 관련된 실증주의적 경향을 비판하기는 하지만, 그들이

16 Gerhard E. Lenski, *Power and Privilege* (New York: McGraw-Hill, 1966).

17 물론 이러한 반체제 운동이 서양 세계에만 국한된 것은 아니었고, 동구 공산권에서도 약간의 시차를 두고 있지만, 거의 동시에 발생했다는 점 또한 기억할 필요가 있다. 한편 미국 사회과학계의 문제점으로 지적된 탈역사적 경향은 '정치발전론'에서도 그대로 나타난 바 있는데 헌팅턴이 지적한 '정치 쇠퇴(political decay)'론도 역시 역사적 관점의 부활을 요구한 논의였다(Huntington, 1968). 그러나 무어와 결정적으로 다른 점이 있는데, 그것은 계급적 관점의 부재라는 점을 말할 수 있겠다.

견지하던 역사적 관점 덕분에 그들의 논의에 경청할 바가 여전히 많다는 점을 인정한 바 있다(Moore, 1958, pp. 121-122).

무어의 진정한 관심은 엄밀한 개념 정의를 바탕으로 하는 정밀한 이론 모델의 구축이 아닌 개별적인 역사 사례에 대한 이해에 있다. 특정 개별 국가의 역사 과정은 다른 국가와 공유하는 부분이 있는 동시에 개별 국가에 특유한 측면이나 우연적 요소도 존재한다. 전자를 위해서는 비교 연구가 필요한데, 다양한 유사 사례를 종합적, 그리고 비교적으로 검토할 수 있는 개념이나 이론 모델의 개발이 중요하다. 반면 후자의 측면은 일반 이론이나 개념과는 별도로 검토해야만 한다. 따라서 개별 사례에 관한 역사적 서사historical narrative가 대단히 중요한데, 사실상 무어의 작업에서 발견되는 장점은 이 역사적 서사 부분이다. 무어는 책의 뒷부분에서 이론적 논의를 통해 그가 시도한 역사적 서사의 과정에서 고려된 일반론적 측면을 명확히 부각시키고 있다. 그러나 이 부분은 앞에서 이루어진 개별 사례에 대한 논의에 대한 심층적 이해를 돕는 것이지 개별 사례에 대한 서사를 대체할 수 있는 것은 결코 아니다. 즉『사회적 기원』에서 무어는 나름대로의 분명한 이론적 구상을 갖고 있지만, 이것은 개별 역사적 사례의 이해를 위한 비교 기준을 제시하기 위해 마련한 것이지 정밀한 이론틀 구성 자체가 궁극적 목표였던 것은 결코 아니다.[18]

무어의 중요성은 작업의 내용 그 자체 외에도 그에게 자

---

18 앞서 언급된 소머즈(Somers, 1971)의 작업은 무어의 논의를 엄밀한 이론 모델로서 재구성하려는 시도인데, 이러한 점은 무어의 관심이나 작업의 의의와 전혀 무관한 것이다.

극 받은 동료 학자 또는 후배에 의해 이루어진 일련의 후속 작업을 통해서도 발견된다. 이러한 영향 또는 자극이 감지되는 후속 연구들을 꼽아보면 다음과 같다. 우선 전통적 마르크스주의 이론에서 경시되던 농민층에 대한 무어의 강조는 울프(Wolf, 1969), 샤닌(Shanin, 1971), 무니에(Mousnier, 1971) 등의 연구로 발전하였고, 기든스가 보여주듯이 선진 자본주의 국가의 계급 구조에 대한 논의에서 농민층과 지주계급이 정당한 지위를 확보할 수 있게 되었다.

다양한 학자가 무어에 의해 채택된 비교역사사회학적 관점을 바탕으로 하는 역사적 서술을 시도하였다. 예컨대 페리 앤더슨의 『유럽 절대주의 국가들의 계보』(Anderson, 1974), 월러스타인의 『세계체제론』(Wallerstein, 1974, 1980)을 가장 대표적인 작업으로 꼽을 수 있을 것이다. 이러한 거시적 비교 연구의 방향과는 약간의 거리가 있지만 근대국가의 발전에 대하여 다양한 주제별로 다양한 전문학자를 동원하여 비교 연구를 시도한 틸리(Tilly, 1975)의 작업도 무어의 영향을 빼놓고서는 생각할 수 없을 것이다. 그리고 근대 이후 성공적으로 수행된 세 사회혁명의 정치 과정을 비교 분석한 스카치폴의 작업 역시 무어를 모델로 한 것이었다(Skocpol, 1979).

앤더슨이나 틸리 또는 월러스타인 등에 의해 자극된 서양 근대국가의 역사적 성격에 관한 관심은 활발한 역사사회학적 논의를 불러왔는데, 폿지의 작업(Poggi, 1979)은 이러한 문제와 관련하여 높아진 지적 호기심을 배경으로 이루어진 것이었다. 비교역사사회학에 대한 관심이 지속적으로 높아지면서, 맨은 지적 야심이라는 관점에서 기왕의 모든 유사한 작업을 넘어서려 한 연구를 시도하였다(Mann, 1986, 1993).

무어의 『사회적 기원』은 앞에서 강조한 바와 같이 객관적 진실을 추구하는 학술적 작업인 동시에 현실 문제에 대한 실천적 고려가 강하게 깔려있는 작업이다. 무어의 작업이 학술적으로 인정 받은 것은 현실 문제에 대한 도덕적 판단이 가능한 한 역사적 서사 안에 끼어들지 않기 때문이다. 객관성의 추구와 도덕적 관점 사이의 팽팽한 긴장이 느껴지지만, 어떤 한쪽으로 기울지 않는 무어의 태도는 상당히 높은 평가를 받았다.

무어는 아래에서 소개하듯이 『사회적 기원』 이후에도 상당히 많은 책을 저술하였다. 객관적 진실을 추구하는 그의 기본적 입장 자체는 아무런 변동이 없지만 그럼에도 뒤에 나온 책에서는 실천적 관심이 더욱 강력하게 표출되고 있다는 평이 일반적이다. 이에 대해서는 입장에 따라 긍정적으로도 비판적으로도 볼 수 있겠지만, 분명한 점은 그의 관심의 방향이 변화하였다는 것이다.

무어의 궁극적 관심이 어떤 쪽으로 흘러 갔는가는 『사회적 기원』의 의미를 다루는 이 글에서는 상대적으로 덜 중요한 문제로 볼 수 있다. 『사회적 기원』 하나만 놓고 그 의미를 검토한다면, 우리는 이 책이 20세기의 역사적 변화를 반영하는 동시에 그러한 변화를 촉진한, 학술(이론)과 실천 양면 모두에 걸쳐 대단히 중요한 의미를 갖는 몇 안 되는 인문·사회 분야의 명저 중 하나였다는 점에 대해 어떤 이의를 달기 어려울 것이다.

무어의 주요 저서

1950, *Soviet Politics: The Role of Ideas in Social Change*, Cambridge, MA: Harvard University Press.

1954, *Terror and Progress USSR: Some Sources of Change and Stability in the Soviet Dictatorship*, Cambridge, MA: Harvard University Press.

1958, *Political Power and Social Theory*, Cambridge, MA: Harvard University Press.

1966, *Social Origins of Dictatorship and Democracy: Lord and Peasant in the Making of the Modern World*, Boston: Beacon Press.

1972, *Reflections on the Causese of Human Misery and on Certain Proposals to Eliminate Them*, Boston: Beacon.

1978, *Injustice: The Social Bases of Obedience and Revolt*, White Plaines, NY: M.E. Sharpe.

1984, *Privacy: Studies in Social and Cultural History*, White Plaines, NY: M.E. Sharpe.

1987, *Authority and Inequality under Capitalism and Socialism: USA, USSR and China*, London: Oxford University Press.

1998, *Moral Aspects of Economic Growth, and Other Essays*, Ithaca, NY: Cornell University Press.

2000, *Moral Purity and Persecution in History*, Princeton, NJ: Princeton University

『사회적 기원』의 비평논문 및 관련 문헌

Almond, G., 1967, "Review of *Social Origins*," *American Political Science Review*, 61-3, pp. 768-770.

Anderson, Perry, 1974, *Lineages of the Absolutist State*, London: New Left Books.

Bendix, Reinhard, 1967, "Review of *Social Origins*," *Political Science Quarterly*, 82, pp. 625-627.

Benson, Lee, 1972, *Toward the Scientific Study of History*, Philadelphia: Lippincot.

Black, Cyril E., 1967, "Review of *Social Origins*," *American Historical Review*, 72, p. 1338.

Borchardt, Knut, 1968, "Review," in *Der Staat: Zeitschrift für Staatslehre, Öffentliches Recht und Verfassungsgeschichte*, 7, pp. 513-516.

Dore, Ronald P, 1969, "Making Sense of History," *European Journal of Sociology*, 10-2, pp. 295-305.

Downing, B., 1992, *The Military Revolution and Political Change: Origins of Democracy and Autocracy in Early Modern Europe*, Princeton, NJ: Princeton University Press.

Femia, J. V., 1972, "Barrington Moore and the Preconditions for Democracy," *British Journal of Political Science*, 2-1, pp. 21-46.

Giddens, Anthony, 1973, *The Class Structure of the Advanced Societies*, London: Hutchinson.

Hobsbawm, E. J., 1967, "Review of *Social Origins*," *American Sociological Review*, 32-5, pp. 821-822.

Huntington, Samuel, 1968, *Political Order in Changing Societies*, New Haven: Yale University Press.

Johnson, Chalmers, July 1974, "Political Science and East Asian Studies," *World Politics*, 26-4, pp. 560-575.

Kraminick, Isaac, 1972, "Reflections on Revolution: Definition and Explanation in Recent Scholarship," *History and Theory*, 11, pp. 26-63.

Lowenthal, David, 1968, "Review of *Social Origins*," *History and Theory*, 7-2, pp. 257-278.

Mann, Michael, 1986, *The Sources of Social Power, Vol. I: A History of Power from the Beginning to A.D. 1760*, Cambridge: Cambridge University Press.

———, 1993, *The Sources of Social Power, Vol. II: The Rise of Classes and Nation-States, 1760-1914*, Cambridge: Cambridge University Press.

Mousnier, Roland, 1971, *Peasant Uprisings in Seventeenth-Century France, Russia and China*. London: Unwin.

Narr, Wolf-Dieter, 1973, "Decmokratie zur Entwicklung-Entwickling zur Demokratie: Thesen zu Statik und Dynamik von Demokratie," *Österreiche Zeitschrift für Politikwissenschaft*, 2, pp. 19-32.

Poggi, Gianfranco, 1968, "Review of *Social Origins*," *British Journal of Sociology*, 19-2, pp. 215-217.

———, 1979, *The Development of the Modern State: A Sociological Introduction*, Stanford: Stanford University Press (박상섭 역, 1978, 『근대국가의 발전』, 민음사, 1995).

Rokkan, Stein, 1971, "Models and Methods in the Comparative Study of Nation-Building," in R. J. Nossiter (ed.), *Imagination and Precision in the Social Sciences*, London: Faber, pp. 121-156.

Rothman, S., 1970, "Barrington Moore and the Dialectics of Revolution: An Essay Review," *American Political Science Review*, 64-1, pp. 61-82.

Shanin, Teodor, 1971, *Peasants and Peasant Societies*, London: Penguin.

Skocpol, Theda, 1973, "A Critical Review of Barrington Moore's *Social Origins of Dictatorship and Democracy*," *Politics and Society*, 4-1, pp 1-34.

———, 1979, *States and Social Revolutions: A Comparative Analysis of France, Russia and China*, Cambridge: Cambridge University Press.

Smith, D., 1983, *Barrington Moore: Violence, Morality and Political Change*, London: Macmillan.

———, 1991, *The Rise of Historical Sociology*, Philadelphia: Temple University Press.

Somers, Robert H., 1971, "Applications of an Expanded Survey Research Model to Comparative Institutional Studies," in Ivan Vallier (ed.), *Comparative Methods in Sociology: Essays on Trends and Applications*, Berkeley: University of California Press, pp. 357-420.

———, 1984, "Discovering Facts and Values: The Historical Sociology of Barrington Moore," in T. Skocpol (ed.), *Vision and Method in Historical Sociology*, Cambridge: Cambridge University Press, pp. 313-355.

Stone, Lawrence, 1967, "News from Everywhere," *New York Review of Books*, 9, pp. 32-36.

Tilly, Charles (ed.), 1975, *The Formation of National States in Western Europe*, Princeton: Princeton University Press.

Wallerstein, Immanuel, 1974. *The Modern World-System, Vol I: Capitalist Agriculture and the Origins of the European World-Economy in the Sixteenth Century*, New York: Academy Press.

———, 1980, *The Modern World-System, Vol II: Mercantilism and the Consolidation of the European World-Economy 1600-1750*, New York: Academy Press.

Wiener, Jonathan M., Autumn 1975, "The Barrington Moore Thesis and Its Critics," *Theory and Society*, 2-3, pp. 301-330.

———, May 1976, "Review of *Social Origins of Dictatorship and Democracy. Lord and Peasant in the Making of the Modern World* by Barrington Moore, Jr.," *History and Theory*, 15-2, pp. 146-175.

Wolf, Eric R., 1969, *Peasant Wars of the 20th Century*, New York: Harper.

Zagorin, Perez, March 1973, "Theories of Revolution in Contemporary Historiography," *Political Science Quarterly*, 88-1, pp. 23-52.

피벤 · 클로워드, 『빈민 통제: 공공 복지의 기능』

Frances Fox Piven and Richard A. Cloward,
Regulating the Poor: The Function of Public Welfare (1971)

국가는 왜 빈민을 통제하는가?

김태성
서울대학교 사회복지학과 교수

필자가 『빈민 통제: 공공 복지의 기능*Regulating the Poor: The Functions of Public Welfare*』(1971)을 '사회과학의 명저'로 소개하려고 하는 이유는 세 가지이다. 우선 형식적이고 단순한(?) 이유는 이 책이 사회과학 분야에서 우수한 저서에게 주어지는 밀즈상C. Wright Mills Award을 받았기 때문이다. 어떤 책이 사회과학의 명저인가에 대한 논의는 상당히 논란거리가 될 수 있고 많은 경우에 주관적인 판단에 좌우되는데, 필자가 선정한 이 책은 적어도 '객관적'으로 '명저'라고 인정받은 것이다. 이것은 이 책이 출판 이후 빈곤 문제를 다루는 수많은 연구에서 인용되고 있다는 사실에서도 알 수 있다.

둘째는, 이 책이 사회가 빈곤 문제를 해결하려는 본질적인 동기나 이유를 이해하는 데 도움을 줄 수 있고, 궁극적으로는 복지국가의 성격의 다면성을 이해하는 데 크게 기여하기 때문이다. 왜 사회는 (국가나 민간 부문이나) 가난한 사람들을 도우려고 하는가? 이러한 질문은 크게 보면 세 가지로 설명할 수 있다.

하나는 인본주의적humanitarian 관점으로 국가가 빈곤 문제에 개입하기 전부터 시작하여 오늘날에 이르기까지 가장 역사가 깊고, 어떻게 보면 가장 기본적인 설명이라 할 수 있다. 이것은 사람들이 가난한 사람들을 도우려고 하는 이유를 종교적인 이유에서든 아니든 동료 인간에 대한 동정심에서 비롯된 자선 때문이라고 본다. 사실 어떤 시대의 어떤 사회에서나 가난한 사람들에 대한 최소한의 도움은 이러한 동기에서 나왔다고 볼 수 있다.

다른 하나는 경제적 효율성의 관점으로, 가난한 사람들을 도와주는 것은 인적자원을 향상시켜 생산성을 높임으로써 국가 경제에 기여할 수 있다는 점을 강조한다. 이것은 또한 빈곤 문제의 해결에 국가가 적극적으로 개입해야 하는 중요한 논리를 제공하는데, 빈곤 문제를 민간 부문의 자선 행위에만 맡겨두면 공공재, 외부효과 등의 시장실패로 인해 충분히 해결될 수 없다는 점을 강조한다. 이것은 오늘날 복지국가가 크게 확대될 수밖에 없는 이유를 설명하는 중요한 관점이기도 하다.

마지막으로 사회 통제social control의 관점이 있다. 이것은 국가가 빈곤 문제를 해결하려고 하는 이유는 본질적으로 자본주의 사회의 질서 유지와 노동 규범을 강요하기 위함이라고 본다. 이러한 관점에서는, 19세기 말 유럽에서 복지국가가 등장하기까지 오랫동안 실시되었던 국가 차원의 빈민 구제나, 오늘날 발전된 복지국가가 아닌 대부분 국가에서 수행하는 빈민 구제는 모두 이러한 이유에서 이루어지고 있다고 본다. 이 책은 바로 이러한 사회 통제의 관점으로 미국에서의 빈민 구제가 가진 성격을 분석한다. 사실 추상적이고 피상적인 수준의 사회 통제 관점을 통한 설명은 이 책이 나오기 전에도 있었으나, 『빈민 통제』는 미국이라는 사회에 대한 많은 자료를 정교하게 분석한 실증적인 연구라는 점에서 독보적이라 할 수 있다. 또한 지금까지 빈곤 문제에 대한 사회 통제의 관점은 소수자의 입장이었기 때문에 이러한 관점에 대한 이해도를 높이는 것은 빈곤 문제에 대한 관점의 지평을 넓히는 데 기여할 수 있다.

셋째, 이 책은 현 시점에서 이루어지고 있는 우리나라의 빈곤 정책이나 복지국가 모형 설정에 시사하는 바가 크다는 이유다. 요즈음 우리나라에서는 국민기초생활보장법을 만든지 10년이 되었다 하여 이 법에 대한 많은 학술 모임이 열리고 있다. 그만큼 국민기초생활보장법은 척박한 우리의 사회복지의 상황에서 획기적인 빈곤 정책이고, 그래서 어떤 사람들은 이 법의 제정으로 우리나라도 복지국가에의 길에 들어섰다고 주장하기도 한다. 형식적으로 볼 때 국민기초생활보장법은 모든 국민들을 대상으로 근로 능력의 여부와 상관없이 일정한 자산과 소득 이하의 사람들이면 급여를 받도록 되어 있다. 그러나 실제로는 조건부 수급자라 하여 근로 능력이 있는 사람들에게 일을 하는 조건으로 급여를 하고 있다. 빈곤 정책을 빈민을 통제하기 위한 수단으로 보는 이 책의 관점은 우리의 국민기초생활보장법의 성격을 이해하는 데 많은 도움을 줄 수 있다.

이 책은 빈곤 문제를 다루기는 하지만 더 크게 보면 미국이 복지후진국이 될 수밖에 없는 이유를 제시했다고 볼 수 있다. 최근 우리나라에서는 우리의 복지국가 모형을 어떻게 설정할지를 놓고 많은 논의가 있었다. 이른바 세 가지 복지국가 모형인 사회민주주의 모형, 보수주의 모형, 자유주의 모형 가운데 어떤 모형 쪽으로 가야 될 것인가를 두고 논쟁하는 것이다. 이 책은 자유주의 모형의 대표격인 미국의 복지후진성의 이유를 분석했다는 점에서 우리의 복지국가 모형 설정에 시사하는 바가 크다.

1. 행동하는 지식인, 피벤과 클로워드

이 책의 주 저자인 피벤Frances F. Piven은 한마디로 말해 학문과 사회운동을 결합시킨 이른바 '행동하는 지식인'이라 할 수 있다. 그녀는 1932년 캐나다의 캘거리에서 출생하였으나, 그 다음해부터 오늘날까지 미국에서 살고 있다. 그녀는 시카고 대학에서 1953년에 학사, 1956년에 석사, 1962년에 박사 학위를 취득하였다. 박사 학위를 취득한 후 그녀는 첫 직장으로 '청소년을 위한 동원Mobilization for Youth'이라는 빈곤 퇴치 기관에서 연구원으로 일을 한다. 이 당시 미국에서는 해링턴M. Harrington의 『또 다른 미국*The Other America*』(1962)에서 보여주듯이 빈곤을 '재발견'하고 이른바 '빈곤과의 전쟁War on Poverty'을 선포하여 대대적인 반빈곤anti-poverty 정책이 펼쳐질 때이다. '청소년을 위한 동원'은 이러한 상황에서 만들어진 최대, 최초의 기관으로, 뉴욕 시 빈민가의 청소년을 대상으로 한 많은 실험적인 프로그램을 통하여 빈곤, 범죄, 교육 문제를 해결할 수 있는 방안을 연구하는 기관이다. 이 기관에서의 경험은 이후 그녀의 평생의 활동에 큰 영향을 주었다. 우선 이러한 경험을 바탕으로 그녀는 1965년에 이 책의 공저자인 클로워드Richard Cloward와 함께 "빈민동원, 어떻게 가능한가Mobilizing the Poor: How It Can Be Done"라는 논문을 발표한다. 이 논문은 이 당시의 미국에서는 획기적이었다. 당시 미국 사회에서 빈곤 문제에 대한 주류적인 시각은 빈곤은 개인의 잘못, 예를 들면 나태함 때문이라는 것이었는데, 빈민에게는 사회적 낙인이 찍히고, 빈민 자신도 수동적으로 국가의 시혜만을 바라고 있었다.

이 논문은 이러한 사회적인 분위기에 반기를 들면서 빈곤 문제는 사회의 잘못에서 비롯된 것이고, 빈곤 문제는 빈자들이 정치적 행위를 통하여 정치적 권력을 확대해야만 해결될 수 있다고 주장한 것이다. 이 논문을 계기로 그녀는 클로워드와 결혼하고, 이후 클로워드가 2001년 죽기 전까지 거의 모든 일을 같이 하게 된다. 또한 이 논문을 계기로 그녀는 복지권 운동이나 빈민 운동 등의 사회 활동을 본격적으로 시작한다. 이 논문은 또한 『빈민 통제』의 뿌리라 할 수 있으며, 그녀가 이후 전국적인 복지권 운동 조직인 NWRO(National Welfare Rights Organization, 전국 복지권 협회)을 창설하는 데 이론적인 기반이 되었다.

피벤은 1983년에 '휴먼 서브HumanSERVE'라는 조직을 만드는데, 이것은 빈민의 유권자 등록을 독려하기 위한 조직이다. 그녀는 미국에서 많은 정책이 이익집단 정치에 의해 결정됨에도 불구하고 빈민집단의 정치적 권력이 약한 이유는 빈민이 투표권 행사를 잘 하지 못하는 데서 기인한다고 보았다. 이 조직은 이후 꾸준히 활동하여 마침내 1994년에는 전국유권자등록법National Voter

Registration Act이 만들어지고, 그 결과 가난한 사람들을 비롯한 소수자의 투표율이 높아졌다. 그녀는 또한 TV에 출연하거나 미 의회 공청회에서 증언하는 등 '복지 개혁Welfare Reform'이라는 미명하에 실제로는 '미국의 복지를 후퇴시키는 법The Personal Responsibility and Work Opportunity Reconcilation Act'을 반대하는 많은 활동을 하였다.

그녀는 이러한 사회활동가의 역할뿐만 아니라, 학자로서의 역할도 충실히 수행하였다. 1966-1972년에는 콜럼비아 대학의 사회복지대학원에서, 1972-1982년에는 보스톤 대학의 정치학과에서 교수를 지냈고, 1982년부터 현재까지 뉴욕의 시립대학 대학원에서 석좌교수로 재직하고 있다. 그녀는 학문적인 활동도 왕성하여 많은 저서를 썼다. 대표적으로 1977년의 『빈민 운동*Poor People's Movement*』, 1982년의 『신계급전쟁*The New Class War*』, 1997년의 『미국 사회계약의 파기*The Breakings of the American Compact*』 등이 있고, 가장 최근의 책은 2006년의 『권위에의 도전*Challenging Authority: How Ordinary People Change America*』이다. 그녀는 2006-2007년 사이에 미 사회학회 회장을 역임하였고, 미사회학회로부터 평생 공로상The Lifetime Achievement Award 등과 같은 많은 상을 받았다.

이 책의 공저자인 클로워드Richard A. Cloward는 1926년 뉴욕주 로체스터Rochester에서 출생하였다. 그는 1949년 로체스터 대학에서 학사 학위를 받았고, 1951년에 콜럼비아 대학의 사회복지대학원에서 석사 학위를, 1958년에는 동 대학원에서 박사 학위를 취득했다. 그는 1951-1954년 사이에 군대 사회복지사로 근무한 이후, 1954년부터 2001년 작고할 때까지 콜럼비아 대학의 교수로 재직하였다. 클로워드의 활동은 거의 대부분 앞서 소개한

피벤과 같이 했기 때문에 여기서는 생략하기로 한다.

2. 빈민 통제, 어떻게 변화해왔는가?

이 책은 전체 11장으로 구성되어 있다. 먼저 1장에서는 이 책의 핵심적인 주제, 즉 왜 자본주의 사회에서는 국가가 빈민을 통제해야만 하는가를 이론적으로 개관한다. 이어서 19세기 말부터 20세기 초, 근대적 의미에서의 복지국가가 등장하기 이전 유럽 국가에서 수행한 빈민 통제의 역사적인 사례를 소개한다. 사실 1장이 이 책의 핵심이고, 2장부터는 미국의 사례를 집중적으로 분석하기 때문에 1장만 읽어도 이 책의 핵심 주제를 충분히 이해할 수 있다(사실 필자도 1980년대 초에 이 책을 처음 접했을 때 1장만 읽었다).

2장부터는 빈민 통제의 현상을 가장 뚜렷이 보여줄 수 있는 미국의 사례를 시기별로 세부적으로 분석한다(20세기 중반 이후 고도로 발전된 유럽 복지국가에서의 빈곤 정책을 빈민 통제의 관점으로 이해하는 것은 논란의 여지가 있다). 2장과 3장으로 구성된 1부의 「빈민 구제와 대공황」에서는 미국 역사상 최초로 가장 큰 규모로 이루어진 국가에 의한 빈민 구제 활동, 대표적으로 뉴딜New Deal 정책과 오늘날 미국 사회복지 제도의 뿌리가 된 사회보장법Social Security Act의 성격을 분석한다. 4장과 5장으로 구성된 2부의 「빈민 구제와 경제 안정의 시기: 1940-1960」에서는 2차 세계대전 이후 1960년대 초까지의 경제적 호황 시기에 빈민 구제의 성격이 어떻게 변화하는가를 보여준다. 6장, 7장, 8장, 9장, 10장으로 구성된 3부의 「빈민 구제와 도시 위기」에서는 1960년대에 이른바 '빈곤의 재발견' 이후 '빈곤과의 전쟁'에서 빈민 구제가 크게 확대되는 현상을 분석한다. 3부의 내용은 이 책의 저자들이 직접 겪었던 빈민가 현장에서의 경험을 바탕으로 쓰여졌기 때문에 구체적이고 현실감이 있다. 11장은 에필로그로, 저자들이 주장하는 메시지를 다시 한 번 강조한다.

지금부터는 각 장의 핵심적인 내용을 간략히 소개하기로 한다.

자본주의 사회와 빈민 통제

서구의 국가들은 국가들마다 다소 차이는 있지만 적어도 15-16세기부터 국가(중앙정부)가 빈민 구제poor relief – 오늘날의 사회복지 제도로는 공공부조public assistance라 한다 – 를 하기 시작하여 오늘날까지 이어지는데, 1장에서는 왜 그러한가를 이론적으로 그리고 역사적인 사례를 제시하면서 논의한다.

저자들은 빈민 구제를 본질적으로 자본주의 경제 제도의 부속물로 보고, 그것의 주 기능은 빈민을 통제하는 데 있다고 본다. 빈민 통제는 일반적으로 두 가지 방법에 의하여 이루어진다. 하나는 대규모의 실업 등으로 사회 혼란이 야기될 때, 실업자나 빈민을 통제하여 기존의 사회질서를 유지하기 위해 빈민 구제 프로그램들을 확대한다. 그리고 일정한 시간이 지난 후 사회 혼란이 어느 정도 줄어들면 빈민 구제의 활동은 축소되고, 빈민을 노동시장에서 일하도록 내몬다.

한편 근로 능력이 없거나 생산 능력이 약하여 경제적인 가치가 없는 사람들에 대한 빈민 구제는 인간의 존엄성을 훼손할 정도로 징벌적이고 가혹하여 급여의 수준은 생존을 겨우 유지할 정도로 낮다. 이렇게 하여 노동시장에서 아무리 낮은 임금을 받고 일하더라도 빈민 구제의 수급자가 되는 것보다 낫다는 경고를 보내어 일을 해야만 된다는 사회적 규범을 만든다.

그렇다면 왜 국가가 노동 통제 혹은 빈민 통제를 위하여 빈민 구제 활동을 해야 하는가? 가장 중요한 이유는 노동 통제가 시장기제에서 이루어지기에는 자본주의 경제 체제가 근본적으로 불안정하기 때문이다. 모든 인류 사회에서는 사회구성원이 일을 해야 한다. 그래야만 사회에서 필요로 하는 재화나 서비스가 생산될 수 있기 때문이다. 그래서 모든 사회는 어떤 방식으로든 구성원들이 해야만 하는 일의 성격과 일을 하는 조건들을 규정한다. 자본주의 경제 체제는 사람들로 하여금 일을 하도록 하는 방법을 기본적으로 시장기제 – 예를 들면, 금전적인 보상 혹은 손해 – 에 크게 의존한다. 문제는 자본주의 경제 체제는 끊임없이 변화한다는 것이다. 예를 들면, 기업가들은 큰 시장이나 값이 조금이라도 싼 생산과 분배 방식을 찾는 과정에서 끊임없이 새롭게 변화한다. 생산과 분배 과정에서의 변화는 인력의 필요성이라는 측면에서도 지속적인 변화를 초래한다. 예를 들면 노동자들은 새로운 기술을 배우거나, 새로운 지역으로 이주하는 등으로 변화하는 생산 체제에 적응해야 한다.

이렇게 자본주의에서 경제 환경이 변하게 되면 사람을 일하도록 만드는 요인(금전적인 인센티브, 해고의 위협 등)도 달라진다. 자본주의에서 큰 규모의 변화는 공황과 빠른 근대화에 의해 발생한다. 공황의 상황에서는 시장의 인센티브 구조가 붕괴된다. 이유는 단순하여 노동에 대한 수요가 없는 상태에서는 노동을 강요할 어떠한 형태의 금전적인 보상 그 자체가 존재하지 않기 때문이다. 또한 빠른 근대화의 과정 – 예를 들면 전통적으로 사람이 하던 일을 기계로 대체한다던지, 새로운 에너지의 등장으로 인한 생산 방식의 변화, 대규모 기업농의 등장으로 인한 전통적인 가족 농업의 붕괴 등 – 도 많은 수의 노동자들을 무력화시켜 적어도 일시적으로 사회에 부적응하게 만든다. 이 경우 시장기제의 인센티브는 완전히 붕괴되지는 않으나, 사람들로 하여금 기존의 일의 방식이나 삶의 방식을 포기하고 새로운 방식을 찾도록 하게 하는 데 있어 충분하지 못하다. 이것은 서구의 시장 제도의 변화의 역사에서 보여주듯이, 많은 사람들은 이렇게 변화된 일의 방식이나 삶에 쉽게 적응하지 못하고 대규모로 저항을 하게 되며, 이것은 커다란 사회 혼란을 야기한다.

모든 사회구성원의 행동 양식에 대한 일정한 규제는 기본적으로는 안정적인 직업 배치에 달려 있다. 사람은 자신의 직업이 안정적으로 고정되어 있는 한, 사회적 행위도 안정적으로 고정되어 있다. 사람은 자신이 해야 하는 일을 하고, 또 생각해야 하는 것을 생각한다. 그리고 모든 행위와 태도는 일의 성과 여부에 따라 형성된다. 그런데 공황이나 빠른 근대화로 야기된 대량 실업은 이러한 연계를 끊어버리고, 사람들을 규제하거나 통제하는 사회의 주요 제도로부터 멀어지게 한다.

더구나 이러한 대량 실업의 기간이 길어지게 되면 사회 구성원을 통합할 다른 사회적 제도의 역할도 위축이 된다. 사람들의 직업적인 행위나 전망은 가족적 혹은 공동체적인 삶이나 문화적인 행태를 결정하는데, 많은 사람들이 기존에 가지고 있던 자신의 역할을 못하게 되면 사회 통제의 모든 구조가 약화되거나 붕괴된다.

이러한 상황이 사회 전반에 나타나면 기존의 사회 질서 그 자체의 합법성이 의문시되기 시작하고, 이렇게 되면 사회 무질서 – 범죄 행위의 증가, 대규모의 시위, 대규모의 봉기나 폭동 등 – 현상이 나타나게 된다. 그리고 이것이 기존의 사회경제적 제도를 뒤집을 정도로 위협적이 될 때, 국가에 의한 빈민 구제 프로그램이 등장하거나 크게 확대되는 것이다.

그러나 단순히 국가에 의한 빈민 구제 활동 그 자체는 사회 무질서 현상을 해결하기에는 한계가 있다. 왜냐하면, 빈민 구제의 활동이 사람들의 빈곤의 문제를 일시적으로는 어느 정도 해결할 수 있지만, 사회 무질서를 야기한 근본적인 이유는 경제적인 어려움 그 자체가 아니라 사회의 사회 통제 기능이 약화되었기 때문이다.

따라서 사회 질서를 회복하려면 사회는 사회를 통제할 권위를 되찾아야 한다. 그런데 이러한 상태에서는 시장기제가 더 이상 사람들을 통제할 수 없기 때문에 한동안은 사회 통제의 다른 대안이 필요하다. 그리고 이러한 대안을 통하여 정상적이고 지배적인 노동 규범을 복구해야 한다. 그래서 국가가 빈민 구제를 통하여 가난한 사람들을 일시적으로 구제하는 과정에서 그들이 일을 해야 한다는 조건을 달아야 한다고 설명한다.

이어서 저자들은 지금까지 논의한 빈민 통제의 이론적 관점을 실증적으로 뒷받침하기 위해 복지국가가 등장하기 전, 초기 유럽의 자본주의 사회에서 나타난 역사적인 사례를 소개한다.

저자들에 따르면 유럽의 빈민 구제 제도는 16세기에 시작하는 전통적인 봉건 제도로부터 자본주의 제도로의 오랜 전환의 시기에 발생한 대규모 사회 혼란에 그 근원이 있다고 본다. 예를 들면, 18세기 중반 영국에서는 인구 증가, 도시화, 그리고 제조업의 확대로 인해 도시 거주민에게 필요한 음식과 섬유 산업에 필요한 양모에 대한 수요가 폭발적으로 증가하여 농업 생산물 시장이 크게 확대되었다. 이렇게 농산물에 대한 시장이 확대되고, 또한 새로이 도입된 농업기술과 함께 농산업에 큰 변화가 일어난다. 이때 대규모 지주들은 농산물의 가격상승과 새로운 기술의 도입으로 큰 이득을 볼 수 있어 소규모 농장들을 사들이거나, 이 당시의 이른바 '인클로저 법Bills of Enclosure'으로 가난한 농부들이 지금까지 경작하여 근근이 살아왔던 공유지 혹은 유휴지를 사들인다. 이것은 지금까지 빈민이 최저 생활을 유지할 수 있었던 근원을 뿌리째 뽑아버리는 결과를 초래한다.

또한 확대된 농산물 시장으로 인해 농업에 대한 기업적인 접근 방식이 확대되었다. 지주는 소작인으로부터 최대한도의 지대를 요구했고, 소작인은 이에 대응하여 농업노동자와의 거래 방식을 바꾸었다. 이것은 전통적인 주인-머슴의 관계는 사라지고 가혹한 계약의 고용자-피고용자의 관계로 변했음을 의미한다.

예를 들면 과거에는 농업노동자가 소작인과 함께 거주하면서 연중 일하여 기본적인 생활이 보장되었으나, 이제는 따로 살면서 필요할 때만 고용되면서 단기간의 고용에 대한 낮은 임금만 받는다. 그런데 이 당시는 농산물 가격의 지속적인 상승이 있던 시기라 일에 대한 대가로 현금을 받는 것은 농업노동자의 삶을 더욱 어렵게 만들었다. 뿐만 아니라 이 시기에 양모 산업의 확대로 곡물을 생산할 경작지는 줄어드는데 농촌인구는 급속히 늘어나 많은 잉여 노동인구를 발생시켰다. 이것은 농업노동자를 임금 협상에서 불리하게 만들어 결과적으로 대규모의 실업이 발생하거나 농업노동자의 생활을 비참하게 만들었다.

이러한 상황에서 소규모 소작인이나 농업노동자의 강한 저항이 나타났다. 그래서 대규모의 청원, 시위, 폭동, 식량 절도 등의 행위가 이루어졌고, 특히 18세기에는 연속적인 흉작으로 대규모 식량 폭동이 일어났는데, 이때 지배계급은 영국에서도 프랑스 혁명과 같은 혁명이 일어날 수 있다고 우려했다. 이러한 기존 질서에 대한 위협의 상황에서 대규모 빈민 구제 활동이 전개되고 한동안 빈민 구제가 사회의 주요 제도가 된다. 예를 들면, 1760-1784년 사이에 빈민 구제에 필요한 주요 재원인 '빈민세 poor rate'는 약 60%가 증가하고, 1801년경에는 2배로 증가한다. 그리고 1818년의 빈민세는 1760년에 비하여 약 6배가 증가한다.

그러나 이 시기의 빈민 구제는 사회 혼란의 문제를 해결하기 위해 단순히 빈민에게 무조건적인 급여를 하는 것이 아니라, 그들이 일을 해야 한다는 조건을 두고 주어진다. 일을 시키는 방법은 크게 두 가지다. 하나는 경기침체로 시장에서 노동에 대한 수요가 없어 실업자가 많아지면 이들을 공공근로public work란 이름하에, 예를 들면 18세기 초 영국에서처럼 이른바 '노동을 하게 하는 장소labor yards'를 만들어 돌 깨기, 나무 자르기 등 각종 허드렛일이라도 시킨다.

다른 방법은 노동에 대한 수요는 안정적인데 생산방식의 변화로 야기된 노동 공급 측면에서의 부적응으로 실업자가 발생하는 경우다. 이 경우에 빈민 구제 기관은 빈민을 민간 시장에서 일하도록 강요한다. 예를 들면, 18세기 말 영국에서 제조업이 크게 확장되자 공장노동자에 대한 수요가 크게 늘었다. 그러나 공장 근로자를 구하는 것은 쉽지 않았다. 왜냐하면 많은 수의 농업 노동자, 가내수공업에 종사하는 노동자는 새롭게 등장한 공장 체제에 적응하기가 쉽지 않았기 때문이다. 그들은 이러한 공장 체제에 저항하여 일을 거부하였다. 그러자 빈민 구제 기관은 구빈원에 수용된 여자나 아동을 공장노동자로 활용하도록 하였다. 대표적인 사례가 영국의 섬유 산업이 확대되어 공장 노동자의 수요가 급격히 증가하던 18세기 말 나타난다. 제조업자들은 교구 책임자에게 돈을 주는 대가로 교구의 구빈원에 수용되어 있던 아동, 심지어는 4-5살 되는 아동까지 공장 노동자로 동원했다.

빈민 통제 혹은 노동 통제는 경제가 안정되어 사회질서가 어느 정도 회복되면 또 다른 방식으로 이루어진다. 이번에는 노동시장에서의 노동 규범을 유지하기 위하여 빈민 구제를 받는 사람 – 구빈원이나 '강제 노동 수용소workhouse'에 수용되어 있는 사람 – 에게 가혹한 처우를 하여 이러한 시설에 자발적으로 들어오기 싫어하게 만드는 것이다. 이것은 1834년에 영국에서 새로이 만들어진 구빈법에서 이른바 '열등 수급의 원칙less eligibility' – 수급자의 상황은 모든 면에서 시장에서 일을 하면서 가장 낮은 임금을 받는 노동자들의 상황보다 바람직해서는 안 된다는 원칙 – 을 제시하면서 법적으로 뒷받침된다.

빈민 구제의 시작

2장과 3장으로 구성된 1부 「빈민 구제와 대공황」에서는 1930년대의 대공황 시기에 미국 역사상 최초로 연방정부가 본격적으로 빈민을 구제하기 시작하는 상황을 논의한다.

먼저 2장, "경제 붕괴, 대량 실업, 그리고 사회 무질서의 확대"에서는 대공황 시기에 빈민이 겪는 경제적 어려움과 대규모의 집단적인 저항을 설명한다. 이 시기 이전까지 미국에서의 빈민 구제는 주 정부 혹은 군이나 시 정부 등 주로 지방정부 차원에서 미미하게 이루어졌다. 그 이유는 미국이 유럽 국가에 비해 빈민에 의해 야기되는 사회 혼란이 적었기 때문인데, 이것은 미국의 특수성에 기인한다.

우선 미국은 유럽과 달리 남부를 제외하고 주로 자작농에 의하여 농업이 이루어졌기 때문에 농업노동자의 숫자가 적었다. 그래서 산업화의 과정에서 노동계급의 세력화가 약했다. 또한 미국은 적어도 19세기 말까지 서부의 광활한 토지를 개척할 기회가 있어서 산업화의 과정에서 도시의 좌절한 노동자를 흡수

할 수 있었다. 이른바 '안전핀'의 역할을 한 것이다. 무엇보다 중요한 것은 이때까지 미국은 '기회의 나라'여서 사회 이동성social mobility이 높았고, 이러한 상황에서 경제적 개인주의와 자조self-help의 원칙이라는 가치가 지배하여 빈곤을 죄악시하는 분위기였다.

이러한 상황은 1930년대 초 대규모의 불황이 시작되면서 바뀌기 시작한다. 불황에도 불구하고 초기에는 여전히 지방정부나 민간 부문의 자선에 의존하였다. 예를 들면, 뉴욕 시의 경우 빈민의 숫자가 늘어나자 시 공무원들로 하여금 월급에서 하루분을 기부하게 하여 빈민 구제 기금으로 사용하였다. 이러한 방식은 곧 한계를 드러내 빈민 구제가 제대로 이루어지지 않았다. 1932년의 경우, 실업자를 비롯한 빈민의 4분의 1만이 어떤 형태로든 구제를 받았다.

결과는 대규모의 사회 혼란으로 이어졌다. 수백만 빈민의 저항이 시작되었다. 여기서 무엇보다 중요한 것은 사람들의 빈곤에 대한 의식이 바뀌기 시작했다는 점이다. 지금까지와 달리 많은 사람들은 자신의 빈곤을 개인의 잘못(운명)이라고 생각하지 않고 집단 재난 혹은 사회의 잘못이라고 생각하기 시작했다. 그래서 기존 경제 체제의 합법성이 약해지자, 빈민의 분노와 저항이 시작되었다. 빈민은 초기에는 빈민 구제 기관에 몰려가 급여를 해달라고 요구하면서 시위를 벌이거나 사무실을 점거하는 등의 행위를 하였으나, 점차 공산당원의 주도하에 대규모 폭동으로 확대되고, 이른바 '미국식American way'에 대한 반기를 들면서 정부에 대한 저항의 성격이 나타났다. 이것은 또한 정치적 역학 관계에 변화를 가져와 1932년 선거에서 민주당의 루즈벨트R.

Roosevelt가 대통령에 당선되는 데 일조하였다.

루즈벨트 정부가 들어서면서 대규모의 빈민 구제가 시작된다. 그래서 미국 역사상 최초로 연방정부 차원의 빈민 구제 기구인 FERA(Federal Emergency Relief Administration, 연방 긴급 구호청)를 만든다. 이것은 빈민 구제의 책임은 연방정부에 있다는 것을 공식적으로 선언한 것이다. 이렇게 연방정부의 재정적인 지원하에, 근로 능력 여부에 상관없이 모든 빈민을 지원하였다. 1934년 말 약 2000만 명의 사람이 어떤 형태로든 빈민 구제의 대상이 되었고, 이는 당시 미국 인구의 약 6분의 1에 해당한다.

3장, "뉴딜과 빈민 구제"에서는 뉴딜 정책에서 나타난 빈민 구제의 성격을 논의한다. 대규모 빈민 구제가 시작되어 몇 달이 지나자 지금까지의 '직접적인 구제direct relief' – 수급자에게 현금이나 음식 등을 제공하는 것 – 에서 '노동 구제work relief' – 오늘날식의 표현으로 '근로 복지workfare' – 로 바꾸려는 시도가 시작된다. 여기에는 많은 사람, 특히 경제계 사람들의 '직접적인 구제'는 수급자들의 복지 의존성을 키워 일할 의지를 약화시킨다는 우려가 크게 작용한다.

결국 루즈벨트 대통령은 1935년 1월 의회 연설에서 "빈민 구제에 지속적으로 의존하는 것은 많은 사람들을 정신적, 도덕적으로 파괴시켜 국가에 해가 된다. 우리는 실업자들의 노동을 위한 육체를 보존해야 할 뿐만 아니라 그들의 자존심, 자립심, 그리고 용기를 보존해야 한다"고 천명한다. 이때부터 빈민 구제의 수급자로 하여금 일을 하도록 했는데, 예를 들면 약 350만 명의 수급자가 이른바 '보장 임금security wage'을 받고 일을 한다. 보장 임금의 수준은 시장의 평균 임금보다는 낮으나, 빈민 구제의 급여액보다는 많아 수급자로 하여금 민간 부문 일자리에서 일을 하도록 유도한다. 그리고 이때 지금까지의 빈민 구제 기구인 FERA가 WPA(Works Progress Administration, 공공사업진흥국)로 바뀌어 빈민 구제 성격의 변화를 공식적으로 보여준다.

이러한 대규모 뉴딜 정책으로 대규모의 시위나 폭동은 어느 정도 줄어든다. 그리고 1936년의 선거에서 루즈벨트가 압도적으로 재선되어 정치적 안정도 이루어진다. 그러자 루즈벨트 정부는 지금까지의 빈민에 대해 관대했던 정책을 줄이기 시작한다.

정리하면, 1930년대의 대공황으로 사회 혼란이 커지자 연방정부는 직접 구제를 확대하나 곧 직접 구제를 노동 구제로 바꾸고, 이어서 노동 구제도 줄이면서 실업자는 주나 시 정부의 책임하에 두었다. 그리고 근로 능력이 있는 빈민은 급여의 대상에서 제외하고, 근로 능력이 없는 빈민 – 노인, 장애인, 아동 – 에 대한 범주적 공공 부조만 남게 된다.

경제호황기의 빈민 정책

4장과 5장으로 구성된 2부의 「빈민 구제와 경제 안정 시기: 1940-1960」에서는 이 시기 경제호황기의 빈민 정책이 어떻게 변화하는가를 논의한다. 4장, "저임금 노동의 강요: 법적 측면"에서는 1940년대 이후부터 1960년대까지 미국 경제가 좋아 사회질서가 안정적일 때 빈민에 대한 통제의 방법으로 저임금 노동을 강요하는 상황을 설명한다. 여기서는 1996년의 이른바 '복지 개혁'으로 없어질 때까지 미국에서 가장 큰 빈민 구제 프로그램인 AFDC(Aid to Families with Dependent Children, 아동부양가족부조) – 미국에서는 일반적으로 '복지'라 함은 이것을 말한다 – 의 사례를 들어 설명한다.

AFDC는 기본적으로 아동을 키우는 여성 세대주 가구에게만 급여한다. 즉, 남자들은 급여 대상이 안 된다. 1961년의 법 개정으로 일부 주에서 실업한 남자가 있는 가구도 대상이 되나 실질적으로 수급자는 5%에 불과하다. 예를 들면, 이른바 'man-in-the-house'라는 규정이 있어 결혼을 안 해도 남자와 동거하고 있는 가구에게도 급여를 하지 않는다. 이 규정을 엄격하게 시행하기 위하여 사회복지사로 하여금 한밤중에 여성 수급자 가구가 사는 집을 방문하여 조사하기도 한다. 또한 여성 수급자가 사생아를 낳았다는 것이 발각되면 처벌을 받는다. 이것은 이른바 '적절한 가정sustainable home' 규정 – 기본적인 사회규범을 어기는 행위를 한 경우 급여 중단 – 에 근거한다. 그렇다고 여성 수급자라 하여 노동을 완전히 면제하는 것은 아니다. 저임금 노동자가 필요한데, 남자만으로는 충분한 노동 공급이 이루어지지 않을 때에는 여성 수급자도 일을 해야 한다. 어떤 조사에 의하면 어떤 도시의 AFDC 여성 수급자의 약 87%가 어떤 형태로든 일을 하였다.

일을 시키는 방법은 다양하다. 우선 수많은 '일자리 체험 프로그램work experience program'을 만들어 허드렛일이라도 시킨다. 또한 이들에 대한 급여액은 이른바 '자격 있는 빈민deserving poor' – 노인, 장애인, 고아 등 – 에 대한 급여액보다 낮게 책정하여 가능한 한 일을 하도록 한다. 이것은 또한 급여의 수급 자격 조건을 지방정부의 책임하에 조정하게 하여 급여를 지역 경제의 노동에 대한 수요에 맞게 조정한다. 그래서 저임금 노동자의 수요가 많은 남부의 주에서는 급여액을 낮게 책정한다. 예를 들면 1951년의 경우, 남부 미시시피 주의 급여액은 한 달에 5불인 반면, 캘리포니아 주에서는 36불이다. 1969년에는 그 동안 급여액이 많이 올랐는데도 불구하고 미시시피 주는 10불이고, 메사추세츠 주에서는 68불이다. 마지막으로 지역의 복지 체계와 지역 경제와의 관계를 유지하기 위하여 이른바 '정착의 원칙principle of settlement' – 거주법 – 규정으로 인해 이주를 할 경우 적어도 1년 이상 지나야 급여 자격이 주어진다.

5장의 "저임금 노동 강요: 행정적 측면"에서는 법적인 측면보다 AFDC를 운영하는 행정적인 측면에서 수급자에 대한 처우가 더 가혹하거나 제한적인 상황을 설명한다. 많은 수급자는 법적으로는 자격이 있는데 행정적인 측면 때문에 수급을 받지 못한다.

AFDC를 운영하는 기관은 자신들을 지지하는 힘 있는 정치적 세력이 없다. 반면에 국민연금을 운영하는 기구는 노동조합의 강력한 지지를 받는다. 그래서 이러한 기관들은 정치적으로 힘이 약하고 비판하는 세력이 많다. 지역 상공인은 값싼 노동력을 공급하라는 압력을 넣고, 많은 일반인도 AFDC 수급자의 급여 남용, 오용 사례를 들면서 기관들의 방만한 운영에 대해 비판한다. 이러한 비판을 피하기 위하여 기관들은 프로그램을 매우 엄격하게 집행한다.

예를 들면, 기관들은 급여 자격에 대해 홍보를 하지 않아

많은 사람이 급여 자격이 있는데도 몰라서 지원을 안 한다. 수급자를 선정, 급여하는 과정에서 이들의 인격을 모독하는 방식이 나타난다. 예를 들면, '마지막 생리는 언제 하였느냐' 등 수급자의 성적 행위에 대한 질문을 한다. 또한 사회복지사caseworker로 하여금 상담을 통하여 수급자의 도덕적, 사회심리적 결함을 치료해야 된다는 점을 강조한다.

사회 혼란기의 빈민 통제

6장-10장으로 구성된 3부「빈민 구제와 도시 위기」에서는 1960년대에 이른바 '빈곤의 재발견'으로 사회 혼란이 다시 커지면서 이에 대응하여 빈민 구제가 다시 확대되는 과정을 논의한다. 먼저 6장의 "1960년대의 복지 폭발"에서는 이 시기에 엄청나게 늘어난 복지에 대하여 논의한다. 1960-1969년의 8년 동안 AFDC 수급자는 107%가 증가하였다. 반면에 1950년대 10년 동안에는 17%가 증가하였고, 특히 1964년 이후 약 4년 동안 급격히 늘었다.

왜 이렇게 크게 늘었는가? 일반적으로 세 가지 설명이 있는데, 하나는 남쪽의 가난한 흑인이 대규모로 북쪽 주로 이주했다는 것, 다른 하나는 이 기간 동안 급여액이 크게 늘었기 때문이라는 것이고, 마지막으로는 흑인 가정의 붕괴 때문이라는 것이다. 저자들은 이러한 설명이 복지 확대의 필요조건은 되나 충분하지는 않다고 보고, 가장 중요한 이유는 이러한 상황에 북쪽 도시에서 벌어진 빈민의 대규모 폭동으로 인한 사회 무질서에 있다고 설명한다.

7장, “농업의 근대화와 대량 실업”에서는 이때까지 주로 농업에 의존하는 남부 주에서의 농업 생산방식의 변화로 많은 수의 흑인 노동자가 북쪽 주로 이주할 수밖에 없는 상황을 설명한다. 1950년대부터 남쪽 주에서는 기계화 및 다른 농업기술의 발전으로 인해 농장들이 대규모화되기 시작한다. 이렇게 되자 많은 수의 농업노동자나 소규모 자작농이 실업자로 전락한다. 예를 들면, 1950-1965년 사이에 농업 생산물은 45% 증가하는데, 고용은 거꾸로 45% 감소하였다. 1967년 미국의 전국 실업율은 4%인데 비해서 이 지역의 실업율은 18%나 된다. 이러한 상황에서 남쪽 주의 빈민 구제 기관들은 복지 급여를 매우 제한적으로 주었다. 그럼에도 불구하고 남쪽의 빈민은 별로 저항하지 않았는데, 그 이유는 농촌 지역이라 빈민이 분산되어 살고 있었고 무엇보다 백인 농장주들이 빈민 – 특히 흑인 빈민 – 을 테러와 각종 탄압으로 위협하였기 때문이다. 따라서 흑인 빈민의 유일한 선택은 북쪽 주로의 이주밖에 없었다.

8장, “이주와 도시에서의 무질서의 확대’에서는 이렇게 남쪽으로부터 북쪽의 도시로 대거 이주해온 흑인 빈민의 상황을 설명한다. 처음에는 이들, 특히 남성 흑인에게는 처음에는 어떤 복지 급여도 주어지지 않았다. 또한 한국전쟁 이후 몇 년간의 경기침체로 일자리를 구하기도 어려운 상황에서 많은 산업에서의 자동화 생산방식으로 저숙련 일자리가 많이 없어져 상황을 더욱 악화시켰다. 이렇게 되자 많은 흑인 노동자는 만성 실업자가 되었고, 이들은 결혼하여 정상적인 가정을 꾸리기가 어렵거나,

결혼이 파탄이 나서 가족 구조가 붕괴되어 흑인 여성 세대주 가구가 크게 증가하게 된다. 예를 들면, 이러한 가구가 1949년에는 19%이던 것이 1968년에는 27%로 크게 늘어난다.

이렇게 사회 통제의 주요 제도인 가족의 붕괴는 청소년들에게 결정적으로 악영향을 준다. 1960년대 초 뉴욕 시의 빈민가에 대한 조사에 의하면 18세 이하의 도시 흑인 청소년의 약 50% 정도만이 부모와 같이 살았다. 뉴욕 시 전체는 83%로 상당한 차이가 있다. 또한 이들의 실업률은 1948년에는 7.6%이던 것이 1963년에는 25.4%로 급상승하고 특정한 빈민 지역에서의 실업률은 50% 수준이다. 이러한 상황에서 그들은 거리로 나와 갱이 되어 범죄를 저지르거나, 집단적인 폭동을 일으켜 사회 무질서의 선두에 서게 된다. 여기에는 1964년에 통과된 민권법의 영향하에 벌어진 대규모 민권 운동도 일조한다. 어찌되었든 이렇게 도시가 급속도로 황폐화되자 지금까지 살고 있었던 중산층은 점차 도시 근교로 이주하게 된다. 이에 따라 많은 사업장도 이주하게 되어 도시는 공동화되고 빈민 지역은 더욱 확대되어 사회 무질서 행위가 더욱 빈번해진다.

9장, "위대한 사회와 빈민 구제: 연방정부의 개입"에서는 1960년대 존슨 행정부 때 '빈곤과의 전쟁'을 선포한 후, 이른바 '위대한 사회' 프로그램을 통하여 빈곤 정책이 변화하는 모습을 설명한다. 1960년대 중반쯤에는 미국에서도 이른바 '복지권welfare rights'이 전국적인 쟁점이 된다. 사회복지사, 변호사, 시민단체, 빈곤 문제에 관심 있는 대학생 등이 기존의 복지 체계를 바꾸려는 운동을 시작한다. 연방정부도 이에 대응하여 다양한 반빈곤 프로그램을 만든다.

대표적인 예가 '지역 사회 운동community action' 프로그램으로, 빈민들의 복지권을 신장시키기 위하여는 이들의 정치적 힘이 커야 한다는 전제하에 빈민들이 빈곤 정책을 결정하는 데 참여하게 하는 것이다. 이렇게 다양한 '위대한 사회' 프로그램을 통하여 복지수급자의 권리 의식은 확대되었고 이것은 결국 복지 확대로 이어졌다.

10장, "위대한 사회와 빈민 구제: 지역 사회에서의 결과"에서는 9장에 소개된 연방정부 차원의 다양한 '위대한 사회' 프로그램이 지역 사회에서 실제로 어떠한 효과를 나타냈는지를 다양한 사례를 통하여 소개한다. 특히 이 시기에 주로 AFDC의 흑인 여성 수급자의 풀뿌리 조직으로 시작된 전국적인 복지권 운동 조직인 NWRO의 발전 과정을 자세히 설명한다. 실제로 NWRO의 활동이 이 시기의 복지의 폭발적인 확대에 결정적인 역할을 했다.

3. 빈민 정책, 빈민을 위한 것인가?

이 책은 우리들로 하여금 오늘날의 복지국가의 성격, 특히 복지국가가 과연 누구의 이익을 위해 존재하는가에 관하여 다시 한 번 생각하게 한다. 복지국가의 성격에 관한 논의는 많이 있는데 뚜렷하게 대비가 되는 관점은 두 가지로 대표된다. 하나는 사회민주주의 이론 혹은 권력자원론의 관점으로, 복지국가는 정치적 민주주의 제도의 발전으로 노동계급의 정치적 힘이 커짐으로써, 자본주의 사회에서 생산수단을 독점하고 있는 자본계급의 경제적 힘과의 계급투쟁에서 노동계급이 승리한 전리품으로 본다. 자본주의 사회에서 기본적으로 노동자는 자신의 노동력을 팔아야commodification 삶을 유지할 수 있다. 그런데 이 관점에서는 복지국가는 노동계급이 자신들의 노동력을 팔지 않아도 되는, 이른바 '탈상품화decommodification'가 이루어져 기본적인 삶을 유지할 수 있다는 것이다. 이렇게 되면 복지국가는 노동계급, 특히 근로 능력이 있는 빈민에 대한 통제가 없이 진정으로 노동계급을 비롯한 빈민을 위하여 존재한다고 보는 것이다.

반면에 네오마르크스주의neo-Marxism의 관점에서 복지국가는 자본주의의 경제위기 시기에 자본축적이나 노동력 재생산을 위하여 혹은 대규모의 사회 혼란을 진정시켜 정치적, 사회적 안정을 유지함으로써 단기적이든 장기적이든 본질적으로 자본가 계급의 이익을 위하여 존재한다고 본다. 이 책은 이러한 관점을 통해 현실적인 사례를 구체적으로 분석한 최초의 책이라 할 수 있다.

오늘날 복지국가는 흔히 세 가지 유형으로 분류한다. 하나는 스웨덴을 대표로 하는 사회민주적 복지국가이고, 둘째는 유럽대륙 국가로 구성된 보수주의 복지국가이고, 셋째는 미국을 대표로 하는 자유주의적 복지국가이다. 이러한 분류의 대표적인 기준이 탈상품화의 정도인데, 탈상품화의 정도가 가장 큰 것이 사회민주적 복지국가이고, 가장 낮은 것이 자유주의적 복지국가이다. 『빈민 통제』에서 저자들은 탈상품화라는 용어를 사용하지는 않았다. 그러나 책의 핵심적인 메시지는 빈민 통제가 필요한 이유는 자본주의 사회에서는 노동자가 자신의 노동력을 팔아서, 즉 상품화하여 삶을 유지할 수밖에 없기 때문이라는 것이다. 특히 이 책은 오늘날 자유주의적 복지국가의 대표라 할 수 있는 미국이 노동력 상품화를 위해 어떻게 빈민을 통제했는지 생생하게 보여준다. 이렇게 볼 때 이 책은 오늘날의 복지국가 유형 분류의 원조격이라 할 수 있다.

1980년대 이후 오늘날까지 서구의 복지국가는 재편되고 있다. 재편 방식은 복지국가 유형마다 다르지만 본질적으로 볼 때 공통적인 방식은 근로 복지를 강조한다는 점이다. 과거 복지국가의 황금기에는 일을 안 해도 소득이 보장되었으나, 이제는 복지는 일과 연계되어 이루어지는 것이다. 한마디로 말해 탈상품화에서 재상품화recommodification의 시대로 접어든 것이다. 이러한 현상은 특히 미국에서 두드러지게 나타나는데, 1996년 이른바 '복지 개혁'이라는 미국의 빈민 정책은 1935년의 사회보장법 이전의 과거 '구빈법poor relief'과 같아져 빈민 통제의 기능을 강화하였다. 이렇게 볼 때 『빈민 통제』에서 저자들이 주장하는 자본주의 사회에서의 복지의 본질적 기능인 빈민 통제는 오늘날에도 여전히 유효하다고 할 수 있다.

최근, 특히 지난 10년간 우리나라도 사회복지를 확대하고 있다. 그럼에도 불구하고 우리나라는 OECD 회원국 가운데 사회복지가 가장 낙후된 국가들 중 하나이다. 그래서 요즈음 한국의 사회복지, 좁게는 빈곤 정책의 성격에 관한 논의가 많다. 우리나라에서의 빈곤 정책은 2000년 국민기초생활보장법의 시행 이전과 이후로 나눌 수 있는데, 국민기초생활보장법 이전의 빈민에 대한 정책은 『빈민 통제』에서 설명한 것 이상으로 철저하게 빈민을 통제 혹은 탄압하였다. 대표적인 예가 2000년까지 존재했던 생활보호법이다. 이 제도하에서는 조금이라도 근로 능력이 있는 사람들은 철저히 수급자에서 배제되었고, 근로 능력이 없는 사람도 제한적으로 매우 낮은 급여를 받았다. 또한 거리를 배회하는 빈민은 '부랑인'이라 하여 부랑인 시설에 강제 수용되었다. 이것은 우리나라에서 오랜 기간 유지되었던 수출 중심의 경제성장 제일주의의 기치하에 값싼 노동력의 지속적인 공급이 필요했기 때문이었다. 한마디로 유럽의 16세기 구빈법이 보여준 빈민 통제의 전형이었다.

그렇다면 국민기초생활보장법의 성격은 어떠한가? 이는 『빈민 통제』에서 미국에서 1930년대 대공황의 시기에 빈민 정책을 확대한 것과 맥을 같이 하여 1990년대 말 외환 위기 시기에 대규모의 실업자와 빈민이 발생하자 이에 대한 대응으로 만든 것이다. 이 법은 과거의 생활보호법에 비하여 진일보하여 적어도 외형적으로는 근로 능력이 있는 사람도 수급 대상자로 하였고 수급 대상자의 범위도 확대하여 실제로 수급자의 숫자는 늘어났다. 그러나 이 제도하에서도 근로 능력이 있는 사람들은 이른바 '조건부 수급자'라 하여 일을 하는 조건으로 급여를 한다. 또한 '열등수급의 원칙'하에 수급자에 대한 급여액을 높이는 데 매우 인색하다. 이렇게 볼 때 이 제도도 여전히 빈민 통제나 노동 통제의 기능을 한다고 볼 수 있다. 이것은 보다 큰 우리나라의 복지 철학인 '생산적 복지'의 개념과도 일치한다고 볼 수 있다. 최근에는 한 걸음 더 나아가 '일자리가 최고의 복지'라는 구호하에 복지 급여를 통한 기초 생활 보장보다는 일자리 창출을 강조하면서 빈민을 노동시장에 내몰고 있는 실정이다. 한마디로 말해『빈민 통제』에서의 관점은 오늘날에도 우리나라를 비롯한 많은 나라에서 여전히 실시되고 있는 빈민 정책의 성격을 말해준다고 할 수 있다.

4. 빈민 통제로 모든 빈민 정책을 설명할 수 있는가?

저자들은 이 책에서 빈민가 현장에서의 빈민 운동 경험을 바탕으로 미국에서의 대표적인 공공 부조인 AFDC를 분석하면서 빈민 정책의 주 기능은 빈민 통제, 더 넓게 말하면 사회 통제에 있다고 주장한다. 그런데 이러한 주장은 몇 가지 측면에서 일반화하는 데 한계가 있다.

우선 빈곤 문제를 해결할 수 있는 정책은 공공 부조 이외에 일정한 인구학적 조건만 갖추면 누구에게나 급여하는 보편적 프로그램demogrant이나 기여를 바탕으로 급여를 하는 사회보험이 있다. 사실 서구의 복지국가에는 이러한 두 프로그램의 규모가 공공 부조에 비하여 훨씬 크고, 빈곤을 사전에 예방하는 효과가 있으며, 무엇보다도 공공 부조에 비하여 빈곤 제거 효과가 더 크다. 실제로 서구의 복지국가에서 빈곤의 문제는 이러한 두 프로그램에 크게 의존하고 공공 부조는 소수의 빈민을 위한 최후의 방법에 불과하다. 그런데 이러한 프로그램의 급여는 수급자의 하나의 권리(사회권)로 인정되기 때문에, 이러한 프로그램들이 빈민을 통제하는 기능을 한다고 보기는 무리가 있다.

이 책은 흔히 '미국 예외주의American exceptionalism'라 불릴 정도로 특수한 미국적인 환경에서 만들어진 공공 부조 제도인 AFDC를 분석하는 것을 바탕으로 한다. 특히 사회복지 정책에서 미국은 유럽의 복지국가와 크게 다르다. 공공 부조의 성격에 나타난 차이가 대표적이다.

공공 부조는 크게 두 가지 형태로 나뉜다. 하나는 미국의 AFDC처럼 일정한 소득(자산) 이하이면서 동시에 노인, 장애인, 아동을 키우는 여성 세대주 등 어떤 인구학적인 범주에 속해야만 급여가 주어지는 범주적categorical 공공 부조인데, 자격 조건으로 수급자의 근로 능력의 여부를 따진다.

다른 하나는 고도로 발전된 유럽의 복지국가에서 시행하는 일반적general 공공 부조로 일정한 소득 이하이면 근로 능력의 여부에 상관없이 누구에게나 급여하는 제도이다. 최근의 복지국가의 재편 과정에서 일부 유럽의 복지국가에서는 근로 능력의 여부를 따지기 시작하고 있다.

후자는 근로 능력의 여부와 상관없이 모든 빈민에게 급여를 하기 때문에 전자에 비하여 빈민 통제 혹은 노동 통제의 성격이 약하다고 할 수 있다. 다시 말해, 이 책에서 주장한 미국의

AFDC의 빈민 통제 기능을 유럽 복지국가가 수행하는 공공 부조 제도의 기능으로 일반화하기에는 어느 정도 한계가 있다.

참고문헌

Alesina, A., E. Glaeser and B. Sacerdote, 2001, "Why Doesn't the United States Have a European-Style Welfare State," *Brookings Papers on Economic Activity*, 2, pp. 187-254.

Esping-Andersen, G., 1985, *Politics against Markets*, Princeton: Princeton University Press.

———, 1990, *The Three Worlds of Welfare Capitalism*, Princeton: Princeton University Press.

Gough, I., 1979, *Political Economy of the Welfare State*, London: Macmillan.

Jenkins, J. and B. Brents, 1989, "Social Protest, Hegemonic Competition and Social Reform: A Political Struggle Interpretation of the Origins of the American Welfare State," *American Sociological Review*, 54, pp. 891-909.

Korpi, W., 1983, *The Democratic Class Struggle*, London: Routledge & Kegan Paul.

Piven, F. and R. Cloward, 1970, *Regulating the Poor: The Function of Public Welfare*, New York: Vintage Books.

위르겐 하버마스, 『후기 자본주의 정당성 위기』

Jürgen Habermas, *Legitimationsprobleme im Spätkapitalismus* (1973)

자본주의 안의 위기는 어떤 논리로 이행하나?

한상진
서울대학교 사회학과 명예교수

이 글은 위르겐 하버마스가 1973년에 독일에서 출판한『후기 자본주의 정당성 위기*Legitimationsprobleme im Spätkapitalismus*』를 새롭게 조명하려는 것이다. 모든 독해는 현재의 관점에서 이루어진다. 하버마스가 남긴 불멸의 수많은 저술 가운데 우리는 왜 이 책에 주목하는가? 그 이유는 오늘날 세계를 강타하고 있는 금융 위기, 경제 위기를 배후에 전제하고 그 맥락에서 이 책이 무슨 의미를 가질 수 있는가를 살펴보려는 것이다.[1] 그러나 자본주의 체제 이후의 대안

1 이 글은 원래 서울대학교 사회과학연구원이 주최한 "현대사회과학명저 강의"의 일환으로 2009년 4월 2일 발표된 초고를 수정 · 보완한 것이다. 그 직후 필자는 4월 19일, 독일 뮌헨 근처의 슈타른베르크에 있는 하버마스의 사저에서 그와 대화를 나눌 수 있었다. 대화는 독일의『디 차이트(*Die Zeit*)』가 하버마스와 가진 인터뷰로부터 시작했다. 마침 미국 강의를 마치고 귀국한 참이어서 미국의 위기상황에 대한 하버마스의 관찰과 진단이 흥미로웠다. 이 인터뷰에서 하버마스(Habermas, 2008)는 35년 전에 출판된 자신의 책이 자본주의'의' 정당성 문제를 해부한 것이 아니라 자본주의 '안'의 정당성 문제를 분석한 것이라고 규정했다. 이 소극적인 성격규정에 대해 필자는 독자로서 반론을 폈으며, 이로써 풍성한 대화를 나눌 수 있었다.

에 대한 지적인 관심은 사회주의 체제의 붕괴 이후 현저히 약화된 것이 사실이다.[2] 그 대신 우리는 경제의 세계화가 많은 구조적 위기 경향을 분출하는 현실에 직면해 있다. 즉, 자본주의의 정당성 문제는 살아 있는 쟁점이라는 것이다. 그러나 이 주제를 국민국가의 수준에서 조명하는 것은 비현실적이다. 초국가적 수준의 '세계정부'가 아직 성립되지 않았다는 점에서 정당성 논의의 어려움이 있지만, 하버마스(Habermas, 2008b)는 세계정부 없는 초국가적 정치조직(예를 들어 유엔, 유럽연합)이 이미 작동하고 있다는 점에서 정당성 문제를 새롭게 다루고 있다. 한 보기로, 미국의 이라크 침공은 과연 정당한 것인가, 기후변화에 대응하는 초국가적 기구의 결정은 어떤 경우에 정당성을 얻는가, 금융 위기에 대한 초국가적 연대 정책은 효율성과 정당성의 면에서 어떤 문제를 안고 있나, 이런 질문을 통하여 '위기 관리'의 패러다임을 국민국가 수준에서 초국가적 수준으로 발전시킬 수도 있다고 본다. 이런 현대적 관점을 포함하여 이 글에서는 하버마스의 공헌을 검토하고자 한다.[3]

2 그러나 이론적 상상력을 주는 핵심 개념을 놓쳐서도 안될 것이다. 한 보기로 자본주의 경제 체제의 기본 속성 중 하나를 노동시장을 통한 '상품화'의 논리에 있다고 할 때, 탈상품화의 흐름에 주목하는 것은 아직도 많은 시사점을 제공한다.

3 하버마스는 최근 신자유주의 시장 논리와 군사적 최강국의 지위에 힘입어 세계 질서를 일방적으로 이끌어가는 미국의 패권주의에 대항하여 정당성 문제를 새롭게 제기하고 있다. 왜 그런가? 그 이유를 우리는 그의 1973년 저술로 돌아가 해독할 수 있다. 아울러 이 책은 상아탑 학문과 구별되는 실천적 사회 분석의 전형을 보여준다. 이 책은 순수 이론도 아니지만 정책을 처방하려는 실용적인 목적을 지닌 것도 아니다. 정교한 분석과 함께 학자의 실천적 의도가 숨김 없이 드러나 있다.

1. 시대를 이끄는 지성, 하버마스

1929년 출생한 하버마스는 나치 시대에 소년기를 지냈으며 독일 전후의 새로운 세대를 상징하는 인물이다. 그의 학문 세계와 인생을 다룬 최근의 단행본들(Reder & Schmidt, 2008; Funken, 2008; Pinzani, 2007; Wiggershauas, 2004), 특히 그 안에 포함된 하버마스 자신의 회고를 보면, 대학을 다니던 젊은 시절 그는 새롭게 움터오던 자유주의의 사조에 깊은 관심을 가졌음을 알 수 있다. 하버마스는 1954년 "셸링 철학의 절대개념과 역사개념의 분열"이라는 주제의 논문으로 박사 학위를 받았다. 1959년에는 유명한 "공론장의 구조 변동"을 교수 자격 논문Habilitation으로 출간했다. 1961년에는 "학생과 정치: 프랑크푸르트 학생들의 정치의식에 대한 사회학적 연구"를 공동 출판했고, 1963년에는 비판 이론의 새로운 장을 여는 야심적인 저술『이론과 실천*Theorie und Praxis*』을 출간했다. 이런 지적 배경에서 그는 '프랑크푸르트 학파'에 합류하고자 문을 두드렸다.

당시 비판 이론의 본고장이었던 프랑크푸르트 대학 사회조사연구소는 나치 시대에 미국으로 망명했던 인물들이 귀국하여 어느 독지가의 튼튼한 재정 지원에 힘입어 활발한 사회 조사 활동을 하고 있었다. 비판 이론의 제1세대는 호르카이머M. Horkheimer, 아도르노T. W. Adorno, 마르쿠제H. Marcuse, 벤야민W. Benjamin 등이 대표적이었다. 호르카이머는 능란한 사업가적 소질을 가진 연구소 경영의 귀재였지만 비판 이론가들 가운데 성향은 상대적으로 보수적이었다고 한다. 그는 하버마스를 급진적 성향의 젊은 학자로 보아 임용에 반대했던 것으로 알려져 있다.[4] 그러나 학문적 천재성을 발휘했던 아도르노가 그를 강력히 지지했다. 그리하여 그는 1963-64년의 유명한 '실증주의 논쟁'의 주역이 될 수 있었고, 영국의 칼 포퍼Karl Popper와 독일의 한스 알베르트Hans Albert를 상대로 일대 논쟁을 시작했다.[5] 이를 통해 그는 마르크스가 정치경제학 비판을 통해 자본주의 경제의 비판으로 진입했듯이, 실증과학 비판을 통해 현대 사회 체제 운용의 기본 한계를 비판적으로 해부하고자 했다. 그의 눈에 실증과학은 현대 자본주의의 가장 중요한 생산력의 원천이자 기술관료적 체제 운영의 방식을 뜻했다. 그는 실증과학의 패러다임이 왜, 어떻게 기술적 통제의 관점을 강화시킬 수밖에 없는가를 날카롭게 분석하면서 이에 대응하여 비판 이론이 무엇을, 어떻게 할 수 있는가를 논증하고자 했다. 그는 실증과학의 한계를 비판하면서 검증의 정신을 수용하여 비판 이론을 새롭게 구성하고자 노력했다. 즉, 해방적 지식의 검증 패러다임을 새롭게 구축함으로써 신선한 자극과 도전을 남겼다. 이런 과정을 통해 그는 1965년 프랑크푸르트 대학의 정교수로 취임하게 되었으며, "인식과 관심Erkenntnis und Interesse"이

4 2008년 9월 25-28일에 독일 프랑크푸르트 대학에서 열린 중국의 비판 이론에 관한 국제 심포지엄 기간에 참여자들은 사회조사연구소를 방문하였으며, 악셀 호네트(Axel Honneth) 소장의 연구소 역사에 대한 소개와 질의응답 과정에 이런 정보가 나왔다.

5 하버마스는 1963년 "The Analytic Theory of Science and Dialectics," 1964년 "A Positivistically Bisected Rationalism"이라는 두 논문으로 실증주의 방법론의 토대를 비판했으며, 이 논문들은 T. W. Adorno et al. (eds.), *The Positivist Dispute in German Sociology* (New York: Harper & Row, 1976)에 수록되어 있다.

라는 유명한 취임 강연을 남겼다.[6]

비판 이론의 제2세대를 상징하는 하버마스의 학문 활동, 특히 논쟁들은 그동안 많은 관심을 끌었다. 그는 항상 시대의 문제를 외면하지 않고 정면에서 부딪치며 논쟁했다. 몇 개의 보기를 들자면, 그는 학생 운동의 급진성을 비판했고 독일 통일의 규범적 결함을 지적했다. 때문에 많은 오해를 받았다. 그의 사상은 진보적이었지만 진보 진영의 검증되지 않은 고정관념을 해체하는 데 누구보다 앞장섰다. 그는 정통 마르크스주의와 결별했을 뿐 아니라 현존하는 사회주의 체제 결함의 근거를 마르크스의 이론 구조에서 찾는 것도 주저하지 않았다. 그의 논쟁은 종횡무진이었다. 그의 논점은 철학과 사회과학의 거의 모든 분야에 걸쳐 있었다. 이를 통해 그는 끊임 없이 학문적 성숙의 길을 걸었다고 평할 수 있다. 그 결과, 젊은 시절의 이론적 급진성에 비해 오늘의 모습은 중후하고 온건해 보인다. 하버마스는 논쟁을 즐기되 상대의 장점을 수용하여 자신도 변화하는 학문의 길을 통해 지역과 사상의 경계를 넘은 범세계적 존경과 명예를 얻었다. 최근에는 자유주의 법철학을 일신하여 사회정의와 민주정치, 시민 사회 이론의 기반으로 삼고자 했다. 오랫동안 유보적이었던 종교 문제에도 적극 관심을 보이기 시작했다. 아울러 미국의 네오콘이 주도한 신자유주의적 세계 패권의 구상에 대한 준엄한 비판에

---

6 1965년의 취임 강연록을 1968년 같은 제목의 방대한 책으로 확대, 체계화하여 출판하였다. 이 책에서 그는 실증과학만이 아니라 마르크스주의, 더 나아가 마르크스의 단견을 비판했다.

앞장서기도 했다. 때문에 보수적 학계는 그를 항상 경계했고 의혹의 눈으로 바라보았다.

하버마스의 삶이 학자로서 평탄했던 것만도 아니다. 그가 스스로 택했던 10여 년간의 유배 생활은 좋은 보기다. 잘 알려져 있듯이 그의 비판 이론은 독일 학생 운동에 큰 영향을 미쳤다. 그가 제공했던 비판의 개념, 해방적 관심, 이론과 실천의 통일 등은 학생들에게 많은 자극과 상상력을 제공했다. 유럽을 휩쓴 1968년 시위의 40주년을 맞이하여 출간된 많은 책에서 학생들에 둘러싸여 논쟁하는 젊은 하버마스의 모습을 쉽게 발견할 수 있다. 그렇다고 하버마스가 학생 운동을 지지한 것만은 결코 아니었다. 그는 자유로운 논쟁, 이를 통한 계몽, 이에 기초한 연대와 새로운 조직을 통해 사회를 변화시켜가는 프로그램을 주장했지만, 학생 운동이 급진화되면서 갈수록 '행동주의'의 위험이 커졌고 '우리 편이 아니면 모두 체제의 편'이라는 단순한 이분법이 횡행하게 되었다. 이런 상황에서 그는 '우파 파시즘'에 못지 않게 '좌파 파시즘' 또한 경계의 대상이라는 입장을 공개적으로 천명하면서 급진화된 학생 운동은 그를 비판의 대상으로 삼았다. 학생들은 급기야 프랑크푸르트 대학 사회조사연구소를 점령하여 농성하였고, 이로 인한 충격으로 아도르노가 곧 사망하는 일도 생겼다. 이런 상황에서 하버마스는 스스로 대학을 떠나 독일 남부 슈타른베르크의 연구소에서 '유배 생활'을 시작했다. 그는 이렇게 학생들과 10여 년 단절되었다. 1980년대 초에 다시 프랑크푸르트 대학으로 돌아가기까지 그가 거주했던 독일 남부 지역의 어느 대학도 그를 강의에 초청한 적이 없었다.

그러나 스스로 택한 유배 기간에 하버마스는 불멸의 많은 저술을 출간했다. 『후기자본주의 정당성 문제』를 포함하여 "보편적 화용론Was heisst Universalpragmatik?"(1976) 그리고 『사적 유물론의 재구성*Zur Rekonstruktion des Historischen Materialismus*』(1976)을 발표했다. 비판 이론의 기초를 언어이론적으로 재구성하는 획기적인 프로젝트를 시작했으며 '의사소통 이론'을 집대성했다. 비판 이론에 대한 그의 열정은 더욱 심화되었다.

그러나 회고해보면 단순한 사실 하나가 그의 후기 학문 활동에 적지 않은 영향을 미쳤다. 젊었을 때 그는 프랑크푸르트 대학에서 철학과 사회학을 가르쳤다. 그러나 복직이 된 이후에는 오직 철학만을 가르치게 되었다. 작은 것 같지만 교수에게 이것은 중요한 차이였다. 사회학을 통한 시대와의 치열한 대결은 약화된 대신 "현대의 철학적 담론"을 포함하여 소통 이론 정립에 필요한 언어철학, 도덕 이론, 담론윤리 등에 관한 다양한 주제를 심층적으로 발전시켰다. 좋게 평가하면 원숙한 석학의 철학적 담론이 주류를 이루게 되었다. 그는 종종 "살아 있는 백과사전"이라고 불렸는데, 이것은 그가 이것저것을 널리 안다는 뜻이라기보다는 전문 영역으로 분리된 지식을 자신의 독특한 시각으로 연결시켜 토론의 새로운 장을 여는 특유의 능력을 가리키는 비유였다. 정년퇴직을 한지도 벌써 15년이 지났지만 아직도 그는 건강한 몸으로 왕성한 학문 활동을 하고 있다.

2. 하버마스의 방대한 저술을 만나다

하버마스의 저술은 방대하여 간략히 정리하기란 쉽지 않다. 여기서는 몇 가지의 주제를 중심으로 저술의 발자취를 개관하고자 한다. 젊은 시절, 그가 가장 깊은 관심을 쏟았던 주제는 비판 이론의 재구성이었다. 우선 비판 이론을 마르크스주의 전통의 도그마들로부터 어떻게 해방시켜 새롭게 구성할 것인가의 문제를 깊게 생각했고 이런 연구의 결실이 『이론과 실천』, 『인식과 관심』, 『사적 유물론의 재구성』 등으로 나왔다. 한 걸음 더 나아가 그는 경쟁하는 다른 학문 전통과의 끊임없는 대화를 통하여 비판 이론의 품격을 높이고자 했다. 1960년대 초의 '실증주의 논쟁'을 필두로 하여 독일의 오래된 학문 전통인 해석학, 파슨스T. Parsons와 루만N. Luhmann으로 대표되는 현대 기능주의, 모더니티를 중심으로 한 역사학계의 논쟁, 도덕과 윤리, 사회정의에 관한 자유주의와 공동체주의 간의 팽팽한 논쟁, 푸코M. Foucault와 데리다J. Derrida 등 이른바 탈현대에 관한 수많은 논쟁에 뛰어 들었고 이를 이끌었다. 그는 독일이 배출한 진보 진영의 대부 같은 존재였지만 또한 진정한 의미의 자유주의자였다. 그가 제시한 『사적 유물론의 재구성』은 눈부신 공적이었지만 마르크스주의 전통에 충실하고자 한 사람들에게는 수용하기 힘든 이탈로 보였을 것이다. 그는 검증되지 않은 모든 권위에 치열하게 대결했다.

다른 큰 주제는 인구에 회자된 '언어 이론으로의 전환'에 관한 것이다. 그는 마르크스주의의 이론 구조 안에 민주주의의 토대가 빈약하다는 점을 날카롭게 주시했다. 그는 사회주의 현실이 민주주의로부터 거리가 먼 것이 우연이 아니라고 생각했다. 이 결함을 극복하기 위해 비판 이론의 인식론적 방법론적 토대를 일신하고자 심혈을 기울였다. 이런 관점에서 그는 프로이트의 심리 분석을 왜곡된 의사소통 분석과 해방의 담론으로 재구성했다. 또한 이른바 과학적 합리성 또는 기능적 합리성과 구별되는 의사소통의 합리성 개념을 확립하기 위하여 영국의 '스피치 액트' 이론을 포함하여 미국 프라그마티즘 전통에서 유래하는 여러 학문 사조를 검토했고 수용했다. 또한 소통 이론의 패러다임을 완성하는 데 요구되는 여러 쟁점을 세밀하게 다루었다. 특히 하버마스가 보편적 화용론을 통해 정립한 소통의 2중 구조는 매우 암시적이다. 모든 소통에는 발화된 내용, 즉 문장으로 표현될 수 있는 소통의 내용이 있다. 그러나 그 이면에는 예외 없이 일정한 사회관계가 소통의 화용론적 전제로 작동하고 있음을 밝혔다. 다시 말해 모든 발화된 문장은 소통의 사회관계 위에 있다. 만일 이 관계가 왜곡되면 소통은 내부적으로 장애에 부딪친다. 그는 열린 소통의 조건을 포괄적으로 포착한 셈이다. 아울러 비판 이론의 개념틀을 종래의 상부구조와 하부구조의 관계로부터 체계와 생활 세계의 관계로 변화시킨 것도 의미심장한 변화를 가져왔다. 이런 이론적 전환에 기초하여 그는 『의사소통 행위 이론 *Theorie des kommunikativen Handelns*』(1981)과 『현대의 철학적 담론 *Der philosophische Diskurs der Moderne*』(1985)을 완성하였다.

또 다른 큰 주제는 하버마스가 프랑크푸르트 대학으로 돌아간 이후 본격 추진했던 법학과의 본격적인 대화라고 할 수 있다. 법은 복합적인 현대 체제 운영의 기본 조건이다. 특히 민주주의를 지향하는 사회에서 민주정치의 정당성과 법치의 근거를 어떻게 확립할 것인가는 자유주의적 법철학의 핵심 쟁점이다. 하버마스는 법을 정당성의 근거로 보는 사조 또는 절차적 합리성의 기준을 법에서 찾으려는 사조와 대결하면서 민주주의의 기초가 단순한 법치에 있는 것이 아니라 입법을 자유롭게 검토하는 개방된 공론장에 있다는 점을 논증하고자 했다. 그는 존 롤스John Rawls, 로티R. Rorty, 드와킨R. Dworkin 등 당대의 대표적인 자유주의 이론가들과 논쟁을 계속했다. 그 대표적인 결실은 1992년에 출간한『사실성과 타당성*Faktizität und Geltung*』이다. 이 책은 하버마스의 일관된 학문적 태도를 잘 보여준다. 그는 일찍이 포퍼K. Popper의 과학철학, 가다머H. G. Gadamer의 해석철학, 루만의 체계 이론과 대결하면서 각각의 합리적 핵심을 수용했다. 1980년대에는『의사소통 행위 이론』을 통하여 미국의 실용주의를, 그리고『현대의 철학적 담론』을 통하여 프랑스의 포스트모던 담론을 해부하고 수용했다. 그리고 법철학 저술을 통하여 현대 민주주의 사조의 뿌리에 있는 영미 자유주의 전통을 수용하면서 헌법, 인권, 국민주권 등의 이론을 언술적discursive 법 이론 또는 정치 이론으로 재정립했다. 이렇게 그는 끊임없이 상대의 합리적 핵심을 자신의 이론 체계 안에 재배치함으로써 새로운 사유의 지평을 넓혀왔던 것이다.

이와 함께 하버마스는 정치적 성격을 갖는 수많은 저술을 출판했다. 이 안에는 시대의 문제에 대한 진단도 있고 저명한 정치인들과의 대담도 있으며 미디어권력, 행정권력에 대한 비판도 있다. 독일 통일의 규범적 결함에 대한 고발, 유럽공동체의 코스모폴리탄 측면에 대한 지지 등은 잘 알려진 대목들이다. 최근에는 『전환의 시대*Zeit der Übergänge*』(2001), 『시대진단*Zeitdiagnosen*』(2003), 『분열된 서구*Der gespaltene Westen*』(2004) 등에서 패권적 신자유주의의 오류와 한계를 고발했다.

3. 위기 관리와 정당성 획득의 상충

우리가 이 글에서 주목하고자 하는 『후기 자본주의 정당성 문제』는 매우 논쟁적인 저술로서, 프랑크푸르트 비판 이론의 전성기에 출판된 것이다. 전성기란 세계 도처의 젊은 인재들이 프랑크푸르트 대학의 비판 이론 진영으로 모여들었다는 것, 그리고 하버마스가 여러 지성사조와 전방위 논쟁을 벌였다는 것을 뜻한다. 이 책의 핵심 쟁점은 자본주의 국가의 문제, 또는 시장경제와 국가 사이의 변동하는 구조적 관계였다. 이 책이 출판되던 당시 독일에는 '자본논리학파'가 진보진영의 관심을 끌었다(Altvater, 1973). 프랑스에서는 알튀세르(Althusser, 1969), 플란차스(Poulantzas, 1975) 등의 '구조주의 접근'이 위세를 떨쳤다. 영국에는 밀리반트(Miliband, 1969) 등의 국가론이 자리를 잡고 있었고 미국에서는 밀즈C. W. Mills의 '군산복합체' 같은 발상의 국가론이 각광을 받았다. 이런 접근은 대체로 국가를 자본축적 과정에 포섭된 부문으로 보거나 자본가 계급의 이해에 봉사하는 계급적 성격의 것으로 간주한다. 분석적으로 본다면, 국가에 외재하는 자본축적의 논리 또는 계급 이해가 자연스럽게 국가 기구에 파고들어 스스로를 관철한다고 가정하며, 이런 사고를 '변증법적 총체성'이라는 개념으로 정당화했다.

하버마스가 던졌던 질문은 이런 총체성의 논리로 현대 자본주의의 변동 양상을 정확히 파악할 수 있겠는가 하는 것이었다.[7] '후기 자본주의' 개념은 '전기 자본주의'와 구별되는 중요한 구조적 변동을 전제한다. 후자의 이념형은 흔히 자유방임형 자본주의로 묘사된다. 여기서 시장경제는 자체의 고유한 운행 법칙을 따르며 국가의 역할은 최소한의 것이 되어야 한다고 가정한다. 그러나 시장 법칙은 자본 분파 간의 무정부적 경쟁의 심화로 인하여 주기적으로 자기 파괴적인 위기를 생산한다. 1930년대의 세계공황을 경유하면서 자본주의 국가는 더 이상 소극적 역할에 안주하기보다 위기를 예견, 진단하고 이를 관리하는 중요한 업무를 수행하게 되었다는 것이다. 위기 관리 시대의 새로운 발전 모델에 따르면, 국가는 더 이상 시장경제에 의존하거나 종속되기보다 상호 보완적인 것으로 변모한다. 즉, 시장경제의 존속이 국가의 성공적인 경제 개입과 위기 관리에 의존하게 되었다.

이러한 후기자본주의 성격 규정이 활발한 자본주의 국

7 특히 변동하는 국가의 역할이 연구의 초점으로 떠올랐다. 하버마스의 제자였던 클라우스 오페는 후기 자본주의 국가 이론에 대해 이론적, 경험적 차원에서 폭넓은 공헌을 했다. 그의 이론적 논의는 최근 *Strukturprobleme des kapitalistischen Staates*라는 원래 제목의 확대본으로 2006년 출간되었다. 그의 대표적인 논쟁은 '위기 관리의 위기'를 쟁점화한 것으로, "Krisen des Krisenmanagement," in M. M. Jänicke (ed.), *Herrschaft und Krise* (Opladen: Westdeutscher Verlag, 1973), pp. 197-223에 잘 드러나 있다.

가 논쟁을 일으켰다. 우선 위기가 왜, 어떻게 생산되고 심화되는가에 대한 명석한 분석이 요구되었다. 아울러 위기 관리의 문제, 그 특수한 방식과 효과도 중요한 문제로 부상했다. 더 나아가, 위기 관리의 결과가 위기를 희석 또는 유예시킬 것인가 아니면 오히려 위기를 더욱 심화시킬 것인가의 질문도 제기되었다. 자본논리학파 또는 구조주의 학파는 국가를 자본주의 경제의 축적 과정 안에 포섭된 기구로 가정한다. 모순과 위기를 만들어 내는 축적 과정은 국가 활동의 구조적 틀이자 제약 요인이다. 즉 국가는 축적 과정에 종속될 뿐 그 자체를 바꾸거나 변화시킬 수 없다. 잘못하면 위기 경향을 더욱 악화시킬 개연성도 있다고 보았다. 이런 논의에는 우리가 경청해야 할 혜안이 있는 것이 사실이다. 그러나 국가에 의한 위기 개입 방식을 깔끔히 설명하려면 국가의 밖에서 국가 활동을 규정하는 것으로 가정된 제약 요인에 초점을 맞출 것이 아니라, 국가의 개입 방식에 내화되어 있는 구조적 선택성을 명확히 파악하는 것이 더욱 중요하다(Offe, 1975; 1976; 2006). 즉 국가의 밖에서 나오는 명령(계급 이해)이나 필요(시장의 요구)에 따라 국가가 운영된다는 일종의 환원주의적 입장을 반복할 것이 아니라, 상대적 자율성하에 자신의 업무를 이끌어가는 선택성의 원리가 국가 활동 안에 어떻게 제도화되어 있는가를 분석적, 경험적으로 명료하게 잡아야 한다는 것이다.

구조적 선택성으로부터 우리는 여기서 국가를 둘러싼 양 차원의 관계를 직시할 필요가 있다. 국가는 한편으로 경제 위기의 경향을 예측, 관리하는 입장에 서 있다. 이 기능의 효율성 또는 효과성이 국가의 성격 규정에 매우 중요하다. 이 기능을 잘 수행하면 정부는 시장의 신뢰를 얻게 되고 정치적 효과도 크다. 다른 한편, 국가는 민주주의로 표현된 주기적 선거와 공론장을 통하여 시민들로부터 권력의 정당성을 검증 받는 위치에 있다. 그렇다면 경제의 위기 관리와 정당성 획득은 동전의 양면인가 아니면 별도의 논리와 규칙을 따르는가? 이에 관해 하버마스는 자본주의 사회가 발전하면서 두 영역 사이의 균열과 단절이 증가한다는 입장을 보였다. 자본주의 국가를 특징짓는 두 과제의 조화가 갈수록 어려워진다는 명제를 내놓았던 것이다.

흥미로운 관찰은 국가의 복지 정책에 드러나 있듯이 상품화의 논리를 벗어나는 탈상품화의 논리, 즉 자본주의와는 구조적으로 어울릴 수 없는 새로운 발전의 씨앗 또는 탯줄이 국가 활동 안에서 성장하고 있음을 의미한다. 다시 말해, 자본주의 국가의 실체적 활동 안에 자본주의적 조직 원리와는 다른 어떤 것이 성장하고 있다는 것이다. 오페와 함께 하버마스가 제기한 정당성 위기는 바로 이 지점을 중요한 거점으로 상정했다. 즉, 자본주의 복지국가 안에 성장하고 있는 탈상품화의 보편적 가치 – 인간의 행복, 복지, 인권, 안전, 평화 등 – 에 의미를 부여하고 이를 활성화하려는 실천적 지향을 가지고 있었던 것이다.

4. 후기 자본주의 국가의 양상

하버마스의 『후기 자본주의 정당성 위기』는 3부로 구성되어 있다. 제1부의 핵심은 사회과학적 위기 개념을 체계 위기와 사회 위기로 나누어 분석한 것이다. 두 위기 유형은 체계 통합과 사회 통합에 상응하는 한 쌍의 개념이기도 하다. 하버마스의 이론 구성에 의하면, 국가와 시장경제의 관계는 체계 통합 또는 체계 위기의 개념으로 잘 포착할 수 있다. 축적 과정의 난제들을 예견, 측정하여 이에 대응해가는 방식은 경기순환과 같은 체계 통합의 관점을 전제한다는 것이다. 다른 한편 국가는 시민 사회와의 관계에서 정당성을 획득 유지하는 과제를 안고 있는데, 이것은 사회 통합의 관점에서 접근할 수 있다.

> 사회과학적으로 적합한 위기 개념은 체계 통합과 사회 통합의 연관을 포착해야 한다. '사회 통합'과 '체제 통합'의 두 가지 표현은 서로 다른 이론 전통에서 나온 것이다. 우리가 사회 통합을 거론할 때는 말하고 행동하는 주체들이 사회적으로 관계를 맺고 있는 제도 체계를 염두에 둔다. 여기서 사회는 상징적으로 구조화되어 있는 생활 세계를 뜻한다. 이에 반해 우리가 체계 통합을 말할 때는 스스로 굴러가는 어떤 체계의 특수한 운행 기능을 염두에 둔다. 여기서 사회 체계는 불확실한 환경의 복합성을 꿰뚫어봄으로써 자신의 경계를 유지하고 계속 존속할 수 있도록 하는 능력의 관점에서 이해된다. 생활 세계와 체

계의 두 패러다임은 다 같이 중요하다. 문제는 이들의 관계를 보여주는 데 있다. 생활 세계의 관점에서 우리는 한 사회의 규범 구조(가치와 제도)를 부각시킨다. (…) 체계의 관점에서 우리는 한 사회의 운행 메커니즘과 우연성의 확산 정도를 부각시킨다. (…) 우리가 사회를 생활 세계로 이해한다면, 체계 운행의 측면은 제외된다. 반대로 사회를 체계로 이해한다면 사회 현실은 종종 반사실적이지만 현실적으로 공인된 규범적 행동으로 구성된다는 점은 고려되지 않는다.(1975, pp. 4-5)

이런 논리로 보자면, 국가의 경제 위기 관리 기능은 화폐의 수급 조절과 같은 체계 통합의 관점을 요구하지만, 정당성 획득의 기능은 사회적 갈등과 통합의 관점을 요구한다고 할 수 있다.

우리의 관심을 끄는 것은 책의 제2부이다. 여기서 하버마스는 현대 자본주의가 부딪치고 있는 위기의 경향을 분석하고 위기의 이전 패턴을 검토한다. 출발점은 자본주의적 생산과 금융의 질서 안에서 발생하는 경제적 위기 경향이다. 하버마스의 관심은 왜, 어떻게 경제 위기가 발생하는가를 새롭게 분석하기보다는 위기 경향에 대하여 국가가 어떤 선택성의 원리로 개입하는가에 있다. 국가의 경제 개입은 국가가 동원할 수 있는 재정, 금융, 조세 등의 수단을 통해 경제성장, 구매력의 유지, 경기 부양을 위한 방대한 공적 자금을 제공하는 것이 핵심이다. 여기서 국가는 다양한 집단의 압력, 로비의 영향을 받는다. 공급된 자금의 전달 체계가 불투명할 수도 있고 경기 부양책이 기대했던 효과를 거두지 못할 위험도 있다. 이럴 경우 행정의 모순은 심화될 것이다.

그러나 다른 한편 국가의 경제 개입은 이런 행정의 모순을 피하기 위하여 나름대로 정교한 모델을 발전시키는 경향이 있다. 집단의 필요와 권력 관계에 따라 개입의 우선순위를 정하는 것이 아니라 체제 존립을 위해 기능적으로 중요한 부문에 우선적으로 개입한다는 것이다. 최근의 금융 위기 경험이 이 점을 잘 보여준다. 금융 위기는 주택 시장의 거품을 통제하기보다 이를 활용하여 파생상품을 무한정 확대시키는 금융 부문의 잘못된 관행에서 시작한 것이다. 이런 금융 부문의 특권과 비리가 청산되기는커녕 온존하고 있는 현실에도 불구하고, 금융 산업이 붕괴될 경우 그 결과가 실로 파국적일 것이 분명하기 때문에 천문학적 공적 자금이 이 부문에 우선 투입된다. 자본주의 경제의 유지에 보다 필수적인 부문일수록, 또는 위기가 자본주의 경제 전체의 유지에 보다 큰 부담을 줄수록, 국가는 이 부문에 신속하고 강력하게 개입한다. 이것은 자본주의 국가의 내재적 속성과도 같은 것이다.

이런 선택성의 이면에서 경제 위기의 피해를 받는 서민들의 복지가 차별대우를 받게 된다면, 이런 국가의 경제 위기 개입 방식이 과연 무엇을 위해, 누구를 위한 것인가의 근본적인 의문을 만들어낼 수 있다. 특권적 위치와 혜택을 누려온 부문의 정상화를 위해 일반 서민은 더욱 허리띠를 졸라매야 하는 상황이 온다면, 국민주권과 공공 이익을 대변해야 할 국가권력의 정당성은 의문에 부딪칠 수 있다는 것이다. 정당성 위기는 이런 맥락에서 제기되는 쟁점이다.

하버마스는 제3부에서 정당성 문제에 접근하는 이론적 입장을 새롭게 다듬고 있다. 그는 베버를 포함한 많은 이론가를 검토하지만, 기존의 이론에서 만족할만한 답을 찾을 수 없었던 것으로 보인다. 따라서 우리는 제3부의 행간을 흐르는 그의 고민을 음미해볼 필요가 있다. 자본주의 국가의 개입 패턴은 결국 계급 이익의 타협에 의한 것으로 볼 수 있다. 기능적으로 보다 중요한 부문, 막강한 영향력과 위협을 행사할 수 있는 집단의 이익이 먼저 보호된다는 것이다. 체제 유지의 합리성이 여기에 작용하고 있다. 그러나 하버마스는 계급 이익의 타협 모델과는 다른 어떤 요구, 즉 계급의 경계에 얽매여 있기보다 이를 넘어설 수 있는, 그런 의미에서 일반화가 가능한generalizable 주장이 어떻게 제기되는가에 깊은 관심을 가졌다. 그는 수단적, 공리적 문제가 정당성에 영향을 미치는 것은 사실이나 정당성의 핵심은 행위자가 공유하는 규범에 있다는 입장을 견지했기 때문에 이 책의 제3부에서 자본주의의 문화적 기축을 이루고 있는 '소유적 개인주의'가 종말을 맞이하고 있는가를 과감히 물었던 것이다. 즉 국가의 복지 기능에서 발아된 탈상품화의 인간관계로부터 시작하여 사회 구성원이 강제 없이 자유롭게 공유할 수 있는 보편적 가치, 공공선을 응시하고자 했다. 이를 통하여 기본적으로 자본주의적 사회관계가 아닌, 보다 보편적인 사회관계를 확립할 수 있는가를 물었던 것이다.

오늘의 현실에서 볼 때, 하버마스의 역사적 전망과 기대는 신자유주의의 공격 앞에서 무너진 것처럼 보인다. 국가의 모든 활동 안에서 상품화의 논리는 더욱 강화되었고 국가는 경제의 세계화 앞에서 상대적으로 무력해졌다. 1980년대 중반 이후 서구 복지국가에 대해 제기된 비판은 잘 알려져 있다. 복지국가는 스스로 거둔 성공의 포로가 되어 탈상품화의 가치를 모더니티의 한계를 넘어서는 새로운 발전의 에너지로 삼지 못한 채, 이미 익숙해진 생산주의의 안목과 관료제적 방식으로 '유토피아의 잠재력'을 소진해버렸다는 것이다.

5. 하버마스 최신 인터뷰의 여운

이런 시대상황에서 하버마스의 최근 인터뷰는 관심을 끈다.[8] 1930년대 경제공황에 국가가 적극 개입하는 과정에서 후기 자본주의 또는 서구 복지국가 체제가 등장했다면, 오늘의 세계 위기에 개입하는 과정에서 어떤 산물이 등장할 것인가? 민주주의 정치와 위기 관리는 선순환의 관계에 있는가? 아니면 중국 같은 권위주의 체제가 위기 관리 기능에 보다 성공적인가? 아직은 아무도 확실한 대답을 내놓을 수 있는 단계가 아닌 것 같다. 다만 공통 화두가 위기 관리로 변했다는 것은 분명하다. 그리고 이것을 실행하는 주

8 미국 예일 대학에서 강의를 마치고 막 귀국한 상태에서 하버마스는 독일의 지성계 잡지 『디 차이트(*Die Zeit*)』의 토마스 아스호이어(Thomas Assheuer)와 2008년 11월 26일 대담을 나누었다.

체는 현재에도 국가 이외의 다른 것을 생각할 수 없다.

이 대담은 다음과 같은 질문으로 시작했다(Habermas, 2008a).

질문: 세계 금융 시스템이 붕괴되었고 지구적 경제 위기가 확산되고 있습니다. 가장 걱정스러운 것은 무엇입니까?"

하버마스: 파렴치한 사회부정의가 가정 걱정스럽죠. 시장실패의 사회화된 비용 가운데 핵심을 가장 상처받기 쉬운 사회집단이 감당해야 하니까요. 어차피 이들 대중은 세계화의 승자일 수 없습니다. 이들은 금융 시스템이 실물경제에 미치는 예측 가능한 부작용의 충격에 휩싸여 있습니다. 지구적 관점에서 이런 운명은 경제적으로 가장 약한 나라들을 할퀴고 갑니다. 이것은 정치적 스캔들입니다.

질문: 국가는 경제 영역의 한 행위자에 불과한 것으로서 가능한 최소한의 역할을 수행해야 한다고 신자유주의는 말합니다. 이런 사고방식이 이제 신뢰를 상실했나요?

하버마스: 이것은 위기가 어디로 갈지, 정당의 사유 능력, 공론장의 형성에 따라 다를 것입니다. 독일에서는 아직 상황이 이상하게 조용합니다. 그러나 주주의 이익을 맹목적으로 우선하고 사회 불평등이나 하류계급, 아동 빈곤, 저임금 부문의 등장에 무관심했던 아젠다는 이제 사람들이 믿지 않게 되었습니다.

질문: 금융 위기로 인해 사인화Privatization의 결과가 분명해졌다고 보십니까?

하버마스: 미국에서는 부시 정부가 극단적으로 밀고 나간 탈규제 정책이 야기한 물질적, 도덕적, 사회적, 문화적 손실이 한층 뚜렷해지고 있습니다. 사회보장이나 건강, 대중교통, 에너지 공급, 연금 제도, 형법 체계, 군사 보안, 학교와 대학 교육의 광대한 부문을 사적으로 해결하려는 것, 또는 도시와 지역공동체의 문화 설비가 개인 후원자의 약속이나 호의에 의존하는 것과 같은 사인화 현상은 특정 사회 설계의 부분으로서, 이것이 파생하는 위험한 결과는 민주적 입헌국가의 평등주의 원칙과 어울리기 힘듭니다.

질문: 귀하의 논쟁적이었던 저술의 제목을 인용하자면, 우리는 오늘날 자본주의의 정당성 위기를 경험하고 있습니까?

하버마스: 자본주의 세계로부터 벗어나는 것은 1989-1990년 이래 불가능하게 되었습니다. 오로지 가능한 선택은 자본주의 안으로부터 그 동태를 문명화하고 길들이는 것이죠. 2차대전 이후에도 서구 대부분의 좌파들에게 소련은 실현 가능한 대안이 아니었습니다. 따라서 나는 1973년에 자본주의 '안'의 정당성 문제들을 거론했습니다. 정당성 문제는 그 이후 해당 국가의 사정에 따라 긴급한 의제로 다시 강요되었죠. 이 징후를 우리는 오늘날 경영자의 봉급, '황금 낙하산,' 즉 엄청난 보너스와

상여금의 철폐 주장에서 발견합니다.

질문: 그러나 이런 것들은 그저 눈요기에 불과한 것 아닙니까?

하버마스: 그렇습니다. 이것은 정치인과 경제 자문집단의 실패를 다른 데로 돌리는 상징 정치일 뿐이죠. 그들은 오랫동안 금융시장에 대한 규제의 필요성을 잘 알고 있었습니다. 나는 얼마 전, 2007년 2월에 『디 차이트*Die Zeit*』에 실린 글, "새로운 초대형 투기가를 규제하라"는 헬무트 쉬미트의 명석한 글을 읽었습니다. 그러나 미국이나 영국의 지도자들은 경제가 굴러가는 한 난폭한 투기가 유용하다고 봅니다. 유럽은 워싱턴 컨센서스에 복종했어요.

워싱턴 컨센서스는 1990년에 IMF와 세계은행이 제안했던 악명 높은 경제계획으로서 처음에는 남미에, 그리고는 세계 절반의 국가들에 경제 개혁의 큰 그림을 제공했습니다. 핵심적인 약속은 '트리클 다운Trickle Down,' 즉 부자는 더 부유해지고 풍요가 빈곤층으로 흘러 넘어온다는 것이죠. 이 진단의 잘못에 대한 경험적 증거들이 오랫동안 누적되었습니다. 풍요의 증가가 국가 안에 또는 지구의 차원에서 너무도 비대칭적이고 우리 눈 앞에 빈곤 지대가 계속 증가했습니다.

위의 대담에서 발견하듯이, 하버마스는 자신의 1973년 저술의 핵심을 자본주의 '안'의 정당성 문제라고 방점을 찍었다. 그는 사회주의 체제 붕괴 이후의 시각으로 1973년 논쟁의 의미를 해석하는 것 같다. 아울러 그는 정당성 문제가 소진되지 않고 오늘날 다시 제기된다는 점을 분명히 하고 있다. 국가의 규제를 벗어난 자본, 특히 금융자본의 고삐 풀린 질주로 인해 세계경제는 오늘날 미증유의 위기에 부딪치게 되었다. 35년 전에 하버마스가 후기 자본주의의 정당성 문제를 제기한 바로 그 지점에서 우리는 지구적 차원의 새로운 위기와 만난다. 이 두 시대를 어떻게 연결시켜 생각할 것인가?

선택성 개념의 해부

우선 위기 관리 분석의 핵심 개념으로서 선택성의 개념을 주시할 필요가 있다. 이것은 원래 루만의 체계 이론에서 나온 것이다. 모든 체계는 변동하는 복잡한 환경에 대응하기 위해 정보를 수집, 분류, 활용한다. 이를 기초로 하여 환경의 복합성을 줄이고 자신의 의미 지평을 넓히는 선택적 개입을 하게 된다는 것이다. 오페(1988, pp. 143-144)는 이 개념을 자신의 국가 이론과 과감히 연결했다.

국가가 '자본주의' 국가로서 계급적 성격을 갖는다는 것을 밝히려면 그 내적 구조에 다음과 같은 유형의 체계적 선택성이 있음을 보여주어야 한다.

> a. 국가 기구는 다원주의적 정치 과정에서 나타나는 단기적이고 한정적이며, 상호 갈등하는 불완전한 이익들로부터 계급

이익을 추출할 수 있는 선택성, 즉 '자본의 집합 이익'을 분명히 하여 그에 부합되는 이익을 우선적으로 고려하는 선택성을 보여주어야 한다. 정치적 지배가 계급 지배로 정착되려면, 국가는 개별적 자본 단위들이 표출한 이익에 대해 '어느 정도의 거리'를 유지하는, 일종의 후견자나 감독자가 되어야만 한다. 말하자면 개별 자본의 영향력은 효력을 갖고 있기는 하나 동시에 제한되어 있기 때문에, 국가는 표면적인 불일치, 왜곡 및 특수주의를 가능한 한 피하는 전략적 계획을 정치적 지배로 행사해야만 한다. 때문에 국가는 지배계급의 이익을 단순히 반영하는 것을 넘어서서 전체 자본을 위해 특정 자본 이익을 국한시키거나 침해할 수도 있다.

b. 정치적 지배가 계급 지배로 이행하려면, 경험적으로 다양한 개별 자본의 이해를 하나의 계급 이익으로 통합하는 선택성뿐만 아니라, 반(反)자본가적인 이익과 갈등에 대항하여 자본 일반을 보호하는 선택성 또한 필요하다.

a.에서 제시된 선택성으로 국가는 적극적으로 계급 이익을 형성하는 기능을 수행하는 한편, b.에서 제시된 선택성을 통해 국가는 반대 이익의 표출을 억압하는 기관으로서 소극적으로 행동한다. 국가의 계급적 성격을 구성하는 것은 바로 이러한 두 선택성, 즉 계급 이익의 적극적 형성과 권력의 행사에 의한 계급 이익의 실현이다.

위의 분석은 독특한 혜안을 담고 있다. 자본주의 시장경제는 끊임 없는 경쟁을 통해 성장하는데, 경쟁하는 자본 분파들은 자신의 계급 이익을 추구한다. 산업자본, 금융자본, 상업자본 등의 이해관계는 결코 동일하지 않다. 즉, 전체 자본의 이익을 생각하고 실현할 수 있는 개별 자본은 존재할 수 없다. 그러나 개별 자본 간의 무한 경쟁은 파국을 가져올 수 있기 때문에, 자본주의의 발전을 위해서는 개별 자본을 상회하는 수준에서 전체 자본의 이해를 관철하는 조직과 활동이 요구된다. 그러나 이것은 자본으로서는 할 수 없는 일이다. 보기로, 전경련 같은 조직이 있지만 이것이 전체 자본의 이해를 대표하는 것은 아니다. 자본주의 발전의 필수 조건이지만 자본의 운동 안에서는 공급될 수 없는 이 기능을 수행하는 것이 곧 자본주의 국가라 할 수 있다.

이런 국가 활동은 크게 두 차원으로 구성된다. 하나는 시장경제와 국가의 관계이고 다른 하나는 시민 사회와 국가의 관계이다. 우선 국가와 시장경제에 작동하는 선택성의 원칙을 살펴보면 다음과 같다.[9]

> 첫째는 배제의 원칙이다. 자본축적은 자유로운 기업에 의하여 이루어진다. 기업이 가지고 있는 특권은 기업 활동에서 이윤이 창출되지 않는다면 생산을 중지할 수 있다는 것이다. 국가는 축적에 반하는 것으로 간주되는 생산을 하도록 기업을 '밀어 붙일' 수 없으며, 또 거꾸로 이들이 축적에 도움이 되는 것으

9 이하의 진술은 주로 오페(1988, pp. 168-170)의 분석에 기초한 것으로서 하버마스의 논의에 가정되어 있는 것이다.

> 로 생각하는 생산을 '중지할' 수도 없다.
>
> 둘째는 관리의 원칙이다. 즉 국가는 자본축적의 조건을 창조하고 유지해야 할 권한과 의무를 가지고 있다.
>
> 셋째는 의존의 원칙이다. 국가 활동의 물적 기반은 일차적으로 축적 과정이 여하히 지속하느냐에 달려있다. 자본축적이 이루어지지 않는다면, 국가권력을 포함한 모든 것이 해체되는 경향이 나타난다. 경제가 잘 유지되어야 국가 예산이 세금으로 충당되기 때문이다. 따라서 국가는 자신의 안정과 발전을 위해서라도 자본축적과 조화되어야 한다. 이런 축적 기능에 대한 국가 의존성은 국가 정책에 있어서 선택성의 원리로 작용한다.

이런 차원의 선택성은 단순한 자원의 분배가 아니라 생산성을 지향하게 된다. 국가가 자신의 통제하에 있는 재정이나 금융, 법률 등의 자원을 이용하는 것, 또는 경기 부양책을 내놓고 인력을 증강시키며 공적 프로그램을 개발하는 것은 공급자의 관점에서 자원을 배분하는 성격의 것이다. 이로부터 더 나아가 효율성을 높이려면 자원의 공급 또는 배분을 넘어 시장경제를 활성화하는 생산적인 효과를 산출해야 한다. 국가가 단순히 자원을 공급하는 것만이 아니라 각 프로그램의 생산적 효과를 사전에 면밀히 고안하고 예측하여 정책을 집행하는 단계로 발전해야 하며, 이것은 곧 생산적 국가의 이미지다. 물론 국가는 그 자체가 자본가는 아니다. 그러나 자본주의 국가의 성격을 일신하려면, 종래의 행정 패러다임에서 벗어나 생산성을 지향하는 일종의 구조 혁신이 필요하다고 할 수 있다.

> 네 번째 원칙은 국가와 시민 사회의 관계에 작용하는 정당성의 원리로 요약된다. 정당성은 특정 계급의 이익이나 시장경제의 필요에서 오는 것이 아니고, 시민이 동의할 수 있는 보편적 가치 또는 일반화가 가능한 규범으로부터 나온다. 설사 유능한 정부라 하더라도 그 출범이 폭력에 근거했거나 작동방식이 정당치 못한 절차에 의존한다면, 정당성은 크게 훼손될 것이다. 다시 말해, 서구 자본주의 국가는 자신의 경제 개입 활동을 자본가 계급의 이익에 봉사하는 활동으로 제시하는 것이 아니라 국민의 공공 이익, 복지, 안전, 평화 등의 이름으로 정당화한다는 것이다.

이것은 곧 국가의 활동 안에 두 가지 기능이 깊게 각인되었음을 뜻한다. 첫째는 일련의 산업 및 사회 정책을 통하여 전체 자본의 유지·발전에 필요한 위기 관리 기능을 효과적으로 수행하는 것이다. 다른 하나는 제도화된 민주적 선거와 자유 공론장을 통하여 국민으로부터 권력의 정당성을 획득하는 것이다. 이 둘 사이의 긴장과 파열음으로 많은 어려움에 직면하기도 한다. 그러나 민주적 정당성의 부담으로부터 상대적으로 자유로운 상태에서 위기 관리 기능을 탁월하게 수행하는 나라도 있다. 오늘날 대표적인 보기는 중국이다. 세계경제의 불확실성과 난제가 누적되면서 이런 모델에 대한 관심이 커지는 것도 사실이다(Han & Lu, 2011).

중국의 경우

중국은 1949년 사회주의 혁명이 성공하면서 공장, 토지, 자원 등 생산수단들이 국유화되었으나, 1970년대 말 개혁 정책을 수행하여 시장경제를 본격 도입하는 데 성공했다. 경제를 기획, 관리, 운영하는 국가의 역할은 막중하다. 중국 정부는 이념적으로 사회주의를 추구한다고 하지만 실제로는 놀랍도록 자본주의적으로 위기에 개입하여 성공을 거두고 있다. 서구에서는 위에 언급한 민주적 정당성의 원칙이 국가 활동 안에 깊게 배태되어 있어 이 축을 따라 국가의 성격을 일부 규정하고 있으나, 중국에서는 이 원칙이 매우 약하기 때문에 국가의 위기 관리 양상이 훨씬 더 자본주의적인 것처럼 보이는 측면이 있다.[10]

구체적으로 거시경제를 다루는 중국 정부의 기본 입장은 2007년까지는 두 가지 두통거리를 구조 개혁의 대상으로 삼았다. 하나는 경기 과열, 특히 주택, 승용차, 수출 과열에 따른 부작용을 조정하는 것이고 다른 하나는 지속적 경제성장에 따른 인플레이션을 막는 것이었다. 그러나 2008년 경제 위기가 도래하자 거시경제 정책은 구조조정으로부터 지속적 경제성장으로 돌아섰다. 물론 그럴듯한 이유가 있다. 2007년 현재 GDP 대비 수출의 비율이 37.5%나 되는 상황에서 국제 경기의 침체에 따른 수

10 정당성의 요구에 민감하면서 위기 관리에 효율적인 것은 쉬운 일이 아니다. 중국 정부는 정당성의 부담으로부터 자유로운 편인데, 이 요인이 위기 관리의 성공과 연결되는 측면도 있다. 때문에 경제 위기 관리를 통한 중국의 급격한 부상은 오늘날 새로운 도전이면서 자극이다(Han & Lu, 2011).

출 하락의 부작용이 매우 심각할 것이 분명했기 때문이다. 이에 대한 대응으로 중국 중앙정부는 2008년 11월, 5860억 달러에 해당하는 경기 부양책을 향후 2년의 정책 수행 과제로 제시했는데, 그 규모는 GDP의 13%에 해당하는 것으로 세계 최대의 규모에 속한다.

중국에서는 정부가 천명한 정책 목표와 예산 규모는 공개되지만, 실제 예산 집행과 그 효과에 관한 정보는 공개되지 않기 때문에 정확한 검증은 어렵다. 그러나 여러 보도 내용과 전문가들의 의견을 종합해보면 몇 가지 구조적 선택성은 명확한 것처럼 보인다. 첫째는 도로, 항만, 산업 시설, 주택 등을 포함한 사회간접자본, 건설업으로 대부분의 자금이 투입되었다. 이에 대한 비판이 있었고 사회복지의 몫이 커진 것도 사실이다. 어쨌든 경제 위기로 해고된 농민공 등 실직자를 구하고 고용을 늘리며 사회 저변의 소비 증진을 위하여 천문학적인 공적 자금이 투입되었다.

둘째, 서구에서 국가의 위기 관리 서비스 및 혜택이 독점 부문에 집중되었듯이, 중국에서는 국유 산업 부문이 압도적인 혜택을 누린 것으로 관측된다. 근래 날로 증가하고 있는 민간 부문과 자영업 부문은 우선순위로부터 배제되었다. 여기에는 중국 정부의 계산이 작용한 것으로 보인다. 중국은 시장경제 체제를 본격 도입한 이래 국가 소유 기업들의 비효율적 경영 문제에 직면하게 되었다. 그리하여 1990년대에는 '규모가 큰 주요 기업은 국유로 남고 작은 기업들은 과감히 민영화하는(抓大放小, Zhuadafangxiao)' 정책을 취했다. 철강, 자동차, 선박, 에너지, 전자, 금융 등

중화학 산업과 첨단 산업은 물론 방대한 규모의 건설업은 사실상 정부의 직접 통제하에 있는 국유 기업을 이루게 되었다. 그리고 여기에 중국 경제의 핵심이 있다고 할 수 있다. 그러나 근래에 민간 기업, 외자(합작) 기업, 자영업 등이 현저히 증가하여 노동력의 절대 다수를 흡수하고 있는 것도 사실이다. 중국 정부는 증가하는 민간 기업인을 존중하여 공산당 가입의 길을 열고 그들의 발언권을 강화하기도 했다. 그러나 경제적 측면에서 보면, 국유 기업의 우선성을 정부 정책에 명확히 표현하고자 했다. 민간 부문을 배제한다는 뜻이 아니라 국유 기업과 맺는 수직적 관계를 통하여 국가 정책에 접근하는 방식을 열어줌으로써 민간 기업이 국유 기업에 의존하도록 유도한 셈이다. 아울러 국유 기업 우선의 원칙은 이 부문에 종사하는 노동자들의 체제 통합을 높이고, 이들의 불만이나 저항의 가능성을 차단하는 것과도 밀접히 연결된다. 실제로 중국 도처에서 노동자들의 시위나 불만 표현이 매일 일어나고 있으나, 국유 기업 부문의 노동자들은 지난 수십 년 동안 순응적인 체질에 익숙해진 것으로 관측된다.

셋째, 위기 관리 방식은 어느 나라보다 중국에서 큰 효과를 내고 있는 것처럼 보인다. 2008년 GDP 성장률은 9.6%, 2009년은 9.1%를 기록하고 있다. 당연히 G20 국가 가운데 가장 경기 부양에 성공적이다. 일본 정부는 중국 GDP가 2009년 4/4 분기 때 일본을 추월하여 세계 2위의 지위에 올랐다고 공식 발표했다. 수출도 현저히 증가하는 추세를 보이고 있으며 중국 남동부 해안 지역에서는 일손이 부족하여 자국의 농민공은 물론 인접 국가의 불법 노동자들까지 고용하고 있다는 보도가 나오고 있다. 세계적인 경제 위기가 중국에는 오히려 '축복'이라는 진단마저 그럴 듯하게 들리는 상황이 되었다.

물론 이런 분석은 중국이 모든 면에서 잘되고 있다는 것을 뜻하는 것은 아니다. 정보의 비공개에 따른 불확실이 상존하고, 경제구조 조정의 유예에 따른 부실 대출, 경제 거품의 만성화, 투명성과 책임성의 결여에 따른 행정의 불합리성, 낭비, 손실, 위험의 증대 등으로 인하여 장차 큰 난관이 조성될 가능성을 배제할 수 없다. 그러나 중국의 소진되지 않은 방대한 내수 시장, 광대한 지역의 개발 잠재력 등을 고려할 때, 성장의 엔진이 지속되는 한 현재와 같은 중국의 자신감은 더 증가할 것으로 예상할 수 있다. 중국 정부는 외생적 위기에 대응하는 방식으로서 국유 기업을 중심에 놓고 기업은 이윤 창출에 적극적이고 노동자는 정부 권위에 순응하는 체제를 만들고자 노력하고 있다. 이것은 서구에서 발견할 수 있는 것보다 더 적나라한 자본주의 국가의 모습으로 파악할 수 있을 것이다.

위기 전이의 모델

그렇다면 중국을 포함하여, 위기 관리에 관한 세계 도처의 사례를 보다 체계적으로 조망할 수 있는 모델을 어떻게 구성할 수 있을까? 하버마스의 논의에 근거하여 우리는 〈그림 1〉과 같은 그림을 그릴 수 있다.

우선 다음과 같은 질문을 던질 수 있다.

첫째. 경제 위기가 어떤 배경과 경로에서 나오는가? 부동산 거품의 붕괴가 파생 상품의 범람을 경유하여 금융 위기로 연결되고, 이것이 다시 실물 위기로 연결되는 복잡다기한 인과관계의 망을 생각할 수 있다.

둘째. 표출된 경제 위기의 경향에 대하여 국가는 어떤 방식으로 개입하는가? 어떤 선택성의 원리로 전체 자본의 집합 이익을 관철하려 하는가? 또는 특정 자본 분파의 이익을 대변하는 경향이 있는가? 경제 위기의 경향에 개입할 수 있는 가장 강력한 주체는 국가일 수 밖에 없는데, 오늘의 세계화 시대에 국민국가는 과연 경제 위기에 사용할 수 있는 개입의 지렛대와 수단들을 확보하고 있는가? 과거에 비해 국가 개입의 능력이 향상되었는가 아니면 줄었는가?

셋째. 아울러 정치 사회의 안정 확보라는 관점에서 어떤 방식으로 사회 균열과 갈등 양상에 개입하는가? 어떤 선택성

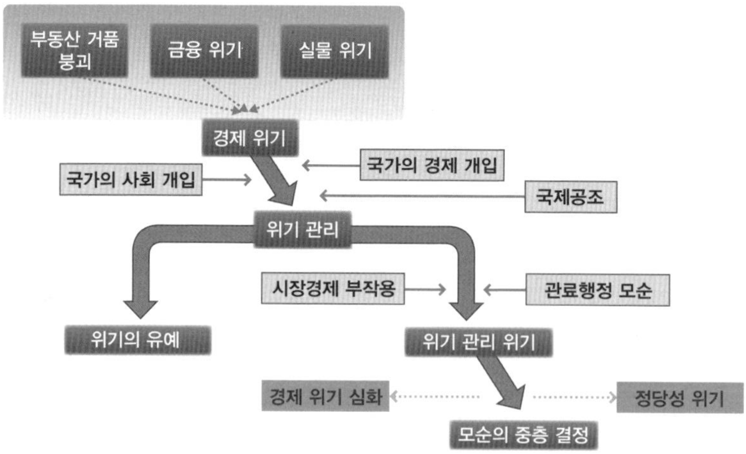

그림 1 위기의 유형과 이행 경로

의 원리로 급진적 요구를 차단하고 체제 옹호적 운동을 지원하는가?

넷째. 아울러 범세계적인 위기 현상에 대응하기 위하여 초국가적인 공조 체제를 어떻게 추진하는가?

다른 한편, 위기 관리의 선택성에 못지 않게 선택적 위기 관리의 결과를 예의 주시할 필요가 있다. 국가의 경제 개입으로 위기 경향은 억제될 것인가 아니면 악화될 것인가? 오늘의 위기는 국민국가가 홀로 효율적으로 대응하기 어려운 구조적 조건에서 확산되고 있다. 세계경제의 복합적 상호 관계가 고도의 불확실성을 안고 있기 때문이다. 따라서 위기 관리가 성공을 거둘 수도 있지만 부작용이 클 가능성도 부정할 수 없다. 이에 관해서는 첫째, 국가의 관료적 모순, 행정의 비능률 또는 특수 이익과의 결합 등을 생각할 수 있다. 국가가 시장경제 전체의 관리와 유지에 있어 우선순위가 높은 부문에 먼저 집중적으로 개입한다 하더라도, 실제의 관료행정 체계는 자본 분파나 이익집단의 중첩 로비에 얽혀 있기 때문에 정책의 기획과 전달 과정에서 낭비와 소모가 나타날 가능성이 있다. 둘째는 국가의 개입이 위기 상황의 구원투수로 작용하는 측면도 있지만, 시간의 흐름에 따라 오히려 시장의 왜곡이나 심각한 부작용을 불러올 가능성도 배제할 수 없다. 정부의 대규모 경기 부양책 또는 은행에 대한 여신 증가가 인플레와 함께, 경기 침체를 동시 수반하는 스태그플레이션 현상을 가져올 수도 있다. 목전의 위기 해결에 집착하는 사이, 의도치 않게 다른 심각한 위기를 자초할 위험이 있다는 것이다.

'위기 관리의 위기'가 본격화되면, 정당성 위기로 발전할 가능성이 있다. 이 경우에 문제를 악화시킬 수 있는 요인을 정리하면 다음과 같다.

첫째. 관료행정의 합리성에 대한 대중의 비판: 이것은 근본적으로 국가의 위기 관리 기능의 부실에 따른 민심의 이반을 뜻한다.

둘째. 너무 가시화된 국가의 계급적 성격의 노출에 따른 정당성의 추락: 국가의 실제 기능이 어떠하건 간에 국가는 항상 보편적 이해로 자신의 권력을 정당화해야 할 위치에 있는데, 이에 반하여 국가가 국민의 극소수에 불과한 일부 계층의 이익에 봉사하는 모습으로 위기를 관리하려고 할 때, 국가권력의 정당성은 쉽게 도전 받는 경향이 있다.

셋째. 국민 다수가 귀중하게 생각하고 있는 공동체적 가치, 예컨대 가족의 유대, 교육과 건강의 평등, 주거와 노동의 기회, 차별 없는 인간관계 등이 심각히 훼손되고 있다는 판단과 여기서 나오는 분노가 대중 시위나 사회 운동으로 발전하면 정당성은 도전에 직면한다.

위기 관리의 결과: 서구의 경험

〈그림 1〉의 위기 전이 모델에서 위기 관리의 기능은 경제 개입과 사회 개입으로 구성된다. 오늘날과 같은 세계화 시대에는 국제 공

조도 중요하다. 그렇다면, 위기 추세를 조정, 관리해야 할 위치에 있는 국가는 어떤 선택성의 원칙에 의해 개입을 하는가? 하버마스가 원용하는 오페의 동심원형 모델에 의하면, 핵심 결정 요소는 두 가지다. 첫째, 사회의 여러 부문 가운데 축적 과정의 기능이 무너질 때 사회 전체에 미치는 위험의 정도가 가장 큰 부문이 어디인가? 둘째, 노동시장에 참여하는 여러 집단 가운데, 저항을 할 경우 사회 전체의 안정에 가장 심각한 위협을 줄 수 있는 집단은 어디에 있는가? 대답은 명료하다. 독점 부문이 그런 능력을 비대칭적으로 확보하고 있고, 따라서 국가는 독점 부문을 위기로부터 차단하기 위해 먼저 개입한다는 것이다.

반면에 위에 던진 두 차원에서 사회 전체의 존립에 미치는 위협의 수준이 미약한 부문은 개입의 우선순위에서 뒤로 처진다. 금융, 통신, 교통, 철강, 화학, 정보, 군수, 전자, 의료 등 독점 부문의 이익은 국가 정책에 쉽게 반영되고 종사자들에 대한 임금, 복지, 작업조건 등도 우선적으로 신장되고 보호받는다. 갈등의 제도화에 힘입어 협력적 노사 관계가 관철되는 경향이 있다. 그런가 하면, 그 반대에 있는 주변 부문은 공공의 관심을 끄는 데 많은 어려움을 느낀다. 실직자, 노인, 아동, 도시 빈민, 학생, 외국인 노동자, 국가기관에 억류 중인 수감자, 부랑아, 연금생활자, 환자 등이 그 예이다. 이들은 자신을 조직할 힘도 약하고 동원할 수 있는 위협의 수준도 낮다. 이렇게 하여, 독점 부문을 중심에 놓고 경쟁 부문, 공공 부문, 주변 부문으로 외연이 확산되는 동심원을 그릴 수 있고, 그 위치에 따라 국가 개입의 우선순위가 결정된다는 것이다.

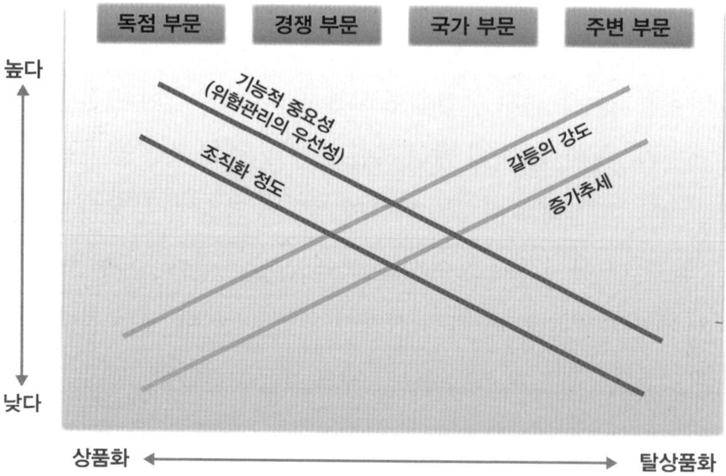

그림 2 후기 자본주의의 국가 개입과 갈등 전선의 이동[11]

〈그림 2〉에 의하면, 상품화의 정도가 강한 부문일수록 국가가 선도하는 위기 관리 체제 안으로 깊숙이 통합되는 반면, 탈상품화가 진행되는 부문일수록 국가 서비스로부터 배제된다. 이런 추세의 불가피한 결과로 독점 부문의 갈등은 현저히 약화된 반면, 주변 부문의 갈등은 증가 추세이고 갈등의 강도도 세다. 그러나 체제를 위협할 수 있는 능력이 약하기 때문에 무시당하기 쉽다.

> 사회의 어떤 영역이 설사 위기에 처해 있다 하더라도 그 위기의 결과가 전체 체제의 안정에 별로 영향을 미치지 못한다면, 국가 개입이나 지원을 기대하기 힘들다. 일반적으로 지나친 국

11 이 그림의 출처는 Offe(1988, p. 204).

가 개입에 의한 '과도한 처방'은 새로운 문제를 불러일으킬 뿐이기 때문에, 안정을 유지하는 데 필요한 규제의 '최소치'는 통상적으로 모자라지도 않고 과하지도 않은 선에서 이루어진다. 이와 같은 합리적 행정의 간단한 지침에서 출발하여, 우리는 국가가 사회적 욕구 및 문제 영역에 접근해가는 '동심원형'의 우선순위 모델을 생각해볼 수 있다. 여기에서는 개입이 지체될 경우, 안정 확보라는 근본적인 전제를 무너뜨릴 위험이 높은 문제 영역일수록 높은 우선순위를 점하게 된다. 역으로, 무시하더라도 위험스러운 결과를 낳을 것 같지 않은 사회적 욕구는 국가 활동 영역에서 주변적 위치를 차지할 뿐이다. 바로 이러한 구조적 메커니즘 때문에, 다양한 문제 및 욕구 영역 사이에 불균형한 관계가 생겨난다. 체제 전체를 위험에 빠뜨릴 가능성이 없고, 따라서 정치적 개입을 비중 있게 요구할 수 없는 생활 영역이나 사회집단은 뒷전으로 밀려난다는 것이다 이러한 점들로 미루어 볼 때 국가에 의해 규제되는 자본주의하에서는 더 이상 전면적인 계급 갈등이 사회변동을 이끌어 가는 추진력의 핵이 될 수 없다는 관점이 유력해진다. 그 자리에, 생활 영역 사이의 불균형이라는 수평적 불균형 유형이 겹쳐지고 있다.(오페, 1988, pp. 126-128)

이 진단은 후기 자본주의의 한 구조적 특징을 예리하게 들춰내고 있다. 하버마스는 현대 사회에서 저항의 거점과 가능성을 언급할 때 자주 이 모델을 언급해왔다.

양면 관계의 균형

하버마스는 1990년대 이래 발전시킨 언술 민주주의 이론에 입각하여 정당성의 문제를 보편적으로 열린 참여적 절차 모델로 해결하려고 했다. 이것은 절차의 지평을 보편적 포용inclusion의 방향으로 확산시켰다는 점에서 상당한 설득력을 갖는다. 그러나 1973년『후기 자본주의 정당성 위기』에서는 절차주의적 해결보다는 실체의 면에서 일반화가 가능한 공공 이익을 적극 탐색하는 모습을 보였다. 이 점은 상당히 중요한 의미를 지니고 있다. 왜냐하면 경제 위기에 개입하는 국가의 선택성, 즉 생산성을 지향하는 국가 활동이 과연 일반화가 가능한 보편적 이익을 증진시키는가를 예의 주시할 수 있기 때문이다. 한 보기로, 설사 경제가 살아난다 하더라도 불평등이 더욱 심화되고 사회 균열과 단절을 확산되는 방향으로 나간다면 정당성의 차원에서는 심각한 의문을 제기할 수 있다. 왜냐하면, 국가는 자본가적 이해보다 훨씬 상위의 가치를 추구하기 때문이다. 즉 자본주의 국가로서 기능하면서도 동시에 국민의 복지, 행복, 인간다운 삶을 이에 조화시켜야 하는 위치에 있는 것이 국가이고, 바로 여기에 정당성 문제의 핵심과 어려움이 있기 때문이다.

하버마스의 진단은, 결국 후기 자본주의는 복지국가 체제를 통하여 경제권력과 정치권력이 균형을 이루는 지점에 도달하였다는 것으로 요약된다. 보다 엄밀히 말하자면, 국가 기구 안에 시장 제도에 근거한 경제권력과 시민 사회에 근거한 사회권력이 국가 안의 구조적 선택성을 경유하여 내화됨으로써 팽팽한 긴

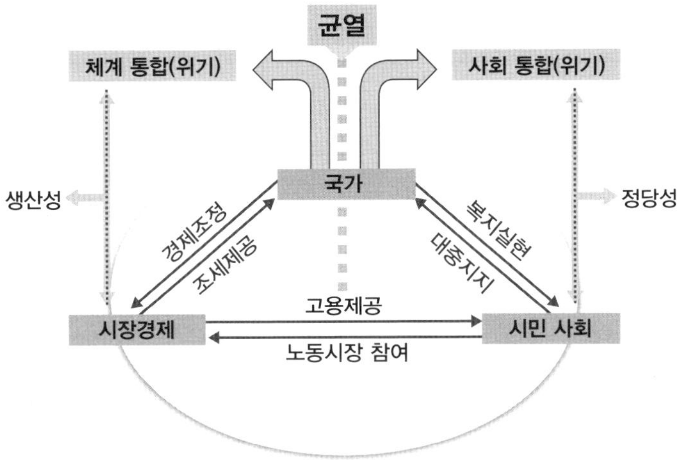

그림 3 생산성과 정당성의 대칭 및 균열

장을 수반하는 대칭적인 균형을 이루고 있다는 진단을 제시한 셈이다. 동시에 하버마스는 경제 위기와 같은 상황이 오면 두 영역 사이의 긴장과 균열이 증가하는 추세를 보인다고 가정했다. 성공적 위기 관리를 위해, 국가는 시장의 요구에 보다 민감하게 반응하며 시민 사회가 주장하는 복지, 교육, 육아, 건강 등에 대한 재정 지원은 줄이는 경로를 밟기 때문이다.

세계정부 없는 세계조직의 정당성 문제

국가 활동을 통해 실현된 경제권력과 사회권력의 균형은 더 진전되지 못한 채 경제의 세계화와 신자유주의의 공격으로 난관에 직면했다. 하버마스의 비판 이론은 처음부터 서구 중심의 한계를 지니고 있었고, 세계화의 구조 변동을 예견하지 못했기 때문에 이런 도전을 쉽게 극복하지 못한 측면이 있다.

> 최근, 20세기 4/4분기에 일어난 거대한 세계화 물결 때까지만 해도 국민국가들이 어느 정도 독립적으로 결정할 수 있었던 기능 영역이 있었다. 그러나 이제 국민국가는 그 통제력과 조절 능력의 상당 부분을 상실하고 말았다. 평화와 안전에 대한 보장, 자유, 법적 안전성, 민주적 정당화를 포함한 고전적인 국가 기능 전부가 이에 해당된다. 그리고 '배태된 자본주의embedded capitalism'의 종언 이래, 이에 상응하여 글로벌 시장에 유리하게 정치와 시장의 관계가 변화하면서 시민의 사회적 안전을 책임져야 하는 개입 국가의 역할도 심각한 타격을 받았다. 이러한 역사적 변화를 이론 구성에서 무시할 수 없다. 그러므로 18세기의 국가 중심적 사고방식을 지속하는 것은 별 도움이 되지 않는다.(Habermas, 2008b, p. 444)

이러한 상황에서 그는 정당성의 문제를 국민국가 상위의 세계조직의 문제로 확대, 심화시키는 데 깊은 관심을 보이고 있다. 그의 목표는 크게 두 가지로 정리할 수 있다. 하나는 범세계적 차원에서 세계시장에 근거한 자본권력에 맞서 일종의 정치적 균형을 유지할 수 있는 초국가적 협력 모델을 추구하는 것이다. 그는 국민국가의 기능에 상응하는 세계정부 또는 세계공화국의 구상을 발전시키고자 한다. 그러나 그 길은 아직 요원하다. 비유로 표현한다면, 서구 복지국가 체제 안에서 실현되었던 경제권력과 사회권력의 균형과 같은 것을 세계정부의 수준에서 어떻게 이룩할 수 있는가? 우리는 그 한 예시를 금융자본의 특정 행태에 대한 범세계적 차원의 규제 논의에서 발견할 수 있다. 국제 공조를 통한 금융자본의 규제가 성공한다면, 여기에 기대어 세계시민의 사회경제적 권리 보장이 보다 용이해질 수도 있을 것이라는 희망이 있다.

다른 하나의 목표는 이런 '초국가적transnational' 정부에 관한 것보다는 훨씬 한정적인 주제로서 세계 평화와 인권의 증진 같은 공통의 목표를 향하여 국제 협력이 이루어지고 있는 새로운 장, 세계정부는 아직 없지만 국민국가 상위의super-national 세계적 정치조직의 운영에 관한 것이다. 하버마스에 의하면, 이 세계적 정치조직은 평화 보장과 인권 보호의 기능을 전문적으로 담당하면서 동시에 글로벌 법질서의 통일성을 대변한다. 유럽을 대변하는 의회가 있고 헌법이 있듯이, 세계정부를 향한 코스모폴리탄 헌법의 제정을 생각할 수 있다. 세계정부는 아직 존재하지 않지만 세계정부 없는 세계 사회, 국민국가 상위의 정치조직이 이미 작동하고 있으며 정당성을 둘러싼 담론이 확산, 공유되고 있기 때문이다. 한 보기로, 유엔은 평화 보장과 인권 증진 등 '보편주의적 정의의 소극적 도덕'에 관심을 쏟는 국민국가 상위의 정치조직이다. 세계적 내치의 제도적 틀, 즉 입법, 행정, 사법 제도를 갖춘 미래의 세계정부를 생각할 수도 있다. 어느 경우이건 증가하는 국가 간의 교류와 협력이 새로운 질서를 요구하는 측면이 있다. 하버마스에 의하면 '초국가적 정의'는 세계시민에게 정치적·사회적 기본권과 함께 그 권리의 공정한 향유를 보장하게 될 때, 비로소 정당성을 얻게 된다.

세계정부 없는 국제정치의 현장에는 오직 권력정치가 판치는 것처럼 보일 수도 있다. 경제력, 군사력, 국토, 인구, 자원 등이 모든 것을 규정하는 것처럼 비쳐질 수 있다. 그러나 하버마스는 아무리 최강국이라 하더라도 세계 사회가 발전시켜온 정당성의 원칙을 일방적으로 무시하고 자신의 패권을 관철시키려 할 경우, 미국의 이라크 침공 방식이 자초했던 것처럼 심각한 정당성의 위기에 부딪친다는 점을 강조한다.

> 느슨하게 산재되어 있고 '창피주기'와 '명명하기'라는 약한 제재력만을 가진 세계 공론장이 세계조직의 입법적, 행정적, 사법적 결정에 대해 가할 수 있는 통제력은 확실히 약할 수밖에 없다. (…) 그러나 세계사의 결정적 순간에 비등해진 세계 여론이 국내 공론장을 통해 각국 정부에게 전송하는 동원 능력은 커다란 정치적 효과를 발휘할 수 있다. 국제법에 어긋난 이라크 공격에 대해 범세계적 저항이 일어난 사례가 좋은 보기다. (…) 권력 정치는 '국제공동체의 규범적 틀 내부에서는' 더 이상 결정권을 갖지 못할 것이다.(Habermas, 2008b, pp. 452-453)

세계정부 없는 국민국가 상위의 정치조직에서 정당성의 요구가 충족되려면 총회의 협상과 결정이 정당화되어야 하고, 안전보장이사회, 사무국, 국제사법재판소 같은 상급 기관의 결정이 정당화되어야 한다. 이에 더하여 하버마스는 '순조롭게 기능할 수 있는 세계 공론장이 형성될 때에만 그 요구가 충족될 수 있다'는 점을 강조한다. "관련 쟁점에 대해 민감하게 반응하고 주의 깊게 관찰하는 시민 사회 행위자들이 관련된 주제 및 결정에 관하여 범세계적 투명성을 산출할 수 있을 때, 또 세계시민이 그 문제에 관해 충실한 정보에 입각하여 의견을 형성하고 입장을 표명할 수 있는 가능성을 가지고 있을 때, 그리고 그 입장이 총회로 진출할 수 있는 기회를 가질 때," 정당성 문제가 제대로 효력을 낼 수 있다는 것이다. 이것은 국제정치의 헤게모니 질서에 종속되지 않은 정당성 문제의 독자적 영역과 기능이 있음을 강조한 것으로 풀이된다.

6. 살아 있는 문제들

결론적으로『후기 자본주의 정당성 위기』의 의미를 다시 한 번 살피고자 한다. 국가가 경제에 개입하여 위기를 적극적으로 관리하고자 했던 후기 자본주의를 대신하여 등장한 세계 자본주의는 자신의 한계에 대한 규제능력을 현저히 약화시킴으로써 세계적인 규모로 부의 양극화와 함께 위기경향의 확산을 촉진하는 경향이 있다. 고삐 풀린 금융자본의 제도화된 투기 행태들로 야기된 근래의 세계적 경제위기는 좋은 보기다. 게다가 현금의 미국정부의 재정파탄에서 보듯이, 국가 부문의 과도한 부채로 인하여 경제위기를 관리해야 할 국가가 오히려 위기를 확산시키고 있는 점도 예사로운 일이 아니다. 이런 상황에서 정당성의 문제가 다시 활력을 얻는 경향이 있다.

정당성에 관련된 하나의 척도는 정의의 문제다. 자본주의는 정의로운가? 그리고 자본주의와 정의는 양립이 가능한가? 정당성 문제의 핵심은 사실 여기에 있다고 할 수 있다. 경제의 세계화로 엄청난 부의 양극화를 초래하는 자본주의는 정의에 역행한다고 보는 사람이 적지 않을 것이다. 우리는 여기서 세 가지 차원을 구별할 수 있다. 첫째는 정의에 역행하는 자본주의의 특징을 열거하는 것이다. 둘째는 자본주의와 정의의 증가하는 내적 긴장과 갈등에도 불구하고 정의를 보다 신장시키는 방향으로 자본주의 운영을 순치시킬 수 있는 길이 있는가, 없는가, 있다면 무엇인가, 즉 어떤 원칙과 기제가 자본주의 체제의 운영방식 안에 삼투되어 있는가를 묻는 것이다. 셋째는 정당성의 문제를 정치적 사회적 의제로 끌어 올리는 제도정치와 사회운동의 동태를 규명하는 것이다. 하버마스를 이해하는 데 중요한 것은 두 번째의 질문이다. 따라서 이 질문에 대한 견해만을 간략히 살펴보겠다.

하버마스는 경제의 세계화가 정의와 모순되는 많은 부작용을 양산하고 있음을 누누이 강조하면서도 자본주의와 정의를 근원적으로 배타적인 것으로 단정하지는 않았다고 생각한다. 그 이유는 자본주의적 시장경제가 역사적 전개과정에서 단순히 시장법칙에 의해 운영되는 것이 아니라 자체의 중요한 환경을 이루었던 정치체제 그리고 사회문화 체제에 깊숙이 연동되어 진화했기 때문이다. 특히 중요한 점은 정치체제가 시민의 권리와 참여를 중시하는 민주주의 제도로 발전한 것과 사회문화 체제가 자유로운 공론장을 핵으로 하는 시민사회를 산출했다는 점이다. 하버마스는 여기서 발견하는 자본주의 체제의 3두 마차 운행논리를 현대 사회가 도달한 진화의 거부할 수 없는 결실로 가정하고 있다. 바로 그렇기 때문에 그는 자본주의의 현실 안에서 정의에 대한 희망의 끈을 놓지 않고 있는 것이다.

앞서 이미 언급했듯이, 서구 복지국가를 둘러싼 논의는 이미 고전적인 보기가 아닌가 한다. 의문의 여지 없이 국가의 위기 관리 방식은 고도로 자본주의적이다. 그렇다고 자본주의 국가의 본질을 이렇게 간단히 규정하기에는 주의 깊게 보아야 할 변화가 생긴 것도 사실이다. 계급 타협을 매개하고 시장권력과 사회권력의 균형을 추구하는 복지 정책 안에는 단순히 자본주의적인 것만은 아닌 다른 어떤 것, 상품화에 반대되는 탈상품화의 경향이 내포되어 있다. 이것은 초기 자본주의와는 매우 다른 특성이다. 이 변화를 예의 응시하면서 하버마스는 정당성 문제를 제기했다. 단순화하자면, 국가의 복지 기능에 접목된 탈상품화의 발전 논리를 더욱 체계화하여 보다 정의로운 자본주의 체제를 만들 수 있는가, 없는가, 그리고 만들 수 있다면 어떻게 할 수 있는가의 질문을 던졌던 것이다.

이는 오늘날에도 중요한 주제가 되고 있다. 논의의 핵심을 단순화해보자. 국민국가의 수준이건 그 상위의 정치조직이건 아니면 초국가적 협력의 장이건 간에 정의를 어떻게 이해할 것인가?

자유주의는 권력, 폭력, 세습, 편견, 집단적 압력으로부터 벗어나 자유로운 개인이 자신의 능력에 따라 공정한 게임을 할 때, 정의가 구현된다고 본다. 시장경제는 자유경쟁을 생명으로 하는 만큼 사회정의와 내적으로 모순될 이유가 없다. 공정한 게임의 규칙을 확립하지 못한 제도의 미비점 때문에 다양한 부작용이 나타날 뿐이다. 그러나 이 입장은 시장을 규정하는 힘의 불균형과 이로 인한 구조적 불평등을 제대로 보지 못하고, 갈수록 심화되는 불평등의 현실에 난파되어 설득력을 상실하기 쉽다. 즉, 자본주의의 정당성 문제를 현실감 있게 설명하는 데 많은 장애가 있다.

정의의 기준을 법에서 찾는 법치주의는 공평무사한 법의 보편적 적용을 정의의 핵심으로 삼는다. 전제조건은 법의 정당성이다. 절차의 면에서 정당성을 상실했거나 공동체가 공유하는 규범적 가치와 어긋나는 법은 정의의 기준으로 작용하기 힘들다. 이 입장은 법 위의 특권과 부조리를 해소하는 데 효과를 낼 수 있지만, 법치의 틀로 법의 정당성을 보장하는 데는 어려움이 따른다. 시민의 양심과 윤리에 따른 불복종 운동이 일어날 수 있는 배경도 여기에 있다. 법 의존적 정의 개념은 민주주의 헌정 질서의 기본 원리, 즉 입법권의 원천인 국민주권과 민주주의의 토대가 되는 인권의 관점에서 제한적이다. 갈수록 증가하는 빈부격차의 현실을 법치의 틀로 얼마나 개선할 수 있을 것인가? 이론을 떠나 현실에서는 법의 운용이 법의 정신인 정의와 어긋나는 경우도 많다. 따라서 법치의 이념은 정의 확립에 필수적이지만 자본주의의 정당성 문제를 조명하는 데 한계가 있다.

분배 정의는 공동체를 구성하는 약자의 희생 위에서 강자가 혜택을 누리게 된다는 통찰에서 시작한다. 자유롭고 평등한 시민이 시민적 권리와 사회권 및 문화적 권리를 동등하게 향유할 수 있기 위해서는 일련의 정책을 통해 구조적 약자의 처지를 개선해야 하고, 이것이 정의에 부합한다. 존 롤스의 정의 이론이 좋은 보기다. 이러한 경우, 정의를 추진하는 주체는 입법가, 정치가, 전문가들이다. 가장 힘든 하류층의 불평등을 개선하기 위한 우대 조치는 정의의 표현이기도 하다. 이런 프로젝트를 통해 자본주의는 보다 세련된 문명화의 길을 걸을 수 있다.

그러나 하버마스가 1973년 정당성 문제를 제기했을 때 언급한 정의의 개념은 분배 정의에서 끝나지 않는다. 그는 훨씬 실천적인 문제의식을 표현했으며 정의의 토대를 절차적 정의로 재규정한 국민주권에서 찾는다. 입법가, 행정가, 전문가들이 제공하는 정의의 기준과 척도는 제한적이다. 인권의 개념이 그러하듯이 정의의 주체는 시민이며 시민들의 자유로운 의사소통과 논쟁을 통해 민주적으로 구성되는 공공의 자기결정권, 이 안에 정의의 가장 신뢰할만한 토대와 기준이 있다고 보았다.

자본주의와 사회정의의 양립이 더욱 어려워진 오늘의 세계화 시대에도 하버마스는 세계 도처에 연결되어 있는 살아 있는 공론장 안에 정의의 기반이 있다고 생각한다. 이를 통해 관심을 공유하는 세계시민이 정보 수집, 교환, 의견 개진과 토론 등을 통하여 관련 쟁점의 정당성을 검증하고, 이들 시민이 객체가 아니라 주체로 참여하는 과정이 곧 정의를 실현하는 길이라는 것이다. 이런 길에서 정의는 규범화된 담론 문화로, 시민의 시위 행위로, 때로는 급진적 저항과 혁명으로 발전한다. 요컨대, 자유로운 공론장은 민주주의와 결합한 자본주의 체제 운영의 필수적 요소로 자리를 잡았다고 할 수 있다. 따라서 구조적 불평등이 심화될수록, 권력 정치의 해악이 커질수록, 현대 사회에서 정당성 문제는 계속 살아 있는 쟁점으로 작동한다.

하버마스의 주요 저서

1954, *Das Absolute und die Geschichte: Von der Zwiespältigkeit in Schellings Denken*, Dissertationsdruck, Bonn: Bouvier.

1961, *Student und Politik: Eine soziologische Untersuchung zum politischen Bewusstsein Frankfurter Studenten*, zus. mit Ludwig von Friedeburg, Christoph Oehler, Friedrich Weltz, Neuwied/Berlin: Luchterhand.

1962, *Strukturwandel der Öffentlichkeit: Untersuchungen zu einer Kategorie der bürgerlichen Gesellschaf*, Neuwied/Berlin: Luchterhand (mit einer neuen Einleitung, Suhrkamp, 1990).

1963, *Theorie und Praxis: Sozialphilosophische Studien,* Neuwied/Berlin: Luchterhand (Neuausgabe, Suhrkamp, 1971; English version, *Theory and Practice*, Boston: Beacon, 1973).

1968, *Technik und Wissenschaft als Ideologie*, Frankfurt am Main: Suhrkamp Verlag.

1968, *Erkenntnis und Interesse*, Frankfurt am Main: Suhrkamp Verlag (Neuausgabe, 1973; English version, *Knowledge and Human Interest*, Boston: Beacon, 1971).

1969, *Protestbewegung und Hochschulreform*, Frankfurt am Main: Suhrkamp Verlag.

1970, *Zur Logik der Sozialwissenschaften*, Frankfurt am Main: Suhrkamp Verlag (erw. Auflage, 1981).

1971, *Philosophisch-politische Profile*, Frankfurt am Main: Suhrkamp Verlag (erw. Auflage, 1981).

1971, *Theorie der Gesellschaft oder Sozialtechnologie* (mit Niklas Luhmann), Frankfurt am Main: Suhrkamp Verlag.

1973, *Legitimationsprobleme im Spätkapitalismus*, Frankfurt am Main: Suhrkamp Verlag (English version, *Legitimation Crisis*, Boston: Beacon, 1975).

1976, *Zur Rekonstruktion des Historischen Materialismus*, Frankfurt am Main: Suhrkamp Verlag.

1978, *Politik, Kunst, Religion,* Stuttgart: Reclam.

1981, *Theorie des kommunikativen Handelns*, Frankfurt am Main: Suhrkamp Verlag.

1983, *Moralbewusstsein und kommunikatives Handeln*, Frankfurt am Main: Suhrkamp Verlag.

1984, *Vorstudien und Ergänzungen zur Theorie des kommunikativen Handelns*, Frankfurt am Main: Suhrkamp Verlag.

1985, *Der philosophische Diskurs der Moderne*, Frankfurt am Main: Suhrkamp Verlag.

1987, *Eine Schadensabwicklung: Kleine politische Schriften VI*, Frankfurt am Main: Suhrkamp Verlag.

1988, *Nachmetaphysisches Denken: Philosophische Aufsätze*, Frankfurt am Main: Suhrkamp Verlag.

1990, *Die Nachholende Revolution: Kleine politische Schriften VII*, Frankfurt am Main: Suhrkamp Verlag.

1991, *Texte und Kontexte*, Frankfurt am Main: Suhrkamp Verlag.

1991, *Erläuterungen zur Diskursethik*, Frankfurt am Main: Suhrkamp Verlag.

1991, *Vergangenheit als Zukunft*, Michael Haller (Hrsg.), Zürich: Pendo Verlag (erw. Auflage, Piper, 1993).

1992, *Faktizität und Geltung*, Frankfurt am Main: Suhrkamp Verlag.

1995, *Die Normalität einer Berliner Republik: Kleine politische Schriften VIII*, Frankfurt am Main: Suhrkamp Verlag.

1996, *Die Einbeziehung des Anderen*, Frankfurt am Main: Suhrkamp Verlag.

1997, *Vom sinnlichen Eindruck zum symbolischen Ausdruck*, Frankfurt am Main: Suhrkamp Verlag.

1998, *Die postnationale Konstellation*, Frankfurt am Main: Suhrkamp Verlag (English version, *The Postnational Constellation*, Cambridge: Polity, 2001).

1999, *Wahrheit und Rechtfertigung: Philosophische Aufsätze*, Frankfurt am Main: Suhrkamp Verlag.

2001, *Zeit der Übergänge*, Frankfurt am Main: Suhrkamp Verlag (English version, *Time of Transitions*, Cambridge: Polity, 2006).

2001, *Kommunikatives Handeln und detranszendentalisierte Vernunft*, Ditzingen: Reclam.

2001, *Die Zukunft der menschlichen Natur*, Frankfurt am Main: Suhrkamp Verlag (erw. Auflage, 2002).

2003, *Zeitdiagnosen: Zwölf Essays*, Frankfurt am Main: Suhrkamp Verlag.

2004, *Der gespaltene Westen*, Frankfurt am Main: Suhrkamp Verlag (English version, *The Divided West*, Cambridge: Polity, 2006).

2005, *Zwischen Naturalismus und Religion: Philosophische Aufsätze*, Frankfurt am Main: Suhrkamp Verlag.

2008a, *Life after Bankruptcy, an Interview with die Zeit*, November 26 (Source: www.

signandsight.com/features/1798.html).

2008b, "The Constitutionalization of International Law and the Legitimation Problems of a Constitution for World Society," in *Constellations*, Vol. 15(4), pp. 444-455.

참고문헌

Adorno, T. W., Hans Albert et al., 1976, *The Positivist Dispute in German Sociology*, New York: Harper & Row.

Althusser, Louis, 1969, *For Marx*, New York: Vintage Books.

Altvater, E., 1973, "Zu einigen Problemen des 'Krisenmanagement' in der kapitalistichen Gesellschaft," M. Jänicke (ed.), *Herrschaft und Krise*, Opladen: Westdeutscher Verlag, pp. 170-196.

Engels, Friedrich, 1972, *The Origin of the Family, Private Property and State*, London: Lawrence & Wishart.

Funken, Michael (Hrsg.), 2008, *Über Habermas: Gespräche mit Zeitgenossen*, Darmstadt: Primus Verlag.

Han, Sang-Jin (ed.), 1998, *Habermas and the Korean Debate*, Seoul: Seoul National University Press.

——— and Peng Lu, 2011 (in printing), "The Selectivity and Consequences of Chinese Crisis Management: Consolidated Authoritarian Capitalism as a New Brand of Political Regime?" in Ursula van Beek (ed.), *After the Crisis: Quo Vadis Democracy?*

Marx, Karl, 1972, *The Eighteenth Brumaire of Louis Bonaparte*, London.

Miliband, Ralf, 1969, *The State in Capitalist State*, New York: Basic Books.

Offe, Claus, 1973, "Krisen des Krisenmanagement," M. Jänicke (ed.), *Herrschaft und Krise*, Opladen: Westdeutscher Verlag, pp. 197-223.

———, 2006, *Strukturprobleme des kapitalistischen Staates* (Veränderte Neuausgabe), Frankfurt: Campus Bibliothek.

Pinzani, Alessandro, 2007, *Jürgen Habermas*, München: Verlag C. H. Beck.

Poulantzas, Nicos, 1975, *Political Power and Social Classes*, London: NLB.

Reder, Michael und Josef Schmidt (eds.), 2008, *Ein Bewusstsein von dem, was fehlt: Eine Diskussion mit Jürgen Habermas*, Frankfurt am Main: Suhrkamp.
Wiggershaus, Rolf, 2004, *Jürgen Habermas*, Reinbek: Rowohlt Taschenbuch Verlag.
클라우스 오페, 1988,『국가이론과 위기분석』, 한상진 편, 서규환·박영도 역, 전예원.

라인하르트 벤딕스,
『왕이냐, 인민이냐: 권력과 지배의 정당성』

Reinhard Bendix,

Kings or People: Power and the Mandate to Rule (1978)

인민 주권의 탄생

장달중
서울대학교 정치외교학부 교수

라인하르트 벤딕스Reinhard Bendix(1916~1991)의 『왕이냐, 인민이냐*Kings or People*』(1978)는 절대주의 국가에서 민주적 지배로 이행을 경험한 여러 사회의 불균등하고 위기로 점철된 역사를 추적한 대표적인 역작이다. 사회 행위의 가장 추상적인 유형과 개별 역사적 양상의 특수성을 매개하는 중간 수준의 분석 방법, 즉 구체적인 역사적 사실을 간과하지 않으면서 일반적인 패턴을 제시하는 비교역사적 연구 방식을 보여준『왕이냐, 인민이냐』는 세계사적 차원에서 사회정치적 변화를 정리하고 이해하려는 베버 역사사회학의 결정판이라 할 수 있다. 벤딕스는『왕이냐, 인민이냐』를 통해 세계 역사의 흐름 속에서 각 국가(영국, 프랑스, 독일, 일본, 러시아)가 택한 역사적 특수성의 문제를 이해할 필요성을 강조하고 있다. 때문에 이 책은 벤딕스가 평생 수행해온 연구의 확대판인 동시에 집대성이라는 평가를 받고 있다.

1. 고고한 지성, 벤딕스

벤딕스는 1916년 2월 25일 독일의 베를린에서 루드비히 벤딕스Ludwig Bendix의 아들로 태어났다. 그는 1933년 히틀러에 대한 경례를 거부하여 쫓겨날 때까지 베를린의 그뤼네발트 김나지움Grünewald Gymnasium에 다녔다. 반나치anti-Nazi 지하조직인 노이 베긴넨Neu Beginnen과 하쇼머 핫자이르Hashome Hatzair의 멤버이기도 했던 벤딕스는 22살이 되던 해인 1938년, 나치 치하의 독일을 탈출하여 미국으로 이주했다. 그는 미국에 이주한 후 시카고 대학에 입학하여 사회학을 전공했으며 1941년에 학사, 1943년에 석사, 그리고 1947년에는 메리암Charles Merriam 교수의 지도하에 박사 학위를 취득했다. 박사 학위 과정 중인 1943년에서 46년까지 3년간 시카고 대학에서 학부 강의를 맡으며 학자의 길에 들어선 그는 이듬해 박사 학위를 취득하면서 콜로라도 대학교 조교수로 부임하여 일 년간 재직한다. 이후 1947년 UC 버클리University of California, Berkeley의 사회학과 조교수로 취임하여 1956년에는 정교수로 승진했으며, 1958년부터 1961년 사이에는 학과장으로서 버클리 사회학과의 황금시대를 여는 데 크게 기여했다.

그러나 1960년대 학생운동의 여파로 빚어진 학원 소용돌이 속에서 사회학과가 정치적 파벌싸움의 장으로 변하자 벤딕스는 사회학과를 떠나기로 결심하고 정치학과에 둥지를 틀었다. 1972년에는 정치학과의 정교수로 취임하여 1986년 은퇴할 때까지 정치학과에서 교육과 연구에 매진했다. 그는 퇴임 후에도 교육과 연구는 물론 버클리 대학의 학사 행정에 매우 적극적으로 참여했다. 그의 이러한 학문과 후학 양성에 대한 열정은 1991년 2월 28일 심장마비로 쓰러질 때까지 계속되었다. 이날도 그는 정치학과 대학원 세미나에서『왕이냐, 인민이냐』에 대한 성찰적 토론을 주도하고 있었다. 강의 직후 쓰러진 그를 학생들이 병원으로 이송했지만 결국 숨을 거두었다. 사회학과 교수 시절 동료였던 스멜서Neil Smelser는 그의 죽음으로 정치학계와 사회학계는 20세기의 대표적 지식인의 한 사람을 잃었다고 애도했다. 그는 나치치하를 탈출하여 미국 사회과학의 발전에 눈부신 활약을 한 에릭슨Erik Erikson, 라자스펠트Paul Larzarsfeld, 모르겐타우Hans Morgenthau 등의 뒤를 따라 세상을 떠난 것이다.

스멜서의 표현대로 그는 뛰어난 학자요 베버의 존경받는 후계자였다. 베버의 저작은 벤딕스 일생의 학문적 여정에 길잡이 역할을 했으며, 그가 1960년에 집필한 막스 베버 전기는 베버가 고전적 사회학의 전통 속에서 위대한 비교역사가로 자리매김하는 데 결정적인 역할을 했다. 그러나 독일 이민자 출신인 코저Lewis Coser나 루스Guenter Roth 등과 함께 비교역사 연구를 계속한 벤딕스는 베버 해설자로서 그다지 주목 받지 못했을뿐만 아니라, 비교역사학자로서의 위치를 확보하는 데도 어려움을 겪었다. 왜냐하면 당시 미국 사회학계는 파슨스Talcott Parsons의 구조기능주의structural functionalism 이론이 지배하고 있었기 때문이다. 파슨스는 베버의『프로테스탄트 윤리*The Protestant Ethic*』(1930)를 번역했을 뿐만 아니라 베버의 종교, 자본주의, 그리고 서구의 합리주의에 대한 이론들을 자신의 구조기능주의에 동화시켜 진화론적 근대화론을 주도하고 있던 사회학의 거목이었다. 이러한 학문적 경향 아래 벤딕스의 비교역사적 접근법이 주목을 받기는 쉽지 않았다. 그가 주목을 받기 시작한 것은 1960년대 말 무렵부터였다. 벤딕스와 같은 한계적marginal 지식인으로서 유태계 사회학자들이 파슨스의 구조기능주의 이론과 마르크스주의적 경제결정론에 도전장을 던지기 시작했던 것이다.

벤딕스는 1969년에 미국 사회학회장으로 선출되었다. 1970년 워싱턴 DC에서 개최된 미국 사회학회 연례 총회에서의 회장 취임 연설 "사회학과 이성의 불신Sociology and the Distrust of Reason"(*American Sociological Review* 1970년 10월 호에 전문이 게재됨)은 비교역사사회학자로서의 그의 위치를 보다 확고하게 자리매김하는 계기였다.

나치 세계를 탈출한 학자들은 저마다 특이한 인생 스토리를 지니고 있지만, 벤딕스만큼 특이한 인생 역정을 지닌 사람은 거의 없었다. 유명한 법학자였던 그의 아버지는 일찍이 유태교를 버리고 독일의 사회와 문화에 융화된 사람이었다. 그는 나치 정권의 자의적이고 잔혹한 처벌 – 1933년 투옥과 다하우Dachau 수용소 감금 – 에도 불구하고 독일 법률 체계를 통한 공정한 대우의 가능성을 믿고 있었던 사람이었다. 이러한 독일 법 체계에 대한 신념은 그가 1937년 추방될 때까지 독일을 떠나기를 거부했던 주요한 이유였다. 벤딕스의 부모는 독일을 떠나 팔레스티나에서 10여 년간 지낸 뒤 말년에 아들 벤딕스가 있는 버클리로 와서 여생을 마감했다. 스멜서는 이러한 아버지 벤딕스와 아들 벤딕스의 일생이야말로 유태교와, 독일, 그리고 미국을 둘러싼 일종의 "비극적인 한계성의 삼각관계tragic marginal triangle"로 점철된 여정이었다고 보고 있다. 벤딕스는 아버지와 자신에 대한 자서전인『베를린에서 버클리로*From Berlin to Berkeley: German-Jewish Identities*』(1986)를 통해 그의 존재를 특징지은 "한계성marginality"의 주제를 부각시켰다. 이 때문에 벤딕스는 스스로를 "문화 사이에서between cultures" 생활하는 사람으로 보고, 미국과 독일 학문 세계를 연계하는 "지적 교량의 구축builder of intellectual bridges" 작업에 열중했다.

이러한 벤딕스의 학문적 교량 역할은 그의 학위 논문인 "미국 사회의 고위 관료*Higher Civil Servants in American Society*"(1949년 출판, 1974년 재판)에서부터 나타나기 시작했다. 그러나 독일에서의 경험과 대조하여 미국 관리들의 사회적 출신 성분을 다룬 이 논문은 미국 사회학계의 주목을 받지는 못했다. 지적 교량자로서 그의 영향력이 나타나기 시작한 것은 1960년『막스 베버*Max Weber: An Intellectual Portrait*』의 출판을 통해서였다. 이 책을 통하여 그는 미국 사회학자들에게 생소한 새로운 학문적 시각을 효과적으로 제공하는 데 성공했다. 이민자로서 그는 자신의 새로운 조국인 미국을 다른 나라의 경험적 맥락에서 바라봄으로써 보다 깊이 있는 이해가 가능할 것이라고 믿었다. 그러나 단순히 베버의 이론적 지향을 소개함으로써 이루어질 수 있는 것이 아니었다. 보다 중요한 것은 다른 나라 역사와의 관계를 제대로 인식할 수 있을 때 자신의 역사를 더욱 잘 이해할 수 있을 것이라는 메시지를 전달하는 것이었다. 벤딕스는 이 책을 통하여 비교역사적 연구의 필요성을 미국 사회학계에 전달하는 데 성공했다.

벤딕스는 1950년대에 출판한 2권의 책을 통해 사회학자로서 명성을 얻게 된다. 그의 첫 비교역사적 연구인『산업세계에서의 직무와 권한*Work and Authority in Industry*』(1956)은 결정적인 산업 발전 이행기에 나타난 미국, 영국, 소련, 동독의 경영 이데올로기에 관한 통찰력 있는 연구였다. 그는 베버의 스타일을 확실하게 보여준 이 책으로 1958년 미국 사회학회의 권위 있는 매키버McIver 상을 수상했다. 립셋Seymour Lipset과 같이 펴낸 두 번째 저작인 『산업사회에서의 사회적 유동성*Social Mobility in Industrial Society*』(1959)은 사회적 이동성에 관한 비교경험적 연구의 장을 열어놓은 아주 선구적인 저서라는 평가를 받았다.

『산업세계에서의 직무와 권한』의 출판으로 학자로서의 초기 명성을 얻은 벤딕스는 1964년 『국가 건설과 시민권*Nation-Building and Citizenship*』과 1978년 『왕이냐, 인민이냐: 권력과 지배의 정당성*Kings or People: Power and the Mandate to Rule*』을 출판함으로써 사회과학계의 거목으로 부상했다. 『국가 건설과 시민권』은 1950-60년대 미국 사회과학계를 지배하고 있던 근대화 이론을 비판적으로 분석하여 근대화의 사회학에 지대한 공헌을 했다. 그는 근대적 제도의 아이디어를 산업혁명 이전으로 소급 적용했음은 물론 일본이나 인도와 같은 비서구 국가들에게까지 확장시켜 적용했다. 또 그는 개별 국가 사회 단위를 중심으로 한 근대화 이론의 맹점을 비판하고, 선발국이 후발국에 미치는 "전시효과demonstration effect"의 중요성을 강조함으로써 종속 이론이나 세계 체제 이론이 등장하기 이전에 이미 발전의 연구를 "국제화internationalized"하는 통찰력을 보였다.

한편, 벤딕스는 아버지와의 복잡한 관계에도 불구하고 아버지로부터 정직함과 고결함 그리고 헌신성을 물려받은 것으로 전해지며, 이러한 아버지의 유산 덕분에 벤딕스는 정직성과 헌신성의 학자로 평가된다. 버클리의 동료들은 자신의 감정이나 선호에 휘말리지 않고 평가를 내릴 수 있는 그의 양심과 능력에 감탄하곤 했던 것으로 알려져 있다. 1958년 UC 버클리 사회학과에 취임하면서 벤딕스가 독일의 전쟁배상금으로 산 집에 세 들어 이웃으로 함께 살았던 스멜서의 인간적인 평가는 벤딕스의 모습을 가장 압축적으로 표현하고 있는 듯하다. 스멜서에 의하면 그는 친구나 이웃에 대해 더할 나위 없는 개방성을 보여주면서도 언제나 자신의 고고함을 지키려 한 아주 드문 지식인 중의 한 사람이었다. 그는 부인을 제외한 어느 누구와도 절친한 관계를 맺을 수 없을 정도로 고고함을 유지했다.

그의 이러한 모습은 책임 있는 학문의 철학을 강조한 그의 후기 저작, 특히 『힘, 운명, 그리고 자유*Force, Fate, and Freedom*』(1984), 『베를린에서 버클리로』(1986), 『무장한 이성*Embattled Reason*』(1988, 89), 그리고 사후에 출간된 『불안정한 관계*Unsettled Affinities*』(1993) 등을 통해서 보다 분명하게 드러났다. 버클리 대학의 벤딕스 메모리얼에 의하면 벤딕스는 과학주의와 인문주의를 둘러싼 사회학의 끊이지 않는 갈등을 누구보다도 고민했던 학자였다. 그는 사회적 탐구에 있어서 이성의 전통적 역할을 위태롭게 하는 과학주의는 물론 엄격한 경험주의의 파고에 휘말려 단지 적절성relevance만을 찾아 헤매는 인문주의의 무기력성에 대해서도 동시에 경고를 보내고 있었다고 기술하고 있다. 다른 말로 하면 1960년대와 70년대의 학원 소용돌이 속에서 배움을 위협하며 절망과 위기의식을 몰고 온 "이성에 대한 불신distrust of reason"이 그의 가장 큰 고민이었던 것 같다.

그의 이러한 고민은 앞에서 언급한 1970년 미국 사회학회 회장 취임 연설에서 보다 분명하게 드러난다. 그는 이 연설을 통하여 "독립적인 탐구, 자유로운 토론 그리고 학문적 자치"를 근간으로 하는 학문공동체의 보호를 외치는 동시에 배움과 심의를 말살할 수 있는 무모한 행동주의에 대한 방어로 이성에 대한 신념을 호소하고 나섰다. 그는 이후 운명할 때까지 자신의 연구를 통해서나 대학 내에서의 자신의 행동을 통해서 학문적 작업의 정당성을 유지하고 고양시키는 데 전력을 기울인 학자로 기록되고 있다.

이러한 학문적 업적과 자세로 벤딕스는 학자로서 적지 않은 영예를 누릴 수 있었다. 그는 콜럼비아 대학, 베를린 자유 대학, 옥스포드 대학, 이스라엘의 헤브류 대학, 그리고 하이델베르크 대학 등에서 객원교수로 초빙을 받아 학문의 접점을 찾는 데 진력할 수 있었다. 그는 풀브라이트, 구겐하임, 카네기 연구비를 수상했을 뿐만 아니라 프린스턴의 고등교육원, 우드로우 윌슨 센터, 베를린 학사원의 초빙연구원을 지냈다. 미국의 버클리 대학, 영국의 리즈 대학, 독일의 만하임 대학, 괴팅겐 대학은 그의 학문적 업적과 공헌을 인정하여 명예박사 학위를 수여했다.

필자가 벤딕스 교수를 만난 것은 버클리 대학에서 유학 중이던 1975년 가을 학기의 정치사회학 세미나에서였다. 그는 느린 영어로 토론식 강의를 진행하며 독일과 미국의 학문 세계를 연결하려는 이른바 문화제적inter-cultural 접근법을 즐겨 사용했다. 자신을 문화와 문화 사이에 걸쳐 살고 있는 인간으로 묘사하며 학제적interdisciplinary이고 비교역사적이며 이론적인 지향을 학생들에게 주문하던 학자였다. 그는 연구와 교육의 중요성을 동시에 일깨워 준 학자이기도 했다. 그는 학생들과 자유로운 토론을 즐겼으며, 학생들을 인격체로 대해 주었을뿐만 아니라 또 많은 것을 학생 자신의 힘으로 이루어내기를 기대하는 학자이기도 했다. 그러나 아마도 필자에게 가장 강렬하게 남아있는 벤딕스 교수에 대한 인상은 그가 버클리 대학 중앙도서관 구석구석을 돌며 고서들을 직접 찾아다니던 모습이다. 필경 이때 도서관에서 고서를 찾아보던 그의 노력이『왕이냐, 인민이냐』로 결실을 맺었다는 것은 의심의 여지가 없어 보인다.

2. 추상적 이론과 경험적 사실의 중간에서

벤딕스의 학문적 지향과 업적을 일목요연하게 요약하기는 그리 쉬운 일이 아니다. 왜냐하면 그가 다루는 역사적 자료의 방대함과 양면적인 비교역사적 접근법, 그리고 자신의 한계성에 대한 인식 등으로 인해 그의 스타일에는 모호함이 상당히 넓게 배어있기 때문이다.

그러나 스멜서의 평대로 벤딕스는 분명 고슴도치와 여우의 세계에서 한 마리의 여우였다. 왜냐하면 그는 거대 이론grand theory을 피하고 베버로부터 물려받은 방법론적 타협과 자신의 한계성marginality에 대한 인식을 통하여 일종의 엄격한 절충주의적 접근법을 선호하고 있었기 때문이다. 스멜서는 벤딕스의 엄격한 절충주의적 모습이 그의 비교역사적 분석에서 분명하게 드러나 있다고 본다. 벤딕스는 박사 학위 논문에서 계량적인 경험적 분석을 시도하였지만, 사실 그가 선호한 것은 자료의 질적이고 맥락적인 분석이었다. 그는 일종의 경험주의자였지만 실증주의에는 회의적이었다. 따라서 벤딕스는 실증주의를 육체에서 분리된 일종의 합리주의라고 보고 이를 역사주의로 대체한다. 또한 그의 질문은 항상 거대했지만 그의 해답은 언제나 시공의 제약을 받는 역사적 경험의 개별성에 한정하고 있다. 따라서 벤딕스는 보편적인 역사관이나 역사철학 같은 것을 제시하지는 않았다. 대신 그가 택한 방식은 일반화에 골몰하는 사회학적 스타일과 개별화에 몰두하는 역사적 스타일 사이의 절충이었다.

스멜서의 지적대로 벤딕스는 분명 거대 이론의 추상성abstractions이나 경험주의에 매몰되는 것을 피해 이들 양자 간의 중간 경로를 추구하는 여우였다. 그는 구체적인 역사적 사실을 놓치지 않으면서 일반적인 이론적 이슈를 다루는 중간 범위intermediate level의 분석을 선호했다. 이 때문에 벤딕스의 제자였던 뤼세마이어Dietrich Rueschemeyer는 그의 연구는 "모든 사회에 통하는 것과 특정 시공의 한 사회에만 통하는 것 사이의 중간 수준에서 일반화, 개념화를 추구하려는 시도"로 나타났다고 지적한다. 따라서 벤딕스의 학문 세계는 그 지적 뿌리와 근본적인 전제에 있어서 당대 미국 사회학계를 지배하고 있던 파슨스Talcot Parsons적인 지향이나 마르크스주의적 지향에 대한 도전으로 비추어질 수밖에 없었다.

그의 이러한 학문적 입장은 이미 자신의 첫 논문인 "사회과학과 이성의 불신Social Science and the Distrust of Reason"(1951)을 통해서 예고된 것이기도 했다. 그는 이 논문에서 과학의 물상화fetishism를 경계하며 경험주의를 초월하는 이성에 대한 믿음을 중시하는 입장을 드러냈던 것이다. 그가 사회과학의 중심 과제로 제기한 것은 지적인 설명과 인간 계몽의 문제였다. 여기서 그는 정치·경제적 힘의 현실에서 끊임없이 긴장 관계를 이어가는 정치적 자유의 조건과 이념의 역할 문제에 관심을 쏟는다. 이 때문에 그의 입장은 현실주의와 이성에 충실한 자유주의적인 지식인의 모습으로 나타났다.

그의 이러한 학문적 입장이 보다 분명하게 나타난 것은 그의 3대 주요 저작으로 꼽히고 있는『산업세계에서의 직무와 권한』(1956), 『국가 건설과 시민권』(1964), 그리고『왕이냐, 인민이냐』를 통해서였다. 이 3대 저작은 역사적 자료의 풍부함과 방법론적 적실성 그리고 분석적 안목에서 절충주의적 비교역사 분석의 고전으로 평가받고 있다. 특히『왕이냐, 인민이냐』는 무어Barrington Moore의『사회적 기원』이래 비교역사사회학에서 가장 중요한 업적으로 평가받고 있는 중간 수준의 접근법을 시도한 대표적인 저작이다. 기어츠Clifford Geertz는 "근년에 나온 비교역사사회학 저서 가운데 가장 강력한 저서 중의 하나"라고 평했다. 또 3대 저작 이외에도 그가 공동 편집인으로 참여한『국가와 사회*State and Society: A Reader in Comparative Political Sociology*』(1968)나, 립셋과 같이 펴낸『계급, 계층, 그리고 권력*Class, Status, and Power: A Reader in Social Stratification*』(1956)을 통해서도 벤딕스는 자신의 분석 스타일을 분명하게 드러냈다.

『막스 베버』(1960)의 출간은 벤딕스의 분석 스타일이 결정되는 계기를 제공했다. 그는 이 책을 통하여 파슨스에 의해 구조기능주의 이론 속에 동화되어 버린 베버의 종교, 자본주의, 그리고 서구의 합리주의에 대한 해석을 비교 역사사회학의 틀 속에서 재해석하고 재생하는 데 결정적인 역할을 했다. 따라서 비교 역사적 연구에 토대를 둔 벤딕스의 접근법은 포괄적인 이론 수립theory-building에 골몰하는 거대 이론화 시도에 대해 시종일관 비판적일 수밖에 없었다. 그는 특히 5,60년대 미국 사회과학계를 지배했던 파슨스의 구조기능주의 이론에 비판적이었다. 그러나 그는 이에 못지않게 6,70년대 무어의 『사회적 기원』 출판과 윌러슈타인Immanuel Wallerstein의 『근대 세계 체제*The Modern World-System*』(1974) 출판 이후 역사사회학 분야에서 유행하고 있었던 마르크스주의적 접근법에 대해서도 비판적이었다.

벤딕스는 권위와 지배의 문제를 지배 집단과 피지배 집단의 갈등 관계로 보는 베버의 입장을 택했다. 따라서 그는 사회를 합의의 균형 체계societal equilibria로 보는 구조기능주의를 받아들일 수 없었다. 또 일원론적인 역사결정론의 마르크스주의도 받아들일 수 없었다. 이 때문에 그는 전통과 근대라고 하는 비역사적인 이분법적 도식을 통해 진화론적으로 사회 변화를 설명하려는 파슨스의 근대화 이론이나, "이념의 체계가 특정한 사회·정치적 목적을 위하여 조작될 수 있다"는 무어나 윌러슈타인의 견해에 도전장을 던지지 않을 수 없었다.

벤딕스가 관찰한 전통 사회는 다양한 사회질서의 사회였

다. 이 때문에 전통 사회의 근대화는 선발국이 거쳐 간 정해진 패턴을 따라 진행되는 것이 아니라 다양한 경로를 거쳐 이루어진다고 보았다. 특히 그는 선발국과 후발국 사이의 변화하는 관계가 이러한 다양성에 많은 영향을 미친다는 점을 강조했다.

결국 그는 우선 베버에 대한 해석을 둘러싸고 파슨스와 일전을 치르지 않으면 안 되었다. 파슨스는 벤딕스에 앞서 베버를 미국에 소개한 학자였다. 따라서 둘 다 베버적 학문 전통의 계승자임에는 의심의 여지가 없었다. 하지만 베버에 대한 두 사람의 해석은 아주 달랐다. 우선 벤딕스는 베버의 저술을 사회에 관한 일반 이론의 관점에서 파악한 파슨스에 동의할 수 없었다. 대신 그는 거대 이론에 대해 비판적인 비교역사사회학의 틀 속에 베버를 자리매김하려 했다. 따라서 『산업세계에서의 직무와 권한』 출간 이후 『왕이냐, 인민이냐』의 출간에 이르기까지 그의 학문적인 관심은 역사사회학자로서의 베버에 대한 재해석과 재생에 있었다 해도 과언이 아닐 것이다.

파슨스는 1930년 베버의 『프로테스탄트 윤리』를 번역한 이후, 미국 사회학계에서 독보적인 위치를 차지했던 구조기능주의 학파의 태두였다. 스카치폴Theda Skocpol의 지적처럼 그의 책 『사회 체제*The Social System*』(1951)는 사회 변화의 문제는 거의 도외시한 채 사회적 균형의 문제에 주안점을 둔 이론적 체계를 제시하고 있었다. 그의 이론적 체계는 1950년대와 60년대의 미국 사회학 연구에 강력한 영향을 미쳤다. 이러한 측면에서 파슨스가 강조한 "사회적 분화social differentiation"를 모든 사회를 분류하는 핵심 개념으로 사용하면서 전통 사회에서 근대 사회로의 이행을 진화론적인 발전 이론이나 근대화 이론의 관점에서 다루는 연구가 우후죽순처럼 등장한 것은 결코 우연이 아니었다. 특히 냉전의 격화로 인해 미·소 양국은 모든 나라가 거쳐야 할 발전의 단계를 정당화하기 위한 이론적 틀을 필요로 하고 있었고, 이에 미국은 구조기능주의적 진화론을 들고 나온 데 반해, 소련이 경제결정론적인 진화 이론을 들고 나왔다. 이러한 파슨스의 영향 때문에 벤딕스의 베버 연구는 별 빛을 보지 못했다.

그러나 1960년대에 들어서면서부터 제3세계의 정치적 갈등과 혼란은 진화론적 구조기능주의 이론뿐만 아니라 경제결정론적인 마르크스주의의 설득력을 현저히 떨어뜨렸다. 벤딕스의 연구는 자연스럽게 이 두 거대 패러다임에 대한 비판에서부터 출발한다.

벤딕스는 다양한 역사적 상황을 무시하는 진화론이나 사회 체계 이론은 물론 실증주의나 마르크시즘에 대한 비판적인 논의를 통해 자신의 접근법을 정립하려 했다. 그의 시도는 우선 "베버의 탈파슨스화de-Parsonizing" 작업으로 나타났다. 이 때문에 『왕이냐, 인민이냐』는 일반화된 이론서와는 거리가 멀다. 왜냐하면 벤딕스는 구조기능주의나 근대화 이론은 매우 인종주의적일 뿐만 아니라, 베버의 아이디어에서 역사적 특수성에 대한 베버의 관심을 무시한 채 추상적인 개념만을 원용하여 구조와 변화의 패턴을 지나치게 일반화한다고 보기 때문이다. 벤딕스는 베버야말로 체제적인 일반 이론화의 경향을 가장 경계한 학자였다고 생각한 것이다. 따라서 그는 서로 다른 역사적 환경 속에서 유사한 문제를 서로 다르게 해결한 각 나라의 특성을 규명하는 데 초점을 맞추었다. 그의 말대로 "서로 다른 나라를 비교하면서 역사적 특수성의 감을 보존하기 위해" 서로 다른 맥락의 유사한 문제에 대한 서로 다른 해답을 찾는 데 진력했던 것이다. 그는 각 나라는 권위의 구조가 다를 뿐만 아니라 다른 선진국이 제기하는 전시효과의 도전에 서로 다르게 대응해왔다는 것이다.

『왕이냐, 인민이냐』는 세계사적 차원에서 나타난 두 가지의 서로 대안적인 정부 토대인 세습 왕조와 인민주권 정부에 대한 분석서이다. 이 책은 어떻게 인민주권popular sovereignty이 16세기 이후 서구 유럽에서 처음 성공할 수 있었는가에 대한 질문으로 시작하고 있다. 이 질문에 답하기 위해 그는 베버의 비교역사사회학적 문제 제기에 근거한 정통성legitimacy 개념을 들고 나왔다. 벤딕스에 있어서 근대화는 철저하게 상대적인 것이었다. 따라서 그는 전통에서 근대로의 이행 과정이 국가별로 다양할 수 있다고 보았다. 물론 이러한 '이행'이 후발 사회가 앞선(특히 군사적 측면에서) "준거 사회reference society"를 따라잡는 과정이었음은 의심의 여지가 없다. 하지만 이 '따라잡기 과정'은 밖으로부터 수입된 모델이 기존의 전통적 사회구조와 상호작용하며 수정되는 과정이었다. 그 결과 새로운 근대화 단계는 이전과 동일한 것이 아니라 다른 형태로 나타났다는 것이다.

『왕이냐, 인민이냐』는 근대 세계를 이해하는 일종의 전략서이기도 하다. 벤딕스는 이 책을 통해 '역사적 다양성'에 초점을 맞춰 어떻게 한 사회의 전통이 근대화의 타이밍과 순서는 물론 국가의 발전에 영향을 미치게 되었는가를 밝히려 했다. 그는 근대화의 일반적 필수 조건들을 밝혀내는 데 별로 관심이 없었다.

통일된 패턴을 찾아내기 위해 상관적인 통계자료에 의존하는 비교사회학의 방법론을 신뢰할 수 없었기 때문이다. 오히려 그는 각 나라의 역사에서 나타날 수 있는 역사적 발전의 다양성을 설명하고자 했다. 즉 왜 자본주의는 비서양 사회가 아닌 서양에서 발아되었는가, 또 왜 동서 유럽의 민족 국가 형성은 다른 경로를 통해 이루어졌는가 등과 같은 역사적 다양성의 질문을 중간 범위의 분석 수준에서 비교역사적으로 설명하려 시도했던 것이다.

3. 근대화의 양상

『왕이냐, 인민이냐』의 중심 가설은 각 나라의 사회 변화는 전시효과demonstration effect의 결과, 즉 다른 나라에서 일어나는 변화를 모방하려는 엘리트의 노력에 의해 일어난다는 것이다. 벤딕스의 목적은 권위의 진화에 관한 비교 역사적 연구를 통해 역사 과정이 사회·경제적 세력에 의해 결정된다는 마르크스의 명제를 시험하는 데 있었다. 그의 이러한 시험은 중간 범위의 분석 수준에서 국가별로 권위 구조가 왕에서 인민의 손으로 넘어가는 과정을 설명한 『왕이냐, 인민이냐』에서 가장 잘 드러나고 있다.

이 책은 700페이지(300,000단어)에 이르는 방대한 연구서이다. 다루는 시기도 B.C. 1122-771 사이의 주나라에서부터 20세기 초 스탈린의 "위로부터의 혁명"에 이르기까지 장기간에 걸쳐 있다. 주요 연구 대상은 A.D. 40년 이후의 영국, A.D. 1100년 이후의 프랑스, A.D. 700년 이후의 독일, A.D. 600년 이후의 일본, 그리고 A.D. 800년 이후의 러시아 등 5대 주요국이다. 중국과 이슬람 국가들에 대한 연구도 포함되어 있다.

무엇보다도 『왕이냐, 인민이냐』의 특성은 지배의 정당화 legitimation of rule라는 베버의 주제하에 지난 천 년간 5대 주요 국가의 국가 건설 과정state-building을 방대한 증빙 자료를 통해 설명하고 있다는 점이다. 벤딕스는 정부 구조, 전쟁, 인구, 교육, 종교, 민중문화, 그리고 지식인의 모습은 물론, 역사적 판화나 그림 사진 등을 포함하여 의회에서의 좌석 배치나 행진 그리고 건축 계획과 같이 매우 시사적인 자료를 제공하고 있다. 뿐만 아니라 그는 귀족과 정부 관리의 조직과 숫자, 국가 세수, 학교와 학생의 숫자, 신문과 책의 숫자는 물론 전쟁 피해나, 민중 신문이나 지식인들에 의해 논의된 사항들까지 기술하고 있다. 그가 두 단계로 나누어 분석한 각기 나라별 설명(3장~6장, 9장~13장)에서 이 방대한 자료를 베버의 주제에 대한 자신의 분석을 뒷받침하는 증빙자료로 제공하고 있다.

『왕이냐, 인민이냐』가 다루는 주제는 다음의 다섯 가지이다.

첫째. 왕의 권위는 내외적 권력투쟁은 물론, 권위에 최종적인 정당성을 부여한 종교적 인가를 통해 구축되었다. 왕권은 신성불가침적이었지만 왕의 권위는 항상 위험에 처해 있었으며 따라서 계속해서 건재함을 나타내지 않으면 안 되었다.

둘째. 왕들은 그들이 권위를 위임한 귀족들의 도움으로 자기 영역을 통치했다. 왕의 지배에 대한 귀족의 복종이 당연한 규범이었지만 중앙 권위와 지방정부 간의 긴장은 계속 관리되지 않으면 안 되었으며, 결코 해결될 수 없었다.

셋째. 인민의 이름에 의한 권위는 점진적 변화를 통해 왕권을 대체했다. 왕의 권위는 토지와 정부 관직의 상업화와 교육받은 평민들의 고위직 진출로 약화되었다. 이런 조건에서 교육받은 엘리트들이 선진국의 발전을 따라잡고자 하는 과정에서 인민주권으로 권위를 재구성하려는 아이디어들이 특수 엘리트들에 의해 제기되었다.

넷째. 왕권 체제에서 인민주권 체제로의 이행은 모든 나라에서 일어났지만, 그 과정은 매우 다양했다. 따라서 각 나라에서의 인민주권 제도화 모델은 구체적인 역사적 경험 속에서 차별적으로 나타난다.

다섯째. 인민주권에 의한 정부의 확산은 지속적인 운동이었다. 왜냐하면 보다 후진적인 나라는 보다 선진적인 나라의 모델에 의해 자국의 경계 안에서 권위를 재구성하도록 자극받았기 때문이다. 영국, 프랑스, 독일, 일본, 러시아, 중국은 모두 민족주의를 경험했고 인민주권의 정부를 구성했지만 그 방식은 상이했다. 근대화 과정에서 각국이 부딪치는 문제는 독특했으며 이 때문에 각국의 근대화 모델은 저마다의 역사적 경험과 현실에 의해 다르게 나타났다.

이 5개의 주제 중 벤딕스가 특히 중시한 것은 첫 번째와 다섯 번째 주제이다. 왕권의 토대로 종교의 역할을 중시한 첫 번째의 주제와 인민주권으로의 이행을 고무하는 전시효과의 힘을 강조하는 다섯 번째의 주제가 바로『왕이냐, 인민이냐』의 핵심 주제이다.

이 책은 두 부분으로 구성되어 있다. 제1부에서는 각 장별로 프랑스를 제외한 4대 주요 국가의 군주제 발전을 16세기까지 추적하고 있으며, 제2부에서는 인민주권의 이름으로 정당화된 근대 정치로의 이행을 고찰하고 있다. 이러한 책의 구성은 연대기적이고 기원론적 설명을 강조하는 벤딕스의 역사주의적 시각을 반영하고 있다고 보아야 할 것이다.

제1부는 서구와, 아랍 세계, 그리고 고대 중국에서 나타난 왕권의 세속적 토대와 종교적 토대에 관한 논의로 시작하고 있다. 이 논의는 왕권의 정당화legitimation에 대한 보편적 특징에서 출발하여 종교의 영향으로 왕권의 정당화가 어떻게 차별화되는지 분석하고 있다. 여기서 벤딕스는 왕의 권위가 내부적 투쟁이나 외부적 정복의 결과에 따라 여러 형태로 나타나고 있음을 인정하면서도 종교적 지식과 신념의 전통이 왕권을 제약하거나 강화하는 데 더 큰 영향력을 행사할 수 있다고 본다. 그의 말대로 "종교는 그 자체의 논리를 지니고 있었다." 이 때문에 왕과 종교 간의 관계는 왕권의 역사적 패턴을 결정짓는 가장 중요한 요인으로 작동했던 것이다. 서구 기독교 세계에서 왕은 어느 누구에게도 복종하지 않는 절대 권력자였다. 하지만 왕은 신의 위탁을 받

기 위해 자신의 세습적 지배 권리를 교회의 권위에 기대지 않을 수 없었다. 왜냐하면 교회는 신의 법칙에 대한 유일한 해석자였기 때문이다. 따라서 현실적으로 왕의 의지는 교회의 재산이나 영향력에 의해 제약되었다.

이에 반해 이슬람 전통에서 신은 예언자의 말씀을 통해 나타나기 때문에 궁극적인 신비를 알지 못한다. 지배자는 신의 법에 따라야 하지만 예언자의 후계자로서 그의 권위는 신으로부터 직접 부여 받은 것이다. 따라서 이와 같은 직접적인 인증 시스템으로 인해 서구의 전통에서 볼 수 있는 종교와 왕권 간의 긴장을 이슬람 군주제에서는 발견할 수 없다. 한편 중국에서는 세습 군주의 절대 권력에 대한 제도적 견제 장치가 존재하지 않는다. 하지만 군주의 행위는 사회적 선례와 지식인 관리에 의해 제약될 수 있으며, 이들의 역할은 중국의 문화 전통에 의해 크게 영향을 받았다.

다음으로 지배의 형태를 군주제kingship와 귀족제aristocracy로 대별한 벤딕스는 군주제의 종교적 정당화에서 왕과 귀족 간의 갈등으로 논의를 옮겨가고 있다. 여기서 벤딕스는 왕에 의해 지배되는 국가가 예외 없이 정치적 혼란과 유혈로 점철된 정치사로 얼룩져 있다는 사실에 눈을 돌리고 있다. 왜 그랬을까? 무엇이 이 정치적 불안정을 설명해줄 수 있을까? 어떤 고질적인 불확실성이 왕과 귀족 간의 관계를 괴롭히고 있었을까?

이러한 질문에 답하기 위하여 벤딕스가 우선 택한 것은 봉건군주제에서의 정치 변화였다. 그는 왕과 봉건 가신 간의 후원자-수혜자patron-client 관계로 나타난 중세 군주제의 권력정당화

변화 과정에서 정치 변화의 단초를 찾아내어 다음과 같이 설명한다.

왕의 목적은 남들이 자신의 명령에 따라 행동하기를 바라면서 자신의 뜻대로 자신의 영토를 지배하는 데 있다. 무엇보다도 왕의 권위는 자신의 자원에 의해 좌우되기 때문에 모든 왕들은 자신의 지배 영역에 대한 통제를 약화시키지 않으면서 자원을 증가시키기 위해 지배 영역을 더욱 확장하려 한다. 하지만 이러한 이중 목표는 지배 영역의 확장과 더불어 점점 달성하기 어려워진다. 왜냐하면 확장된 영토를 관리하기 위하여 보다 많은 가신이 필요해지고 이 가신들을 통제하기 위하여 정략결혼 등과 같은 온갖 수단을 사용해보지만, 어느 것도 궁극적으로 믿을 만하지 못하다. 가신 통제 문제를 해결하기 위하여 왕은 그가 할 수 있는 온갖 전략적 선택을 하지만, 어느 것도 완벽한 해결책이 될 수는 없었다는 것이다. 왜냐하면 봉건귀족들은 기회만 있으면 자신들의 상대적인 자율성 속에서 그들이 관장하고 있는 자원을 이용하여 왕에 대항할 수 있는 자신들의 권력을 키울 수 있었기 때문이다. 결국 벤딕스는 왕과 귀족 간의 세력 균형은 서로가 사용할 수 있는 자원에 의하여 좌우되었다고 설명한다.

여기서 그는 봉건주의의 양면적 모습을 그려내고 있다. 그가 그려낸 봉건주의는 한편으로는 폭력과 잔인성의 대명사이지만, 다른 한편으로는 지배와 복종의 매우 안정된 패턴을 갖춘 체제였다. 이러한 봉건 사회에서 왕의 권위가 안정되자, 비록 형태와 시기, 정도에 있어서는 차이를 보였지만 명예와 의리를 중시하는 반공리주의적인 귀족 생활이 정착되어 가고 있었다. 중앙집권화가 진행되면서 왕과 귀족 간의 관계에 변화가 일어나기 시작했던 것이다. 이러한 정치적 변화는 왕과 귀족 간의 전장에서의 싸움이라고 하는 전형적인 패턴이 왕과 대의기관과의 갈등이라고 하는 새로운 패턴으로 옮겨가는 것을 의미했다.

다음으로 그가 다루는 주제는 대의제의 등장에 의한 왕과 의회 간의 갈등 문제이다. 벤딕스는 귀족 사회에 등장하기 시작한 대의 제도는 후일 민중에 의한 정치 참여의 전조를 제공하고 있다고 보았다.

근대적 혁명의 문턱에 제일 먼저 도달한 나라는 영국이었다. 튜더 왕조의 권위와 재산의 증가는 귀족 사회의 교육, 생활 예절과 공공 서비스에 변화를 몰고 왔다. 궁정이 정치와 사교생활의 중심이 되었지만, 왕권의 강화에도 불구하고 의회는 독일의 절대주의나 러시아의 독재 체제에서 나타났던 파괴를 피할 수 있었다. 17세기 말쯤에는 "의회 속의 왕kings-in-parliament"이란 표현이 암시하고 있듯이 의회가 왕과의 싸움을 통해 국가의 주권적 입법기관으로서의 지위를 확보한다.

그러나 비슷한 시기 프러시아 호엔촐러른 왕조 지배하의 여러 영토에서 지역 계급은 입법권을 둘러싼 왕과의 싸움에서 패배하였다. 하지만 프러시아 왕들은 지주와 관리의 높은 신분과 자유를 유지하는 데 배려를 아끼지 않았다. 영국과 비교해 보면 영국에서는 귀족과 부유한 평민이 왕과 지배의 제휴 체제partnership-in-rule를 이루어냈지만, 프러시아에서는 그러한 파트너십이 없었다. 이러한 점에서 프러시아 귀족 사회는 영국의 귀족 사회에 비해 취약했지만, 러시아의 귀족 사회에 비해서는 개인과 재산의 자유는 물론 상당한 지방 권위를 향유할 수 있었다. 프러시아는 러시아와 달리 대체로 신의 섭리에 따르는 통치를 존중한 서구 유럽의 지배자들과 마찬가지로 자신들의 권위와 권리가 제약되어 있음을 인정했던 것이다. 반면 러시아의 왕권은 귀족의 권리를 인정하지 않았을 뿐만 아니라 이반 대제에 의한 대의기구의 말살과 피터 대제에 의한 귀족의 관료화 정책에 의해 대의기구가 빛을 볼 수 없었다.

러시아에 비해 일본의 귀족들은 효과적인 지방자치를 누릴 수 있었다. 러시아의 경우처럼 지방자치 없이는 절대지배에 대한 효과적인 견제를 만들어 낼 수 없지만, 프러시아의 경우처럼 지역적 힘이 그러한 견제의 충분조건은 되지 못한다. 이점에서 벤딕스는 일본 귀족들의 상대적 힘에 주목하고 있다. 도쿠가와 지배 체제에서 일본의 귀족들은 엄격히 통제되었지만 궤멸되지는 않았다. 명치유신의 리더십이 이들 변방의 귀족으로부터 충원될 수 있었던 것은 쇼군에 대한 충성의 의무가 지역적 자치와 양립함으로써 가능했다는 것이다.

이상과 같은 제1부 논의의 토대 위에서 벤딕스는 왕을 내몰고 인민주권의 정부를 세운 근대 혁명을 제2부에서 고찰하고 있다. 여기서 인민주권의 등장에 관한 벤딕스의 설명은 "민주적 아이디어의 역할"과 선발 사례의 "전시효과demonstration effect"라는 두 요인을 중심으로 전개된다. 특히 그는 근대적 정치 변화의 일반적인 필요조건을 찾아내기 위해 한 나라의 발전이 몰고 온 전시효과를 분석하는 데 집중한다. 전시효과에 대한 강조는 "아이디어의 동원intellectual mobilization"을 변화의 중요한 원천으로 보는 그의 입장을 나타내고 있다. 아이디어는 구조적 요인보다 훨씬 쉽게 전달될 수 있고, 또 모방될 수 있기 때문에 확산 효과가 크다는 것이다. 이러한 아이디어의 동원은 근대 이후 서구의 문화적 변화와 밀접히 연관되어 있다. 해외 탐험이나, 교역, 인쇄술의 발달, 새로운 대학의 설립, 과학의 발전, 종교 개혁, 그리고 작가나 교사, 법률가 등과 같은 전문 직종의 등장으로 아이디어의 급속한 확산이 이루어지게 되었기 때문이다.

물론 이러한 서구 지식 세계의 문화적 각성과 급속한 확산은 자본주의적 경제의 발달과 불가분의 관계를 가지고 있지만, 벤딕스는 베버의 입장과 마찬가지로 서구 지식 세계의 문화적 각성과 급속한 확산은 정치·경제적 이익의 관점에서만 설명할 수 없다고 본다. 그는 영국에서 시작되어 동쪽으로 퍼져나간 정치 변화를 '자본주의' 발전과 연관지어 설명하는 대신(비록 그것이 중요하기는 했지만), 한 나라의 발전을 다른 나라로 전이시키는 독립적 요소에 분석의 초점을 맞추었다. 그 독립적인 요소는 다름 아닌 선발 사회의 변화에 자극을 받아 자신의 나라 발전 모델을 모색하는 '이념적 집단'의 등장이었다. "발전을 선망development envy"하는 교육받은 소수 엘리트의 정치, 문화적, 민주적 견해가 민주적 제도의 수립을 가져왔다는 것이다. 즉 벤딕스가 『왕이냐, 인민이냐』에서 제시한 일반 명제는 "외부적 사건은 근대화를 촉발시키는 아이디어를 발생시켜 내적인 상황의 변화를 유도하는 자극으로 기능한다"는 것이다. 여기서 그는 아이디어의 역할과 선례의 중요성을 강조한 나머지 구조적 요소의 중요성을 의도적으로 피해가고 있다.

벤딕스가 제시한 변화의 과정은 다섯 나라에서 다음과 같이 일어났다. 스페인을 준거 사회로 했던 영국은 구교와 신교의 갈등으로 야기된 스페인과의 전쟁에서 왕을 중심으로 국민을 동원하는 데는 성공했다. 이것은 국가적 집단 정체성을 형성하는데 매우 중요했다. 다른 한편으로, 전쟁 비용 부담을 위한 왕의 조세권을 둘러싼 투쟁의 결과, 왕의 조세권이 제약되고 권력이 의회로 이전된다. 이러한 16, 17세기 영국의 인민주권 혁명은 국경을 넘어 다른 나라 왕들의 위치를 불안하게 했을 뿐만 아니라, 인민주권의 정부를 선호하는 사람들을 자극했다.

프랑스 혁명은 왕권이 인민주권으로 이행하는 데 결정적인 전환점을 제공한다. 프랑스의 미국 독립전쟁 참여는 튀르고J. Turgot의 표현대로 "인류의 희망이요 모델"인 미국의 자유와 평등, 그리고 입헌주의 사상을 확산시키는 판도라의 상자를 열어놓은 것과 같았다. 프랑스는 강력한 군대와 절대주의적 정부를 선호하여 영국을 모델로 삼으려 했다. 하지만 미국의 독립전쟁에 참여하면서 영국의 제도에 대한 비판적 견해가 봇물처럼 터져 나왔다. 미국 독립전쟁에의 참여는 민주적 이상을 향한 민중의 동원을 가능케 했을 뿐만 아니라 왕에 대한 조세 부담을 가중시켜 결국 세계 도처의 변화를 자극한 프랑스 혁명을 유발했다.

군사적 근대화를 시도하던 독일은 프랑스 문화와 국가 조직을 모방했다. 하지만 프랑스는 군사적인 적국이었을 뿐만 아니라 프랑스 혁명 이후 나폴레옹 전쟁을 일으켜 독일을 점령했기 때문에 부정적 모델로 전락했다. 이러한 상황에서 독일은 영국을 보수적인 근대화의 모델로 택했다. 독일의 의회는 보수적인 롤 모델의 선택에 따라 왕의 권한을 제약하는 데 큰 성공을 거두지 못했다. 그러나 이렇게 보수적인 "위로부터의 근대화"를 이룩한 프러시아는 명치일본의 모델이 되었다. 1853년 미국의 흑선 침략으로 자극을 받은 일본에서는 보수 혁명이 일어나 근대적 군대와 프러시아식 헌법 체계에 의한 국가 제도를 확립하였다. 이는 군사적 위협과 문화적 모방을 통한 또 다른 성공 사례 중 하나이다. 프랑스의 혁명 전통과 독일의 실패한 지하 혁명 운동은 차르 체제를 무너뜨리고 근대화를 시도한 공산주의자들의 모델이 되었다. 여기서 벤딕스가 강조하는 것은 어느 경우이건 외국의 준거 사회가 위기에 처한 각국의 모델 선택에 영향을 미쳤다는 점이다.

4. 근대화, 무엇이 최선인가?

장기간에 걸친 역사 발전의 일반적인 움직임 속에 각 나라의 특수성을 조명한 『왕이냐, 인민이냐』는 오늘날과 같이 지구화globalization의 획일화 과정에 직면한 후발국의 근대화 전략에 많은 시사점을 제공한다. 한마디로 이 책은 근대 세계를 이해하는 전략서이기도 한 것이다. 왜냐하면 한 사회의 역사적 과거가 어떻게 근대화 과정과 국가 건설에 영향을 미치는가에 대한 질문에 해답을 제시하고 있기 때문이다. 그 해답은 전통에서 근대로의 이행은 결코 미리 정해진 경로를 따라 일어나지도 않고, 또 동일한 결과를 만들어 내지도 않는다는 것이다. 근대화를 추구하는 후발국에게 서구 유럽의 경험은 기껏해야 우연적인 지침으로 제시되고 있을 뿐이다. 특히 벤딕스는 일본과 러시아의 국가 건설에 작용한 각각의 역사적 맥락을 강조하면서, 전통과 근대라고 하는 도식적인 이분법에 의해 선발국과 후발국을 서구 대 비서구, 혹은 발전국 대 저발전국의 틀로 바라보는 서구의 인종주의적 시각을 바로 잡아주고 있다.

『왕이냐, 인민이냐』가 제시하는 다른 하나의 시사점은 아마도 신생 후발국이 직면하고 있는 민족 건설 혹은 국민 건설 nation-building의 문제일 것이다. 벤딕스에 의하면 신생국들은 인민 주권의 이름으로 근대적 정부 제도를 수립한 선발국의 경험으로부터 세 가지 교훈을 얻을 수 있을 것으로 본다.

첫 번째 교훈은 혈연이나 종족적 유대로 인해 빚어지는 갈등을 극복하기 위한 시민적 유대를 어떻게 육성하느냐 하는 것이다. 이러한 지적은 선진국의 문턱을 넘어서려는 시점에서도 아직 지역감정의 덫에서 벗어나지 못하고 있는 우리 사회에 주는 교훈도 적지 않다. 하물며 빈곤이 사회화되어 있고 정부가 취약한 대부분의 신생국에 있어서 이러한 갈등은 더욱 심각한 구조적 문제로 등장하고 있는 것이 사실이다. 이들 국가에서는 인민이 자신의 안전에 대한 보장책으로 시민적 집단 정체성보다는 혈연이나 종족적 집단 정체성에 의존하고 있기 때문이다. 선발국의 경험을 보면 모든 근대 국가는 이러한 폐쇄적 공동체의 유대communal affinities와 싸우면서 발전해왔다. 다시 말해, 근대 국가는 비가족적이고 비인격적인 권위의 토대 위에서 발전할 수 있었다. 왜냐하면 인민이 정치공동체를 구성하기 위해서는 정부가 개인에게 시민적 의무감을 강제해야만 했는데, 이러한 시민적 의무감은 가족적 의무감과 갈등할 수밖에 없기 때문이다. 프랑스 혁명은 법률적 혁신을 통해서, 그리고 파시스트 정권이나 공산 정권은 가족에 우선하는 지배 정당의 등장을 통해 전통적 유대로부터 개인의 해방을 이룰 수 있었다.

두 번째 교훈은 취약한 정치 제도 때문에 인민의 궁극적 주권이 시련을 겪고 있는 신생국의 정치적 문제에 관한 것이다. 벤딕스는 신생국에서 군사 쿠데타와 일당 지배 체제, 권위주의 정권 등이 일상화되다시피 한 이유가 다름 아닌 이러한 시민적 유대에 바탕을 둔 정부가 수립되어 있지 않기 때문이라고 주장한다. 선발국의 경우 왕권에서 인민주권으로의 이동은 장기간에 걸친 군사적 역학 관계의 산물이었다. 즉, 주요한 정치 변화는 국제적인 군사적 동력에 의해 촉진되었다. 선발국의 국가 제도는 장기간에 걸쳐 형성되었을 뿐만 아니라, 보다 구체적으로는 전쟁을 위한 군사 조직을 통해서 확립되었다. 이들 선발국은 오랜 기간 동안 인민이 왕과 국가를 위하여 목숨을 바쳤다는 점에서 운명을 같이하는 정치공동체를 발전시킬 수 있었다. 왜냐하면 왕과 국가를 위한 전쟁에서의 생사를 건 싸움은 평상시에도 인민에게 정치 제도의 기능을 원활하게 하는 집단 정체성group identity의 기억과 상징을 공유하게 만들었기 때문이다.

하지만 근대화의 과제에 직면한 신생국의 경우에는 이러한 정치공동체의 정서적 토대가 결여되어 있다. 신생국의 인민이 전형적으로 공유하고 있는 집단적인 기억은 식민 지배와 이에 대한 투쟁뿐이다. 벤딕스가 보기에 이러한 무력 투쟁과 비폭력 저항, 그리고 여타의 모든 독립운동은 선발국이 전쟁을 위하여 인민을 동원하고 왕의 조세권을 제약하는 과정에서 나타난 "인민의 궁극적 주권을 토대로 한 정치 제도"를 만들어 내지 못했다. 이 때문에 국가를 건설하고 근대화를 동시에 추진해야 하는 과제를 군대가 떠맡게 되었지만 군대는 속성상 위계적 조직으로, 대규모 전쟁을 할 수 없는 상황에서는 생과 사를 같이하는 경험을 통해 시민적 유대를 만들어냈던 선발국과 같은 국민적 동원을 이루어 내기 어렵다는 것이다.

세 번째 교훈은 민족주의에 의존한 신생국의 정통성 확보 노력과 연관된 것이다. 신생국은 거의 예외 없이 새로운 토대, 즉 인민을 권위의 궁극적 원천으로 하여 정부를 수립하려 한다. 여기서 민족주의가 정통성 확보의 비책으로 등장한다. 하지만 벤딕스가 보기에 민족주의는 근대사에서 보편적인 현상이기는 하지만, 그 자체가 나라를 쉽게 통합하는 힘은 아니었다. 우리는『왕이냐, 인민이냐』에서 다루고 있는 다섯 국가가 밖으로부터의 도전에 직면했을 때 극심한 내부 논쟁과 갈등을 겪어가면서 발전해왔다는 사실을 상기할 필요가 있다. 왜냐하면 선진 모델을 받아들여 전통을 타락시킬 것이냐, 아니면 전통에 매달려 세계의 발전에서 탈락할 것이냐의 문제는 구체제를 무너뜨린 후에도 결코 쉽게 해결될 수 있는 문제가 아니기 때문이다.

사람은 누구나 자신의 나라가 세계에서 인정받고 존중받기를 원하며, 이러한 목표를 위하여 전통을 개발하거나 재생하려 한다. 그것은 분열적인 전통적 유대 속에서 시민적이고 국민적인 유대를 만들어 내는 일인 동시에, 근대적인 정부와 경제를 발전시키는 것을 의미한다. 여기서 외국 준거 사회의 존재는 이들 국가의 발전 모델 선택에 영향을 미친다. 신생국은 전시효과를 통한 선진 사회의 모방 과정에서 자신들의 고유한 역사적 전통과 유산을 근대화의 요구와 현대적 상황에 어떻게 결합시킬지에 대한 지침을 이 책에서 구할 수 있을 것이다.

끝으로 무엇보다 중요한 시사점은 이 책에 나타난 폭넓은 비교의 관점과 장기간에 걸친 시간적 지평이 점차 전문화되어가는 현대의 사회과학자들에게 주는 함의일 것이다. 지금 사회과학 분야는 날로 세분화되고 전문화되고 있으며, 그 결과 우리가 접하는 강의나 교재는 다양한 분야의 지식을 하나의 일관된 그림 속에 통합하지 못하고 있다. 벤딕스는 이러한 문제점을 극복하기 위해 전체적 조망 속에 다양한 전문적 연구를 통합하는 것을 목적으로 이 책을 세상에 내놓았다. 이를 통해 그는 숲과 나무를 동시에 볼 수 있는 학문 세계의 황금률을 일반 독자는 물론 전문 연구자들에게 제시하고 있다.

5. 벤딕스, 비판에 직면하다

이 책에 대한 비판은 여러 각도에서 제기되고 있는데, 대체로 다음과 같은 세 가지 지적이 주목된다. 그 첫째의 비판은 구체적인 사례를 넘어서는 체계적인 이론화와 개념화의 문제와 관련된 것이다. 정치사회학자가 쓴 책에서 정치사회학 이론이나 개념을 볼 수 없다는 사실이 가장 많이 지적된다. 메이어John Meyer와 같은 학자는『왕이냐, 인민이냐』가 방대한 자료의 분석에도 불구하고 일반적인 개념화나 이론화가 전혀 되어 있지 않다고 비판한다. 즉 방법론적으로 볼 때, 이 책은 통제 불능이 된 케이스 스터디 접근법의 전형적인 한 예로서 방대한 자료가 이론적 일반화의 시도를 집어 삼켜 버린 케이스라는 것이다.

실제로 전시효과에 대한 강조와 이념의 독립적인 역할에 대한 주장이 설득력 있는 이론적 분석으로 이어지지 못한 것은 이 책의 주요한 한계이다. 시간의 경과에 따라 여러 발전 모델이 나타나지만 왜 특정한 모델이 선택되는가는 여전히 의문으로 남아 있기 때문이다. 러시아가 캐더린 여제에 의한 프랑스 모델에서 그 아들에 의한 프러시아 모델로, 다시 알렉산드르 1세에 의한 프랑스 모델에서 니콜라이에 의한 프러시아 모델로 변해갔던 예에서 볼 수 있듯이 모방은 매우 변덕스러운 것이었다.

또한 벤딕스는 근대의 시기가 도래할 때까지 인민주권의 정부가 부재했던 이유에 대한 주요 변수로 종교적 위엄에 따른 기존 질서에의 묵종, 평화와 안전에 대한 열망, 그리고 정치적 공동전선의 형성 불능 등을 들고 있는데, 이들이 어떻게 연관되어 있는지, 또 어떤 것이 우선시되는지, 이들 간에 체계적인 연관이 있는지에 대해서는 해답을 제시하지 않고 있다. 왜 각국의 서로 다른 경험이 민중 동원 정치의 서로 다른 형태를 초래했는지에 대한 설명도 마찬가지이다. 그는 이에 대한 설명으로 각국의 서로 다른 문화적 전통을 들고 있지만, 전통이라는 것은 변할 수도 있고 소멸될 수도 있기 때문에 별로 설득력이 없다는 지적이다. 결국 이 책은 일반 사회학적 본질을 결여한 역사주의적 해설서에 불과하다는 비판에 직면하게 되었다.

두 번째 비판은 벤딕스의 반마르크스주의적인 입장과 관련되어 있다. 『왕이냐, 인민이냐』에서 벤딕스는 '정치가 아이디어와 국제적 사건에 의해 독립적으로 결정된다'는 명제를 증명하고자 했다. 여기서 그의 목적은 경제의 관점에서 정치적 구조를 설명하려는 마르크스주의의 역사적 유물론을 시험하는 데 있었다. 그러나 그는 마르크스주의의 연구에 대해 거의 언급하지 않고 피해 가는 듯한 인상을 남겼다. 그는 이념의 역할을 과소평가하고 문화적 다양성을 이해하려 하지 않은 대표적인 마르크스주의 이론가로 무어나 월러슈타인을 들었지만, 그것도 각주 한 두 군데에서 언급했을 뿐 앤더슨Perry Anderson이나 틸리Charles Tilly 같은 학자는 아예 무시해 버렸다. 그가 문제 삼은 것은 마르크스주의가 말하는 "환원주의reductionism"였다. 벤딕스는 어떠한 이념 체계도 특정의 사회·정치적 목적을 위해 조작될 수 있다는 월러슈타인의 견해를 받아들일 수 없었으며, 사회의 토대가 되는 구조를 찾는 데 매몰된 무어의 일방성도 받아들일 수 없었다. 그는 이념이나 이상은 단순히 물질적 이익의 결과물이 아니며 따라서 문화적 구성이 차이를 만들어낸다고 보았던 것이다.

통속적인 마르크스주의에 대한 베버의 비판을 상기시키기라도 하듯, 그는 이들 마르크스주의자의 물질적 이해와 이데올로기의 관계에 대한 비변증법적 사고를 비판했다. 하지만 비판론자들은 『왕이냐, 인민이냐』가 마르크스주의자들의 논의를 무시함으로써 협소한 이상주의로 후퇴했을 뿐만 아니라, 문화적 일방성의 함정에 빠져 벤딕스 자신이 비판했던 마르크스주의의 일방성을 그대로 답습했다는 비판을 받았다.

사실 이 책에서는 정치적이고 문화적인 조건에 대한 논의가 거의 대부분을 차지하고 있으며, 이 과정에서 경제적 조건은 의도적으로 무시되는 감이 없지 않다. 이 때문에 경제적 조건과 문화적 형태 간의 관계는 그 자체로 분석의 대상이 되기 어려웠다. 결국 벤딕스는 각각 분리된 이념에 지나치게 인과적 설명력을 부여함으로써 현상학적 전통의 다른 한편, 즉 사회 현실의 실체와 그 관계가 사회적으로 구성된다는 입장을 거의 무시했다는 비판을 받는 것이다.

마지막으로 이념과 전시효과에 대한 초점 때문에 『왕이냐, 인민이냐』는 지나치게 엘리트 집단에 대한 논의에만 사로잡혀 있다는 비판이 제기된다. 전시효과를 가장 분명하게 느끼는 집단은 말할 필요도 없이 교육받은 소수 엘리트이다. 벤딕스는 국경 너머에서 "발전의 전시demonstration of advances"가 나타나는 것을 보고, 자신의 사회가 문화적으로나 사회적으로 얼마나 뒤떨어져 있는가에 눈을 뜨게 되는 교육받은 소수 엘리트의 "발전에 대한 선망"이 민주적 제도를 만들어 내거나 확장시킨다고 본다. 벤딕스의 이러한 과정에 대한 분석은 분명 "위로부터의 역사"이다. 틸리의 지적처럼, 여기서 일반 민중은 벤딕스의 역사에서 사라지고 만다. 대규모 민중 반란이나 노동계급의 저항 등을 무시함으로써 외국 모델의 전시효과 못지않게 권위 체계의 형성에 영향을 미친 일반 민중의 행위를 설명하는 데 소홀했으며, 결과적으로 지배자의 행위와 지배를 꿈꾸는 자들의 행위만이 분석 대상이었다.

이러한 일반 민중의 생략은 의도적인 것으로 비판받는다. 문서화된 역사는 소수 엘리트를 중심으로 기록되기 때문에, 이 자료를 이용한 위로부터의 분석에서 일반 민중이 생략되는 것은 당연한 것인지도 모른다. 하지만 문제는 이러한 역사적 편의성으로 인해 민중의 열망이 갑자기 폭발하여 권위의 변화에 결정적인 영향을 미치는 사회 혁명을 제대로 분석하지 못했다는 비판을 면하기 어렵다는 점이다. 물론 신념 체계의 영향은 중요하다. 하지만 이 신념 체계의 영향을 이것에 의해 동원되는 일반 민중의 행위나 조직에 대한 분석 없이 구체화하기는 쉽지 않은 일이다.

벤딕스의 주요 저서

1951, *Social Science and the Distrust of Reason*, Berkeley: University of California Press.

1953, *Class, Status, and Power: A Reader in Social Stratification*, with S. M. Lipset (eds), Glencoe, Ill: Free Press.

1956, *Work and Authority in Industry: Ideologies of Management in the Course of Industrialization*, New York: Wiley.

1959, *Social Mobility in Industrial Society*, with S. M. Lipset, Berkeley: University of California Press.

1960, *Max Weber: An Intellectual Portrait*, Garden City, NY: Doubleday.

1964, *Nation-Building and Citizenship: Studies of Our Changing Social Order*, New York: Wiley.

1968, *State and Society: A Reader in Comparative Political Sociology*, with Coenraad Brand et al. (eds.), Boston: Little Brown.

1970, *Embattled Reason*, New York: Oxford University Press.

1971, *Scholarship and Partisanship: Essay on Max Weber*, with Guenther Roth, Berkeley: University of California Press.

1978, *Kings or People: Power and the Mandate to Rule*, Berkeley: University of California Press.

참고문헌

Bendix, Reinhard, May 1980, "Reflections on Kings or People," *Contemporary Sociology*, Vol. 9, No. 3, pp. 339-341.

Meyer, John, 1981, "Review Essay: Kings or People," *American Journal of Sociology*, Vol. 86, No. 4, pp. 895-899.

Moore, Barrington, 1967, *Social Origins of Dictatorship and Democracy*, New York: Beacon Press.

Mueller, Hans-Eberhard, May 1980, "The Role of Ideas in the Conditions of Backwardness," *Contemporary Sociology*, Vol. 9, pp. 333-336.

Poggi, Gianfranco, May 1980, "Stronger Narrative than Analysis," *Contemporary Sociology*, Vol. 9, No. 3, pp. 336-338.

Rueschemeyer, Dietrich, 1984, "Theoretical Generalization and Historical Particularity in the Comparative Historical Sociology of Reinhard Bendix," Theda Skocpol (ed.), *Vision and Method*, pp. 129-162.

Skocpol, Theda (ed.), *Vision and Method in Historical Methodology*, Cambridge: Cambridge University Press.

Tilly, Charles, 1984, *Big Structures, Large Processes, Huge Comparisons*, New York: Russell Sage Foundation.

Wallerstein, Immanuel, 1974, *The Modern World System*, New York: Academic Press.

앨런 매카크렌, 『지도의 이해』

Alan MacEachren,

How Maps Work: Representation, Visualization, and Design (1995)

지도는 무엇을 말하고 있는가?

허우긍
서울대학교 지리학과 명예교수

우리는 지도에 젖어 산다. 가령 오늘 아침에 집에서 학교에 오기까지 짧은 시간만 살펴보기로 하자. 아침 신문에 끼어서 배달되는 광고지 속의 지도, 학교에 가는 동안에는 지하철이나 버스의 노선도 또는 승용차의 운전석 앞에 붙어 있는 내비게이션의 지도, 학교 현관에 놓인 지구본과 키오스크에 비춰진 학교 안내도 등 각종 지도를 거듭 만나게 된다. 우리는 지도를 피할 길이 없다.

또 다른 장면을 생각해보자. 영화에서 지도가 등장하는 일은 흔하다. 자연 재해를 다룬 영화에서 시시각각 달라지는 기상 상황을 과학자들이 모니터에 지도로 비춰보면서 대책을 의논하는 장면, 스릴러물에서 수사관이 수집한 단서들을 지도로 나타내어 범죄 과정을 재구성하는 장면 등이 그 보기이다. 이런 영화 장면의 공통점은 모니터에 비친 지도는 사람들이 상황을 파악하거나 어떤 판단을 내릴 때 잠시 이용되고는 사라진다는 것이다. 대학에 있는 우리가 하는 일도 이런 영화 장면과 크게 다르지 않다. 우리는 실험이나 조사 분석 과정에서 여러 현상 사이의 관계를 그래프나 지도를 이용하여 들추어 본 다음, 이를 바탕으로 다시 다음 단계의 탐구 활동으로 이어가게 된다. 지도는 잘 정리된 연구 성과와 결론을 다른 사람에게 알리기 위해 쓰이기도 하지만, 복잡한 현상에서 어떤 패턴을 찾아내고 그 의미를 파악하는 중간 과정으로도 쓰인다는 점이 요즘 지도 이용 방식의 중요한 특징 가운데 하나이다.

현대 사회에서는 지도를 만드는 방식도 크게 달라졌다. 과거에는 지도를 그리는 일은 어디까지나 전문 제도사의 소임이었지만, 지금은 누구나 손쉽게 지도를 그릴 수 있는 시대가 되었다. 우수한 그래픽 프로그램과 컴퓨터 덕분이다. 또 인터넷은 값비싼 그래픽 프로그램 없이도 지도를 그리는 것이 어느 정도나마 가능하도록 도와준다. 이른바 웹지도의 등장이 그것이다. 인터넷에서 필요한 홈페이지에 접속하여 몇 가지 지시를 따르면 내가 지난 여름 놀러 갔던 곳을 재미있게 표시한 지도쯤은 거뜬히 만들어 낼 수 있게 되었다.

요컨대 현대 사회에서 지도는 '보통사람'에게도 일상 생활의 필수품이 되었다는 것이다. 이런 점에서 우리가 지도의 '이용자'인 동시에 '제도사'로서, 지도란 무엇인가, 우리는 어떻게 지도를 보고 읽고 이해하는 것일까, 어떻게 하면 더 도움을 주는 지도를 만들 수 있을까 생각해보는 것은 적지 않은 의의가 있다. 앨런 매카크렌Alan M. MacEachren(1952-)의 『지도의 이해*How Maps Work*』(1995)는 바로 이런 질문에 대한 답을 찾으려 하였다.

1. 지도 연구자 매카크렌

저자 앨런 매카크렌은 미국의 지도학자로서, 현재 펜실베이니아 주립대학교 지리학과의 교수이다. 미국의 오하이오 대학교에서 지리학 전공으로 학사 학위(1974), 캔자스 대학교 지리학과에서 석사(1976)와 박사(1979) 학위를 취득하였다. 매카크렌은 박사 학위 취득 후 버지니아 폴리테크닉 주립대학교(1979-1983)와 콜로라도 대학교 지리학과(1983-1985)의 교수직을 거쳐, 1985년부터 펜실베이니아 주립대학교에 재직하고 있으며 이 대학교 GeoVISTA 센터의 소장이기도 하다.

사람의 지각과 인지, 그리고 지도의 표현 문제에 대한 그의 관심은 일찍이 대학원 과정에서부터 비롯되어, 석사 과정에서는 거리 인지 문제를 연구하였으며, 박사 학위 논문의 주제는 복잡한 지도 기호를 사용할 때의 효율성에 대한 것이었다. 매카크렌은 펜실베이니아 주립대학교에 둥지를 튼 이래 지리 정보의 시각화에 연구의 초점을 두었고, 요즘은 여기서 한 걸음 더 나아가 공간 정보의 탐구 도구 개발, 지도 애니메이션 등에 집중하고 있다.

그의 학문적 업적은 미국 측량학 및 지도학회의 학술상 2회 수상(1983, 1988), 미국 국가GIS센터National Center for Geographic Information and Analysis의 학술상(1993), 캐나다 지도학회의 학술상(2004), 국제지도학연합회의 학술상(2005)을 통하여 국내외로 인정받았으며, 펜실베이니아 주립대학교에서도 그를 석좌교수E. Willard and Ruby S.

Miller Professor of Geography(2004-2007)로 임명하여 그의 공적을 기린 바 있다.

매카크렌은 『지도의 이해』(1995)를 펴내기 직전, 『지도와 진실*Some Truth with Maps: A Primer on Design and Symbolization*』(1994)을 단독 저서로 출판하였다. 그는 또한 단행본 『시각화와 현대 지도학*Visualization in Modern Cartography*』(1994)과 『지리시각화 탐구*Exploring Geovisualization*』(2005)의 편저자였고, 『지도학과 지리정보체계*Cartography and Geographic Information Systems*』를 비롯한 여러 학술지의 특집호를 편집하였다.

2. 지도, 어떻게 읽을 것인가?

『지도의 이해』는 지도와 지도 이용, 그리고 지도 만들기에 관한 것이다. 매카크렌은 이런 주제에 대한 책을 쓰기로 1985년쯤 구상하였고, 1991-1992년 연구년을 맞이하여 본격적으로 집필을 시작하여 1995년에 출간하였다.

이 책은 모두 10장으로 구성되어 있으며, 서론격인 제1장을 제외하고는, 각각 3개 장씩 3부로 묶여 있다. 제1부와 제2부는 인지과학과 기호학을 중심으로 한 이론과 선행 연구들이 소개되고, 제3부는 응용편의 성격을 띤다. 제1부는 200쪽 가량으로 가장 두터우며, 제2부와 제3부가 각각 140쪽과 100쪽 분량이다.

제1장은 "더 나은 지도 표현과 디자인을 위한 과학적 접

근"이라는 제목을 달고 있다. 지도학이 지향하는 바를 지도의 표현과 디자인 개선에 두어, 미국 지도학계에서 20세기 동안 일어났던 중요한 사건들을 조감하고, 그 문제점을 짚어 새로운 접근법이 필요함을 역설하고 있다.

지도는 점 기호, 선 기호, 면 기호를 이용하여 지리 정보를 나타낸 것으로, 기호 연구에는 두 가지 과제를 생각할 수 있다. 첫째는 사람들이 지도 기호를 어떻게 읽고 지식으로 갈무리하게 되는가를 살피는 일이다. 둘째, 기호가 이를 보는 이에게 의미를 전달하려면, 기호는 어떤 의미를 지니고 있으며 또 어떻게 해서 그 의미를 얻게 되는가를 파악할 필요가 있다. 첫 번째 과제가 개인 수준에서 기호 보기와 읽기에 관심을 두는 것이라면, 두 번째 과제는 지도 기호의 해석, 기호의 의미와 그 체계의 발달을 다루는 것으로 개인 차원을 벗어나 여러 사람 사이의 문제이다. 이 책의 제1부는 첫째 과제, 제2부는 둘째 과제를 다룬다.

제1부는 지도를 어떻게 '보고 읽는가'하는 문제, 즉 지도의 기호가 우리 눈을 거쳐 뇌에 알려지는 과정을 다룬다. 제2장은 눈과 뇌, 그리고 인지 과정에 대한 심리학, 인지과학, 생리학 등의 기초를 설명하고 있다. 제3장과 제4장은 이를 바탕으로 지도 보기와 읽기에 관한 각종 선행 연구를 사례로 들면서, 지도 기호가 어떻게 인지되는지, 그리고 지도 만들기에 시사하는 바는 무엇인지 파헤친다.

제2부도 제1부와 구성이 비슷하다. 첫 장인 제5장에서는 기호학의 기초를 소개하여 뒤따를 논의의 무대를 마련하였고, 제6장과 제7장에서 지도 기호의 의미와 해석, 지도 기호에 숨어

있는 뜻 등을 다룬다. 기술 방식도 역시 제1부와 마찬가지로 기호학과 지도학을 비롯하여 관련 분야의 선행 연구 사례들을 끊임없이 들추어가며 저자의 의견을 이어가고 있다.

제3부는 제1부와 제2부에서 논의한 내용의 적용, 즉 지리 정보를 어떻게 지도에 나타낼 것인가를 다룬다. 매카크렌은 이를 위하여 지리시각화geographic visualization(줄여서 GVIS)라는 개념을 등장시켰다. 그에게 지리시각화란 현대 사회에서 지도 만들기와 이용하기를 아우르는 용어인 셈이다. 그냥 "시각화"라 쓰지 않고 "지리시각화"라 쓴 이유는 통계 그래프 등도 시각화 수단이기 때문에 지도와 그래프를 차별화하기 위한 것이 아닐까 싶다. 제1, 2부와 달리 제3부는 도입 장이 없고, 대신 첫 장(제8장)에서는 비교적 단순한 과제, 즉 하나의 현상을 지도에다 어떻게 표현하는가 하는 문제를 다룬 다음, 두 번째 장에서는 여러 현상과 여러 시점時點을 한꺼번에 지도에서 시각화하는 문제를 논하고 있다. 마지막 장(제10장)은 지도의 진실성과 신뢰도에 관한 의문과 토론을 담고 있다.

제1부: 지도를 보고 이해하기

정보-처리 관점에서 본 시각 인지 과정

사람들은 지도를 어떻게 볼까? 우선 수억 개의 감각 세포가 우리 눈을 통해 들어오는 빛에 반응하여 일련의 재현representations을 낳는다. 처음에는 망막에 장면이 맺히고, 이를 사람의 신경 하드웨어가 처리하여 조직하며, 더 고급 수준의 인지 과정에 의해 2차원 망막 표현에서 3차원의 구조화된 표현으로 바뀌게 된다.

다음 단계에서는 지식 스키마schemata가 개입하여 장기 기억을 만들고, 재현을 분석하고 수정하며, 마침내는 지도로부터 의미를 이끌어낸다. 스키마란 눈으로 보아 얻은 재현과 기억(및 지식)을 중개하는 장치이며, 감각기관이 받아들인 정보를 조직하는 틀이다. 스키마에는 여러 종류가 있어, 그래프를 보고 이해하는 데에는 그래프 스키마들이 작동하듯이 지도를 보고 이해하는 데는 지도 스키마들이 동원된다.

지도의 내용을 이해하는 것은 상향 처리bottom-up precognitive processes와 하향 처리top-down cognitive processes 과정이 반복되는 것을 뜻한다. 사람들은 현재 상황을 과거 경험과 지식에 바탕한 스키마(패턴)의 집합에 비추어 판단하게 된다. 이는 어떤 것을 보고seeing that 추론reasoning why하는 일이 반복되는 과정이다. 초기의 '보기' 단

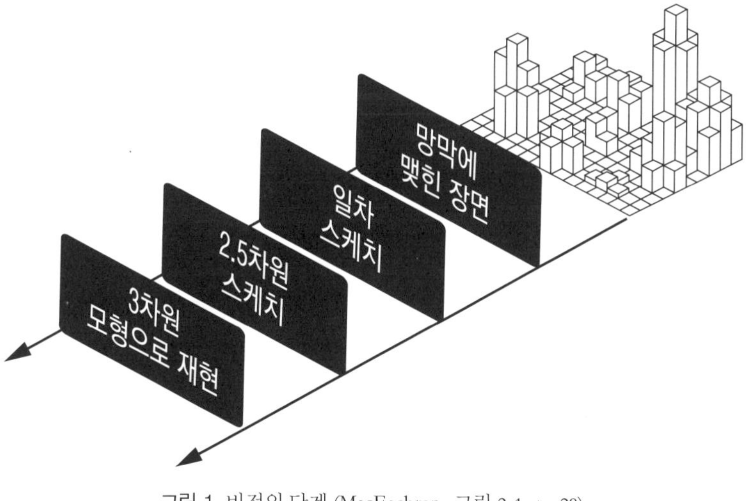

그림 1 비전의 단계 (MacEachren, 그림 2.1, p. 29)

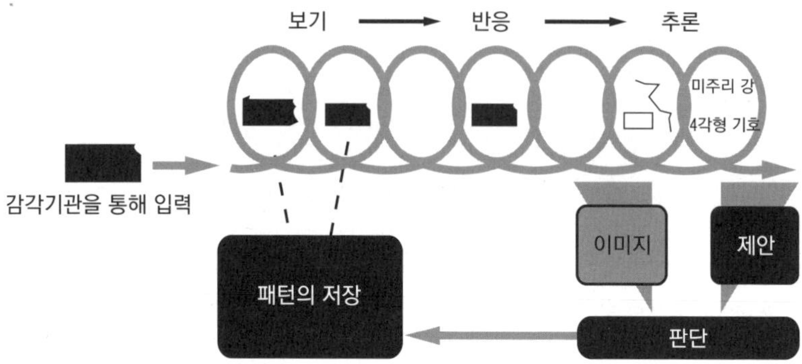

그림 2 J. Ganter와 A. MacEachren의 지도 보기 모델 (MacEachren, 그림 2.16, p. 45)

계에서 지도의 그림에 대한 가설에 이르면 '추론' 단계로 넘어간다. 이 단계에서는 지도에서 지금 막 보고 얻은 재현과 이미 가지고 있던 장기 기억의 재현을 비교하며, 여기에 하향 처리 과정이 개입한다. 하향 처리 과정은 스키마를 바꾸고, 눈동자의 위치를 바꾸어 새로 보도록 하는 등 여러 효과를 가지고 있다. 이 모든 과정은 눈으로 본 것과 뇌가 논리적으로 받아들일 만한 일치가 나올 때까지 반복된다. 즉 비전과 시각적 인지 사이에 지식 스키마를 통해 주고받기가 계속되는 것이다.

이상의 논의로 볼 때, 지도의 탐구는 두 단계로 이루어진다고 말할 수 있다. 첫 단계에서는 기호가 실제 무슨 의미를 가지는지와 무관하게 공간적(기하적) 배열을 인식하며, 두 번째 단계에서는 지리적 지식을 적용한다. 가령 지도에서 작고 불규칙한 동그라미 기호들이 호수를 상징함을 파악하는 것이 첫 단계라면, 호수가 많고 그 모양이 길쭉한 점, 같은 방향으로 배열된 특징 등으로 미루어 이 지역이 과거 빙하의 침식을 받았던 곳임을 깨닫게 되는 것은 두 번째 단계이다.

지도 보기

지도를 보고 표상이 만들어지는 데에는 지각조직화Gestalt 원리가 작동한다. 지각조직화 원리란 시각 단위들이 어떻게 전체 그림으로 통합 지각되는가를 말하는 것으로, 이 원리에 의하면 사람들은 보이는 여러 시각 단위를 묶어grouping 인식한다고 보며, 가까운 것proximity, 비슷한 것similarity, 일정 방향을 따라가는 것good continuation, 같은 방향으로 움직이는 것common fate끼리 그룹으로 묶으며, 익숙한 모양이나 배열experience or habit, 완결된 모양closure을 더 쉽게 인식하고, 가장 단순한 형태simplicity로 그룹화한다고 본다.

지도학계에서는 이 원리들을 지도 디자인, 특히 그림과 배경figure-ground을 잘 구분하는 논리적 지침을 개발하는 데 적용하려고 노력하였다. 그림은 대상과 배경 사이의 윤곽에 의해 파악되며, 윤곽이 불분명하면 그림의 인식이 모호해진다. 지금까지 연구된 바로는 배경과 다른 색을 적용하였을 때, 수평 및 수직 방향을 띠었을 때, 그리고 부드럽고 굴곡이 많은 윤곽보다는 모난 윤곽이 그림으로 인식하기 쉽다고 한다. 지각조직화 원리에 대한 또 다른 보완으로 눈동자의 주목visual attention을 살펴보아야 한다. 주목에는 여러 공간적 스케일이 있어, 전반적인 공간 구조를 먼저 파악한 다음에 국지적 세부 사항으로 눈을 돌리며, 큰 그림을 먼저 인식한 다음 작은 글자를 파악하는 순서를 따른다. 따라서 지도 전체의 디자인이 세부 사항의 보기를 좌우한다.

어떤 대상이 있는지를 감지感知하고, 내용이 무엇인지 식별識別하며, 순서를 찾아내는 것은 지도에서 기호를 조직하는 데 중요하다. 감지한다는 것은 어떤 대상의 존재 유무를 알아내는 것으로, 보는 대상이 일정한 크기와 폭(굵기) 이상이라야 눈으로 감지하는 것이 가능하다. 우리 눈은 망막의 중심와fovea에서 멀어질수록 시력이 급격하게 떨어진다. 따라서 변두리 시야에서도 감지할 수 있을만한 크기라야 지도 읽기가 쉬워진다.

차이를 식별하는 문제는 지도에서 글자와 점 기호의 판별, 패턴 찾기, 색 구별 등 여러 활동에 적용된다. 글씨의 크기, 굵기, 글씨체에 차이를 어떻게 두어야 하는가, 점 기호의 모양은 어떠해야 하는가, 면 무늬의 모양과 질감 등을 어떻게 해야 판별이 쉬워지는가, 색을 어떻게 사용해야 하는가 등에 대해 연구가 상당히 많이 축적되어 있다. 사람의 눈은 색과 움직임에 민감하다. 색이 다른 기호는 크기나 모양이 다른 기호보다 판별하기 더 좋으며, 크기, 모양과 조합하여 사용할 때 색이 핵심 기능을 한다. 그러나 사람에 따라 색을 인지하는 능력이 다르다는 점은 지도 디자인에서 문제가 될 수도 있다. 가령 남자와 여자는 색 민감도에서 차이가 뚜렷하며, 더구나 남자의 8%가 색약이고, 남녀 모두 나이가 들면 색을 구별하는 능력이 차츰 떨어지게 된다.

평면에서 부피감을 느끼도록 하는 문제 역시 지도에서 매우 중요하다. 3차원인 실세계를 평면에 나타내야 하기 때문이다. 지도학에서는 주로 지형 묘사에서 입체시立體視에 대한 연구가 많이 수행되어 원근법과 그림자를 활용하고, 멀어질수록 흐려지고 변두리가 모호해지도록, 또 색을 덜 분명히 적용하는 방식 등이 개발되었다.

지도에서 본 것을 이해하기

지도가 어떻게 이해되는가를 알기 위해서는 지도를 보아 얻은 시각적 장면이 기존 지식과 어떻게 상호작용하는가를 고려하여야만 한다. 여기서 매카크렌은 지식 스키마들을 통해 시각적 장면을 해석하며, 스키마들은 범주로 묶어 우리가 보는 것을 구조화하고, 눈으로 본 것은 다시 일반화된 스키마에 투입된다고 주장한다.

범주: 사람에게는 범주화하려는 성향이 있으며, 이 성향이 지식 스키마를 형성하고 이용하는 능력을 만들어낸다. 범주가 없으면 우리는 수많은 정보에 압도당하고 만다. 지도 역시 범주화 없이는 그리는 것이 불가능하다. 지도는 개별 현상보다는 이들의 범주를 묘사한다. 가령 단계구분도에서 같은 범주에 속하는 지역은 같은 색이나 무늬로 표시하여 동질성을 나타낸다. 이처럼 지도가 어떻게 작동하는가를 이해하려면 범주화를 이해해야 한다.

정신적 범주에 대한 종래 이론은 범주들이 실제 존재하며, 명확하게 정의된다고 보았다. 그러나 최근의 연구에서는 이런 고전 이론에 문제를 제기하고, 대안으로 원형 이론prototype theory을 제시하였다. 원형 이론에서는 범주의 대상은 정해진 속성을 가지고 있는지보다는 가장 전형적인 범주 구성원, 즉 원형과 얼마나 닮았는가에 따라 결정된다고 본다. 가까운 가족끼리는 더 많은 특징을 나누고 있고, 먼 가족끼리는 닮은 점이 적다. 새 이론에 따르면 범주의 경계는 모호하고fuzzy categories, 어떤 대상이 범주에 속하는지는 그 대상이 제시된 상황에 영향context effect을 받는다.

원형, 닮음, 모호한 경계, 상황 효과에 관한 사고를 결합하면 방사상 범주radial category의 개념으로 이어진다. 방사상 범주는 그 중심에 원형prototype이 자리잡고 있다. 범주들은 또한 계층적으로 조직되어 어떤 범주는 더 높은 지위를 가지는데, 이를 기본 수준의 범주라고 부른다. 기본 수준의 범주란 우리가 단일 이미지를 형성할 수 있는 가장 일반적인 범주이며, 상대적으로 많은 수의 속성을 가지고 있다. 지도학에서 범주의 이러한 성질들은 자료의 분류 문제와 관련된다. 원형 이론을 이용하여 한 범주에서 내부적 차이는 최소화하고 범주 간 차이는 극대화하는 최적 분류법optimal classification을 사용하면 지도 이용자가 지도를 이해하는 데 효과적일 것이다.

지도 스키마: 스키마란 개념들을 재현하고 조직하는 틀이다. 매카크렌은 그래프 스키마에 비견할만한 지도 스키마가 있으며, 이는 기초 수준의 개념들, 일상생활에서 얻어지는 스키마, 그리고 이미지 스키마[1]에서 도출된다고 보았다.

지도를 보려면 사람은 우선 2차원 그림이 실세계의 한 부분을 가리킨다는 점을 파악하고 있어야 한다. 주변 환경이라는 도메인과 지도라는 도메인을 비유하는 능력은 어릴 때(3-6세) 형성된다. 또한 지도를 보려면, 유클리드 공간에서 기준점에다 보이

1 이미지 스키마는 눈으로 본 상에서 정보를 지식으로 변환하는 틀을 제공하며, container, in-out, part-whole, link, center-periphery, source-path-goal, linear order, front-back, up-down 스키마 등이 있다.

는 것들을 투영시킬 줄 알아야 한다. 그래야 거리와 방향을 파악할 수 있기 때문이다. 여기에 덧붙여, 지리적 계층을 다루려면 여러 이미지 스키마가 필요하다. 이러한 능력은 서서히 발달되어, 열두 살 무렵에 이르면 지도 스키마를 제대로 구사할 줄 아는 수준에 이르게 된다. 물론 일부 사람들은 이러한 능력의 발달이 늦으며, 특히 지도 투영 능력에서 개인차가 심하다.

매카크렌이 주장하는 지도 스키마의 원리를 요약하면 다음과 같다.

가. 지도에서 위치는 현실에서의 위치와 일종의 좌표계로 연결된다.

나. 지도 공간은 현실 공간을 대표한다.

다. 지도의 한 부분에 그려진 그림은 실세계의 해당 장소에 있고, 그림에서 이웃은 실세계에서도 이웃, 지도에서 연속되는 것은 실세계에서도 연속된다.

라. 점, 선, 면 현상은 스키마에서도 점, 선, 면으로 재현된다.

마. 모양이 닮은 기호의 위치가 서로 비슷하고, 모양이 다른 기호들은 위치도 다를 것으로 기대한다.

바. 지도 기호의 스케일과 실세계의 스케일은 독립적이다.

스키마에는 또한 일반 스키마와 특수 스키마가 있다. 일반 스키마란 더 추상적이고 덜 자세한 원형적 스키마이다. 지도 스키마에도 일반 스키마와 특수 스키마가 있으며, 후자는 전자에서 파생되어 나온다. 대부분의 사람들은 일반 지도 스키마는 가지겠지만, 특수

지도 스키마는 여러 종류의 지도를 자주 다루는 일부 사람들만 갖추게 될 것이다. 특수 지도 스키마는 학습에 의해 얻어지므로, 일반인도 훈련을 통해 지도 읽기 능력을 향상시킬 수 있으며, 잘 디자인된 지도는 특정 스키마를 발달시키는 촉매가 될 수 있다.

제2부: 지도와 지도 기호의 의미

지도 기호의 본질: 의미론

지도의 문제는 기호학적 접근으로 도움을 얻을 수 있다. 지도의 표현 논리를 개발하는 틀을 제공하며, 지도가 지니는 명시적, 함축적 의미의 상호 관계를 살피고, 지도 표현의 여러 접근법을 통합하는 방법을 제시해줄 수 있기 때문이다. 기호학은 사인sign에 관한 학문이다. 여기서 사인sign이란 의미를 실어나르는 기호나 부호(표상체: sign-vehicle), 표현 대상(대상체: referent), 그리고 기호에 실리는 개념이나 의미(해석체: interpretant)의 관계를 말한다.

표상체sing-vehicle의 기능: 지도의 기호는 표상체로 작용하며, 기호의 대상(대상체)과 의미(해석체)를 매개한다. 표상체가 중개하는 관계는 몇 가지 성격으로 나뉜다. 지정하는designative 성격은 속성과 지도 전체에서의 의미를 일러준다. 기호의 크기와 무늬의 진하기는 양이 많고 적음을 가리키고, 색상은 질적 유형을, 점 기호의 모양은 장소의 종류를 명시하는 것 등이 그 보기이다. 평가적appraisive 성격을 지닌 기호들도 적지 않다. 이런 기호는 장소의 객

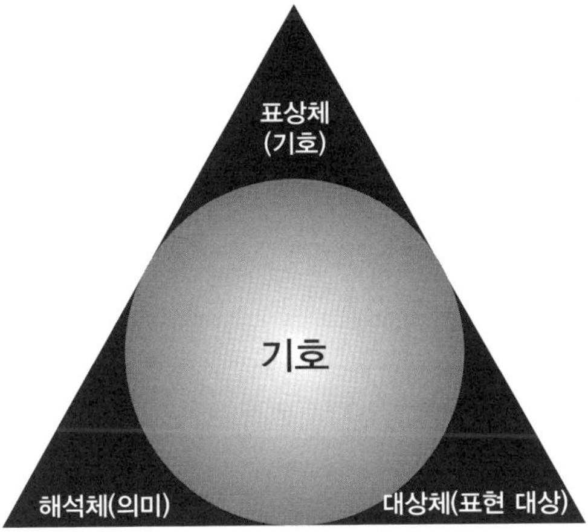

그림 3 Sign 관계 (MacEachren, 그림 6.1, p. 246)

관적 속성보다는 장소에 관한 판단을 강조한다. 경치 좋은 노선, 간선 도로, 환경 파괴의 위험이 큰 지역 등을 지도에 나타내는 경우가 그 사례이다. 가리키는indicating 성격은 다른 기호가 해석될 수 있도록 상황을 조성한다. 가령 지도에 바탕으로 그려진 경위선망은 다양한 지리적 관계, 즉 인접성, 밀도, 규칙적 분포 등을 해석하는 데 도움을 준다.

대상체Referent의 범주: 대상체를 범주화하는 데에는 몇 가지 방식이 있다. 첫째, 지리적-비지리적 정보로 나누는 방식이다. 전자는 사물이 어디에 있는지, 후자는 그 사물의 특성은 무엇인지를 가리킨다. 둘째, 분포 형태에 따라, 연속적으로 분포하는 현상과 이산 분포 현상으로 나눌 수 있다. 셋째, 측정 수준에 근거한 구분으로, 명목, 서열, 등간, 비율 척도로 나눈다. 수리數理의 세계에서는 서열 척도와 등간 척도의 구분이 분명하지만, 지도 기호의 세계에서는 서열 범주는 등간, 비율 정보의 범주에 포함시키는 것이 더 자연스럽다. 서열 정보는 등간, 비율 수준의 판단에 쓰이는 상-하up-down 스키마도 사용하기 때문이다. 넷째, 현상 표현과 개념 표현의 두 범주로 나눌 수 있다.

해석체Interpretant – **의미 관계의 특성:** 지도 기호의 역할, 즉 제도사와 지도를 이용하는 사람 사이에 합의된 의미는 무엇인가, 기호학의 표현을 빌리면 표상체와 대상체를 연계시키는 합의된 코드의 본질은 무엇인가가 주요 논의 사안이다. 지도 기호의 도상성iconicity 또는 사인 관계의 직접성은 흉내 기호에서 임의적 기호(구체적 기호-추상적 기호)에 이르기까지 연속성을 띤다. 점 기호에서 그림 기호-연상 기호-도형 기호가 쓰이는 것이 그 사례이다.

그림 4 그림 기호, 연상 기호, 도형 기호의 사례 (MacEachren, 그림 6.12, p. 258)

지도 기호의 체계: 지도의 문법

시각 변인 Visual Variables: 기호 관계를 살피는 데에는 가장 기본적인 수준, 즉 그래픽 변수를 이해하는 것이 필요하다. 프랑스의 지도학자 베르탱(Bertin, 1983)은 일찍이 지도의 기호화에 고려해야 할 기본적인 시각 변인으로 지리적 위치, 크기, 명도, 조직, 색상, 방향, 모양을 제안하였다. 이후 여러 사람들의 수정이 거듭되어, 색의 3요소인 명도, 색상, 채도, 그리고 질감texture이 시각 변인에 추가되었고, 매카크렌은 여기에다 다시 명료성clarity을 추가하였다. 매카크렌은 나아가 애니메이션 지도에서 고려해야 할 주요 변인,[2] 시각 장애자를 위한 촉각 지도에서의 주요 입체 변인,[3] 다매체 지도에서 소리를 기호로 활용할 경우의 변인[4] 등에 관해서도 논하고 있다.

지도 기호의 세트 Sign-Vehicle Sets: 지도에서 기호는 그 하나하나가 특정한 기능을 가지는 동시에, 그룹으로 묶여 지도의 표상체 세트를 만들어낸다. 이러한 세트를 통해 기호 사이의 관계가 의미 있게 된다. 기호 세트 체계에서는 몇 가지 원칙을 생각해볼 수 있는데, 첫째, 비슷한 대상체는 표상체도 서로 비슷하게 그리고, 서로 다른 대상체는 표상체도 다르게 그려야 한다. 둘째, 기호

---

2 시기, 지속 기간, 프레임이나 장면의 순서, 변화율, 빈도, 시간 동조성(同調性).

3 위치, 크기, 조직, 형상, 방향, 고도.

4 소리가 나는 위치, 세기, 높고 낮음, 음역, 소리의 확산 정도, 지속 시간, 변화율, 순서, 소리가 최고/최저에 도달하는 데 걸리는 시간.

매체는 계층 구조를 띠어, 각 기호 세트에는 같은 시각 변인을 일관되게 적용한다. 예를 들면, 인구 지도에서 원으로 표시되는 모든 도시는 인구 규모에 따라 원의 크기를 달리 적용한다. 셋째, 가장 단순하고 추상적인 표상체를 분류의 최상위에 놓아야 한다. 색의 속성을 이용한 기호 체계도 중요하다. 색상色相은 명목 자료, 명도明度는 서열 자료, 채도彩度는 서열 자료나 등간 자료와 대응시켜 사용하는 것이 일반적이다. 그러나 어떤 현상을 하나의 시각 변인만을 써서 표현하기보다 여러 변인을 함께 쓰면 더 나은 의미 전달을 꾀할 수 있다.

기호로서의 지도: 지도도 그 전체가 하나의 기호 체계이다. 기호로서의 지도의 특성을 잘 알면, 나타내려는 현상에 알맞은 지도의 유형을 선택하는 데 도움을 준다. 바꾸어 말하면, 지도의 형태는 그리기 편리함에 의해서가 아니라 현상의 특성에 기초해 선택되어야 하는 것이다. 공간 현상의 특성으로 보면 연속성continuity과 상호의존성dependence의 두 가지 차원이 있다. 지형이나 기후는 연속적인 현상이지만, 인구나 경제활동의 분포는 불연속적이다. 공간적 의존성이란 지리적 변화가 얼마나 완만 또는 급격하냐를 뜻한다. 지형이 다 같은 것은 아니어서 경사가 완만한 지역이 있는가 하면 경사가 아주 급하고 험한 지역이 있으며, 불연속 현상이라도 그 분포가 비교적 고른 지역과 그렇지 않은 지역이 있을 수 있다. 이러한 두 차원은 지도의 유형을 결정짓는 체계가 되며, 개별 지도 형태를 해석하는 지도 스키마를 제공한다.

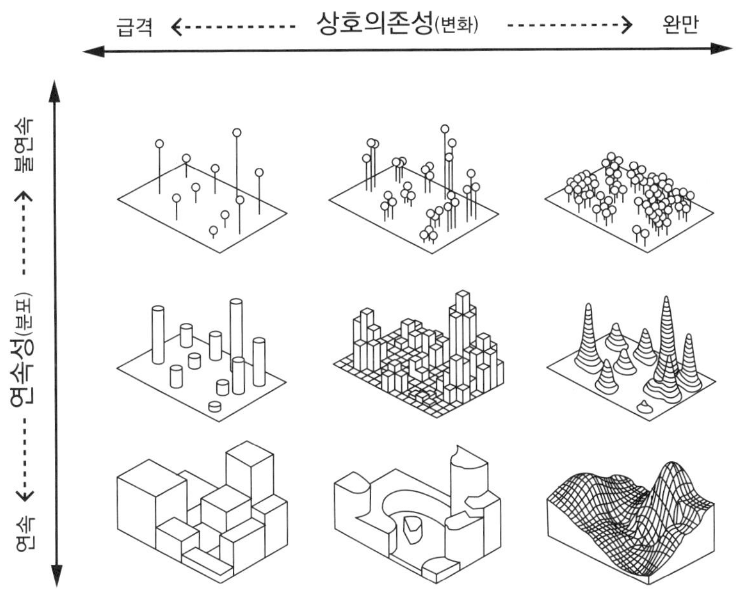

그림 5 지리적 특징으로 본 자료의 유형 (MacEachren, 그림 6.52 , p. 303)

지도 표현의 의미

지도 표현이 사회 환경 속에 어떻게 밀착되어 있는가, 기호의 의미는 어떻게 만들어지는가를 알아야 '지도의 이해'라는 큰 목표에 더 가까이 다가갈 수 있다.

코드는 여러 의미를 가지는 것이 일반적이다. 가령 군복은 공식적으로 계급과 기능을 의미하는 동시에, 그에 부합하는 위엄과 권한도 의미한다. 지도 역시 복수 의미 체계라 볼 수 있다. 지도 기호에는 1차적이고 명시적 의미denotation와 2차적 숨겨진 의미connotation가 있다. 청색은 물, 연속 기호란 연속 분포를 의미하는 것이 전자의 보기이고, 행정 경계선은 각 주체마다 관할권이 있음을 인정하는 것이 후자의 보기이다. 명시적 의미와 숨겨진 의미의 구분은 그리 뚜렷하지는 않으며, 기호는 반복해서 사용하면 서서히 명시적 기호의 지위를 얻어간다.

지도에는 여러 가지 숨은 뜻이 있다. 우선 사람들은 지도를 쉽게 믿는다connotation of veracity. 지도에는 오류가 없다고 생각하기 때문이다. 둘째, 지도에는 편견이 없다고 생각한다connotation of integrity. 지도는 마치 중립적이고 편향되지 않은 것이라는 인상을 주며, 진실이나 정확함에 관해 실제 이상의 후광後光을 누리고 있다. 심지어 지도의 주기注記에 정보 오류 가능성을 밝혀 두었더라도, 이는 신뢰, 공정함, 윤리적이라는 뜻을 지니는 기호로 이해될 뿐이다. 통계분석에서 오차의 분포를 지도로 나타내는 경우도 마찬가지의 결과를 낳는다. 잘 고른 색, 단정하게 쓴 글자 등 잘 그려진 지도는 신뢰감을 일으키며, 마치 진실을 말하고 있다는 암시를 주기에 충분하다.

지도가 다루는 주제에도 여러 가지 숨은 뜻이 담겨 있다. 우선 지도는 가치 판단을 제공한다valuative connotation. 지도에서 으뜸 원칙은 일부 사항만 골라 싣는다는 것이다. 이처럼 지도에 실린다는 것 자체가 중요함을 의미하게 되므로, 제도사의 선택에 따라 장소, 시기, 주제가 함축되는 것이다. 가령 일반도에서는 길, 철도, 빙하, 휴양지, 건물, 송전선 등은 그리되, 군사시설, 유해물 저장고, 우범지대, 버려진 들고양이, 쓰레기, 죽은 나무 등은 표시하지 않는 것이 보통이다. 또 한 가지 원칙은 중요한 사항은 지도의 중앙에 그린다는 것으로, 이는 지도에서의 위치가 중요성을 함축하는 결과를 낳는다.

지도는 감정을 불러일으켜incitive connotation 지도 보는 사람을 믿게 하고 설득할 뿐 아니라, 행동을 유도한다. 분쟁 지역을 표시하면 이는 누군가 분쟁을 해결해야 한다는 뜻을 함축하게 되며, 원주민이 부르는 지명 대신 지배자가 만든 지명을 쓰면 저항을 촉발한다.

지도의 영역 표시는 세금과 자원 등에 대한 소유권과 관련되므로 장소에 대한 통제권을 발휘한다connotation of power. 지도에서 내용이 바뀌면 세상이 바뀐 것으로 생각하며, 지명에 대한 분쟁이 있는 곳에서 어떤 지명을 쓴다는 것은 해당 지명에 권력을 부여하는 것과 마찬가지이다. 따라서 지도는 종종 개인 간, 지역 간, 국가 간 영토권 분쟁에서 판단 준거가 되기도 한다.

제3부: 지도의 활용-시각화

시각적 사고를 촉진하기

시각화visualization란 간단히 말하면 "볼 수 있도록 하는 것make visible"으로, 학술적 상황에서는 자료와 개념을 눈에 드러내주는 것이다. 아인슈타인 같은 사람은 아무런 도움 없이도 세상의 이치를 눈으로 보는 것이 가능하겠지만, 보통 사람들은 이런 능력이 적기 때문에 시각화 도구가 필요하다. 시각화는 지각조직화를 돕는 수단이며, 내재된 이미지 스키마를 더 널리 사용하도록 이끌어 우리가 자료와 문제를 탐구하는 일을 도와준다. 우주 공간에 띄운 허블 망원경이 그랬듯이, 시각화 도구도 과거에는 상상에 그쳤었지만 이제는 점차 현실화되고 있다.

지리 정보의 분석은 한 장의 지도에서 한 가지 현상의 분포 특징이나 경향을 찾아내는 비교적 단순한 것에서부터, 여러 가지 분포 현상을 여러 시기에 걸쳐 함께 다루어야 하는 복잡한 과제까지 다양하다. 단순한 과제, 즉 패턴 찾기 문제는 시각화 도구 개발의 일차 목표로, 지리적 현상을 어떻게 찾는가, 이를 도울 수 있는 도구로는 무엇이 알맞은가 등이 주요 관심사이다. 이보다 복잡한 과제에서는 여러 매의 지도를 비교하며 이들의 관계도 볼 수 있어야 한다. 이런 고급 수준의 시각적 사고를 요하는 과제들은 컴퓨터의 잠재력을 최대로 활용할 수 있을 것으로 기대되는 분야이다.

대부분의 시각화 응용에서 중요한 것은 개별 기호가 아니라 그 기호들을 어떻게 범주화하느냐이다. 우리가 필요한 것은 지층의 배열, 도시의 소득 분포, 카르스트 지형, 엘니뇨 현상 등을 '보는 것'이며, 단순히 기호 하나하나를 파악하는 데 그치지는 않는다.

같은 시각화 도구를 사용하더라도 접근하는 스키마가 다르면 정보는 다르게 해석된다. 이때 전문가와 초보자가 사용하는 스키마가 상당히 다르다는 것을 고려할 필요가 있다. 어떤 상황에서 적절한 판단을 내리지 못하는 것은 추론 능력의 부족이 아니라 그 상황에서 가장 적절한 모델을 알지 못하기 때문일 수 있다. 시각화 도구에서 초보자에게 훈련을 시키는 장치가 필요함을 보여주는 대목이다.

지리시각화 도구의 개발

시각화에서는 여러 가지 방안이 동원될 수 있다.

공간: 실세계의 공간은 카토그램cartogram[5] 기법이나 다차원 척도법을 적용하면 마치 고무판을 늘이거나 줄이듯이 변형시켜 볼 수 있다. 또한 세상은 본래 입체(3D)이므로, 지도학에서는 평면(2D)에서 입체감을 나타내는 기법을 개발하는 데 많은 노력을 기울였다. 그러나 입체시立體視에서는 눈에 가리는 지역이 생기고, 한 지도 안에서도 부분적으로 축척이 달라지는 문제가 생긴다. 회전비행animated flyby[6]도 요즘 유행하는 입체시의 한 방편인데, 관찰자의 위치를 서서히 변경하는 과정에서 방향을 혼동하기 쉬운 점을 해결하는 것이 과제이다. 여러 현상을 비교해야 하는 상황에서는 한 매의 지도에 여러 현상을 겹쳐 그리기보다는, 각 현상을 별도의 작은 지도로 그리면small multiples 집중이 훨씬 잘 이루어진다. 그러나 여러 지도에서 공간적 대응 정도를 판단하는 데 있어서 인간의 시각은 그리 뛰어나지 못하다. 이에 따라 여러 지도를 분포 패턴에 따라 동서-남북으로 배열하는 방법, 지도와 그래프를 함께 활용하는 방법 등이 고안되고 있다.

시간: 시간은 지리시각화에서 사상을 확인하는 강력한 도구이

---

5 각 단위 구역의 크기를 지리적 면적 대신 통계값이나 거리에 따라 나타내는 지도이며, 통계 지도라고도 부름.

6 마치 비행기나 헬리콥터를 타고 이리저리 움직이며 아래를 내려다보듯 지도에 나타내는 방법.

다. 사상 확인에 적용된 가장 단순한 예가 깜박임blinking이며, 이 밖에 떨림quivering 기법도 활용할 수 있다. 시간은 본래 연속적인 것이지만 불연속으로 처리하여 브러싱brushing,[7] 여러 지도를 번갈아 보여주기 등의 기법이 개발되고 있다. 시간을 지도에 표현하는 일은 그리 만만한 작업은 아니어서 아직까지는 만족스러운 시각화 도구를 개발하지는 못했다.

색의 사용: 현재 각종 그래픽 프로그램 등에서 다색 배열多色配列 지도가 범람하고 있다. 그러나 다색 배열은 장점도 있지만 양이나 순서를 얼른 알아내기 어렵다는 단점도 있다. 자료의 성질에 가장 잘 부합하는 색을 고르는 것은 여러 방안이 가능하지만 특정 색 배열 방식으로 고정하는 것은 그리 좋은 방법이 아니다. 이보다는 전반적 색 배열 지침은 제시해 주되, 구체적인 것은 분석가 자신이 고르도록 하는 것이 더 바람직하다. 색에 숨겨진 뜻connotation, 색맹과 색약 문제 등도 시각화에서 배려해야 할 과제이다.

소리: 검토해야 할 변수가 증가하면 사람의 시각은 그들 간의 관계를 분류하는 데 점점 더 어려움을 겪게 된다. 이를 돕기 위하여 소리(가령 소리 브러시)를 사용할 수 있다. 특히 시간처럼 소리도 시간적 정보를 표현하는 데 적합하다. 시간에 따른 소리의 변화는 감지

---

7 같은 자료를 여러 가지 표현 방식으로 함께 보여주는 기법. 지도와 히스토그램을 함께 보여주기, 지도를 연도별로 보여주기 등이 사례이다.

될 수 있고 시간적 패턴 또한 분명하게 드러나기 때문이다.

축척과 해상도: 공간, 속성, 시간을 얼마나 자세히 나타내야 할까? 공간의 범위와 해상도는 우선 디스플레이 화면에 좌우된다. 다중 해상도의 개념은 공간 분석에 도움을 준다. 국지적 세부 사항이 생략될 때, 전체적 패턴을 드러내주는 시각의 힘 때문에 장면을 확대·축소하는 시각화 도구가 강력한 기능을 발휘할 수 있다. 속성의 경우는 분류와 계급 구분에 인터랙티브interactive 방식을 적용해볼 수 있으며, 특정 계급을 강조하는 방안 등이 개발되고 있다. 대부분의 현상은 시간의 폭이 너무나도 커서 한 번에 이해할 수가 없기에 공간과 마찬가지로 시간도 압축시킬 필요가 있다. '공간을 늘이고,' '시간을 잘게 썰거나 합치기' 등이 모두 지리 시각화 도구를 강력하게 만드는 기능들이다.

시각화의 한계: 오류와 진실

지리시각화에는 두 가지 약점이 있다. 하나는 고려할 사항이 너무나도 많다는 것이고, 두 번째는 사상들 사이의 관계가 확인됐을 때 그것이 사실인지 어떻게 판단할 수 있는가의 문제이다. 첫 번째 문제점과 관련하여 지식을 쉽게 발견하기 위하여 전문가 시스템expert system[8]과 인간의 상호작용을 병합하려는 노력이 진행되고 있다. 두 번째 문제는 시각화 도구가 제공하는 디스플레이에서 오

8 전문 지식이나 해결 방법을 컴퓨터에 기억시켜, 일반 지도 이용자가 이를 활용하는 방식. 일종의 인공지능이다.

류, 오차, 진실을 어떻게 판단하느냐 하는 점과, 진실이란 무엇인가 하는 기본적 질문이다.

개별 기호의 정확도와 신뢰도: 자료 분석 과정에서 발생하는 오차의 문제와 관련하여 확률 개념을 활용하여 오차 분포 지도를 별도로 제공하거나, 기호 매체의 질과 신뢰도를 지도에 포함시키려는 연구들이 이루어지고 있다. 불확실한 부분을 흐리게fog 처리하기, 자료의 신뢰도를 색(채도와 명도) 또는 소리(크기, 높은 음, 소리의 변화 정도 등)로 나타내기 등이 그 보기이다.

사상을 보지 못하는 경우not seeing**와 잘못 보는 경우**seeing wrong: 사람들은 사상이나 공간적 패턴이 그럴듯해 보이면 쉽게 믿는 경향이 있다. 이와는 반대로, 자료의 수집과 처리 과정에서 자료의 추상화가 지나치면 실재하는 패턴을 가려버리거나 숨길 수 있다. 지도의 안정성map stability 개념을 이런 문제의 해결에 활용할 수 있다. 이런저런 변화를 주더라도 지도에서 같은 표현을 거듭 나타낸다면 안정되었다고 말할 수 있을 것이며, 통계 분석에서 신뢰도를 검정檢定하듯이 표본 재현을 더 많이 비교할수록 진실 여부를 더 확실히 가릴 수 있다.

진실truth **및 사실적 표현**realism: 시각화를 통해 나타내는 지도와 그래프는 세상의 한 측면을 나타내는 모델이다. 따라서 시각화 디스플레이에서는 진실과 거짓이란 없으며, 단지 비슷하냐 다르냐의 문제로 귀결된다. 요즘은 이른바 사실적 표현 경향, 즉 사진이나 그림에 가까운 지도를 만들어 쓰는 경향이 두드러진다. 그러나 과학적 탐구에는 추상적 표현이 더 적합하므로, 우리는 과학적이려는 노력과 정교한 사실적 표현 사이에서 갈등할 수밖에 없다.

3. 『지도의 이해』, 새로운 자리매김

지도학의 동향

19세기 이래 지도학은 진화를 거듭하였다. 여러 학문이 발달·분화하고, 살아가는 방식이 복잡해지는 동시에 지리 정보가 증가하면서 지도에도 큰 변화가 닥치게 되었다. 지도에 대한 수요가 엄청나게 증가하였고, 주제도主題圖라는 새 유형의 지도가 등장하여 한 장의 지도에 모든 정보를 다 담기보다는 한두 가지 내용만 강조하는 방식이 크게 유행하게 된 것이다.

이리하여 20세기 후반에 이르러 지도를 '지리 정보를 담은 그릇'일 뿐 아니라, 지도를 '커뮤니케이션 수단'으로 보는 견해가 등장하였다. 지도의 역할이란 제도사가 전달하려는 이미지를 지도 이용자의 마음에서 그대로 재현해내는 것이라는 견해이다. 지도를 커뮤니케이션 시스템으로 간주하는 것은 지도 디자인에 대한 가이드라인을 잘 만들면 커뮤니케이션을 개선할 수 있다는 의미이다.

커뮤니케이션 패러다임은 지도의 기능을 이미 정해진 지식을 전달하는 데에만 국한하고 있으나, 실상 대부분의 지도가 미리 정해진 메시지를 가지고 있는 것은 아니다. 커뮤니케이션 패러다임은 행동심리학의 이론과 방법론을 원용하였다. 그러나 1960년대와 1970년대에 지도학에서 행동심리학의 관점이 수용될 때, 공교롭게도 심리학 분야에서는 무엇을 연구하고 어떻게 연구해야 하는지를 두고 혁명이 일어나고 있었다. 행동심리학에서 말하는 자극-반응 법칙들로는 사람의 지각과 행동을 설명할 수 없음을 깨닫게 된 것이며, 사람을 정보처리 시스템으로 생각하는 새로운 관점이 등장했던 것이다.

1980년대 이래 컴퓨터, 위성사진, 인터넷 등 종전에 없던

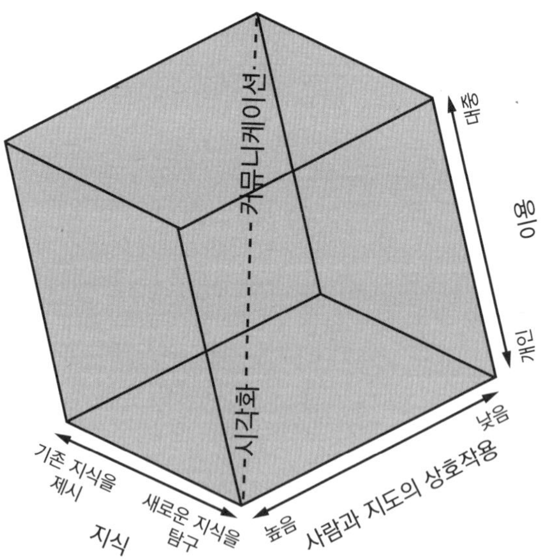

그림 6 지도의 커뮤니케이션 기능과 시각화 기능 (MacEachren, 그림 III.1, p. 358)

새 기술들이 발달하면서 지도학은 또 한 차례의 변천을 겪는다. 이리하여 지도를 커뮤니케이션 과정으로 보는 대신, 지리 정보를 마음의 눈으로 보도록 도와주는 수단으로 보려는 시각화 패러다임이 출현하게 된다. 이런 움직임의 선봉에 선 사람 가운데 하나가 바로 매카크렌이며, 그는『지도의 이해』를 통해 시각화 패러다임의 이론적 바탕과 방법론을 확립하려 하였다.

지도의 커뮤니케이션이 여러 사람을 대상으로 한 것이라면 시각화는 개인 또는 소집단의 활동과 관련되어 있고, 커뮤니케이션이 이미 잘 정립된 지식을 남에게 보여주는 데 초점을 둔다면 시각화는 아직 잘 모르는 것을 탐구하는 것이며, 지도와의 상호작용 빈도로 보면 커뮤니케이션은 제도사가 지도를 만드는 것으로 끝나지만 시각화는 지도와 상호작용을 거듭하며 문제를 탐구해 나가는 것이 그 특징이다.

지도는 공간 정보를 그림으로 잘 요약한 것이다. 따라서 시각화 관점은 커뮤니케이션 관점을 대체한다기보다 지도학의 역할과 영역을 넓힌다고 볼 수 있다. 이런 점에서 매카크렌의 아이디어는 여러 학문 분야를 넘나들며 정보-지도-지식의 연결 고리를 마련하고 있다. '통섭'은 요즘의 화두 가운데 하나이다.『지도의 이해』는 독자의 시야를 넓히고 지도학의 지평을 사회·인문·자연과학 전체로 확대시켰다고 평가할 수 있을 것이다.

지도의 본질과 지도 읽기

지도의 본질과 지도 읽기의 의미를 밝히려는 노력은 일찍부터 있어왔으며, 이 가운데 로빈슨A.H. Robinson과 페체닉B.B. Petchenik이 쓴 『지도의 본질*The Nature of Maps*』(1976)을 주목할만하다. 지도학계에서 커뮤니케이션 패러다임이 절정을 이루고 있을 무렵 출판된 이 책은 '지도를 읽는' 것이 '책을 읽는' 것과 어떻게 같고 다른가를 체계적으로 규명하였다. 지도의 기호와 책에서의 단어가 전달하는 의미의 같고 다름, 지도와 책의 읽는 순서와 방식의 차이, 실세계의 공간과 지도 속 공간의 대응 관계 등을 이야기하면서, 이른바 "지도 언어map language"의 개발 가능성을 논하던 당시의 흐름에 제동을 건 책이다.

지도는 각종 정보를 일반화한 것이다. 여기서 일반화란 정보의 취사선택, 축소와 변형, 분류, 기호화 등을 통칭하는 말이다. 이처럼 일반화 과정에서 발생하는 불가피한 자료 변형, 왜곡, 생략 등의 문제를 다룬 글로는 몬모니어M. Monmonier의 『지도와 거짓말*How to Lie with Maps*』(1991)을 들 수 있다. 책의 이름은 매우 자극적이지만, 실상은 지리 정보를 왜곡하는 법을 가르치는 글이 아니라 남이 만든 지도를 보거나 내가 지도를 그릴 때 조심해야 할 것이 무엇인가를 설명한 글이다.

지도와 지도 기호에 숨겨있는 뜻에 대한 논의로는 1980년대에 지도의 사회적 문화적 함의를 다룬 할리(Harley, 2001), 블레이크모어(Blakemore, 1980), 우드(Wood, 1992) 등의 글을 꼽을 수 있다. 이들은 지도 만들기란 기본적으로 사회적 활동이라고 본다. 지도는 해당 시대와 지역의 예술, 학문, 기술의 산물이기 때문에, 우리가 어떤 지도를 볼 때에는 지도 제작의 사회적 상황, 즉 지도의 제작 동기, 후원자의 역할, 정보의 질과 사실 여부, 제도사의 생각과 편견 등에도 눈을 돌려야 한다고 주장한다.

매카크렌의『지도의 이해』는 마치 이런 글들의 종합편 같다. 그동안 일부분씩만 다루어졌던 주제를 한 권의 책에 모으면서, 인접 학문들의 새 조류도 담아 해석하고 있는 것이다. 특히 이 책의 제1부「지도 보기와 읽기」의 내용이 압권이다. 지난 40여 년 동안 지도학자는 지도의 기능성, 지각과 인지에 관한 이론을 지도에 적용하려 노력했다. 그러나 선행 연구는 주로 낮은 수준의 판별, 형태 구분, 순위 파악, 배경에서의 그림 추출 등에 관심을 두었고, 비전과 인지에 대한 고려가 충분하지 않았다. 지도학이 인지과학의 연구 성과에 주의를 기울여야 하는 데에는 현실적인 이유도 있다. 3차원 시뮬레이션, 애니메이션 등으로 인해 지도가 점점 더 사실화되고 있어, 시각과 시각적 사고에 대한 이해가 필수적이기 때문이다. 이런 점에서 이 책의 제1부의 응용편으로 제3부에서 지리시각화를 논한 것도 자연스럽다. 반면 제2부「지도의 의미」편은 논의 자체는 매우 흥미롭고 유익하지만, 지도 기호에 숨어있는 뜻에 관한 해설 부분을 시각화 응용으로까지 발전시키는 일이 그리 만만해 보이지는 않는다.

책에 대한 약간의 비평

『지도의 이해』는 아무리 너그럽게 말해도 가볍게 읽을 수 있는 책이 아니다. 우선 책에 등장하는 어휘와 개념이 인지과학, 뇌과학, 기호학 등 보통 사람에게는 낯선 분야의 것이 많다. 또한 책의 분량(본문)이 460쪽으로 두터워 독파하기가 만만하지 않다. 그나마 군데군데 그림(모두 226개의 그림)이 들어 있어 본문 이해에 도움이 될 뿐 아니라 책장 넘기기도 조금은 수월하다. 책은 흑백 인쇄물이어서 색의 인지를 논하는 대목에서도 독자들은 흑백 인쇄 그림에 의존할 수밖에 없다. 마치 옛날 흑백영화를 보는 듯한 느낌이다.

현대의 기술은 종래 이루기 어려웠던 일들을 가능하게 만들며 무서운 기세로 우리에게 다가오고 있다. 기술의 발달은 지도에 새로운 길을 열어주지만, 도전 과제도 적지 않다. 이 책에서는 다매체 지도(애니메이션, 소리)와 시각 장애자를 위한 촉각 지도를 다루고 있기는 하나, 할애된 지면은 많지 않다. 또한 어느새 색채 시대가 되어 우리는 칼라 프린터로 다채로운 지도를 손쉽게 인쇄하게 되었다. 이처럼 색의 중요성은 커졌으나, 우리는 색을 지도에 적절히 활용할 준비가 되어있지 않다. 보통 사람이 색에 대하여 배운 것은 학교 시절의 미술 시간뿐이었기 때문이다. 어떻게 하면 우아하면서도 올바른 색 지도를 만들 수 있을까에 대해서도 지면이 더 할애되었으면 더욱 완성도를 높일 수 있었을 것이다.

참고문헌

Bertin, J., 1983, *Semiology of Graphics: Diagrams, Networks, Maps*, Madison: University of Wisconsin Press. (주: 프랑스어 판은 1966년에 출간됨)

Blakemore M. J. and J. B. Harley, 1980, "Concepts in the History of Cartography: A Review and Perspective," *Cartographica*, 17-4 특집, Toronto: University of Toronto Press.

Harley, J. B., 2001, *The New Nature of Maps: Essays in the History of Cartography*, Paul Laxton (ed.), introduced by F. H. Andrew, Baltimore: Johns Hopkins University Press. (주: 1991년 Harley의 사망 후, 그의 글을 모아 출판하였음)

MacEachren, Alan M., 1994, *Some Truth with Maps: A Primer on Symbolization and Design*, Washington, D.C.: Association of American Geographers.

——— and D. R. Fraser Taylor (eds.), 1994, *Visualization in Modern Cartography*, Oxford: Pergamon.

———, Jason Dykes and Menno-Jan Kraak (eds.), 2005, *Exploring Geovisualization*, London: Elsevier Science.

Monmonier, Mark, 1991, *How to Lie with Maps*, Chicago: University of Chicago Press (손일·정인철 역, 1998,『지도와 거짓말』, 서울: 푸른길).

Robinson, Arthur H. and B. B. Petchnik, 1976, *The Nature of Maps: Essays toward Understanding Maps and Mapping*, Chicago: University of Chicago Press.

Wood, Denis, 1992, *The Power of Maps*, New York: Guilford Press.

맨서 올슨, 『권력과 번영』

Mancur Olson, *Power and Prosperity: Outgrowing Communist and Capitalist Dictatorships* (2000)

권력은 어떻게 생산하고, 또 어떻게 수탈하는가?

이승훈
서울대학교 경제학부 교수

현대의 경제생활은 전문화와 시장 거래를 통한 사회적 협력의 형태로 전개되고, 각 개인은 이 사회적 협력에 참여하여 일하고 소득을 얻는다. 결실을 생산하고 거두는 사회적 협력 체제의 유인 구조가 분명하여야 사람들은 더 많이 생산하도록 열심히 일하고 경제도 번성한다. 유인 구조가 생산하기make보다 취하기take에 더 열을 올리도록 되어 있는 사회는 쇠락할 수밖에 없다. 사회의 번성과 쇠락을 좌우하는 유인 구조를 결정하는 요인은 결국 권력이다. 맨서 올슨Mancur Olson(1932-1998)은 권력자가 언제 생산과 사회적 협력을 장려하고 언제 생산과 교환으로부터 수탈하는가라는 시각에서 이 문제를 지속적으로 연구해왔다. 여기서 소개할 『권력과 번영*Power and Prosperity*』(2000)은 그의 마지막 저술로, 올슨은 이 책을 탈고한 뒤 2달 만에 심장마비로 타계하였다.

1. 이익집단의 행동에 주목하다

맨서 올슨은 1963년에 하버드 대학에서 경제학 박사 학위를 받았다. 석사와 학사 학위는 각각 옥스포드 대학과 노스다코타 주립대학에서 취득하였고, 메릴랜드 대학에 재직하면서 말년에 '저명 경제학 교수Distinguished Professor of Economics'의 지위를 얻었다. 대표적인 저술로는 『집단 행동의 논리*Logic of Collective Action*』(1965)와 『국가의 흥망성쇠*The Rise and Decline of Nations*』(1982), 그리고 본서 『권력과 번영*Power and Prosperity*』(2000)이 있다.

그는 동부경제학회The Eastern Economic Association, 남부경제학회The Southern Economic Association, 공공선택학회The Public Choice Society, 그리고 미국과학발전협회The American Association for the Advancement of Science의 사회경제정치과학 부문 회장을 각각 역임하였고, 미국경제학회 부회장을 역임하였다. 또한 올슨은 미국 AID의 후원으로 메릴랜드 대학 부설 기관인 '제도 개혁 및 비공식 부문 연구센터Center on Institutional Reform and Informal Sector, IRIS'를 설립하고 소장으로 재직하면서 구공산권과 제3세계의 경제에 대한 연구에 몰두하였다. 『권력과 번영』은 그의 마지막 업적으로서, IRIS 시절의 연구 결과를 많이 반영하고 있는 저술이다.

또한 그의 또 다른 대표적 저작 『집단 행동의 논리』(1965)는 공공 선택 이론 부문에서 가장 독창적인 연구 실적 가운데 하나로 평가받는데, 이익집단별 내외적 유인 구조가 집단의 규모에 따라 다른 점에 착안하여 이익집단의 정치 과정을 분석하였다.

그의 논지는 집단의 규모가 클수록 구성원 간 합의가 어렵고, 규모가 작고 단결력이 강할수록 공동 행위에 대한 합의가 쉽다는 인식에 기초한다.

예를 들어 1백만 명이 거주하는 나라에서 땅콩 농부가 1백 명일 때, 농부들이 단결하여 땅콩 1kg당 10원의 보조금을 지급하도록 의회를 상대로 로비한다고 하자. 국민 1인당 매년 10kg의 땅콩을 소비한다면 총 소비량은 1천만 kg에 이를 것이고 보조금 총액은 1억 원, 그리고 농부 1인당 평균 보조금은 1백만 원에 이른다. 그래도 국민 1인당 부담금은 1백 원에 불과하다. 결국 농민은 로비 할 의욕이 강한 데 비해 국민들은 무관심하기 쉽다.

사람들을 모아서 이익집단을 결성하고 대정부 로비를 벌이는 데에는 비용이 소요된다. 비용의 내역은 사안별로 천차만별이겠지만 사람을 모으려면 반드시 소요되는 1인당 기초 비용이 있다. 이 기초 비용이 1천 원이라면 구성원 1백 명의 땅콩 농부들은 1천 원 들여서 1백만 원을 얻을 로비 활동에 매우 적극적으로 나서겠지만, 이들의 로비에 반대 로비를 펼쳐야 하는 나머지 국민은 반대 활동을 위해서 최소한 1인당 1천 원을 지출해야 한다. 겨우 1백 원을 빼앗기지 않기 위하여 1천 원을 지출하려는 사람이 있기 어려우므로, 1백 명 땅콩 농부들의 요구는 큰 저항 없이 관철되기 쉬운 것이다. 올슨의 이러한 설명은 소수로 구성된 이익집단이 큰 이익을 누리고 그 비용은 나머지 국민이 나누어 분담하는 현실을 잘 설명하는 이론으로 받아들여진다. 올슨은 국가개입적 복지국가가 늘어나는 현실까지도 이 이론으로 설명하고 있다.

이렇듯 소수로 구성된 이익집단의 기득권 구조는 너무도 견고하기 때문에 정상적인 정치 과정의 틀 속에서는 좀처럼 고치기 어렵다. 올슨의『국가의 흥망성쇠』(1982)는 로비와 담합이 민주주의 사회에서 어떻게 번성하는지, 그리고 그 결과 민주 사회의 활력을 어떻게 잠식해 가는지를 분석한 저술이다. 올슨의 결론은 전쟁이나 혁명과 같이 사회구조를 크게 바꾸는 변화만이 이익집단의 기득권 구조를 혁파할 수 있을 것이라는 내용으로 요약된다.

2. 무엇이 사회의 번성과 쇠락을 결정하는가?

사회의 번성을 불러오는 유인 구조

올슨은 사회의 번성을 불러오는 유인 구조가 갖추어야 할 기본 특성으로서 다음의 세 가지를 들었다.

> 첫째, 개인의 재산권을 확실하게 보호하고,
> 둘째, 개인 간 계약의 이행을 보장하며,
> 셋째, 분쟁이 발생할 때마다 이것을 합당하게 해결하는 장치가 갖추어져야 한다.

현대의 경제생활이 고도로 발달한 사회적 분업에 의존하는 만큼, 경제적 번영은 분업의 생산성이 높아져야 가능해진다. 분업에 참여하는 개인의 능력과 노력, 그리고 분업을 총괄 조정하는 메커니즘의 효율성은 분업의 생산성을 결정하는 핵심 요인이다. 올슨이 제시한 세 조건은 결국 개인이 분업에 참여하여 얻을 이익을 확실하게 보장해주어야 한다는 것이다. 각자 무엇을 얼마나 얻을 것인지를 확실히 알고, 분업에 열심히 참여할수록 얻는 것이 더 많아져야 개인은 사회적 분업에 적극적으로 참여할 것이기 때문이다.

그가 제시한 세 조건 가운데 두 번째와 세 번째 조건도 그 내용은 사전에 약속된 개인별 몫을 그대로 인정하고 보호한다는 것이므로 결국 사유재산권 보호로 귀결된다. 남의 사유재산을 넘보는 것은 결국 폭력이므로, 사유재산권을 보호하려면 이 폭력에 맞서 싸워 이겨낼 힘을 갖추어야 한다. 만약 국가권력이 다른 사람의 사유재산을 부당하게 취하려 하는 폭력을 적절히 다스린다면 올슨의 세 조건은 쉽게 충족될 수 있을 것이다.

권력의 수탈과 재산권 보호

올슨의 주장은 국가권력이 이 세 조건을 충족하는 방식으로 집행되는 사회만이 경제 발전을 이룩하고 경제적 번영을 누린다는 것이다. 올슨은 권력의 속성을 다른 폭력과 마찬가지로 다른 사람들의 것을 빼앗아 내 것으로 만드는 힘으로 파악한다. 그러나 권력

주체가 안정되면 장기적으로 더 많이 수탈하기 위하여 피수탈 국민의 재산권을 보호해 주기 시작한다고 본다. 수탈율을 낮추어 단기적으로 입는 피해보다 그렇게 함으로써 얻는 장기적 수탈이 더 크다면 권력자는 기꺼이 수탈율을 낮추고 국민의 재산권을 그만큼 더 인정할 것이다. 재산권 보호를 강화하면 피수탈 국민의 생산 의욕이 향상되기 때문에 권력자가 수탈할 소득도 더 많아진다.

비록 권력이 국민의 재산권을 보호하는 행위는 권력자에게도 유리하고 피수탈 국민에게도 유리하지만 이 행위는 권력자와 피수탈 국민이 서로 합의한 사회적 계약의 결과는 결코 아니다. 그보다는 목축업자가 가축을 사육하듯이 권력자가 수탈 국민을 사육한다고 보는 것이 옳다는 것이 올슨의 견해다. 예나 지금이나 국가권력은 국민에게서 조세를 징수하는데, 조세는 기본적으로 권력에 의한 소득재분배이다. 그런데 조세에는 권력자가 국민으로부터 약탈하는 수탈적 조세만 있는 것이 아니라 재산권 보호와 질서 유지 등, 국민 생활에 도움이 되는 공공재 조달에 필요한 재원도 있다는 말이다.

그런데 권력을 장악한 집단의 숫자가 많아지면 많아질수록, 지배층은 수탈보다는 재산권 보호와 같은 질서 유지를 통하여 더 큰 이익을 누리게 된다. 과반수가 지배하는 민주 사회가 되면 조세의 주요 부분은 공공재 재원 조달로 사용되는 단계에 접어든다. 그러므로 독재 체제는 권력을 수탈 목적으로 사용하지만 민주 체제는 재산권 보호와 기본 공공재 공급을 위한 목적으로 사용하기 쉬우므로, 일단 민주 체제가 경제적 번영에 더 적합하다고 말할 수 있다.

그러나 올슨은 곧 민주주의 체제와 거리가 먼 칠레, 한국, 대만, 싱가포르, 그리고 등소평 체제의 중국이 장기간 번영한 사실에 주목한다. 수시로 권력자가 바뀌는 불안한 독재는 단기적 안목으로 수탈하기 때문에 장기적 성장을 위한 공공재 공급을 외면하지만, 안정된 독재는 권력자의 수탈이 장기적 이익을 겨냥하도록 유도하기 때문에 오히려 더 높은 성장률을 실현한다는 것이 올슨의 설명이다.

권력의 재산권 보호와 시장의 발달

열심히 일하고 노력하더라도 그 성과를 개인이 누릴 수 없는 사회에서는 사람들이 게으를 수밖에 없지만, 스스로 그 성과를 누릴 수 있도록 재산권 보호가 잘된 사회에서는 개인의 노력 유인은 그만큼 더 강해진다. 재산권 보호의 확대 강화는 재산권 행사의 폭을 넓히기 때문에 자연스럽게 교환의 확대로 이어진다. 시장은 거래 당사자들이 서로 인정하는 사유재산권을 토대로 하여 자유의사에 따라 거래 상품의 소유권을 쌍방 합의로 이전하는 장소이다. 시장경제는 생활에 필요한 물자를 각자 스스로 생산하는 자급자족 경제가 아니다. 각자 자신의 생업에만 종사하여 다른 사람들에게 판매할 물건을 만들어서 소득을 얻고, 생활에 필요한 물자는 이 소득으로 시장에서 구입하는 경제 체제가 시장경제이다.

성숙한 시장경제에서는 거의 모든 물자의 시장 거래가 가능하다. 필요한 물건을 도저히 시장에서 구입할 수 없다면 각자 스스로 만들어야 하는데, 이러한 사태가 자주 일어나는 미숙한 시장경제에서는 개인이 자신의 생업에만 전념할 수 없고 사회적 분업도 그만큼 제한적으로 실현된다. 상품의 시장 거래 과정에서 어느 한 쪽의 재산권이 심각하게 침해된다면, 침해받는 사람은 거래를 거부할 것이므로 시장 거래가 형성되기 어렵고 이 제품을 원하는 사람들은 시장에 의존할 수 없다. 성숙한 시장경제는 재산권 보호가 확실하고 계약 이행이 보장되는 제도적 토대 위에서만 가능하다.

국가권력이 나서서 보호하지 않더라도, 거래 쌍방이 자발적으로 상대방의 재산권을 존중하는 경우라면 시장은 항상 형성된다. 근대적 재산권 개념이 형성되지 못한 고대 사회에서도 장마당 시장과 같은 상거래는 이미 존재해왔다. 또 정부가 계약을 보호해 주지 않을 뿐 아니라 적극적으로 금지하고 체포하는 마약이나 무기 거래와 같은 불법 거래도 거래 당사자끼리 서로 상대방의 재산권을 존중하는 까닭에 지금까지도 횡행하고 있다. 올슨은 서로 적대적인 고대 카르타고 상인과 리비아 원주민 사이의 거래와 구소련의 딸까치tolkach가 매개하는 기업 간 원자재 거래를 예로 들면서, 거래 당사자들이 상대방의 재산권을 서로 존중하는 경우에는 국가가 따로 재산권 보호 조치를 취하지 않더라도 시장 거래가 성행할 수 있음을 설명하였다. 올슨은 거래자가 스스로 상대방의 재산권을 존중하는 시장을 '자기 시행 시장self-enforcing market'이라고 불렀다.

그러나 사회적 분업이 진화하면서 한 상품의 생산에 여러 사람이 관련되고 최종 상품의 재산권에 참여하는 사람들이 많아지면서 재산권의 구조도 매우 복잡하게 전개되었다. 결국 지적 재산권이나 첨단 금융 상품, 그리고 이들이 복합된 상품의 경우에는 재산권을 계약으로 규정하는데, 그 행사 과정에서 분쟁이 끊이지 않는다. 관련 당사자들이 이처럼 계약집약적, 또는 권리집약적 재산권에 대하여 서로 다르게 이해한다면, 외부 제3자의 중재 없이 다른 사람의 재산권을 존중하기 어렵다. 결국 이러한 경우, 정부권력이 재산권을 보호하지 않으면 해당 상품의 시장 거래는 일어나기 어렵다는 말이다. 올슨은 사업 능력이 부족한 재산가가 사업 능력은 탁월하지만 재산이 없는 청년 사업가에게 자금을 빌려주는 금융거래는 서로에게 이익이지만, 사기의 위험이 통제되지 않으면 거래가 성사되지 못한다고 지적하였다. 금융시장에 대한 각종 정부 규제는 본질적으로 거래 과정의 사기를 예방하여 거래자의 재산권이 부당하게 침해당하는 사태를 예방하기 위한 것이다. 올슨은 정부가 섬세하게 재산권을 보호해야 가동하는 시장을 '사회적 인공 시장socially contrived market'이라고 불렀다.

경제학자들이 시장경제로 분류하지 않는 나라에도 '자기시행 시장'은 널리 작동하고 있다. 그러나 고도로 발달한 사회적 인공 시장은 성숙한 시장경제에만 존재한다. 고도의 사회적 분업은 더 큰 폭의 시장 거래를 요구하기 때문에 경제적 번영은 성숙한 시장경제의 전유물이 되어 있는 것이다. 올슨은 소련을 비롯한 과거 공산권의 경제적 성과가 체제 이행 이후에 오히려 이전보다 더 나빠졌다는 이유로, 이들 국가에 번성한 시장은 자기시행 시장에 불과한 점을 들고 있다. 이들에 비하여 독일, 일본,

그리고 이태리 등 2차 세계대전의 추축국들은 전쟁 패배로 국가 경제가 초토화되었지만 사회적 인공 시장의 인프라는 온존하였기 때문에 급속한 경제 발전의 기적을 연출할 수 있었다고 올슨은 지적한다.

번영을 지향하는 경제 체제

국민의 과반수가 권력을 부여하는 민주적 정치 체제는 과반수 국민의 이익을 도모해야 한다. 조세 수탈의 방식으로 이익을 거두어 나누어주는 방법은 과반수 국민에게 과중한 조세 부담을 요구하기 때문에 적절하지 않다. 그보다는 생산 증가를 도모하는 방식이 과반수 국민의 이익 증가에 더 효과적이다. 민주 사회는 시장 주도의 사회적 분업의 확충을 위한 재산권·계약권 보호의 강화를 추진하는 데 적합하다. 그러나 민주적 정치 체제에도 경제성장을 억제하는 맹점이 존재한다. 올슨은 소수 이익집단이 집단 이기주의를 추구하는 합법적 로비 행위가 성장의 가장 큰 걸림돌이 됨을 지적한다.

로비의 1인당 비용에 비하여 1인당 이익이 크면 그 집단의 구성원은 로비를 전개할 유인을 보유한다. 물론 무임 편승의 유인도 작용하지만 올슨은 소수 집단일수록 로비를 전개하도록 집단 행동을 벌일 가능성이 높음을 설득력 있게 보여준다. 소수 이익집단의 로비의 본질은 독재자의 조세 수탈과 다를 바 없다. 이들은 합법적 의사 결정 과정을 거쳐서 국민 다수의 소득을 자신의 몫으로 빼앗아 간다. 민주 사회의 질서가 안정될수록 기득권 구조는 더욱 더 확고하게 뿌리를 내리기 때문에 이들의 로비 활동은 성숙한 민주 사회의 성장을 점차 잠식해간다는 것이다. 올슨은 대표적 예로 '영국병'에 시달리던 대영제국을 들고 있다.

제2차 대전의 추축국들이 패전에도 불구하고 기적적 경제성장을 이룩한 원인 가운데 하나는 패전과 더불어 기득권 구조가 일거에 와해되었기 때문이다. 등소평의 중국도 문화혁명과 그 이후의 정변이 기존의 기득권 체제를 붕괴시켰기 때문에 급속한 경제성장을 이룰 수 있었다. 올슨은 체제 이행 이후 러시아 경제가 부진한 까닭을 등소평의 중국과는 달리 러시아는 구소련 시대의 기득권 구조가 마피아 체제 등으로 존속하고 있기 때문이라고 주장한다.

결론적으로 올슨은 민주화를 통한 재산권 보호의 확대·강화와 이를 통한 시장경제의 창달을 번영의 대로로 제시한다. 그러나 민주 사회의 필연적 부산물인 이익집단의 로비 활동이 성장을 잠식하는 문제도 함께 지적한다. 올슨은 현실적으로 전쟁이나 혁명 아니면 이러한 기득권 구조의 횡포를 타파할 수 없음을 인정함으로써 건설적 해결 방안은 제시하지 못한 채 책을 마무리하였다.

3. 권력과 수탈의 역사

이 책은 10개의 장으로 구성되어 있다. 처음 네 장(1, 2, 3, 4) 은 이론적 분석틀을 제시하고, 다음 두 장(5, 6)은 역사적 사례에 비추어 그 타당성을 검토하고 보완적 주의 사항을 거론한다. 그리고 다음 세 장(7, 8, 9)은 소련형 공산 독재 체제의 이론적 특성과 현실적 전개 과정을 분석한 다음, 마지막 제10장에서 사회의 번영에 필요한 시장의 종류에 대하여 거론한다.

권력의 속성과 이익 구조

올슨은 권력이 지배층과 피지배층 간 자발적 거래를 통하여 부여된 것이라고 보는 '사회계약social contract설'을 부정한다. 무엇보다도 권력의 본질은 위압적 권위compelling authority와 강제적 시행의 능력capacity to coerce으로서 특히 다른 사람의 것을 약탈할 수 있는 힘이라고 본다. 사람들이 가축을 사육하면서 먹이를 주고 다른 야생동물의 습격으로부터 보호하는 까닭은 가축이 사람에게 고기와 모피 등을 주는 대가가 아니라는 것이다. 분명히 서로 주고받는 것은 사실이지만 자발적 거래와는 거리가 멀다. 이보다는 사람이 가축으로부터 일방적으로 약탈하는데 장기적으로 약탈할 분량을 최대화하기 위하여 보호하고 사육하는 것이다. 올슨은 권력자와 대중 간의 관계를 인간과 가축 간의 관계로 비유한다.

독재권력이든 민주권력이든, 권력은 권력에서 소외된 집단을 수탈하는 힘일 뿐이다. 민주권력은 수탈한 이익을 어느 한 개인이 독식하는 것이 아니라 권력을 장악한 다수가 서로 나눈다는 점만 다를 뿐이다. 그러므로 만장일치적 민주권력만이 어느 누구도 수탈 대상으로 삼지 않는 권력이다.

올슨의 분석은 권력자의 행동 유인을 이기심으로 설정하고 권력 체제의 유형에 따라서 집권 세력 이익 체계의 구조가 다르다는 사실에서 출발한다. 우선 가장 원초적 형태의 불안한 권력은 그 이익도 당장 수탈한 부분만으로 한정한다. 그러나 권력자의 지위가 확고해질수록 그 이익 구조 또한 장기적 수탈 가능성까지 포괄하는 형태로 복잡해진다는 것이다.

강도의 이익은 수탈한 물자의 수량에 비례하지만 강도가 만연하면 강도질 하는 데에도 자원 소모가 필요하고 강도 막기에도 자원을 더 많이 소비해야 하므로 물자 생산은 그만큼 감소할 수밖에 없다. 물자 생산이 감소하면 강도질 할 대상물이 그만큼 줄어들기 때문에 강도의 장기적 이익도 마찬가지로 감소한다. 당장 빼앗은 물자의 수량이 강도에게 주는 '좁은 이익*narrow* stake'과 강도가 장기적으로 얻을 '포괄적 이익*encompassing* interest'은 이처럼 서로 충돌한다.

올슨은 이 점을 유랑 강도roving bandit와 정착 강도stationary bandit에 비유하여 설명하였다. 유랑 강도는 자신이 강도질한 이익은 모두 누리지만, 그로 인한 사회적 생산 감소의 폐해에는 관심이 없다. 자신의 강도질이 그 사회의 장기적 생산이 감소하더라도 유랑 강도는 다른 곳으로 강도질을 하러 떠나기 때문에 오직 당장의 '좁은 이익'에만 관심을 둔다는 것이다. 이들은 사회를 수렵의 대상으로 간주하고 가능한 한 많이 수탈한다.

그러나 한 지역에 뿌리를 내린 정착 강도는 자신의 강도질로 인한 사회적 생산 감소의 폐해를 모두 부담할 수밖에 없다. 유랑 강도처럼 '좁은 이익'만 고려하여 행동한다면, 결국 다른 수탈 대상을 찾아서 떠나야 할 정도로 그 지역이 피폐해질 것이기 때문이다. 그러므로 정착 강도의 이익 구조는 단순히 '좁은 이익'에만 매달리는 유랑 강도와는 달리 '포괄적 이익'으로 진화한다.

올슨은 강도가 수탈하는 이익을 '조세 수탈tax theft'이라고 명명하고, 권력이 진화하면서 조세 수탈 규모가 어떻게 달라지는지를 고찰하였다. 그의 결론은 유랑 강도는 조세 수탈율을 최대로 올리겠지만 정착 강도, 즉 지위를 확고하게 굳힌 전제군주는 이와 달리 장기적으로 조세 수탈을 최대화하도록 어느 정도 국민을 보호하는 수준으로 세율을 낮추려고 한다는 것이다. 세율을 95%에서 90%로 낮추면 국민 소득은 5%에서 10%로 배가하므로 생산 의욕이 매우 커지기 때문에 90%의 세율에서 세수가 오히려 더 커질 수 있기 때문이다.

세율을 줄임으로써 생산 의욕을 고취시키는 소극적 수준에서 한 걸음 더 나아가면 생산력 확대에 기여하는 공공재를 제공하여 생산 확대를 적극적으로 추구할 수도 있다. 이와 같은 적극적 자세는 정착 강도에게 공공재 공급 비용의 부담을 강요하겠지만 장기적으로 보면 이로부터 늘어난 조세 수탈이 공공재 공급 비용을 훨씬 더 능가하도록 유도함으로써 조세 수탈의 이익을 더 확대한다. 그러므로 정착 강도는 세율 감축과 아울러 공공재 공급 확대를 시행하기에 이르는데, 이러한 행동은 사회의 주민들을 가축으로 보고 사육하는 태도와 조금도 다를 바 없다.

권력은 수탈하는 파괴적 기능만 발휘하다가 생산력을 확대·강화하는 건설적 기능을 수행하는 수준으로 발전한다. 이러한 발전은 정착 강도와 주민 모두에게 분명히 윈윈win-win 상황을 제공하고 있지만, 결코 자발적 거래의 결과로 얻어지는 것은 아니다. 자신의 이익을 더 크게 하려는 정착 강도의 이기적 선택이 주민들의 이익 향상에 의도치 않게 부합했을 따름이다. 그런 의미에서 올슨은 권력 기능의 이러한 발전을 '보이지 않는 다른 왼손The other invisible hand on the left'이 작용한 결과라고 지적한다.

과도한 조세 수탈은 수탈 이익을 늘리지 못할 뿐 아니라 종종 체제 붕괴를 불러오기도 한다. 로마제국, 스페인의 합스부르크 왕조, 그리고 프랑스의 부르봉 왕조 등의 멸망은 정확히 과도한 조세 수탈이 불러온 결과였으며, 최근 사회주의 국가 소련의 몰락조차도 그 본질은 과도한 조세 수탈의 결과일 뿐이다.

사회의 대규모화에 따른 권력 구조의 변천

집단 행동의 편승 문제와 대규모 농경 사회의 지배자 등장

한 집단이 일정량의 공공재를 마련하기로 하고 구성원이 그 비용을 분담할 때 어느 한 사람이 비용 부담을 거부하면 나머지 사람들이 그만큼의 비용을 추가로 부담해야 한다. 소집단에서는 한 사람이 공공재 비용 부담을 거부하면 다른 사람들에게 돌아가는 비용이 커져서 다른 사람들의 공공재 마련 의욕을 감퇴시킨다. 그러나 대집단에서는 한 사람이 비용 부담을 거부하더라도 나머지 사람들이 추가로 부담해야 할 비용이 근소하므로 공공재 마련 의욕은 변하지 않는다. 그러므로 편승 현상은 대집단에서 더 잘 발생하며, 자발적 거래에 의한 공공재 공급은 집단이 대형화할수록 상대적으로 점점 더 어렵게 된다.

모든 사람이 함께 더 나아질 수 있는 변화가 가능하고 협의 비용이 크지 않으면 사람들은 자발적으로 합의하여 개선을 도모한다는 것이 코즈Coase의 견해다. 이 견해에 따르면 무정부적 혼란에서 평화적 질서로 이행하면 모두가 이익을 보기 때문에 자발적 합의에 의한 사회계약social contract이 가능하다. 그러나 평화적 질서의 사회계약은 공공재이기 때문에 대집단에서는 자발적 거래에 의한 사회계약 성취가 불가능하다. 역사적으로 보아도 그렇다. 수렵채집의 원시 사회는 집단 규모가 작고 집단 행동도 자발적 합의에 따르지만, 대규모 농경 사회로 이행하면 그렇지 않다. 사회적 계약은 불가능하고 권력을 가진 지배자가 등장하여야 공공재 조달이 가능해진다. 그리고 지배자의 원활한 권력 행사를 위하여 계급과 노예가 생긴다.

전제군주제의 등장

정착 강도가 등장하여 자리를 잡은 것이 전제군주제autocracy이다. 전제군주의 사적 이익은 더 많은 조세 수탈을 목표로 한다는 점에서는 유랑 강도와 다를 바 없지만, 수탈 특권을 자신과 지배계급이 대를 물려 가면서 누려야 한다는 '포괄적 이익'으로 확대 진화한다는 점에서는 확연히 다르다. 전제군주의 권력 행사는 유랑 강도에 비하여 단기적 조세 수탈율을 낮출 뿐 아니라 경제성장과 문명 발전을 장려하는 방향으로 전개되기까지 한다. 조세 수탈에 의한 재분배를 줄이는 것은 물론 공공재를 확대 공급하기 시작함으로써 생산력 증대까지 도모하는 단계에 이른다.

그러나 그 과정은 전제군주가 백성들의 복리를 우선적으로 고려한다거나 전제군주와 백성들이 서로 윈윈 하도록 사회계약을 체결한 것이 아니다. 자신의 장기 조세 수탈을 최대화하려는 전제군주의 일방적 결정으로서, 그 결과 백성들의 복리가 향상되는 것은 우연의 일치일 뿐이다.

과반수 민주주의majority democracy

민주주의적 방식으로 선출된 지도자도 권력을 행사한다. 일단 권력을 잡은 지도자는 누구나 조세 수탈을 노린다고 가정할 때 민주적 지도자는 전제군주와 얼마나 다를까? 가장 두드러진 차이는 민주적 지도자는 수탈물을 독점할 수 없고 자신을 지지하는 과반수 집단과 수탈물을 나누어야 한다는 점이다. 그렇지 않으면 정치적 기반을 상실하고 더 이상 권력을 유지할 수 없기 때문이다. 전제군주도 자신의 권력 기반인 소수의 지배계급 구성원과 수탈물을 나누어야 하지만, 민주적 지도자는 엄청나게 더 많은 사람과 나누어야 한다는 점이 다르다.

그렇다면 수탈 수준은 어떻게 다를까? 전제군주의 이익은 조세 수탈뿐이지만 과반수 지배집단의 이익은 조세 수탈 이익에 더하여 지배집단 구성원이 직접 생산에 참여하여 얻는 이익을 합한 것으로 결정된다. 조세 수탈은 생산활동을 위축시키기 때문에 조세 수탈 이익이 증가하면 지배집단의 생산 참여 이익은 감소한다. 그러므로 단순히 조세 수탈 이익을 최대화하는 전제군주와는 달리 민주주의 체제의 과반수 지배집단은 조세 수탈 이익을 줄이더라도 생산 참여 이익을 늘려서 총 이익을 최대화한다. 다시 말하면 집권집단의 조세 수탈 이익을 최대화하는 수탈 수준은 전제군주의 조세 수탈율보다 더 낮은 것이다.

지배집단의 구성원들이 점유하는 총 생산물의 몫이 클수록, 즉 스스로 일해서 큰 소득을 얻는 사람들이 지배집단을 구성할수록, 조세 수탈에 의한 소득 재분배의 규모는 작아진다. 그리고 생산력 확대를 위한 공공재 공급도 전제군주제보다 더 많아진다. 집권집단은 미래 세수의 증가와 더불어 자신의 생산량 증가에 의한 이익을 누리기 때문이다.

초과반수 의결supermajority ruling

개헌과 같은 주요 정책 결정은 국회의원 과반수보다 더 많은 2/3 이상의 찬성이 필요하다. 이처럼 초과반수의 찬성에 따라서 의사를 결정하는 체제를 초과반수 의결supermajority ruling 체제라고 한다. 이 경우 지배집단의 구성원은 단순 과반수보다 더 많을 수밖에 없고, 조세 수탈은 더 많은 인구의 이익을 배려할 것이며 현재의 조세 수탈이 야기하는 생산량 감소의 피해 중 더 많은 부분이 집권집단에 귀착될 것이다. 그러므로 초과반수 의결 체제의 조세 수탈은 더 적은 조세 수탈적 재분배를 초래하도록 감소할 것이다.

초포괄적 다수superencompassing majorities를 구성하는 사람의

숫자가 전체 인구에 근접하면, 초과반수 지배집단은 자신들만을 위한 조세 수탈적 재분배를 포기하고 외부 소수집단minority의 이익까지 자신들의 이익과 똑같이 보호하려고 한다. 이 과정에서는 두 가지 힘이 작용한다.

첫째, 지배집단의 이익이 사회 전체의 이익에 근접하면 할수록 조세 수탈적 재분배가 불러오는 피해가 점점 더 커진다. 둘째, 지배집단의 생산 참여 이익이 커지면 공공재 공급에 따른 이익도 커지고 이에 따라 조세 부과액도 증가하는데, 공공재 조달을 위한 조세의 필요성이 커지면 수탈 목적의 조세 부과를 줄여야 한다. 그 결과 외부 소수집단에 대한 조세 수탈까지도 소멸하는 단계에 이른다.

초과반수 집단이 전체 인구에 접근하면 외부 소수집단에게까지도 이익을 베푸는 자선적 행태를 보이지만, 그 행동 동기는 결코 이타적인 것이 아니다. 자신들만의 이익을 추구하는 결정임에도 불구하고 외부 소수집단까지 보호하는 결과로 이어지는 것뿐이다.

민주 사회의 등장과 재산권의 확대와 보호

전제군주 사회는 보통 혁명을 거쳐서 민주 사회로 이행하지만, 모든 혁명이 반드시 민주 사회의 건설로 귀결되는 것은 아니다. 올슨은 전제군주 사회가 민주 사회로 이행하는 과정에 대한 분석은 제공하지 않는다. 그 대신 새로운 독재자의 출현을 막으려는 움직임이 어떻게 민주 사회 건설로 이어지는지에 대하여 매우 설득력 있게 설명하였다.

전제군주 사회는 조세 수탈의 부담이 과중해지면서 무너지기 시작한다. 한 전제군주 사회가 무너지면 새로운 전제군주가 등장하는 것이 근대 이전의 역사에서 반복되는 현상이었다. 그런데 근대에 접어들면서 다수가 힘을 합쳐서 전제군주를 무너뜨린 뒤 새로운 독재자의 등장을 막으려는 제도와 조치가 하나 둘 나타나기 시작하였다. 물론 그 과정은 짧지 않은 시행착오의 기간을 거쳤지만 올슨은 그 가운데 가장 중요한 것을 사유재산권의 신장이라고 지적하였다.

개인의 사유재산에 대하여 군주조차 자의적으로 침해하지 못하도록 보장하는 사유재산권은 군주가 실권한 기간 동안 자리를 잡으면서 새로운 독재자의 출현을 효과적으로 막을 수 있었다는 것이다. 전제군주를 타도하였어도 사유재산권을 적시에 도입하지 못하면 반드시 새로운 독재자가 등장하여 새로운 전제군주제가 시작하지만, 전제군주가 퇴출되거나 그 권한이 크게 약해진 기회를 틈타 사유재산권을 도입하고 강화해버리면 새로운 독재자가 등장할 가능성을 그만큼 줄인다는 것이 올슨의 주장이다.

민주 정부가 독재화하지 않도록 정부권력, 특히 대통령의 권력을 제한하는 조치가 등장하는데, 그중 개인의 재산권과 계약권은 가장 효과적인 장치라고 할 수 있다. 개인의 재산권과 계약권을 침해할 수 없는 정부는 결코 독재로 회귀할 수 없는 것이다. 개인의 재산권과 계약권이 보장되고 평화적 질서가 정착

되면 사람들은 서로 남의 이익에 봉사하는 생산과 교역에 종사함으로써 가장 이익을 누릴 수 있다. 재산권 획정과 보호, 계약 이행의 강제, 그리고 분쟁 해결 장치는 모든 사람이 원하는 바이고, 이것을 훼손하고 제한하려는 시도는 전 국민의 강력한 저항을 맞게 된다.

개인의 재산권과 계약권은 민주주의가 안정적으로 지속되는 국가에서만 제대로 보호받는다. 강력한 지도자가 독재권력을 행사하면서도 개인의 재산권과 계약권을 보호함으로써 경이적 성장을 이룩하는 독재국가도 있지만, 대부분의 경우 그 지도자만 없어지면 다시 추락하기 마련인데, 그 까닭은 새로운 독재자가 곧 재산권과 계약권의 보호를 포기하기 때문이다. 개인의 재산권과 계약권은 안정적 민주국가에서만 장기적으로 보장되며 경제도 장기적으로 안정된 성장을 실현할 수 있는 것이다.

그러나 민주 사회에도 특수한 형태의 수탈이 상존한다. 민주 사회의 개인은 투표할 정책에 대하여 제대로 학습하여 자신과 사회에 가장 바람직한 정책이 시행되도록 투표해야 한다. 그러나 많은 경우에 정책에 대한 학습 비용이 해당 정책에서 얻을 자신의 편익보다 훨씬 더 크다. 그렇기 때문에 민주 사회에서 개별 시민은 투표할 정책에 대해 제대로 학습하지 않고 무지한 상태에서 투표하는 '합리적 무지rational ignorance'에 빠지는 경우가 허다하다. 이 허점을 노린 이익집단은 '합리적으로 무지한' 대중을 상대로 집중 로비함으로써 자신들의 집단 이익을 실현한다.

'합리적 무지'에 기생하는 집단 이기주의는 결국 다수를 대상으로 한 소수집단의 수탈을 실현시킨다. 비록 한 이익집단의 수탈 규모는 미미하지만 수많은 이익집단이 합종연횡하면서 벌이는 수탈의 규모를 합하면 국가경제의 성장을 크게 둔화시키기에 이른다. 민주주의 체제가 오래 지속되고 안정될수록 기득권 구조도 공고하다. 올슨은 이러한 경우의 대표적인 예로 '영국병'에 시달리던 영국을 들고 있다. 그리고 이러한 기득권 구조를 타파하려면 결국 전쟁이나 혁명과 같이 사회의 기본을 뒤흔드는 변혁에 의존할 수밖에 없다는 암울한 견해를 피력하고 있다.

공산주의 체제와 체제 이행의 실패

20세기 초 러시아의 10월 혁명은 세계 최초의 공산주의 정권을 탄생시켰고, 역사상 유례없이 강력한 독재 체제를 출범시켰다. 스탈린은 모든 기업과 농장을 국유화함으로써 사유재산권을 철저히 파괴하고, 실질적으로 비노동 소득을 모조리 수탈하는 약탈 체제를 구축하는 데 성공하였다. 나아가서는 노동자의 임금까지 크게 낮춤으로서 수탈의 도를 극대화하였다.

스탈린의 성공과 그 대가

그럼에도 불구하고 러시아 경제는 1930년대 이후 높은 저축률과 투자율을 기록하면서 스탈린이 집권한 거의 전 기간 동안 높은 경제성장률을 실현하였다. 스탈린 시대의 고도성장에 대하여 올슨은 스탈린이 투자재를 집중적으로 생산하도록 결정함으로써 소비재 생산을 줄이고 투자율을 높였으며, 기본 임금을 낮추어 한편으로는 노동 소득을 최대한 수탈하면서도, 할당량을 초과하여 생산할 때는 추가 생산 실적당 보수를 누진적으로 책정함으로써 모든 개인이 할당량 이상 생산하도록 유도한 결과라고 설명한다. 그리고 노동자들의 낮은 소득을 보상하기 위하여 생계 유지에 필요한 수량 이내에서 생활필수품을 싼 값에 구입할 수 있도록 하는 배급제를 시행함으로써 수탈 체제가 유지되도록 했다.

그러나 투자는 그 손익에 대한 책임과 권리가 투자자에게 귀속되어야 합리적으로 시행될 수 있다. 소련과 같은 국유 직영 체제는 수탈에는 매우 효율적인 구조이지만 시장을 철저히 부정하기 때문에 방대한 규모의 투자가 시장 신호와 무관하게 이루어져 왔다. 소련의 국민이 원하는 물자를 생산할 수 있는 투자가 아니라, 소련의 지도자들이 생각하기에 소련 국민에게 필요한 투자였다. 소비자들은 선택의 여지없이 국영기업들이 제공하는 물자를 소비할 수밖에 없었고 소비자들의 희망을 반영하지 못하는 투자는 점차 국민 생활과 무관한 물자나 생산하는 투자로 전락해갔다. 비합리적 투자를 남발해온 소련의 국영 투자 체제가 빚어낸 폐해는 시간이 흐를수록 눈덩이처럼 커졌고 결국 소비에트 체제의 붕괴로 이어졌다.

연성 예산 제약의 만연

공산주의 체제는 독재자가 수탈한다는 점에서는 전제군주 체제와 다를 바 없지만, 국가경제의 전체 생산 부문을 모두 점거하고 인민을 노동자로 고용한다는 점에서는 다른 어떠한 수탈 체제와도 다르다. 전제군주 체제는 민간 생산 부문의 작동에는 간섭하지 않고 생산물을 수탈하는 체제로서 때로는 생산 확대에 기여하는 공공재를 제공하기도 하였다. 민간 생산 단위는 부과된 조세만 납부하면 남는 것을 각자 누렸기 때문에 스스로 자신의 소유를 보호하고 생산을 효율적으로 관리하였다.

그러나 공산주의 체제의 정치국politburo은 생산을 직접 관리하므로 정보를 수집하여 계획을 수립·시행하고, 제대로 시행되고 있는지 감시하는 업무까지 소화해야 한다. 소수의 정치국 간부는 수많은 하부 조직 인원에게 이 업무를 분담 위임할 수밖에 없다. 실제 감독을 담당하는 하위 간부들의 사적 이익은 정치국 간부와 다를 수밖에 없는데, 소수의 상위 간부가 하위 간부들의 활동을 일일이 감독하고 통제하는 일은 불가능하다.

특히 상위 간부를 대하는 관계에서 이해관계가 일치하는 하위 간부들은 시간이 흐르면서 무언의 담합을 결성하기에 이르렀고, 국가경제의 효율성과는 무관하게 대략 조직 규모에 비례하도록 자원과 예산을 나누어 가지는 '연성 예산 제약soft budget constraint' 현상이 만연하였다. 불필요한 자원 소모가 큰 사업인데도 '연성 예산 제약' 덕분에 지속적으로 자원과 예산을 제공받는 일이 도처에서 거듭되었다. 이러한 체제가 그대로 유지될 수는 없으니, 공산권의 붕괴는 필연적인 것이었다. 손실을 지속적으로 재생산하는 경제활동이 국가경제의 다른 부문에 끼치는 폐해는 강도의 폭력적 수탈과 다를 바 없다.

소수의 상위 간부가 수많은 하위 간부를 제대로 통제하지 못하는 가운데 공산주의 체제가 발달하면서 하위 간부의 소집단들은 유랑 강도 수준의 '좁은 이익'에 사로잡힌 채 집단 이기주의에 빠져들기 시작하였다. 그나마 국가경제 전체의 이익을 중시하는 소수 상위 간부의 '포괄적 이익'은 여러 군소집단의 '좁은 이익'에 의하여 실질적으로 권력을 행사하는 지위에서 밀려나고 만다.

체제 이행 과정의 문제

붕괴 단계에 접어든 공산권 경제의 대부분 생산 단위는 '연성 예산 제약'의 함정에 빠져서 중앙정치국이 수탈할 잉여를 생산하기는커녕, 오히려 정부 보조가 없으면 존속하기 어려운 상태에 처하였다. 동독은 공산권 가운데 가장 성과가 좋았다고 알려졌지만, 수출 기업에서 일한 근로자 8%의 생산만이 가변 비용을 겨우 회수하는 수준이었다고 한다.

스탈린 시대의 엄청난 조세 수탈을 가능하게 한 바로 그 체제가 시간이 흐르면서 조세 징수의 세원을 잃은 채 공산권 경제를 파산 상태로 몰고 간 것이다. 소비에트 체제의 붕괴 이후 러시아와 동유럽 국가들은 재빨리 시장경제를 도입하는 개혁을 단행하였는데, 파산상태의 국영기업을 가동하려면 대규모의 국가 보조를 중단할 수가 없었다. 조세 징수 체제가 붕괴한 상태에서 보조 재원은 통화 증발밖에 없었고 체제 이행을 시도한 공산권 경제는 예외 없이 엄청난 인플레이션을 겪었다.

체제 이행의 개혁은 민영화가 핵심이었지만 국영기업의 간부와 근로자들은 그들이 인수하는 민영화가 아니면 개혁 그 자체를 거부하였다. 그 결과 민영화를 거친 이후에도 기업들의 경영진과 근로자들은 전과 달라진 것이 없었고, 생산 방식도 변하지 않았기 때문에 그 성과는 비참하였다. 러시아, 우크라이나, 그리고 벨로루시는 국민소득이 몰락 이전에 비해 1/2로 감소하였고, 체제 이행에 성공했다고 평가 받는 폴란드, 체코, 그리고 헝가리도 겨우 조금 더 나아진 정도에 불과한 실적을 보였다.

이에 비하면 2차대전 패전국인 서독, 일본, 그리고 이탈리아는 전쟁으로 폐허가 되었음에도 불구하고 엄청난 복구 성과를 기록한 점이 극명한 대조를 이룬다. 올슨은 이들 패전국의 경제 기적을 각종 시장이 제대로 작동해왔고, 패전과 더불어 집단 이기주의의 온상인 기득권 구조가 철저하게 붕괴된 결과라고 설명한다. 공산권의 대기업들은 공산 체제의 몰락 이후에도 '연성 예산 제약'의 상황에서 '좁은 이익'을 추구할 수 있었지만, 패전국의 대기업들은 전쟁에 책임이 있는 만큼 그 기득권을 패전 이후까지 누릴 수 없었던 것이다.

과거 공산주의 체제에서 시장경제로 이행하는 과정에 놓여 있는 이행 경제의 경제적 성취가 비참한 점에 대하여서도 올슨은 같은 시각의 설명을 제시한다. 공산권 국가들은 시장을 허용하지 않았고 사유재산권도 인정하지 않았다. 시장경제의 기본을 이루는 재산권 보호, 계약 이행의 강제, 그리고 합리적 분쟁 해소 제도의 기반 구조가 부실할 수밖에 없다. 그러한 만큼 이행 경제가 비록 공개적으로 시장경제의 도입을 선언하고 실제로 각종 개혁 조치를 취했지만 그 경제적 성취는 크게 제한적일 수밖에 없다. 이에 더하여 올슨은 러시아의 문제로 과거 공산당 체제의 강력한 기득권 구조가 아직도 잔존하고 있음을 지적한다. 같은 공산국가였지만 등소평의 영도 아래 중국의 개혁 개방이 성공적으로 진행되고 있는 까닭은 문화혁명이 과거의 기득권 구조를 효과적으로 궤멸시킨 위에 등소평의 신진 실용주의 세력이 '강청' 등 기득권 세력을 효과적으로 제거하였기 때문이라는 것이다.

4. 번영에 필요한 시장

성공한 경제가 대체로 광범위한 시장에 의존함을 모르는 사람은 없지만, 시장은 저개발국과 실패한 경제에도 아울러 도처에 존재하고 있음을 아는 사람은 적다. 주류 경제 이론이 주장하는 대로 시장이 번영을 배양하는 기제라면 왜 저개발국의 시장은 그 역할을 제대로 해내지 못하는 것일까? 혹자는 제3세계에 만연한 정부의 반시장적 개입이 시장의 효율성을 훼손하기 때문이라고 주장하지만, 그래도 규제 받는 시장의 이익은 정부 규제의 폐해보다 훨씬 더 크다. 문제는 주류 경제 이론은 시장이 이미 충분히 발달한 선진 경제에 대한 이론일 뿐 미숙한 시장이 지배하는 저개발 경제에는 적용할 수 없다는 점이다.

시장 교환은 거래 쌍방 간 합의로 거래 상품의 소유권을 이전하는 행위이다. 그러므로 상품에 대한 소유권, 즉 사유재산권을 인정하지 않으면 시장은 형성될 수 없다. 장마당에서 거래되는 상품의 사유재산권은 별다른 외적 장치가 없어도 관련자 모두가 자발적으로 인정한다. 그러나 금융거래나 외상거래, 또는 보험계약과 같은 시장거래는 재산권에 대한 분규가 자주 발생하고, 그 분규를 당사자 스스로 풀어내지 못하는 경우가 많다. 정부권력이 강제로 개입하여 재산권을 보호하는 조치를 취해야 시장이 형성되는 것이다.

자기 시행 시장self-enforcing markets

선진국은 물론 제3세계의 빈곤국가에 이르기까지 발달해 있는 시장은 재산권 보호를 위하여 정부가 개입하지 않아도 스스로 교환을 이루어내는 '자기 시행 시장'이다. 올슨은 고대 카르타고인과 리비아인 간의 침묵 거래, 전쟁하는 집단 간 아낙네들의 거래, 체첸을 침략한 러시아군과 체첸군과의 거래, 거간 딸까치가 중개하는 배급제 소련의 기업들 간 거래, 그리고 암시장과 같은 불법 거래 등 비공식 부문의 각종 시장과 재래식 장마당 시장을 자기 시행 시장의 예로 들고 있다. 불법 시장의 거래 비용은 당국에 체포될 위험과 계약 이행에 있어 법적 보호를 받지 못하는 부담까지 포함하므로 매우 높지만, 그래도 거래 이익이 그보다 훨씬 더 크기 때문에 거래 쌍방은 자발적으로 상대방의 재산권을 존중하면서 거래를 벌인다.

사람들은 세계 도처에서 자기 시행 시장의 혜택을 누리고 있지만 자기 시행 시장만으로는 경제적 번영을 이루기 어렵다. 예컨대 돈을 빌려 생산 설비를 설치해야 하는 생산 활동은 자금을 조달해야 하고, 재난이 발생할 경우 손실의 규모가 감당하기 어려운 대규모 사업은 보험이 준비되어야 착수할 수 있다. 금융시장과 보험시장은 거래 계약 조문을 서로 자신에게 유리하게 해석하면서 다투는 시장이다. 상대방의 재산권에 대한 자발적 존중이 불가능하고, 따라서 이러한 시장은 자기 시행 시장일 수 없다.

사회적 인공 시장socially contrived markets과 권리집약적 생산right-intensive production

야심, 열정, 그리고 기업가적 능력은 가졌으나 자본은 없는 가난한 청년과, 돈은 있지만 그렇지 못한 다른 사람들이 공존하는 사회를 생각해보자. 부자가 자신의 돈을 굴리면 10을 벌지만 이 돈을 청년이 굴린다면 100을 벌 경우, 부자가 자신의 돈을 청년에게 빌려주고 그 소득을 55:45로 나눈다면 서로 이익이다. 그러나 이익 실현이 5년 뒤라면 많은 문제가 야기된다. 그 때 가서 55:45 계약이 그대로 이행될까? 돈을 댄 부자가 채권 또는 주식을 언제든 시장에 매각 처분할 수 있을까? 분명히 서로에게 이익이 되는 거래이지만 계약 이행 의무, 공장 담보 제도, 그리고 주식·채권시장 등의 제도적 기반이 없으면 성사되기 어렵다.

일반적으로 금융거래와 계약거래의 이익을 실현시키려면 계약 이행의 강제, 재산권 보호, 담보 합의 이행, 유한책임 주식회사 제도, 그리고 투자 자산을 유동화하는 법 체제와 정치 질서 등이 확립되어야 한다. 금융시장이나 보험시장처럼 계약 내용에 대한 분규의 가능성이 높은 시장은 자기 시행 시장일 수 없고, 재산권과 계약권을 보호하는 장치가 미흡한 제3세계에서는 형성되기 어려운 시장이다.

많은 사람들이 장기간에 걸쳐서 협력해야 생산할 수 있는 복잡한 재화는 협력에 참여하는 대가가 사전에 분명히 확정되고 그 권리가 보장되어야 그 생산이 가능해진다. 이 권리를 보장하는 합당한 제도가 구비되지 않은 사회의 시장은 자기 시행 시장 수준을 넘어설 수 없다. 눈에 보이는 기계 설비나 공장 건물은 은닉이 불가능하므로 재산권이 보호되지 않는 국가에서는 약탈 피해의 우려가 크고, 계약 이행이 강제되지 않으면 금융 대출 자체가 불가능하다. 고가의 생산 설비와 금융거래를 필요로 하는 생산 활동은 재산권과 계약권 등 각종 권리가 보장되어야 가능하므로 올슨은 이러한 생산을 '권리집약적 생산'이라고 분류한다. '자기 시행' 이 불가능한 '권리집약적' 상품의 시장 거래는 관련 재산권과 계약권을 국가권력이 보호해 주어야 실현된다. 올슨은 이렇게 형성된 시장을 '사회적 인공 시장'이라고 불렀다. 사회적 인공 시장이 매우 복잡한 거래(선물, 보험, 자본시장 등)를 광범위하게 수행하여 거래의 이익을 최대한 누리는 국가는 다름 아닌 개인의 권리가 잘 보장된 선진 민주국가들이다.

물론 시장 경쟁의 승패는 사후적으로 보면 결국 운이 결정하므로 운의 결과를 개인의 권리로 귀속시키는 것에 의문을 가질 수도 있다. 그러나 승패를 결정하는 가격은 해당 상품의 사회적 기여도를 반영한다. 운이 결정하는 이윤에 대한 개인의 권리를 인정하는 사회에서는 개인이 자원을 사회적 기여도가 낮은 부문에서 높은 부문으로 이전하도록 만든다. 개인의 권리 확대는 일반적으로 자원 배분에 대한 국가의 권리를 축소시킨다.

시장경제에서 사회적 목표를 내세우는 정부는 자원을 사회적 기여도가 높은 부문에 배정하는 것이 아니라 오히려 낮은 부문으로 유도하는 경향이 있다. 특히 사회복지 창달의 명분 아래 잘되는 산업과 기업의 자금, 그리고 잘되는 지역의 공공자본을 잘 안되는 산업, 기업, 그리고 지역으로 각각 이전시키는 일이 흔하다. 그러나 개인의 권리가 발달한 시장경제의 사회복지 사업이라면 그 내용이 잘 사는 사람들의 돈으로 가난한 사람들의 생계를 돕는 것으로 국한되어야 하며, 결코 자원낭비적 생산활동을 계속하도록 지원하는 것이 되어서는 안 된다. 올슨은 잘 안되는 산업, 기업, 지역의 자원을 오히려 잘되는 산업, 기업, 지역으로 옮겨야 한다고 주장한다.

5. 번영을 부르는 권력, 민주주의가 답인가?

이 책에서 올슨은 시장과 경제 발전의 관계를 매우 설득력 있게 풀어서 설명하고 있다. 국가 경제의 번영을 불러오려면 권력이 (1) 재산권을 보호하고, (2) 합법적 계약의 강제 이행을 보장하며, (3) 거래 과정에서 발생하는 분규를 합리적으로 해결하는 역할을 담당해야 한다고 설정한 올슨은, 국가권력이 수탈하는 힘으로 출발하였지만 민주주의의 발전과 더불어 개인의 권리가 신장되면서 번영을 불러오는 권력으로 변해가고 있다고 주장한다. 그리고 시장은 선진국에서부터 빈곤국에 이르기까지 전 세계 모든 나라에서 번성하고 있는 것처럼 보이지만, 재산권과 계약권의 보호가 부실한 개도국은 사회적 인공 시장을 갖추지 못하고 있기 때문에 시장의 이익을 충분히 누리지 못한 채 가난하다고 설명한다.

체제 이행 경제나 개도국에 대한 올슨의 처방은 재산권과 계약권 등 개인의 권리를 점진적으로라도 확대하고 보호의 강도를 높이라는 것이다. 그러나 동시에 민주주의가 안정된 사회일수록 좁은 이익을 내세우는 이익집단이 국민의 '합리적 무지'를 틈타 로비 등 정치 활동을 벌이면서 다수 국민을 정치적으로 수탈하고 있는 현상을 우려하고 있다. 올슨은 이 문제에 대한 해답을 언급하지 못한 채 책을 마무리하였고, 그래프나 수치적 설명에서 눈에 거슬리는 소소한 오류가 있기는 하지만, 전체적으로 매우 중요한 주제를 참신한 시각에서 가장 설득력 강하게 분석한 저술임에 틀림없다.

다만 재산권의 본질에 대한 저자의 견해가 명시적으로 제시되어 있지 않은 점이 아쉽다. 올슨은 이익집단의 '정치적 수탈'을 우려하였지만 이 수탈도 그 본질은 재산권 침탈과 다를 수 없다. 재산권 보호에 가장 효과적인 민주주의 체제가 민주적 방식으로 재산권을 침탈하는 딜레마를 낳고 있는 단계에서 올슨은 속수무책이었던 셈이다. 만약 재산권의 본질을 사회적 합의라고 한다면 민주적 절차에 따른 이익집단의 정치적 수탈은 재산권에 대한 새로운 사회적 합의일 뿐 '수탈'이라고 규정하기는 어렵다. 이렇게 보면 정치적 수탈의 문제는 '수탈'의 문제가 아니라 재산권에 대한 사회적 합의 내용이 타당한가에 대한 질문으로 바뀐다. 결국 올슨은 사회가 재산권을 어떻게 획정해야 하는지에 대한 문제에 대하여 새로운 시각에서 중대한 질문을 던진 셈이다.

참고문헌

Olson, Mancur, Jr., 1965, *The Logic of Collective Action,* Cambridge, MA: Harvard University Press.

———, 1982, *The Rise and Decline of Nations*, New Haven and London: Yale University Press.

———, 2000, *Power and Prosperity: Outgrowing Communist and Capitalist Dictatorships*, New York: Basic Books.

찾아보기

자

차

카

타

파

하

저자소개

박명규 (서울대학교 사회학과 교수)

서울대학교 사회학과를 졸업하고 서울대학교에서 문학 박사 학위를 받았다. 한국사회사, 민족사회학, 정체성의 문화적 형성, 종교사회학 등에 대한 연구에 관심이 많고 현재 통일평화연구소장으로서 남북관계 및 북한사회, 통일 및 평화연구에 주력하고 있다. 저서로 『국민, 인민, 시민』, 『근대국가형성과 농민』, 『식민권력과 통계』(공저), 『남북통합지수』(공저), 『연성복합통일론』(공저) 등이 있다.

박승관 (서울대학교 언론정보학과 교수)

서울대학교 언론정보학과를 졸업하고 미국 스탠퍼드 대학교에서 언론정보학 박사 학위를 받았다. 커뮤니케이션 이론, 정치 및 사회 커뮤니케이션 이론, 커뮤니케이션 철학, 인류문명과 정보 테크놀로지 등에 관심을 가지고 있다. 저서로 『드러난 얼굴과 보이지 않는 손』, 『한국 언론과 의제동학』(공저), 『정보의 신화, 개혁의 논리』(공저) 등이 있다.

홍기현 (서울대학교 경제학부 교수)

서울대학교 경제학과를 졸업하고 미국 하버드 대학교에서 경제학 박사 학위를 받았다. 전공은 경제사상사이며, 분배 이론의 역사와 오스트리아 학파에 대해서 연구하고 있다. 주요 논저로 『경제학 산책』(공저), 『알고 보면 재미있는 경제원리』, 『현대자본논쟁의 과학방법론적 평가』, *The Role of Substitution in Wicksell's Durable Capital Model* 등이 있다.

안청시 (서울대학교 정치외교학부 명예교수)

서울대학교 외교학과를 졸업하고 하와이 주립대학교에서 정치학 박사 학위를 받았다. 이후 2009년까지 서울대학교 사회과학대학 정치학과(현재는 정치외교학부) 교수로 재임했고, 현재 서울대학교 명예교수, 아시아연구소 객원연구원으로서 동 연구소의 학술지 『아시아 리뷰』의 편집위원장과 한국국제정치학회 편집위원회 위원장을 맡고 있다. 연구 분야는 아시아 비교 민주주의정치, 지방정치, 동아시아 지역협력 등이며 저서로 *Social Development and Political Violence*, 『전환기의 한국민주주의: 1987-1992』, 『한국 지방자치와 민주주의』, *Democracy in Asia, Europe, and the World* 등이 있다.

김명언 (서울대학교 심리학과 교수)

서울대학교 심리학과를 졸업하고 미국 미시건 대학교에서 심리학 박사 학위를 받았다. 전공분야는 조직심리학이며, 미시건 대학교 경영대학 교수를 역임한 이후 서울대학교 심리학과 교수로 재직 중이다. 한국심리학회 회장을 역임했으며, 저서로는 『한국기업문화의 이해』(공저), 『외환위기 10년, 한국사회 얼마나 달라졌나』(공저), 『한국사회의 불평등과 공정성 의식의 변화』(공저) 등이 있다.

박상섭 (서울대학교 정치외교학부 교수)

서울대학교 외교학과를 졸업하고 미국 서던일리노이 대학교에서 정치학으로 박사 학위를 받았으며 현재 서울대학교 정치외교학부 교수로 재직하고 있다. 주된 관심은 근대국가의 역사적 성격과 발전으로 마르크스주의 국가 이론, 역사사회학 등의 분야이다. 저서로 『자본주의 국가론』, 『근대국가와 전쟁』, 『국가와 폭력-마키아벨리의 정치사상 연구』, 『국가-주권』 등이 있다.

김태성 (서울대학교 사회복지학과 교수)

서울대학교 사회복지학과를 졸업하고 미국 워싱턴 대학교에서 사회복지학 박사 학위를 받았다. 사회복지정책을 전공하였고, 저서로 『복지국가론』, 『사회복지정책론』, 『사회복지정책의 이해』 등이 있다.

한상진 (서울대학교 사회학과 명예교수)

서울대학교 사회학과를 졸업하고 미국 서던일리노이 대학교에서 미셸 푸코와 위르겐 하버마스를 연결시킨 소통 사회 이론으로 사회학 박사 학위를 받았다. 1981년부터 서울대학교 사회학과에서 현대 사회 이론, 중민사회학, 관료적 권위주의, 시민 사회와 사회운동, 전통과 현대, 인권 공동체, 제2차 근대화 등에 관한 연구와 강의를 하였다. 한국정신문화연구원장(현재 한국학중앙연구원), 대통령자문정책기획위원회 위원장, 한국인권재단 이사장 등을 역임했으며, 미국 뉴욕 콜럼비아 대학 등 여러 대학에서 강의했다. 2010년 서울대학교를 정년 퇴직한 이후, 현재 베이징 대학교 사회학과 초빙교수로 재직 중이다. 저서로 *Habermas and Korean Debate*, 『중민이론의 탐색』, 『현대사회와 인권』, 『한국사회와 관료적 권위주의』, 『386세대의 빛과 그늘』, *Divided Nation and Transitional*

Justice, Asian Tradition and Global Democracy 등이 있다.

장달중 (서울대학교 정치외교학부 교수)

서울대학교 정치학과를 졸업했으며 미국 UC 버클리에서 정치학 박사 학위를 받았다. 관심분야는 비교정치와 동북아 정치이며 특히 일본과 북한의 정치에 관심을 가지고 연구하고 있다. 저서로 『김정일 체제의 북한』(공저), 『전후 한일관계의 전개』(공저), 『북미 대립』(공저) 등이 있다.

허우긍 (서울대학교 지리학과 명예교수)

서울대학교 지리학과를 졸업하고, 미국 오하이오 주립대학교에서 지리학 박사 학위를 받았다. 서울대학교 지리학과 교수, 대한지리학회 회장을 역임하였으며, 지도학, 교통지리학, 정보통신지리학 분야에 관심을 두고 있다. 저서로 『한국지도학발달사』(공저), 『개항기 전후 경상도의 육상교통』(공저), 『일제강점기의 철도 수송』 등이 있다.

이승훈 (서울대학교 경제학부 교수)

서울대학교에서 전자공학을 전공하고, 노스웨스턴 대학교에서 경제학 박사 학위를 받았다. 현재 서울대학교 경제학부 교수로 재직 중이며, 주된 관심분야는 미시경제학이다. 저서로 『재벌체제와 다국적기업』, 『새로운 성장동력과 균형발전』, 『시장발전과 경제개발』 등이 있다.